Lernen mit Unix / Sinix

Eine Reihe von Arbeitsbüchern für das Selbststudium,
herausgegeben von
Prof. Dr. Herbert Kargl,
Johannes Gutenberg-Universität Mainz,
und Dipl.-Math. Volkhard Lorenz,
Siemens Nixdorf Informationssysteme AG.

Strukturierte Programmierung in COBOL

von
Axel C. Schwickert,
Andreas Wilhelm,
Christian Schiweck,
Johannes Gutenberg-Universität Mainz

R. Oldenbourg Verlag München Wien 1993

Die Deutsche Bibliothek — CIP-Einheitsaufnahme

Schwickert, Axel C.:
Strukturierte Programmierung in COBOL / von Axel C.
Schwickert ; Andreas Wilhelm ; Christian Schiweck. —
München ; Wien : Oldenbourg, 1993
  (Lernen mit UNIX/SINIX)
  ISBN 3-486-22533-2

NE: Wilhelm, Andreas:; Schiweck, Christian:

© 1993 R. Oldenbourg Verlag GmbH, München

Gesamtherstellung: R. Oldenbourg Graphische Betriebe GmbH, München

ISBN 3-486-22533-2

Inhaltsverzeichnis

Vorwort der Herausgeber

Das Betriebssystem Unix[1] gewinnt als leistungsfähiges und komfortables Betriebssystem ebenso wie die darauf basierenden Standardanwendungsprogramme und Programmierumgebungen immer mehr an Bedeutung. Diesem Wachstum, das sich im Bereich von Personal Computer über Mikrocomputer bis zu größeren DV-Anlagen vollzieht, hängt jedoch die Ausbildung im universitären wie im kommerziellen Sektor zur Zeit noch weit hinterher.

Da auf dem europäischen Markt die Unix-Mehrplatzsysteme der Firma Siemens Nixdorf Informationssysteme AG mit dem Unix-Derivat Sinix[2] sehr weit verbreitet sind, basiert die vorliegende Reihe "Lernen mit Sinix" auf diesem Betriebssystem. Bis auf geringfügige Modifikationen sind die Arbeitsbücher zu den jeweiligen Software-Produkten und Sachthemen jedoch auch in anderen Systemumgebungen anwendbar. Aufgrund der Neutralität der Programmiersprache Cobol durch ihre weitgehende Standardisierung ist gerade der Inhalt des vorliegenden Bandes (auf der Basis von VMS[3] der Digital Equipment Corporation) ohne Einschränkungen auf die Sinix-Umgebung übertragbar.

Grundlage für die Reihe "Lernen mit Sinix" waren unsere praktischen Erfahrungen, sowohl in der Durchführung von Tutorials im Rahmen der Grundausbildung in EDV von Studierenden der Wirtschaftswissenschaften an der Johannes Gutenberg-Universität Mainz als auch in der Schulung von Anwendern in Unternehmen.

Durch diese Arbeitsbuchreihe wird der Leser in die Lage versetzt, sich selbständig in das jeweilige Stoffgebiet einzuarbeiten. Da ein solches Einarbeiten nur durch praktische Arbeit am Bildschirm effizient ist, sind diese Arbeitsbücher auf Übungsbeispielen und Aufgaben aufgebaut, die den Leser schrittweise in den Aufbau und die Handhabung der jeweiligen Software-Produkte einführen und die direkt am Computer durchgeführt und gelöst werden können.

Zielgruppen für die Arbeitsbuchreihe sind einerseits Studierende, die im Rahmen einer Basisausbildung zur EDV die entsprechenden Software-Themen erarbeiten sollen, und andererseits Anwender in Unternehmen und Behörden, denen die tägliche Arbeit ein fundiertes Grundlagenwissen im Umgang mit Computern abfordert.

Die Reihe "Lernen mit Sinix" soll und kann die vom Hersteller der jeweiligen Software mitgegebenen Handbücher nicht ersetzen; durch ein ausführliches Register und eine detaillierte Gliederung können die Bände dieser Reihe dem Anwender jedoch auch als Nachschlagewerke zu den betreffenden Sachthemen dienen.

Das vorliegende Arbeitsbuch gibt eine Einführung in die strukturierte Programmierung mit Cobol. Es schafft Verständnis sowohl für die Entwicklung als auch für den Einsatz von Standardanwendungssoftware. Das Buch zeigt einen Weg, wie man Cobol schnell erlernen und auf einfache Weise nach den individuellen Erfordernissen nutzen kann.

In der Reihe "Lernen mit Sinix" sind bereits erschienen die Arbeitsbücher zu SINIX (Betriebssystem), HIT (Textverarbeitungssystem), SIPLAN (Tabellenkalkulationsprogramm) und INFORMIX (Datenbanksystem).

Mainz, im Februar 1993   Herbert Kargl

                                                    Volkhard Lorenz

1) Unix ist ein Warenzeichen von UNIX System Laboratories, Inc.

2) Sinix ist die SNI-Version des Software-Produktes Xenix und enthält Teile, die dem Copyright der Microsoft Corporation unterliegen; die übrigen Teile unterliegen dem Copyright der Siemens Nixdorf Informationssysteme AG. Xenix ist ein eingetragenes Warenzeichen der Microsoft Corporation und ist aus Unix-Systemen unter Lizenz von AT&T entstanden.

3) VMS ist ein Betriebssystem der Digital Equipment Corporation für VAX-Rechner; VMS und VAX sind eingetragene Warenzeichen der Digital Equipment Corporation.

Vorwort

In der Ausgabe der Zeitschrift Datamation vom 15. Oktober 1992 werden die aktuelle Situation und die zukünftige Entwicklung der Programmiersprache Cobol veranschaulicht: "COBOL is on the move. Now it does UNIX, OOPS, Windows and more. And it's rolling fast for the year 2000." Mit dieser Kernaussage wird eine Reihe von Trendmeldungen für Cobol in den Fachzeitschriften der letzten Jahre bestätigt. "Client/server computing, downsizing and improved PC workstations are contributing to a COBOL renaissance. The language isn't dead." Mit dieser Feststellung resümiert die Datamation vom 15. Mai 1991 eine Markteinschätzung, die die Einsatzchancen moderner Cobol-Programmierumgebungen auf Personal Computern zum Gegenstand hatte. FOCUS, eine Beilage zur Computerwoche, schlägt in ihrer Ausgabe Nr. 2 vom 31. Mai 1992 in die gleiche Kerbe: "Cobol ist nach wie vor 'in': Für 56 Prozent aller Mainframe-Anwendungen wird nach wie vor diese traditionelle Programmiersprache favorisiert." Der Leitartikel stellt konkludent fest, daß die Tradition mit aufstrebenden Newcomern wie Unix und leistungsfähigen Workstations vereint werden muß und sich auch vereinen läßt. Nur so lassen sich die immensen Investitionen in Cobol-Applikationen sowie deren Kontinuität und Zuverlässigkeit in der Zukunft sichern.

Es steht offensichtlich nicht zu befürchten, daß die weltweit ca. drei Millionen Cobol-Programmierer in absehbarer Zeit arbeitslos werden. Im Gegenteil: Moderne Cobol-Programmierumgebungen werden durch die Unterstützung richtungweisender DV-Strategien wie Downsizing, Client/Server-Computing und sogar der Objektorientierung mit konkurrierenden Programmiersprachen gleichziehen und die Nachfrage nach Cobol-Spezialisten auf einem hohen Niveau stabilisieren. Der Markt wird dabei in zunehmendem Maße einen Ausbildungsbedarf an Fachkräften anmelden, die sich außerhalb der Mainframe-Welt bewegen und sich auf ein "junges" Cobol verstehen. Darunter sind jedoch nicht nur zukünftige Fachkräfte im Bereich der Datenverarbeitung zu verstehen. Unbestritten ist, daß auch diejenigen, die in der jetzigen Arbeitsmarktsituation eine Ausbildung in den Bereichen Administration und Verwaltung absolvieren, die grundlegenden Konzepte im Umgang mit Computern beherrschen müssen. Ganz in diesem Sinne möchten wir mit einer verständlichen Einführung in Cobol diejenigen Auszubildenden ansprechen, die Grundwissen über die Möglichkeiten der kommerziellen Anwendungsprogrammierung benötigen. Studierende der Wirtschaftswissenschaften und EDV-Interessierte in der Praxis sollen nach dem Durcharbeiten dieses Buches imstande sein, den Computer zur Lösung einfacher betrieblicher Aufgaben programmieren zu können.

Eine Software, die das ihr gestellte Problem ansprechend löst, erfordert vor der eigentlichen Programmierung einen angemessenen Aufwand an Planungs- und Entwurfsaktivitäten. Wir haben daher an den Beginn dieses Buches ein Kapitel zur Methodik der Software-Entwicklung gestellt, das der Leser als Orientierungshilfe im weiten Feld des Software Engineering nutzen kann. Das Kapitel soll zudem dazu anregen, die angesprochenen Themen in Eigeninitiative weiter zu verfolgen, um so ein besseres Verständnis für den Software-Entwicklungsprozeß zu gewinnen.

Die Kapitel 2 bis 10 bauen inhaltlich aufeinander auf und sollten aus diesem Grunde auch in der angegebenen Reihenfolge durchgearbeitet werden. Durcharbeiten bedeutet zum einen sicherlich das aufmerksame Studium des Fließtextes und das gedankliche Nachvollziehen der abgedruckten Programme. Auf der anderen Seite wird es, wie bei jeder anderen Programmiersprache auch, zum Erlernen von Cobol unabdingbar sein, praktische Übungen am Rechner durchzuführen. Anhand der gezeigten Demonstrationsbeispiele und der von Ihnen zu lösenden Übungsaufgaben werden Sie im Verlauf des Buches das Skelett eines Programmsystems entwickeln, das Sie nach Belieben verändern und erweitern können. Davon unabhängig wird zu jeder einzelnen Cobol-Anweisung mindestens ein eigenständiges kleines Beispiel-Programm angegeben, das die Kern-Funktionen der betreffenden Anweisung herausarbeitet. Im vorliegenden Buch werden nicht alle Cobol-Elemente aufgeführt, die nach dem aktuellen Standard normiert sind. Die gezeigte Teilmenge läßt zwar für den professionellen Programmierer eine nicht zu vernachlässigende Menge von Cobol-Elementen außen vor; die Auswahl ist jedoch für alle gängigen Cobol-Programmierumgebungen und Cobol-Sprachnormen gültig und setzt die Barrieren für den Einstieg in den anvisierten Themenkomplex beträchtlich herab.

Seinen Ursprung fand dieses Buch in den Skripten zu der Vorlesung "Methodik des Programmierens in Cobol" im Studium der Wirtschaftswissenschaften an der Johannes Gutenberg-Universität Mainz. Die Fülle des Materials, das sich im Verlauf der letzten vier Jahre angesammelt hat, verdanken wir nicht zuletzt den Anregungen durch die Hörerschaft der Vorlesung. Die wohlwollende organisatorische Unterstützung von Herrn Prof. Dr. Herbert Kargl hat den notwendigen Freiraum zur Erstellung des Buches geschaffen. Einen ganz besonderen Dank sprechen wir Herrn Dipl.-Math. Guido Dischinger für die gründliche Durchsicht und sachverständige Korrektur des Manuskriptes aus. Mit der von ihm gewohnten Sorgfalt und Zuverlässigkeit hat er einen maßgeblichen Beitrag zur inhaltlichen Konsistenz des Buches geleistet.

Mainz, im Februar 1993   Axel C. Schwickert
                                                    Andreas Wilhelm
                                                    Christian Schiweck

Die Cobol-Norm legt fest, daß dem Leser dieses Buches die nachfolgend wiedergege-
bene Rechtslage zur Nutzung der Programmiersprache Cobol und ihrer Beschreibung bekanntgemacht wird.

Acknowledgment

"Any organization interested in reproducing the COBOL report and specifications in whole or in part, using ideas from this report as the basis for an
instruction manual or for any other purpose, is free to do so. However, all
such organizations are requested to reproduce the following acknowledgment paragraphs in their entirety as part of the preface to any such publica-
tion. Any organization using a short passage from this document, such as in
a book review, is requested to mention "COBOL" in acknowledgment of the
source, but need not quote the acknowledgment.

COBOL is an industry language and is not the property of any company or
group of companies, or of any organization or group of organizations.
No warranty, expressed or implied, is made by any contributor, or by the
CODASYL COBOL Committee as to the accuracy and functioning of the
programming system and language. Moreover, no responsibility is assumed
by the contributor, or by the committee, in connection therewith.
The authors and copyright holders of the copyrighted materials used herein

❏ FLOW-MATIC (trademark of Sperry Rand Corporation), Programming for the
   UNIVAC (R) I and II, Data Automation Systems copyrighted 1958, 1959, by
   Sperry Rand Corporation;
❏ IBM Commercial Translator Form No. F 28-8013, copyrighted 1959 by IBM;
❏ FACT, DSI 27A5260-2760, copyrighted by Minneapolis-Honeywell

have specifically authorized the use of this material in whole or in part, in
the COBOL specifications. Such authorization extends to the reproduction
and use of COBOL specifications in programming manuals or similar publi-
cations."

Die Wiedergabe von Gebrauchsnamen, Handelsnamen, Organisationsnamen, Wa-
renbezeichnungen etc. in diesem Werk berechtigt auch ohne besondere Kennzeichnung nicht zu der Annahme, daß solche Namen im Sinne der Warenzeichen- und
Markenschutz-Gesetzgebung als frei zu betrachten wären und daher beliebig benutzt
werden dürften.

1. Software-Entwicklung

1.1 Von der Software-Erstellung zum Software Engineering

Betrachtet man die Entwicklungsgeschichte der elektronischen Datenverarbeitung von Beginn an, so zeigt sich, daß bis etwa zur Mitte der 60er Jahre die Hardware im Hinblick auf Bedeutung, Kosten und Aufwand die Software bei weitem dominierte. Im Mittelpunkt des industriellen und wissenschaftlichen Interesses stand vor allem die Herstellung und Weiterentwicklung der technischen Computerapparaturen.

In aller Regel lieferte jeder Hersteller zu seiner Hardware eine dedizierte Betriebssystemsoftware, die zumeist nur aus einigen Organisationsprogrammen, Compilern, Ein-/Ausgabesystemen und dergleichen bestand. Software zur Unterstützung der Rechnerkäufer bei ihren fachlichen Problemstellungen mußte vom Anwender in Eigenregie und mühsamer Pionierarbeit selbst erstellt werden. Den damaligen "Software-Entwicklern", sprich Programmierern, kam jedoch die Tatsache entgegen, daß die Bemühungen im Bereich des Rechnereinsatzes vorwiegend darauf abzielten, Problemstellungen zu lösen, für die bereits wohlbekannte und vordefinierte Algorithmen existierten.

Die Situation im Software-Sektor der elektronischen Datenverarbeitung begann sich erst zu verändern, als im weiteren Verlauf der Entwicklung die Hardware-Hersteller durch rapide wachsendes technisches Know-how qualitativ und quantitativ immer größere Hardware-Kapazitäten bei gleichzeitig fallenden Preisen zur Verfügung stellen konnten. Mit dem steigenden Durchdringungsgrad von Routinetätigkeiten durch selbsterstellte, rudimentäre Anwendungssoftware bei den Rechneranwendern verstärkten sich zugleich deren Bestrebungen, auch komplexere und weniger gut strukturierte Anwendungsgebiete durch Software zu unterstützen. In Konsequenz der permanent sinkenden Hardware-Kosten bei gleichzeitigem Ansteigen der Software-Aktivitäten wuchsen die Aufwendungen für Software rascher an als die für Hardware, so daß sich das Kostenverhältnis mehr und mehr zu Lasten der Software verschob. Beanspruchte die Software im Jahre 1955 noch weniger als 20% der EDV-Kosten, rechnet man nach neuesten Schätzungen mit einer diesbezüglichen Quote von 80% in den 90er Jahren.

Die betriebswirtschaftliche Bedeutung von Software kann jedoch nicht ausschließlich an dem finanziellen Aufwand zu ihrer Erstellung und Wartung gemessen werden. Die sukzessive Übertragung von dispositiven und strategischen Aufgaben auf EDV-Systeme zur Verbesserung der Informations- und Entscheidungsprozesse in Unternehmen bedingte eine kontinuierliche Komplexitätssteigerung der anzuwendenden Problemlösungsverfahren. In die Bedeutung von Software geht heute die Bedeutung der bedienten Unternehmensbereiche ein. Das Funktionieren von Fertigungsstraßen, Buchungssystemen, finanziellen Transaktionen und vielem mehr ist originär abhängig von der Funktionsfähigkeit der eingesetzten Software, die damit zum unabdingbaren Bestandteil betrieblicher Funktionen wird. Dabei tritt heute neben den konventionellen Rationalisierungsüberlegungen die Informations- und Kommunikationstechnologie als nicht mehr vernachlässigbarer Wettbewerbsfaktor zur zeitgerechten und qualitativ hochwertigen Leistungserbringung im Konkurrenzverhalten eines Unternehmens immer stärker in den Vordergrund.

Bei der anfänglichen Erschließung dieser neuartigen Anwendungsgebiete für den Rechner waren die bis dahin üblichen Vorgehensweisen der Software-Entwicklung der Komplexität und dem Schwierigkeitsgrad der Problemstellungen zunehmend nicht mehr gewachsen. Es existierten bis Mitte der 70er Jahre weder anerkannte Vorgehensweisen und Standards noch allgemein verfügbare Entwicklungswerkzeuge. Die Initiierung von weitergreifenden Software-Projekten zu dieser Zeit legte ein zusätzliches Problem offen. Zur Lösung der anstehenden Aufgaben konnte weder auf ein Potential von kompetenten Software-Entwicklern noch auf erfahrene Projektmanager zurückgegriffen werden. In der Praxis entschied jeder Programmierer mit seinen individuellen Fähigkeiten über den Qualitätsgrad seines Software-Produktes.

Die immensen Fortschritte in der Hardware-Technologie und die damit verbundenen Anstrengungen nach immer komplexeren Software-Systemen ließen somit die Schere zwischen verfügbarer und erforderlicher Software-Technologie und Manpower stetig weiter auseinanderklaffen.

Diese Situation wurde vielfach mit dem Begriff "Software-Krise" charakterisiert, deren Symptome schlechte Qualität, unvollständiger Funktionsumfang sowie Kosten- und Zeitüberziehungen auch heute noch Aktualität besitzen. Dieser Begriff beschreibt fälschlicherweise das Produktionsergebnis Software selbst als Krisenherd. Vielmehr bedurfte jedoch das gesamte produzierende Umfeld der Software eines adäquaten Krisenmanagements. Bezeichnenderweise gingen erste Versuche, Lösungsansätze für die genannten Probleme zu finden, vom Militär aus, das neben Wirtschaft und Verwaltung als traditionell bedeutsamer EDV-Anwender involviert war.

In den Jahren 1968 und 1969 fanden NATO-Tagungen unter dem provokativen Header "Software Engineering" statt, die in Anlehnung an die feststehenden Disziplinen "Chemical Engineering" und "Electrical Engineering" auf eine grundlegende Revision der Einstellung und Arbeitshaltung bei der Software-Entwicklung abzielten. Die sich durchsetzende Betrachtung von Software als technisches Produkt führte schlüssig zu der Forderung, Software in Zukunft planmäßig und im Erzeugungsprozeß kontrollierbar zu erstellen.

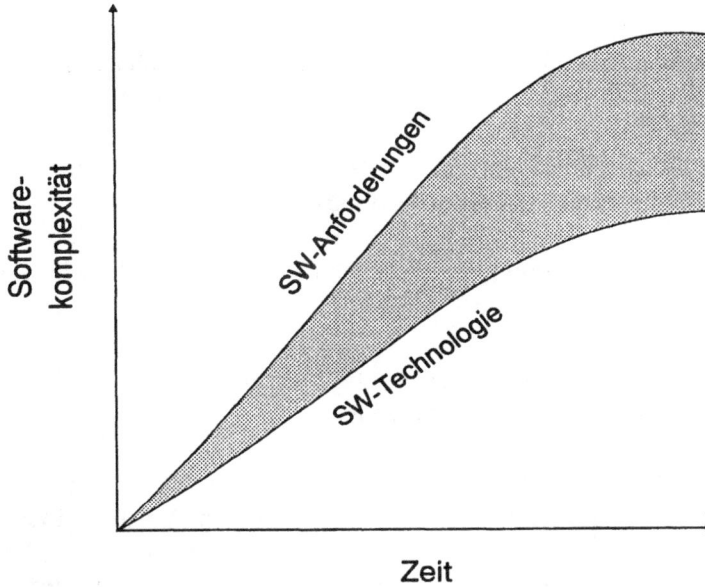

Abb. 1: "Software-Krise"

Im Laufe der Jahre hat sich die Idee des Software Engineering zu einer eigenen Disziplin entwickelt, die ihre wissenschaftliche Grundlegung durch die Informatik, Mathematik, Physik, Elektrotechnik und nicht zuletzt die Wirtschafts- und Sozialwissenschaften erfährt.

Andererseits hat sich das Software Engineering als Verfahrenstechnik der Systementwicklung etabliert, an die bestimmte Erwartungen geknüpft werden:

❑   Implementationsrationalisierung von Software-Systemen

❑   Qualitätssteigerung von Software-Systemen

❑   Effizienzerhöhung bei der Wartbarkeit von Software-Systemen

Neben den Einflußfaktoren Kosten und Zeit liegt diesen Anforderungen vor allem die angestrebte Qualitätsoptimierung von Software-Produkten zugrunde. Die Qualität von Software-Produkten wird wie die von Gütern oder Dienstleistungen generell durch ein Spektrum von Eigenschaften gebildet, die für ihren Einsatz und ihre Nutzung maßgeblich sind. In der Literatur werden dazu im wesentlichen genannt (vgl. Boehm [2], Gewald et al. [3], Kargl [4]):

- ❏ Benutzerfreundlichkeit: Erlernbarkeit und Handhabbarkeit eines Software-Produktes

- ❏ Funktionsabdeckung: Übereinstimmung von geforderten mit vorhandenen Funktionen des Software-Produktes

- ❏ Portabilität: Eignung des Software-Produktes für unterschiedliche Systemumgebungen

- ❏ Robustheit: Art und Weise des Reagierens von Software-Produkten auf interne Fehler oder Bedienungsfehler

- ❏ Sicherheit: Art und Weise der Gestaltung von Maßnahmen zum Schutz eines Software-Produktes gegen unberechtigten Zugriff und Zerstörung

- ❏ Wartungsfreundlichkeit: Art und Weise der Gestaltung von Maßnahmen zum Anpassen und Pflegen eines Software-Produktes

- ❏ Verbrauchsverhalten: Ausmaß der Inanspruchnahme von Komponenten des Umsystems durch ein Software-Produkt

- ❏ Zeitverhalten: Ausmaß von Lauf- und Reaktionszeit eines im Einsatz befindlichen Software-Produktes

Die Nutzbarmachung der wissenschaftlichen Grundlegungen im Software Engineering für die Praxis und die Umsetzung der Qualitäts-, Kosten- und Zeitanforderungen in reale Software-Projekte erfolgen über eine Reihe von Vorgehens- und Verhaltensgrundsätzen, die sich im Laufe der Zeit als Prinzipien der Software-Entwicklung herausgebildet haben.

Gewald et al. definieren Software Engineering als "die genaue Kenntnis und gezielte Anwendung von Prinzipien, Methoden und Werkzeugen für die Technik und das Management der Software-Entwicklung und -Wartung auf der Basis wissenschaftlicher Erkenntnisse und praktischer Erfahrungen sowie unter Berücksichtigung des jeweiligen ökonomisch-technischen Zielsystems". (Gewald et al. [3])

In den folgenden Kapiteln 1.2 und 1.3 werden die diesem Buch zugrundeliegenden Prinzipien und Methoden der Software-Entwicklung kurz dargestellt, um dann in Kapitel 1.4 die daraus resultierenden, konkreten Handlungsrichtlinien für den Cobol-Entwickler abzuleiten. Der interessierte Leser kann sich über diesen Themenbereich durch folgende Quellen näher informieren:

❑   Streller, Kay: Begriffe aus dem Bereich der Softwaretechnik. In: WISU, 21. Jg. (1992), S. 549-550 [6]

❑   Kargl, H.; Dischinger, G.; Schaaf, M.: Prinzipien und methodische Ansätze zur Konstruktion von betrieblicher Anwendungssoftware. In: WISU, 20. Jg. (1991), S. 439-442 und S. 507-511 [5]

1.2   Prinzipien, Methoden und Techniken - Ein Überblick

Die Begriffe "Prinzip", "Methode" und "Werkzeug" werden in der Literatur sehr unterschiedlich benutzt und verschieden weit gefaßt. Als Unterscheidungskriterium für Prinzipien, Methoden und Werkzeuge soll hier der Abstraktionsgrad betrachtet werden, in dem der Software-Entwickler durch Vorgehens- und Verhaltensvorschriften festgelegt wird.

Die Definition des Begriffs "Prinzip" erfolgt mit Gewald et al. [3] als "allgemeingültiger Grundsatz des Denkens oder Handelns im Sinne einer Norm". Auf den Prinzipien der Software-Konstruktion bauen verschiedene Methoden der Software-Konstruktion auf.

Balzert [1] definiert eine Methode als "planmäßig angewandte, begründete Vorgehensweise zur Erreichung von festgelegten Zielen". In Kapitel 1.3 wird auf einer höheren Ebene ein methodischer Ansatz aus der Systemtheorie abgeleitet, der in der konkreten Methode des Phasenkonzepts als Vorgehensweise im Sinne Balzerts kulminiert.

Unter einem Werkzeug schließlich wird jedes Hilfsmittel - nicht nur Hard- oder Software - verstanden, das eine Methode ganz oder teilweise unterstützt. Kapitel 1.4 gruppiert - wiederum auf einer höheren gedanklichen Ebene - die Funktionen von Werkzeugen als Entwurfstechniken, die die Prinzipien der Software-Entwicklung realisieren.

Konkrete Werkzeuge, Hilfsmittel (Software-Entwicklungsumgebungen)	

- Schrittweise Verfeinerung (Abstraktion) - Beschränkung der Strukturblockarten (Strukturierung) - Blockkonzept (Modularisierung)	- Modulprogrammierung/-test - Integration Gesamtsystem - Test, Installation, Wartung
Strukturierter Entwurf	Strukturierte Implementierung

Trennung von Essenz und Inkarnation (i.e.S.)

Normierte Programmierung	Strukturierte Programmierung	Objektorientierter Entwurf

Entwurfstechniken

Methoden: Phasen-, Versionenkonzepte, Prototyping, ...

Systemtheorie	Istzustandsorientiert versus sollzustandsorientiert	Inside-out-orientiert versus outside-in-orientiert	Funktionsorientiert versus datenorientiert

Methodische Ansätze

P R I N Z I P I E N

Abstraktion	Strukturierung	Modularisierung	Trennung Essenz und Inkarnation	Konstruktive Voraussicht

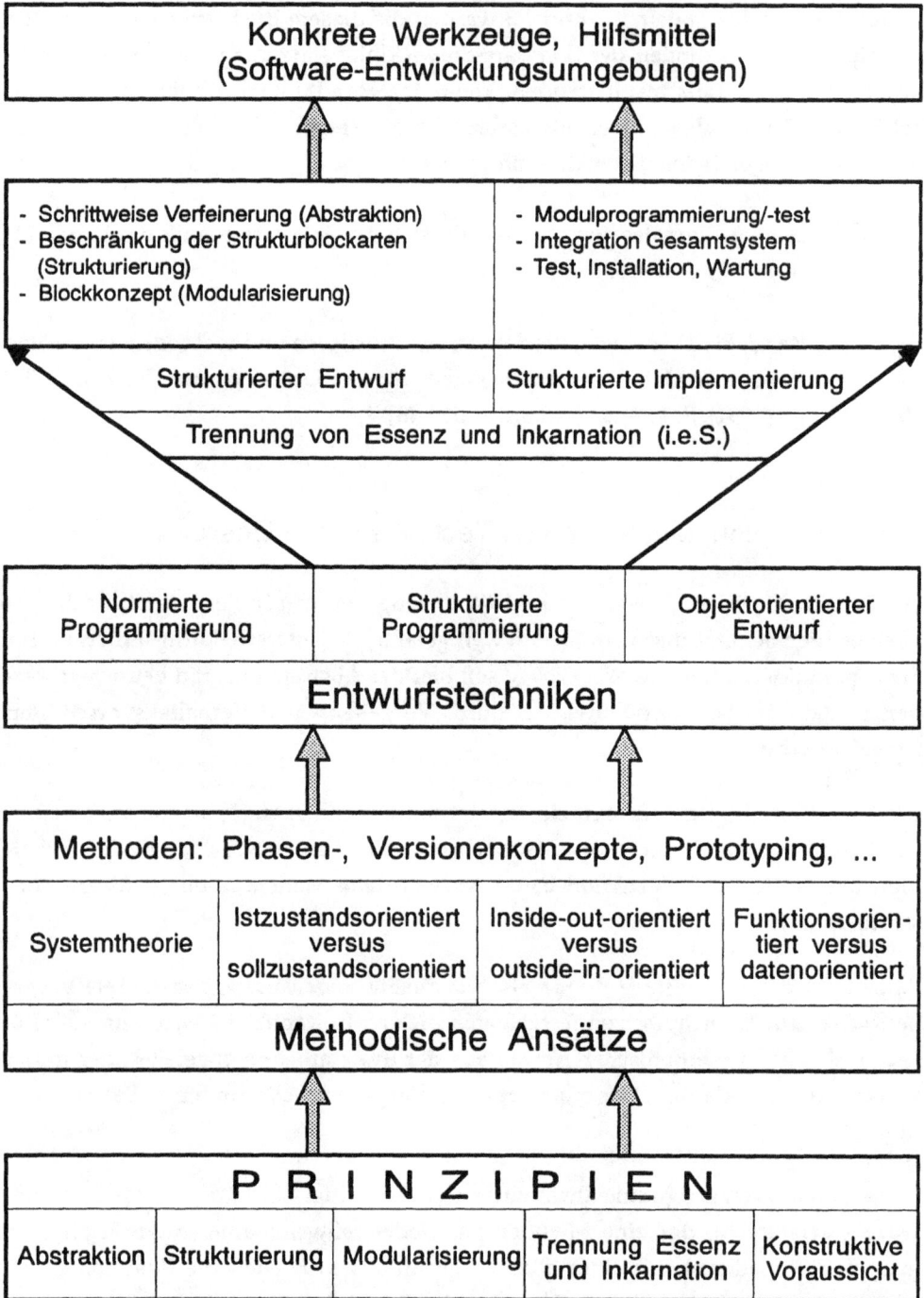

Abb. 2: Überblick Prinzipien, Methoden, Techniken und Werkzeuge

Prinzip der Abstraktion

Eines der wesentlichsten Prinzipien bei der Software-Entwicklung ist das Prinzip der Abstraktion. Abstraktion bedeutet die Beschränkung der Betrachtung auf die wesentlichen Aspekte einer Problemstellung. Dies sagt aus, daß konkret-dingliche und unwichtige Einzelheiten im Hinblick auf eine anfängliche Modellbildung im Rahmen der Erstellung eines Software-Produktes nicht berücksichtigt werden. Hierarchisch gestufte Abstraktionsebenen verfeinern das Modell schrittweise in Richtung der Konkretion als dualem Begriff zur Abstraktion. Ziel ist es, durch sinnvolles Abstrahieren die Komplexität einer umfassenden Problemstellung zu reduzieren und konkretisierende Aktivitäten, sprich die Software-Implementation, im inhaltlichen Rahmen des Software-Entwicklungsprojektes so lange wie möglich hinauszuzögern.

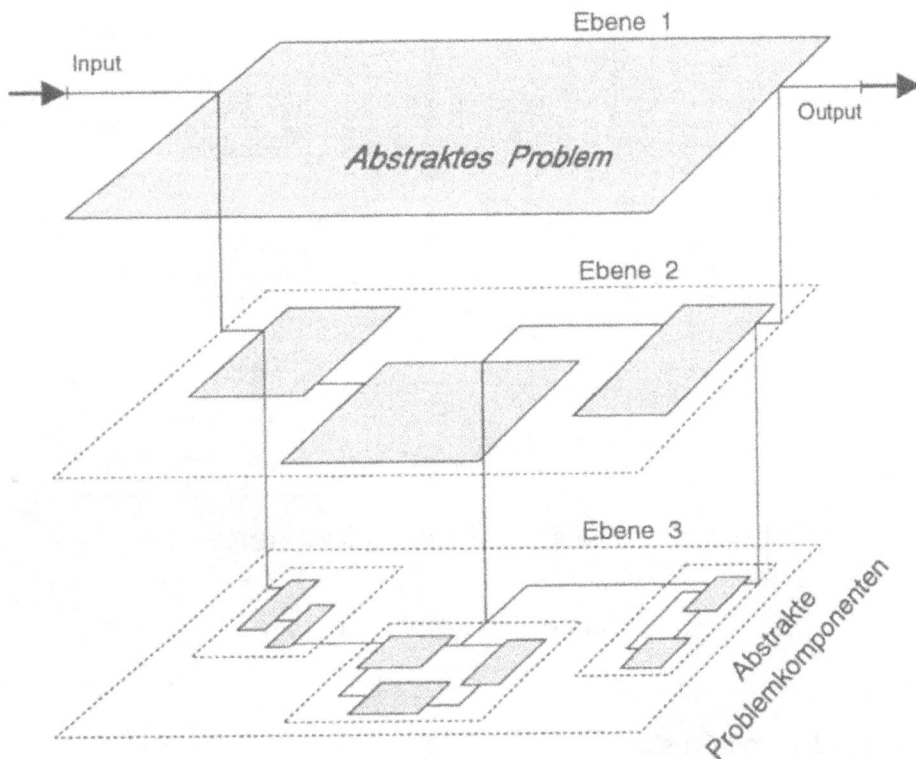

Abb. 3: Abstraktionsstufen

Prinzip der Strukturierung

Das Prinzip der Strukturierung besagt, daß alle Dokumentationen und Tätigkeiten, die im Rahmen eines Software-Entwicklungsprozesses anfallen, eine
klare und nachvollziehbare Struktur aufweisen sollen. Unter Struktur wird hier
ein Gefüge verstanden, das aus wechselseitig voneinander abhängigen Teilen
besteht, die einer eindeutigen Gliederung unterliegen. Im wesentlichen verlangt
dieses Prinzip die sukzessive Zerlegung der umfassenden Problemstellung in
Subsysteme, Teilaufgaben und Einzelkomponenten, bis nicht mehr zerlegbare
logische Verarbeitungseinheiten zur Codierung des Problemlösungsprozesses
in einer Programmiersprache herausgebildet sind. Eine so gewonnene hierarchische Struktur kann als Baum- oder Netzstruktur dargestellt werden.

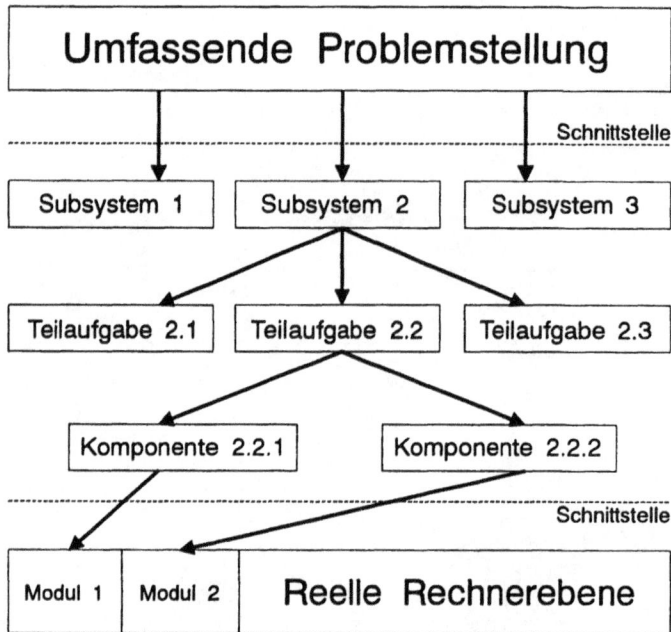

Abb. 4: Hierarchische Struktur

Prinzip der Modularisierung

Das Prinzip der Modularisierung verlangt, die im Prozeß der Strukturierung
entstehenden Subsysteme, Teilaufgaben und Einzelkomponenten exakt abzu-
grenzen und nur solche Fakten zusammenzufassen, die zu einer funktionalen
Einheit gehören. Moduln sollen logisch in sich abgeschlossene Bausteine sein,

die sich zu größeren Systemen zusammensetzen lassen, ohne das innere Verhalten der verknüpften Moduln kennen zu müssen (keine Seiteneffekte). Die Kommunikationsbeziehungen eines Moduls zu seiner Umgebung werden in einer Schnittstelle beschrieben. Diese Schnittstelle soll gemäß dem von Parnas formulierten Geheimnisprinzip (Information hiding) möglichst wenig über die inneren Abläufe im Modul preisgeben. Eine starke Modularisierung ist dann erreicht, wenn die Beziehungen zwischen verknüpften Moduln minimal und die Bindungen innerhalb eines Moduls möglichst stark sind. Die Eigenständigkeit eines jeden Moduls wirkt sich positiv auf die Modifikations- und Pflegemöglichkeiten eines modularen Gesamtsystems aus; die Auswirkungen einer internen Modulmodifikation bleiben lokal begrenzt, Fehlfunktionen des Gesamtsystems sind leicht zu identifizieren und zu beheben. Sinnvolle Modularisierung wird zudem die Entwicklungszeit des Gesamtsystems verkürzen, da Moduln einzeln entwickelbar, prüfbar und verständlich sind.

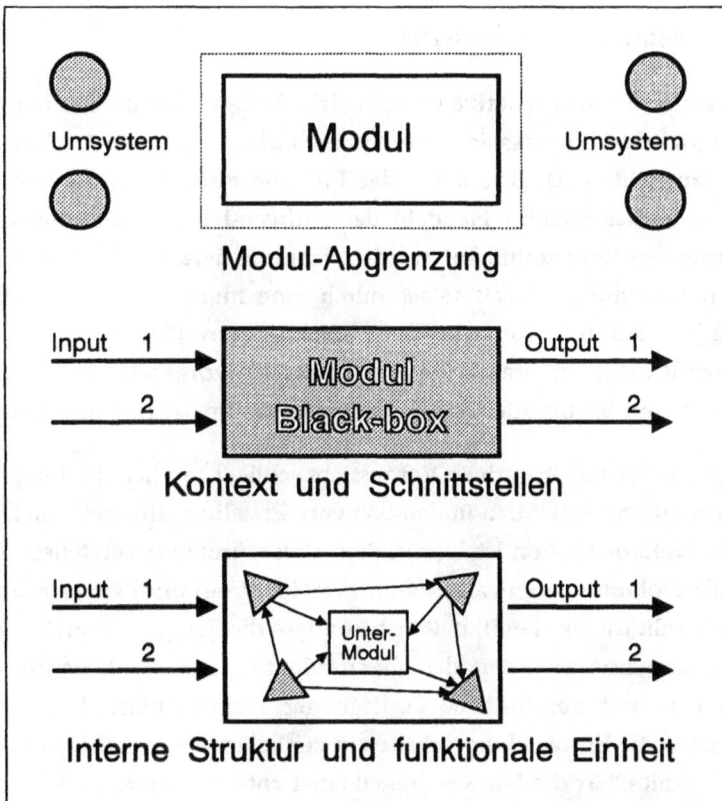

Abb. 5: Modularisierung

Prinzip der Trennung von Essenz und Inkarnation

Dieses Prinzip fordert, daß bei der Entwicklung eines Software-Produktes die fachlichen Anforderungen, die von der Benutzerseite her an das Software-Produkt gestellt werden - die "Essenz" - von deren physischer bzw. DV-technischer Realisierung - der "Inkarnation" - strikt zu trennen sind.

Der Prozeß der Analyse und Darstellung der grundlegenden Anforderungen an ein Software-Produkt abstrahiert somit von den späteren Implementierungsmodalitäten; einerseits, um die Überschaubarkeit des Systems zu verbessern, andererseits, um eine frühzeitige Festschreibung des gesamten Funktionsumfanges oder der Interna einzelner Funktionen zu verhindern. Der Aufwand für nachträgliche Änderungen und Erweiterungen steigt, je stärker das Gesamtsystem bereits DV-technisch realisiert wurde.

Prinzip der konstruktiven Voraussicht

Das Prinzip der konstruktiven Voraussicht besagt, daß bereits bei den ersten Entwurfsschritten für das Software-System auf dessen Änderbarkeit und Wartbarkeit zu achten ist. Schon bei der Planung eines Software-Produktes soll durch vorausschauendes Handeln der Aufwand für Qualitätssicherung und Projektmanagement minimiert werden. Insbesondere wird es notwendig, den Software-Erstellungsprozeß selbst durch eine methodische Standardisierung für alle Beteiligten klar ersichtlich zu strukturieren. Unternehmensintern können dazu Richtlinien, Standards oder Methoden vorgeschrieben werden; auch der Einsatz nur bestimmter Entwicklungswerkzeuge ist hier denkbar.

Das Prinzip der konstruktiven Voraussicht schließt folglich die Integration aller Dokumentationsaktivitäten in den Software-Erstellungsprozeß ein. Die Integration der Dokumentation ist hier in doppeltem Sinne zu verstehen. Zum einen wird die Dokumentation als Kommentar im Programm-Code räumlich integriert (Lokalität). Das heißt, daß insbesondere die Programmquelltexte entsprechend kommentiert werden, daß aber darüber hinaus sämtliche Entwürfe, Entwicklungen und verbindliche Festlegungen dokumentarisch vervollständigt werden. Da die Entwicklungsarbeiten in zeitlichen Phasen ablaufen, ergibt sich daraus unmittelbar die Notwendigkeit einer entsprechenden zeitlichen Integration der Dokumentation durch fortlaufende Aufzeichnung aller Aktivitäten und deren Ergebnisse.

1.3   Der systemtheoretische Ansatz zur Software-Konstruktion

Eine Methode, also eine planmäßig angewandte und festgelegte Vorgehensweise, soll ein systematisches Arbeiten ermöglichen, indem sie Leitlinien zu Problemanalyse, -strukturierung und -lösung vorgibt. Bei komplexen Problemstellungen wie in der Software-Entwicklung kann eine umfassende Betrachtung aller relevanten Faktoren nur durch ein methodisches Vorgehen gewährleistet werden. Dazu wurden verschiedene methodische Ansätze entwickelt, die sich jeweils auf Teilaspekte der Software-Entwicklung beziehen. An dieser Stelle soll in kurzer Form der häufig verwendete, aus der Systemtheorie abgeleitete methodische Ansatz vorgestellt werden.

In der Systemtheorie wird ein System - d.h. eine Gesamtheit von Elementen und Beziehungen - ganzheitlich betrachtet: Einzelne Aspekte werden nicht isoliert gesehen, sondern in ihren Wirkungszusammenhängen. Eine geeignete Strukturierung, z.B. mit Hilfe der Black-box-Betrachtung, ermöglicht es aber, einzelne Systemkomponenten gesondert zu behandeln.

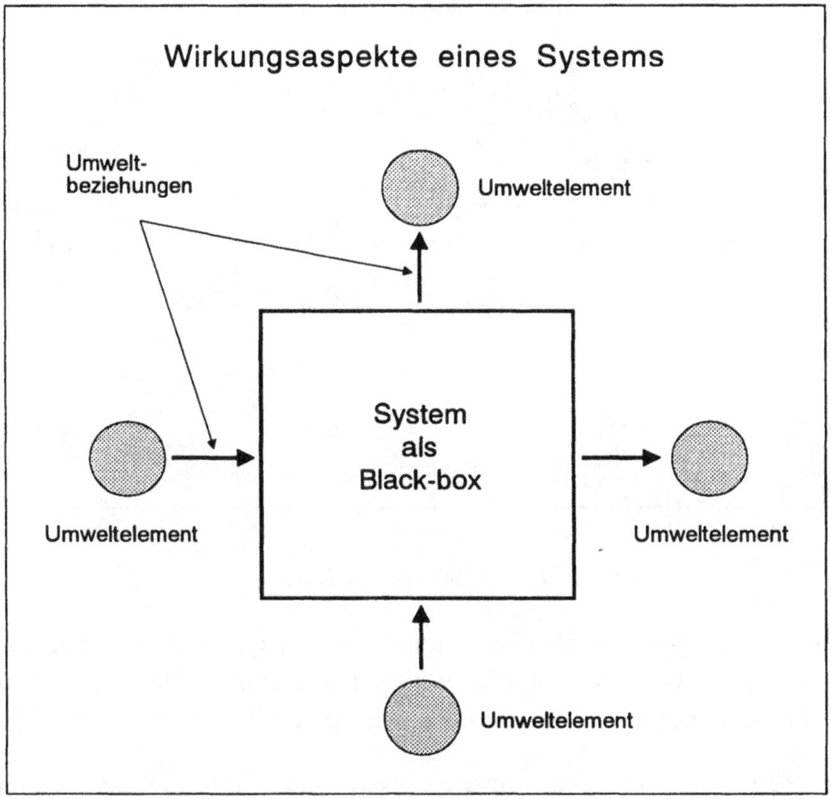

Abb. 6: Wirkungsanalyse

In einem ersten Schritt wird ein (Gesamt-)System gegenüber seiner Umwelt eindeutig abgegrenzt. Dabei interessieren zunächst nur die Wechselwirkungen und damit die Schnittstellen zwischen System und Umwelt. Durch die darauffolgende Analyse der inneren Gesamtsystemstruktur werden Subsysteme gebildet, die wiederum durch Schnittstellenspezifikationen beschrieben werden. Im Wechselspiel von Wirkungs- und Strukturanalyse werden im weiteren alle Subsysteme schrittweise zerlegt, bis keine Subsystembildung mehr sinnvoll ist.

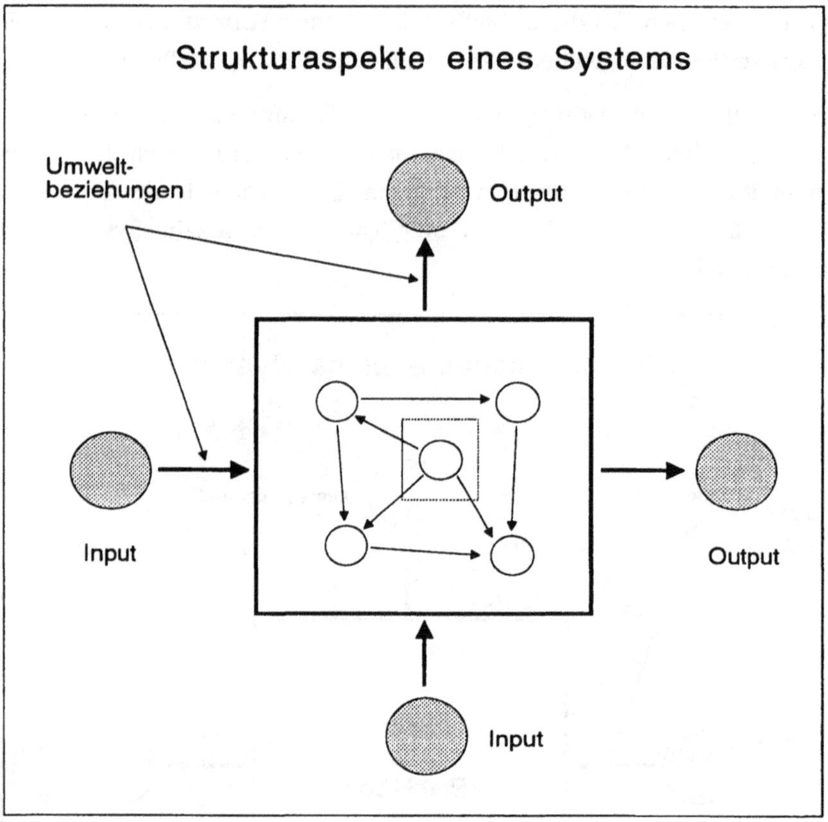

Abb. 7: Strukturanalyse

Die Umsetzung dieses methodischen Ansatzes aus der Systemtheorie in eine konkrete Methode erfolgt in der Software-Entwicklung über prozessuale Vorgehensmodelle wie das Phasenkonzept, das Versionenkonzept oder das Prototyping.

Die Bestrebungen, eine ingenieurmäßige Verfahrenstechnik auf die Software-Entwicklung zu übertragen, führten dazu, daß heute die Entwicklung moderner Anwendungssoftware größeren Umfanges in der Mehrzahl der Fälle zumindest in Anlehnung an ein Phasenkonzept erfolgt. Die innerhalb eines Entwicklungsprojektes anfallenden Tätigkeiten werden dabei gruppiert und in ihrer Verrichtungsreihenfolge idealtypisch festgelegt. Jede Tätigkeitsgruppe erzeugt ein formal fest definiertes Zwischenprodukt, das als Ausgangsbasis für die nächstfolgende Tätigkeitsgruppe dient. Anhand dieser Meilensteinfunktion der Zwischenprodukte kann der gesamte Entwicklungsprozeß in zeitlich und inhaltlich aufeinanderfolgende Phasen eingeteilt werden. Jede Phase gliedert sich wiederum in Tätigkeitsplanung, -durchführung und -kontrolle.

Die phasenintegrale Projektkontrolle bewirkt in der Praxis zumeist ein Durchbrechen der idealisierten, produktbezogenen Phasenabfolge. Durch die unabdingbaren Qualitätssicherungsaktivitäten einer jeden Phase können zeitliche Überlappungen der einzelnen Phasen und Rückkopplungen zwischen ihnen kaum vermieden werden.

Die weite Verbreitung des Phasenkonzeptes ist dadurch erklärbar, daß es einige sehr nützliche Eigenschaften aufweist:

❑ Die Phaseneinteilung gestaltet den gesamten Entwicklungsprozeß in einer durchschaubaren und übersichtlichen Struktur.

❑ Diese Struktur erleichtert die Planung, Steuerung und Organisation des Gesamtprojektes durch das Projektmanagement.

❑ Durch die Minimierung von Rekursionen in der Phasenabfolge wird eine "geradlinige", d.h. kontrollier- und kalkulierbare Durchführung des Entwicklungsprozesses erreicht.

❑ Die Analyse- und Entwurfstätigkeiten erhalten im Phasenkonzept gegenüber den realisierenden Tätigkeiten ein stärkeres Gewicht. Das, "Was" erstellt werden soll, ist vor dem "Wie" zu klären.

Im Laufe der Entwicklung haben sich viele Ausprägungen des Phasenkonzeptes in Form von konkreten Phasenmodellen herausgebildet. Die verschiedenen Autoren legen dabei jeweils die geschilderte produktbezogene Phasenstufung zu Grunde, beziehen sich jedoch auf unterschiedliche Phaseneinteilungen des Gesamtentwicklungsprozesses. Grundsätzlich sind alle Phasenmodelle in ihrem Aufbau an der Schrittfolge von allgemeinen Problemlösungsprozessen Entscheidungsvorbereitung, Entscheidung, Vollzug, Kontrolle ausgerichtet.

An dieser Stelle soll beispielhaft das Phasenmodell von Kargl [4] kurz dargestellt werden.

Phase	Tätigkeiten	Zwischenprodukt
1. Situationsstudie	Problemerkennung	Projektvorschlag
2. Fachkonzeption	Anforderungsermittlung	Fachliches Basiskonzept
	Anforderungs-spezifizierung	Fachliches Detailkonzept

Fachliche Sicht

Konstruktive Sicht

3. System-konzeption	Programmsystementwurf	Programmstruktur
	Datensystementwurf	Datenstruktur
	Hardware-Systementwurf	Hardware-Konfiguration
4. System-realisierung	Programmierung	Programmierte Moduln
	Integration	Montierte Programm-Moduln
	Systemtest	Getestetes Programmsystem
5. System-anwendung	Installation	Nutzungsbereite Software
	Wartung	Gewartete Komponenten

Abb. 8: Phasenmodell (Kargl [4])

❏   *Situationsstudie*
Die Phase der Situationsstudie hat die Aktivitäten zum Gegenstand, die vor
dem eigentlichen Projektbeginn liegen und die zur Problemerkennung und Er-
arbeitung eines Projektvorschlages notwendig sind. Der Projektvorschlag als
Ergebnis (Zwischenprodukt) dieser Phase gibt eine zunächst noch umrißhafte
Vorstellung von geeigneten Lösungsmöglichkeiten erkannter Probleme.

❏   *Fachkonzeption - Anforderungsermittlung*
Mit der Fachkonzeption ist der eigentliche Projektbeginn verbunden. In der
Teilphase der Anforderungsermittlung wird das betroffene Aufgabenfeld mit
dem Ziel analysiert, die erforderlichen fachlichen Leistungen einer geplanten
DV-Unterstützung zu definieren und zu einem fachlichen Basiskonzept als Pha-
senergebnis (Zwischenprodukt) zusammenzustellen.

❏   *Fachkonzeption - Anforderungsspezifizierung*
In der Teilphase der Anforderungsspezifizierung wird das fachliche Basiskon-
zept zu einem Detailkonzept aus fachlicher Sicht ausgearbeitet. Das fachliche
Detailkonzept als Phasenergebnis (Zwischenprodukt) beschreibt die aufgaben-,
technik- und benutzerspezifischen Anforderungen, die an das zu entwickelnde
Software-Produkt gestellt werden. Gestaltungsobjekt sind hierbei vorrangig In-
formations- und Vorgangsstrukturen sowie die Benutzerschnittstelle zum DV-
Anwendungssystem.

❏   *Systemkonzeption*
Mit der Systemkonzeption beginnt die konstruktive Sicht auf den Gestaltungs-
gegenstand. Der Systementwurf als Phasenergebnis (Zwischenprodukt) doku-
mentiert die DV-Infrastruktur des Software-Produktes durch die Definition des
Daten-, Programm- und Hardware-Systems.

❏   *Systemrealisierung*
Die Systemrealisierung hat die Programmierung der in der vorangegangenen
Phase definierten Software-Bausteine, deren integrative Verbindung zum gesamten DV-Anwendungssystem sowie dessen Funktionstest zum Gegenstand.
Als Phasenergebnis (Endprodukt; zu interpretieren als spezielles Zwischenprodukt) wird das ausgetestete Programmsystem in den letzten Abschnitt des Software Life Cycle, die Systemanwendung, weitergereicht.

Weitere allgemeingültige methodische Ansätze werden durch die Begriffspaare "ist-
zustandsorientiert vs. sollzustandsorientiert", "Outside-in vs. Inside-out" und "funk-
tionsorientiert vs. variablenorientiert" beschrieben. Zur näheren Information sei auch
hier auf die in Kapitel 1.1 erwähnte Quelle Kargl/Dischinger/Schaaf [5] verwiesen.

1.4   Techniken der Software-Konstruktion

1.4.1   Strukturierte Programmierung

Nach Fertigstellung der Fachkonzeption (fachliche Sicht mit dem Ergebnis des fachlichen Detailkonzeptes) beginnt die konstruktive Sicht auf das zu entwickelnde Software-System.

Erfahrungen aus der Praxis zeigen, daß die Ursachen für viele erst beim späteren Software-Einsatz sichtbar werdende Fehler durch eine mangelnde Entwurfsarbeit vor der Programmierung bedingt sind. Die Forderung nach einer programmiersprachenunabhängigen Software-Konzeption, die der Codierung in der Phase der Systemrealisierung vorangeht, bedeutete für viele Programmierer jedoch einen Bruch mit der Vergangenheit. Sie waren gewohnt, vor allem schnellen Code zu erstellen, der wenig Rechnerressourcen benötigt. Derartige Bemühungen resultierten zumeist in schwer les- und wartbaren Programmen. Zwar versuchten schon Ende der 60er Jahre einige EDV-Hersteller und -Anwender, durch die Festschreibung der "Normierten Programmierung" gegenzusteuern, mußten aber sehr rasch feststellen, daß ein Bündel von Regeln zur Vereinheitlichung des Programmaufbaus bei kommerziellen Problemlösungsverfahren die Effizienz der Entwicklungsarbeit nur vordergründig verbessern konnte. Die Normierte Programmierung setzte als Strukturierungswerkzeug zu nahe an der eigentlichen Programmierung an, um korrektiv für einen bereits erfolgten Planungsprozeß fungieren zu können.

Ziel einer vorgelagerten Systemkonzeption als "Programming in the large" ist es daher, Funktions- und Datenstrukturen von Software-Systemen vor der Realisierung (Codierung) klar zu definieren. Zum einen soll dadurch die vollständige Umsetzung der festgelegten fachlichen Systemleistungen gefördert werden, zum anderen verspricht eine kontrollierte Programmkomplexität Produktivitätssteigerungen in den Bereichen der Modifikation, Erweiterung und Wartung von Software-Systemen.

Zentraler Begriff für die Vorgehensweise in der Systemkonzeption ist die "Strukturierte Programmierung". Nach dem Prinzip der Trennung von Essenz und Inkarnation als generellem Prinzip des Software Engineering werden heute für die Strukturierte Programmierung zwei sich ergänzende Aspekte unterschieden:

- ❏   Strukturierter Entwurf
- ❏   Strukturierte Implementierung

Unter strukturiertem Entwurf sind alle Entwicklungsschritte zu verstehen, die mit der Beschreibung der Gesamtfunktion eines Software-Systems einsetzen und mit der

Beschreibung der Einzelfunktionen von Systembausteinen enden. Von der Konkretisierung der Funktionen in einer Programmiersprache wird hier allerdings noch abge-
sehen. Die erforderlichen Aktivitäten werden im vorgestellten Phasenmodell durch
die Phase der Systemkonzeption repräsentiert, in der die DV-Infrastruktur mit Pro-
gramm-, Daten- und Hardware-System entworfen wird.

Im Rahmen des Programmsystems wird die Gesamtfunktion in Teilfunktionen zerlegt, die Teilfunktionen werden in Komponenten gegliedert und die Komponenten
wiederum in logische Verarbeitungseinheiten (terminale Komponenten) aufgeteilt.
Als Darstellungs- und Hilfsmittel können dazu Baumdiagramme und Struktogramme (siehe Kapitel 1.4.6 ff.) eingesetzt werden.

Die Gestaltung des Datensystems drückt sich vorrangig in der Modellierung einer
der Funktionsstruktur angepaßten, problemorientierten Datenbasis aus. Der gegen-
seitige Abstimmungsbedarf macht dabei die parallele Entwicklung von Programm-
und Datensystem erforderlich. Die Jackson-Notation (siehe Kapitel 1.4.8) leistet hier
gute Dienste.

Eine Beschreibung des Hardware-Systems für die zu entwickelnde Software besteht
in dieser Phase aus der Festlegung der benötigten Rechnerressourcen. Die exakte
Spezifikation des Hardware-Systems ist im Rahmen dieser Ausführungen nicht Gegenstand des zu vermittelnden Stoffes.

Unter Strukturierter Implementierung werden alle Tätigkeiten zusammengefaßt, die
mit der Codierung von Systembausteinen beginnen und mit der Übergabe eines Bau-
steinverbundes als ausgetestetes Gesamtsoftware-System enden. Codierung, Integration, Implementierung und Test fallen im betrachteten Phasenmodell in den Bereich
der Systemrealisierung. Basierend auf den nachfolgend erläuterten Entwurfstechniken, bilden die Aktivitäten der Realisierungsphase den Schwerpunkt dieses Buches
in den Kapiteln 2 bis 10.

Die Strukturierte Programmierung wird demzufolge in erster Linie durch sinnvolle
Entwurfstechniken charakterisiert und erst nachrangig durch Programmiertechniken
ausgefüllt. Der Entwurf eines Software-Systems nach Maßgabe der Strukturierten
Programmierung kann unter Anwendung der folgenden Entwurfstechniken realisiert werden:

- ❏ Schrittweise Verfeinerung
- ❏ Beschränkung der Strukturblockarten
- ❏ Blockkonzept
- ❏ Standardisierung

Die Kapitel 1.4.2 bis 1.4.11 beschreiben die Umsetzung der Konstruktionsprinzipien
aus Kapitel 1.2 in einen Systementwurf und darauf aufbauend in das fertige Programmsystem. Dies geschieht im prozessualen Rahmen des geschilderten Phasenmo-
dells und unter Berücksichtigung des dargelegten methodischen Ansatzes aus der
Systemtheorie. Ausgehend vom Phasenergebnis des fachlichen Detailkonzeptes werden dabei die Entwurfstechniken als Konkretion der Konstruktionsprinzipien anhand durchgängiger Problemstellungen angewendet. Demonstrationsbeispiele und
Übungsaufgaben zeigen anhand ausgewählter Entwurfsdarstellungsmittel und bei-
spielhafter Cobol-Programme, wie die Techniken in die Praxis umgesetzt werden
können.

1.4.2   Schrittweise Verfeinerung

Die vorhergehenden Ausführungen zeigen, daß sich hinter "Programmieren" mehr
verbirgt als das Umsetzen einer vorgegebenen Aufgabe in eine Programmiersprache.
Das "Programmieren" ist nur der finale Teil eines Problemlösungsprozesses, der eine
mehr oder weniger komplexe Aufgabenstellung in ein praktikables DV-Anwendungssystem umsetzt. Da Komplexität i.d.R. durch Abstraktion bewältigt wird, besteht hier die Lösungsstrategie in dem Ansatz, zu Beginn des Prozesses nur die für
eine Aufgabenstellung primär relevanten Tatbestände zu berücksichtigen und von
konkreten Einzelheiten zu abstrahieren. Das Prinzip der Abstraktion findet hier seinen Niederschlag im Weg vom Allgemeinen zum Speziellen.

In einer hierarchischen Struktur dominieren übergeordnete Fakten die untergeordneten. Im Bereich des Software-Entwurfs wird diese Strategie "Schrittweise Verfeinerung" (stepwise refinement) genannt. Ein Software-System, das durch schrittweise
Verfeinerung entworfen wurde, besteht aus hierarchischen Schichten, in diesem
Kontext als Abstraktionsstufen bezeichnet. Die oberen Schichten verkörpern Pro-
blemnähe, die unteren Schichten Maschinennähe und damit die Schnittstelle zur
Rechnerebene.

Auf den problemnahen Ebenen wird eine Aufgabe top-down in Subsysteme, Teilaufgaben und logische Komponenten zerlegt (d.h. schrittweise verfeinert), die in sich
abgeschlossen sind und bestimmte, abgegrenzte Funktionen erfüllen. Auf den ma-
schinennahen Ebenen entstehen Programmbausteine, die logische Komponenten
ausführen und zu einem Gesamtsystem zusammenmontiert werden können. Das
Abstraktionsstufenmodell resultiert in einer top-down gerichteten Baumstruktur,
wobei der Grad der Konkretisierung eines Problems von oben nach unten zunimmt.

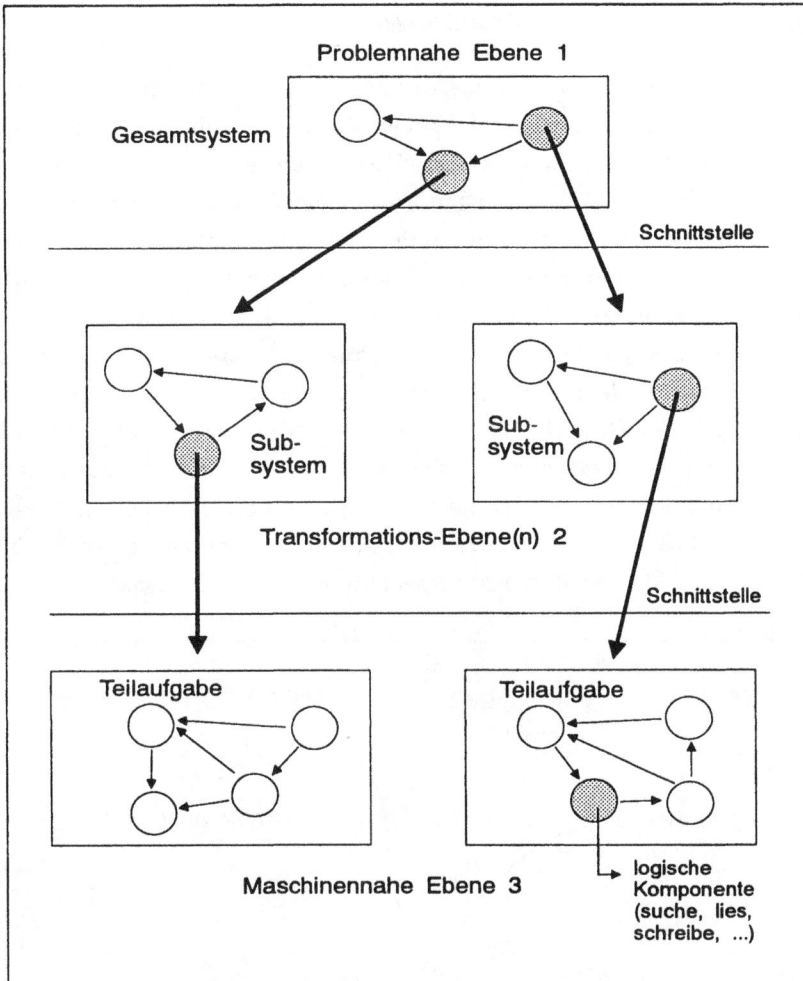

Abb. 9: Hierarchische Strukturierung

Es muß dabei sichergestellt sein, daß der Top-down-Entwurf auf der untersten Ab-
straktionsstufe Anweisungen zuläßt, die durch die jeweils verwendete Programmiersprache codierbar sind. In der Praxis kann der Software-Entwurf erfahrungsgemäß
nicht strikt top-down erfolgen. Der Entwickler muß immer auf die Gegebenheiten
der Hardware und eventuell bereits vorhandener Software Rücksicht nehmen. Im
konkreten Fall werden technikkritische Systemkomponenten zuerst entworfen und
getestet, was einem Bottom-up-Vorgehen entspricht. Im weiteren verfeinert der Entwickler das Gesamtsystem top-down, vergröbert es bottom-up und verbindet somit
die Vorteile beider Taktiken. Diese praxisorientierte Mischung wird als Up-down-
Entwurf ("hardest first") bezeichnet.

1.4.3   Beschränkung der Strukturblockarten

Die Technik der schrittweisen Verfeinerung zeigt, wie die umfassende Struktur eines Software-Systems grundsätzlich aufgebaut wird. Die Kontrolle und Standardisierung der internen Zusammensetzung von Funktionen einzelner Systemteile ist Gegenstand der nun folgenden Überlegungen. Nach dem Prinzip der Strukturierung gilt es, ein Maximum an Übersichtlichkeit in der Funktionsabfolge zu erreichen, um die Verständlichkeit des Programmcodes und damit dessen Pflege- und Modifikationsmöglichkeiten zu optimieren. Untersuchungen von Dijkstra gegen Ende der 60er Jahre haben gezeigt, daß die Qualität eines Programmcodes umgekehrt proportional zu der Dichte der verwendeten "GO TO"-Anweisungen (Sprunganweisungen im Programm-Code) ist. Der Grad der Nachvollziehbarkeit und Änderungsfreundlichkeit sinkt demzufolge mit steigender Verflechtung von Funktionskomponenten. Programme im "Spaghetti-junction-Design" weisen eine beträchtliche Unübersichtlichkeit auf, die die Effizienz des involvierten Entwicklungspersonals erheblich verringert und damit den Etat der Entwicklungsabteilung unnötig belastet.

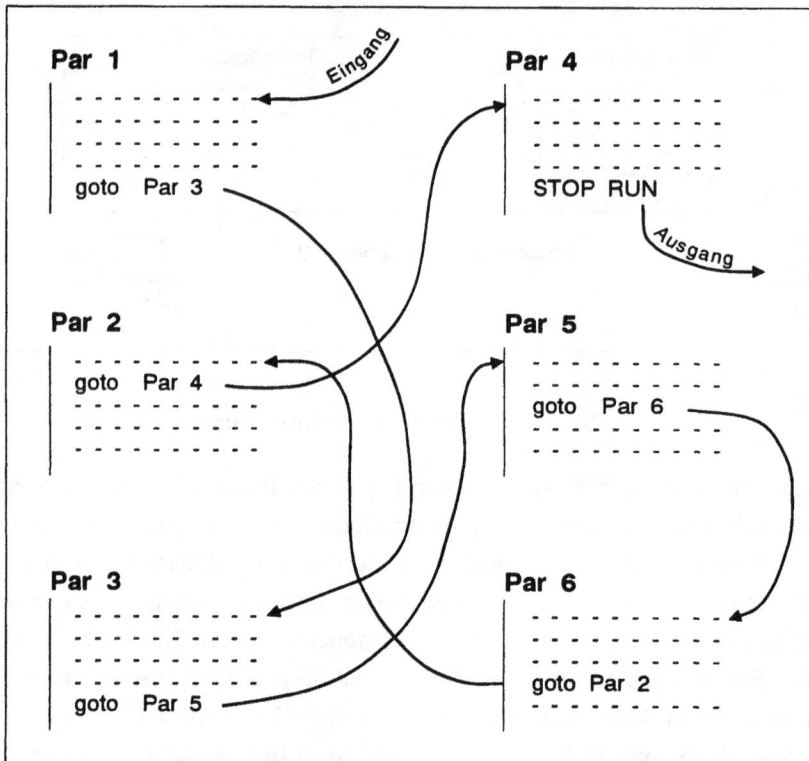

Abb. 10: Spaghetti-junction-Design

Dijkstra forderte daher, die Reihenfolge der Programmbausteine in der Quellcodeno-
tation so weit wie möglich an das dynamische Verhalten eines Programms, das sich
in seiner Funktionsabfolge ausdrückt, anzupassen. Zur Kontrolle dieser Programm-
statik beschränkte Dijkstra gleichzeitig die Anzahl der beim Entwurf und der Codierung zu verwendenden Strukturblockarten auf drei elementare Bausteine, die durch
Kombination die Bildung beliebiger Programmablaufstrukturen zulassen:

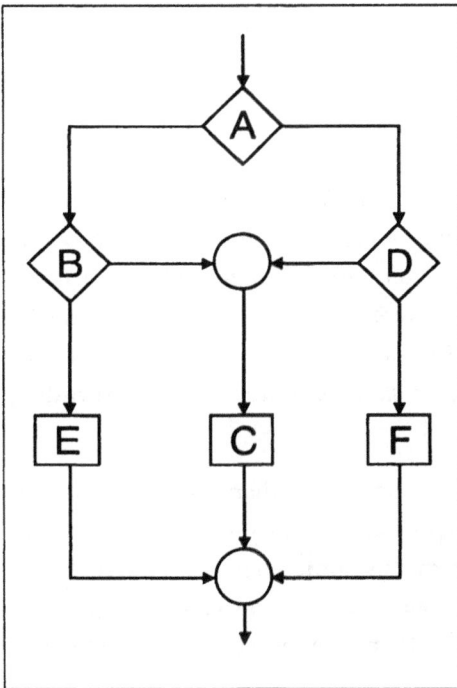

Abb. 11: Unstrukturiert

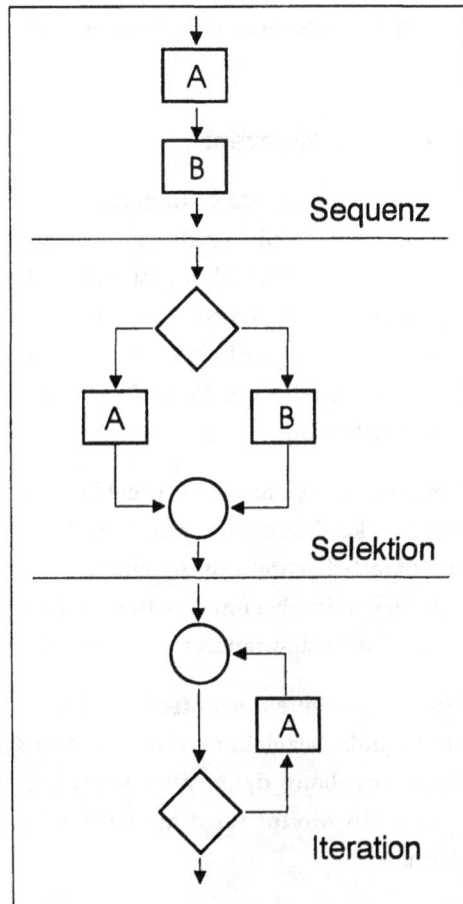

Abb. 12: Strukturiert

❏   *die Sequenz*
    als eine Folge von Systembausteinen,
    die nacheinander ausgeführt werden;

❏   *die Selektion,*
    von der aus im konkreten Fall einer und nur einer von mehreren möglichen
    Funktionszweigen ausgeführt wird;

❏   *die Iteration*
    als einem Baustein, der null-, einmal oder mehrmals hintereinander durchlau-
    fen wird.

Zur Codierung einer in dieser Weise definierten Funktionsabfolge bietet heute jede moderne Programmiersprache die entsprechenden Befehlskonstrukte an. Ein Resultat der programmiersprachenunabhängigen Darstellung eines Software-Entwurfs durch diese Elementarstrukturen ist die Standardisierung von Ablaufabbildungen. Abbildung 12 auf der vorigen Seite zeigt beispielhaft die Grundbausteine in der Notation von Programmablaufplänen (PAP). Im Verlauf der Cobol-Übungen und Demonstrationsbeispiele wird jedoch auf die in Kapitel 1.4.9 erläuterten Struktogramme (Nassi-Shneiderman-Diagramme) zurückgegriffen.

1.4.4 Blockkonzept

Es wurde gezeigt, daß durch die Einführung von Abstraktionsstufen die Komplexität eines Problems bis zu dessen Lösung schrittweise reduziert wird. Auf den oberen Schichten des Abstraktionsstufenmodells wird von Subsystemen, Teilaufgaben und logischen Komponenten gesprochen, auf den unteren Schichten von Systembausteinen. Um den begrifflichen Abstand zwischen Komponenten und Bausteinen zu überbrücken, umreißt der Begriff des Blockkonzeptes den Aufbau und die Verwendung von Bausteinen.

Die Forderung nach dem Blockkonzept bei Entwurf und Codierung besagt, daß Systemblöcke (Bausteine) nur durch nichtüberlappende Aneinanderreihung und vollständige Schachtelung zu einem Gesamtsystem zusammengesetzt werden dürfen. Alle Bausteine besitzen dabei genau einen Eingang und genau einen Ausgang. Es darf keine Systemteile geben, die nicht erreicht oder nie verlassen werden können.

Systembausteine der untersten Modellschicht werden bei der Software-Konstruktion als Moduln bezeichnet. Die Forderung nach dem Blockkonzept läßt sich in diesem Zusammenhang daher als Ausprägung des Prinzips der Modularisierung interpretieren. Ein Modul wird als ein Systembaustein mit folgenden Grundeigenschaften definiert:

❑ *Funktionale Einheit*
Ein Modul realisiert die Funktionen einer oder mehrerer logischer Komponenten durch Quellcode. Eine Funktion wird als abstrakt beschriebener Wirkungszusammenhang zwischen Eingangs-, Ausgangs- und Zustandsgrößen einer Komponente verstanden.

❑ *Kontextunabhängigkeit*
Ein Modul ist ein kontextunabhängiger Systembaustein, der durch einen Namen beschrieben wird, d.h., ein Modul ist in sich logisch abgeschlossen und

eindeutig identifizierbar. Um Moduln zu größeren Gebilden zusammenzusetzen ist es nicht notwendig, das innere Verhalten der beteiligten Moduln zu kennen (keine Seiteneffekte). Andererseits muß das korrekte Arbeiten eines Moduls ohne Kenntnis seiner Einbettung in das Gesamtsystem gewährleistet sein (Black-box). Die vorgenannten Maximen sind unter der Bezeichnung "Geheimnisprinzip" (Information hiding) in die Fachliteratur eingegangen.

❏   *Schnittstelleneindeutigkeit*
Ein Modul besitzt genau einen eindeutig definierten Eingang und genau einen eindeutig definierten Ausgang. Ein- und Ausgänge werden als Import- und Exportschnittstellen bezeichnet. Jede Schnittstelle enthält in einer formal festgelegten Parameterliste eine explizite Vereinbarung der gesamten Kommunikation des Moduls mit seiner Umwelt.

❏   *Eigenständigkeit*
Ein Modul ist unabhängig von anderen Moduln übersetzbar und unter Verwendung eines Testrahmens testbar. Ein Modul ist einzeln entwickelbar, prüfbar, wartbar und verständlich. Zur Verständlichkeit trägt bei, daß ein Modul qualitativ und quantitativ handlich ist, d.h., daß es aus einer überschaubaren Anzahl von Anweisungen besteht.

Die relativ strengen Grundanforderungen an ein Modul werden bei konventionellen Programmiersprachen wie Basic, Cobol, Pascal etc. durch ausgelagerte Prozeduren oder die Unterprogrammtechnik erfüllt. Größere Programme werden in kleinere, abgegrenzte Einheiten zerlegt, indem entweder einzelne Bausteine quellcodeintern vom Hauptprogramm separiert werden oder ganze Funktionsgruppen als eigenständige Programme neben dem Hauptprogramm realisiert werden.

Die Vorteile, die sich aus einem modularen Programmaufbau ergeben, sind vielfältig. Ein kompaktes Modul verbessert die Fehlersuche, da Fehlfunktionen schnell und eindeutig im Programm lokalisiert werden können. Ein modularer Aufbau erleichtert die Durchführung von Änderungen und Wartungsarbeiten, da Moduln problemlos ersetzt oder als Erweiterung in ein Programmsystem eingefügt werden können. Da eigenständige Moduln getrennt voneinander compiliert werden können, verringern sich der Zeitaufwand und die Kosten der Systementwicklung. Das Geheimnisprinzip optimiert die Kommunikationsbeziehungen innerhalb von Programmierteams, da der einzelne Entwickler nur die von der Implementationsumgebung unabhängige Funktion eines Moduls verstehen muß.

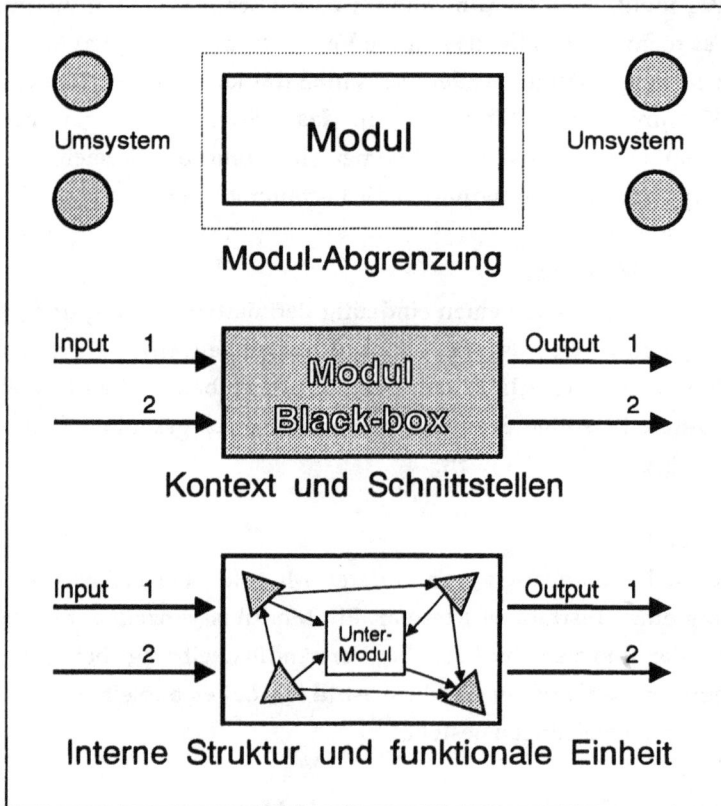

Abb. 13: Modularisierung

1.4.5   Standardisierung

An einem Software-Entwicklungsprojekt arbeiten i.d.R. mehrere Personen mit, die unterschiedliche Teilaufgaben betreuen. Unter dem Blickwinkel der Systemkonzeption und -realisierung bedeutet Standardisierung, daß sich alle Teammitglieder an vorgegebene Richtlinien halten sollen, die den Prozeß der Software-Erstellung regeln (methodische Standardisierung), und die den Aufbau und die inhaltliche Gestaltung der Projektdokumentation festlegen (Dokumentationsstandardisierung).

Beide Arten der Standardisierung lassen sich auf das Prinzip der konstruktiven Voraussicht zurückführen. Eine einheitliche Vorgehensweise beim Erarbeitungsprozeß von Ergebnissen verbessert die Kommunikation im Team und erleichtert die Ergebnisbewertung durch eine bessere Nachvollziehbarkeit für alle Beteiligten. Eine auf diesen Standards aufbauende Modifikation oder Erweiterung eines Software-Systems muß sich auf eine umfassende Beschreibung aller bis dahin erfolgten Entwicklungsaktivitäten stützen können. Erst detaillierte und lokal konzentrierte Informationen zu allen relevanten Sachverhalten (Funktionsbeschreibung, Schnittstellenspezifikation u.ä.) schaffen die Grundlage für eine funktionelle Mehrfachverwendung von Bausteinen. Die formale Standardisierung von Dokumentationen (Programmstruktur, Datenstruktur, Listings etc.) verbessert die Lesbarkeit und Transparenz besonders für projektfremde Entwickler. Solche formalen Normen lassen sich einfach und automatisch durch den Einsatz von Software-Entwicklungsumgebungen erreichen, die die Entwickler von der Situationsstudie vom Anfang eines Software-Projektes bis hin zu den Programmiertechniken bei der Implementation unterstützen. Die ideale Software-Entwicklungsumgebung bietet dabei für jede Phase des Entwicklungsprozesses eine Auswahl zwischen mehreren, inhaltlich aufeinander abgestimmten Methodenbündeln und konkreten Hilfsmitteln.

1.4.6   Darstellungsmittel des Software-Entwurfs

Da ein wesentlicher Teil der Tätigkeit des Entwerfens darin besteht, die getroffenen Entscheidungen und ihre Ergebnisse niederzuschreiben, sind die existierenden Hilfsmittel für das Entwerfen zumeist stark an dieser Dokumentationsaufgabe orientiert. Sie unterstützen dabei z.T. gewisse Entwurfsmethoden, z.B. Nassi-Shneiderman den Entwurf strukturierter Programme, oder helfen, den Programmablauf in leicht verständlicher Form als sprachliche Dokumentation zu vermitteln, wie z.B. Pseudocode.

Im folgenden werden die Hilfsmittel Pseudocode, Jackson-Notation und Struktogramme (Nassi-Shneiderman-Diagramme) dargestellt. Weiterhin seien hier Entscheidungstabellen, Programmablaufpläne (PAP) und Datenflußpläne erwähnt.

1.4.7   Pseudocode

Als Unterstützung für den letzten Schritt des Entwerfens auf der Modulebene wird oft die Niederschrift der Teilfunktionen in einer Sprache - dem Pseudocode - benutzt, die einerseits der Formulierung in natürlicher Sprache noch sehr nahe kommt (man bildet i.a. keine grammatikalisch vollständigen Sätze), andererseits auch schon auf die Ausdrucksmöglichkeiten der verwendeten Programmiersprache Rücksicht nimmt. Die Ausgestaltung "seines" Pseudocodes bleibt im Prinzip jedem Entwickler selbst vorbehalten, es lassen sich hier wenig konkrete Richtlinien angeben. Sprachele-

mente zur Ablaufsteuerung (If then else, case, do while, begin, end etc.) werden häufig allgemein bekannten Programmiersprachen (Basic, Cobol) entnommen und durch
ausformulierte Erläuterungstexte ergänzt. Es gilt jedoch, darauf zu achten, daß ein
einmal definierter Pseudocode-Sprachumfang und dessen Semantik für alle Entwickler eines Teams verbindlich sind. Die einzelnen "Anweisungen" sollten idealerweise
so gestaltet sein, daß sie bei der Codierung eines Moduls in der Programmiersprache
als Kommentare im Quellcode stehen bleiben können.

```
@IF
    Betrag < 3030
@THEN
    Keine Steuer
@ELSE
    @IF
        Betrag < 16020
    @THEN
        Steuer nach
        Proportionalformel 1
    @ELSE
        @IF
            Betrag < 48000
        @THEN
            Steuer nach Formel 1
        @ELSE
            @IF
                Betrag < 130020
            @THEN
                Steuer nach Formel 2
            @ELSE
                Steuer nach Formel 3
            @END
        @END
    @END
@END
```

Abb. 14: Beispiel Pseudocode

1.4.8   Die Jackson-Notation

Eigentlicher Zweck eines jeden Computerprogramms ist die Verarbeitung von ma-
schinell lesbaren Datenbeständen. Vor allem im Wirtschaftssektor werden komplexe
Informationsmengen in vielfältiger Form verarbeitet. Die auf die Daten anzuwendenden Algorithmen sind bei der Massendatenverarbeitung zwar auch von essentieller

Natur, haben aber wegen ihrer relativen Einfachheit nur sekundären Charakter. Den Eingabedaten und vom Programm erzeugten Ausgabedaten kann daher im kommerziellen Bereich eine zentrale Bedeutung zugewiesen werden.

Grundlegende Vorstellung der in der Folge skizzierten, von Jackson entwickelten "Datenstrukturorientierten Entwurfsmethodik" ist, daß jedes Software-Produkt eine hierarchische Struktur aufweist, die mit graphischen Hilfsmitteln dargestellt werden kann. Jackson bildet sowohl die vom Programm zu verarbeitenden Daten als auch den Programmfluß selbst mit denselben graphischen Symbolen ab.

Die "Datenstrukturorientierte Entwurfsmethode" (auch Jackson-Methode genannt) ist eine Methode für den Programmentwurf, bei der die hierarchische Anordnung der Programmkomponenten (Programmstruktur) unmittelbar aus der Struktur der zu verarbeitenden Daten abgeleitet wird. Die Entwürfe des Programm- und Datensystems laufen also zeitlich parallel ab, wobei die Struktur der vom Programm zu verarbeitenden Daten zum Ausgangspunkt der Programmentwurfsüberlegungen wird.

Die Struktur eines Programmes wird dabei so entworfen, daß jede Datenkomponente in genau einer Programmkomponente vollständig abgearbeitet wird. Die Einbeziehung der Datenstrukturen in den Entwurf der Programmstruktur vermeidet erfahrungsgemäß eine programmiertechnisch ungünstige Modularisierung des Gesamtproblems. Dadurch, daß der Datenfluß leichter erkennbar wird, läßt sich auch der Ablauf der auf die Daten angewendeten Programmfunktionen einfacher verfolgen. Als Nebenprodukt wird die Gestaltung von Programmsystemen übersichtlicher und wartungsfreundlicher. Eine systematische Strukturierung der zu verarbeitenden Daten wird daher als Grundlage für die gesamten Aktivitäten des Programmentwurfs in der Phase der Systemkonzeption angesehen.

Unter Beachtung der Strukturblockartenbeschränkung werden sowohl Daten- als auch Programmstrukturen mit den drei Strukturierungselementen Sequenz, Selektion und Iteration in Form von Bäumen graphisch dargestellt. Ein Baum ist ein Gebilde von Knoten (Datenelemente als Rechtecke) und Kanten (Beziehungen zwischen den Knoten). Die Beziehungen zwischen den Datenelementen werden auch Kontrollstrukturen genannt.

❑   *Sequenz*
    Die Sequenz stellt eine von links nach rechts zu interpretierende Reihenfolge von einzelnen Daten- oder Programmelementen dar, wobei jedes Element genau einmal auftritt.

☐   *Selektion*

Eine Selektion wird durch einen Kreis in der rechten oberen Ecke der unmittelbaren Nachfolgeknoten gekennzeichnet. Sie zeigt an, daß ein Daten- oder Programmelement sich aus zwei oder mehreren Daten- oder Programmelementen
zusammensetzt. Im konkreten Fall kann aber nur genau eines der Nachfolgeele-
mente erreicht werden.

☐   *Iteration*

Die Iteration wird durch einen Stern in der rechten oberen Ecke des einzigen
unmittelbaren Nachfolgeknotens gekennzeichnet. Sie zeigt an, daß ein Daten-
oder Programmelement null-, einmal oder mehrmals gleichartig aufgebaut vorliegen kann.

Wegen seiner Einfachheit wird der Jackson-Baum auch unabhängig vom Software-
Entwurf allein für Zwecke der Programmdokumentation eingesetzt. Darüber hinaus
eignet er sich zur Beschreibung von Systemstrukturen jeglicher Art.

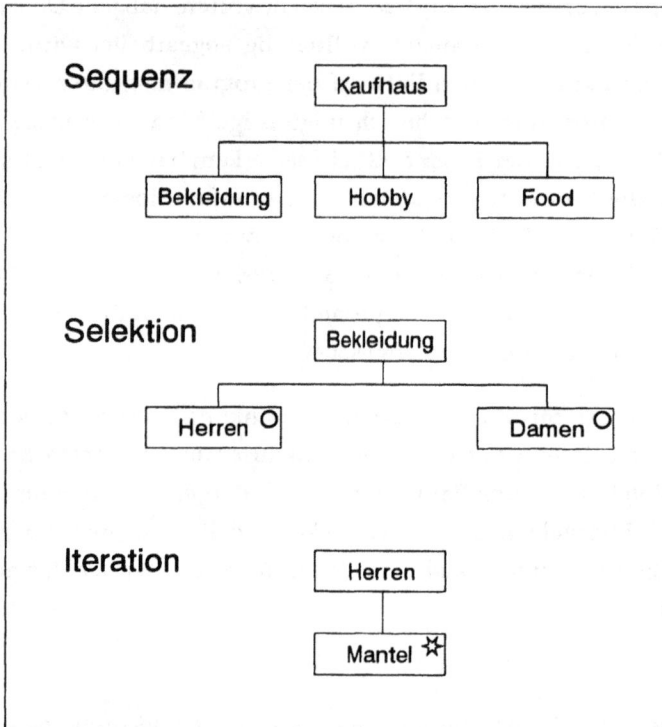

Abb. 15: Beispiel Jackson-Diagramm

So zeigt Abbildung 15 die Organisation eines Kaufhauses, das aus drei Abteilungen Bekleidung, Hobby, Food besteht. Die Abteilungen bilden eine Sequenz, die im Jackson-Baum als horizontal gleichgeordnete Rechtecke dargestellt wird. Der Kunde durchläuft die Abteilungen von links nach rechts (Sequenz) und muß sich in der ersten Abteilung Bekleidung zwischen Herren- und Damenbekleidung entscheiden (Selektion). Innerhalb der Herrenabteilung findet er eine endliche Anzahl Mäntel, die eine Iteration über das Element Mantel darstellen.

Diese Grundbegriffe sollen anhand des Beispiels "Auftragsbearbeitung und Fakturierung" für die Software-Entwicklung veranschaulicht werden:

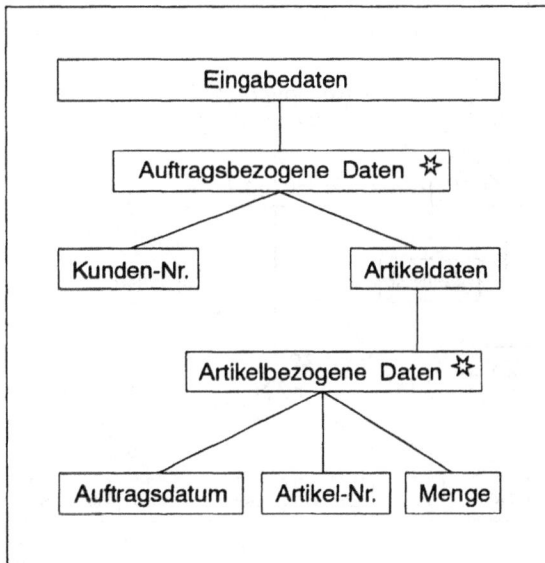

Abb. 16: Beispiel Jackson-Diagramm

❑   *Eingabedaten*
Die Eingabedaten umfassen alle Daten, die für einen Auftrag über Terminal erfaßt werden: die Kundennummer, die anzeigt, daß in der Folge die Daten für einen neuen kundenbezogenen Auftrag eingegeben werden, und eine Menge von artikelbezogenen Daten (Iteration), da ein Auftrag aus mehreren verschiedenen Artikeln bestehen kann. Da alle diese Eingaben für jeden Auftrag eingegeben werden müssen, tritt das Datenelement "Auftragsbezogene Daten" genau so oft auf, wie Aufträge beim Sachbearbeiter eingehen (daraus entwickeltes Jackson-Datenstrukturdiagramm siehe Abbildung 16).

❑ *Ausgabedaten*
Die Ausgabedaten umfassen alle zu druckenden Fakturen (Iteration), von denen sich jede einzelne aus Rechnungskopf, -rumpf und -fuß zusammensetzt
(Sequenz). Rechnungskopf und -fuß umfassen jeweils 2 Zeilen (Firmenangabe,
Datum, Trennlinie, Summenzeile, Zahlungshinweis etc.). Der Rumpf besteht
aus gleichartig aufgebauten Fakturazeilen, die aus Sequenzen von Artikelnummer, -bezeichnung, Einzelpreis, Menge, Einheit und Gesamtpreis bestehen (daraus entwickeltes Jackson-Datenstrukturdiagramm siehe Abbildung 17).

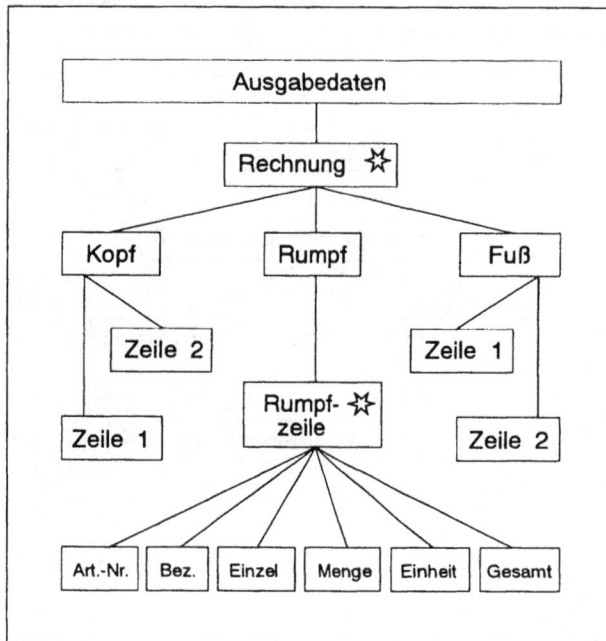

Abb. 17: Beispiel Jackson-Diagramm

Ein Datenstrukturdiagramm muß die Datenelemente so beschreiben, daß alle für ein
bestimmtes zu lösendes Programmierproblem relevanten Zusammenhänge zum
Ausdruck kommen. In der ersten Entwurfsphase kommt es darauf an, die vom Programm zu verarbeitenden Daten problembezogen richtig und in einem sachgerech-
ten Detaillierungsgrad zu beschreiben. Es ist denkbar, daß aus verschiedenen Blickwinkeln (sprich verschiedene Personen) unterschiedliche Datenstrukturdiagramme
aus ein und demselben Datenbestand abgeleitet werden. Zu überprüfen ist lediglich,
welches Datenstrukturdiagramm am günstigsten die für das zu lösende Problem relevanten strukturellen Beziehungen und Zusammenhänge zwischen den einzelnen
Datenelementen in einem angemessenen Detaillierungsgrad ausdrückt.

1.4.9   Struktogramme

Speziell auf den Entwurf und die Darstellung der dynamischen Programmfunktionen innerhalb von Moduln sind die graphischen Symbole der Struktogramme (synonym: Nassi-Shneiderman-Diagramme) zugeschnitten.

Name	Block	Aussage
Sequenz	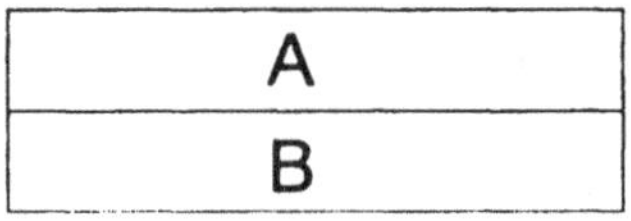 A / B	B folgt auf A.
Selektion	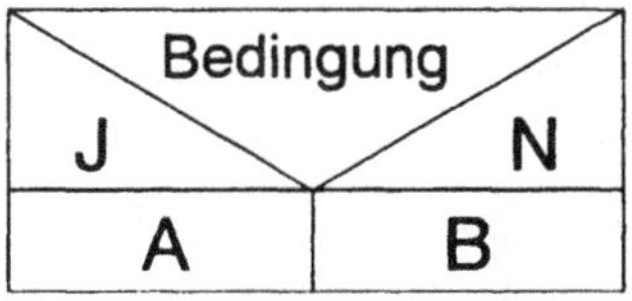 Bedingung / J N / A B	Ist die Bedingung erfüllt, so führe A aus, sonst B.
Iteration	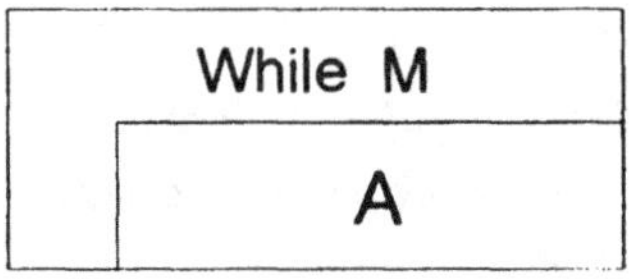 While M / A	Solange M erfüllt ist, führe A aus.
Aufruf (spezielle Sequenz)	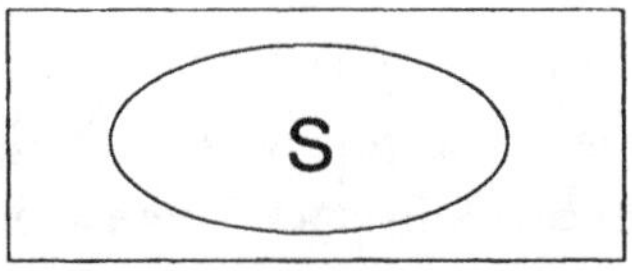 S	Führe den Strukturblock S aus.
Fallunterscheidung (spezielle Selektion)	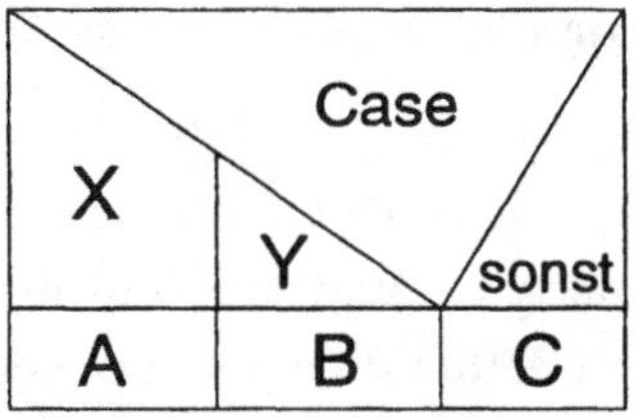 Case / X Y sonst / A B C	Ist X erfüllt, so führe A aus; ist Y erfüllt, so führe B aus; sonst führe C aus.

Abb. 18: Zulässige Blocksymbole für Struktogramme

Struktogramme bestehen aus flächenhaften Symbolen, die in beliebiger Größe und entsprechend dem Blockkonzept beliebig ineinander geschachtelt und aneinandergereiht werden können. Ein Programm darf nur durch Aneinanderreihung oder Schachtelung von Befehlsblöcken gebildet werden, die genau einen Eingang und genau einen Ausgang besitzen; es darf keine Programmteile geben, die nicht erreicht oder nie verlassen werden können.

Auch die Struktogramme erlauben durch die zulässigen Symbole nur die Grundbausteine Sequenz, Selektion und Iteration der strukturierten Programmierung. Die zulässigen Symbole sind in Abbildung 18 beispielhaft dargestellt. Daran schließt sich die beispielhafte Umsetzung eines einfachen Problems in ein Struktogramm an (siehe Abbildung 19):

❑   *Beispiel-Problemstellung 1*
Zunächst werden zwei Zahlen A und B vom Terminal eingelesen; dabei soll geprüft werden, ob A kleiner als B ist. Nachfolgend wird die Summe aller ganzen Zahlen zwischen A und B ermittelt (exklusive A und B). Das Ergebnis dieser Operation(en) wird am Bildschirm angezeigt. Die Struktogrammübersicht zeigt die Sequenz der Strukturblöcke Eingabe, Berechnung und Ausgabe, die in einem Programm als Folge von Aufrufen eigenständiger Prozeduren realisiert werden kann.

Laut Übersicht beginnt der Ablauf mit dem Strukturblock Eingabe (vertikale Abfolge). In diesem Block ist nach einer Sequenz von Einzelanweisungen der Selektionsblock abgebildet, der überprüft, ob die Zahl A kleiner als die Zahl B ist. Das gesamte Modul Eingabe wird als Iteration unter einer Schleife zusammengefaßt, die nur dann verlassen wird, wenn der Ja-Zweig der Selektion angesprungen wird. Falls A nicht kleiner als B ist, erscheint eine Fehlermeldung und der Strukturblock Eingabe wird von neuem ab der ersten Einzelanweisung durchlaufen. Sie sehen im Strukturblock Eingabe eine der beiden Möglichkeiten, wie eine Schleife verlassen werden kann. Hier zeigt ein abgeknickter Pfeil den Weg aus der Schleife heraus, wenn die Bedingung "A < B" erfüllt ist. Es wird sodann die nächste auf die Schleife folgende Anweisung ausgeführt.

Im Strukturblock Berechnung, der gemäß der Struktogrammübersicht auf Eingabe folgt, wird die eigentlich verlangte Rechenoperation durchgeführt. Dazu werden zunächst die benötigten Variablen mit ihren Anfangswerten initialisiert. Die Ergebnis-Variable muß zu Beginn des Additionsvorganges eine Null enthalten. Da gemäß der obigen Problemvorgabe die Summe aller ganzen Zahlen zwischen A und B ermittelt werden soll, vermeidet das Inkrementieren der Variable A um 1, daß der Anfangswert A in die Addition einbezogen wird.

Übersicht

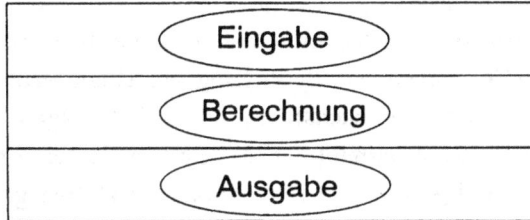

Eingabe

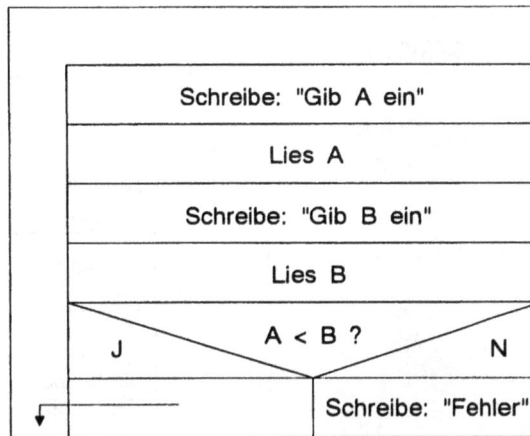

Berechnung

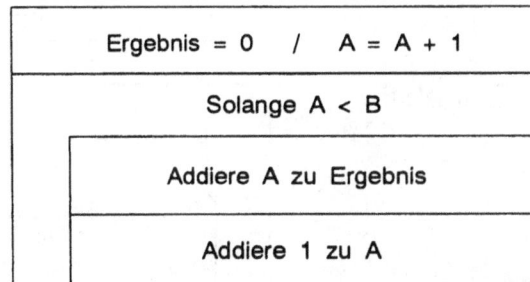

Ausgabe

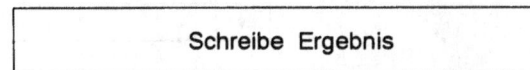

Abb. 19: Struktogramm zu Beispiel-Problemstellung 1

In der nachfolgenden Schleife wird somit die auf A folgende Zahl zu der Ergebnis-Variable addiert und die Zahl A um 1 hochgezählt. Diese Sequenz wird so
lange durchlaufen, wie A trotz Hochzählens kleiner als B bleibt. Wird A nach
einer Addition von 1 gleich B, folgt laut Struktogrammübersicht der Strukturblock Ausgabe, der hier als einzige Anweisung die Ausgabe des Ergebnisses
auf dem Bildschirm ausführt.

Im Strukturblock Berechnung sehen Sie die zweite Möglichkeit, wie eine Schleife verlassen werden kann. Sie wird erst dann verlassen, wenn die im Kopf der Schleife angegebene Bedingung vor einem erneuten Durchlauf erfüllt ist. Es wird sodann die nächste auf die Schleife folgende Anweisung ausgeführt. Das Blockkonzept schreibt vor, daß Systembausteine genau einen Ausgang besitzen. Demzufolge sollte ein Schleifenkonstrukt über genau einen Weg einer einzigen Variante (entweder geknickter Pfeil oder Bedingung) verlassen werden.

Übersicht

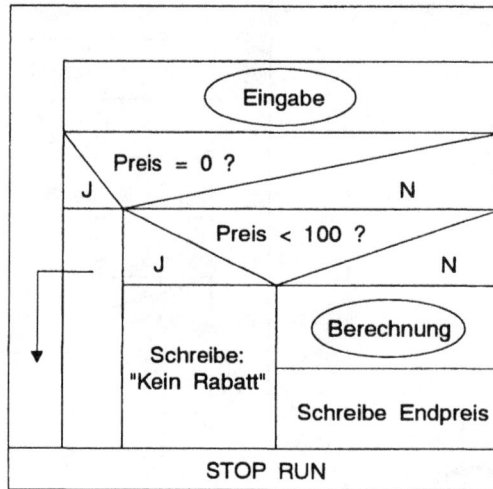

Eingabe

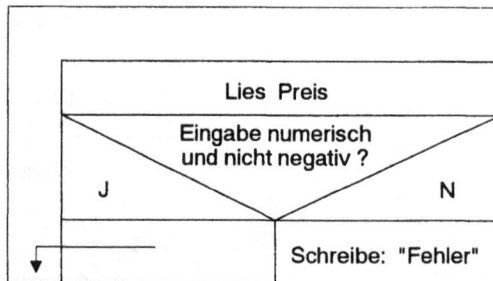

Berechnung

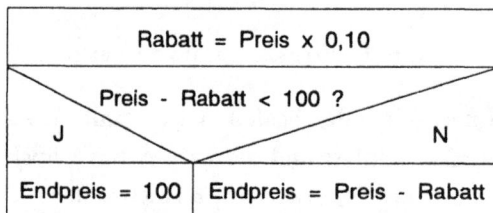

Abb. 20: Struktogramm zu Beispiel-Problemstellung 2

❑   *Beispiel-Problemstellung 2*

In einem zweiten Beispiel (Abbildung 20) wird eine Rabattberechnung durchgeführt. Der Programmbenutzer wird als erstes aufgefordert, eine Preis-Eingabe per Tastatur zu tätigen. Dazu wird der Strukturblock "Eingabe" aufgerufen. Dieser Block wird solange als Schleife durchlaufen, bis eine positive numerische Tastatureingabe erfolgt. Ist diese Eingabe gleich Null, wird das Programm ordnungsgemäß beendet. Ist die Preis-Eingabe numerisch und größer Null, wird die Rabattgrenze abgeprüft. Bei einem Preis kleiner 100 erfolgt ein negativer Rabattbescheid. Bei einem Preis größer oder gleich 100 erfolgt die Rabattberechnung (10%) in dem Strukturblock "Berechnung". Fällt der Preis durch den Rabattabzug unter 100, gilt der pauschale Endpreis von 100. Liegt der Preis nach Rabattabzug bei oder über 100, wird der errechnete Endpreis als letzte Anweisung der Übersicht ausgegeben und der gesamte Vorgang für eine weitere Rabattberechnung wiederholt (siehe umfassende Schleife in der Übersicht).

1.4.10   Strukturierte Implementierung

Als Hauptkomponenten der Phase Systemrealisierung (siehe Abbildung 8 auf S. 30) sind zu nennen:

❑   Programmierung
❑   Integration
❑   Test

Unter der Programmierung wird die Codierung der Entwurfsdarstellung in einer Programmiersprache verstanden. Die Codierung ergibt ein Quellprogramm (Source Program, Source Code), das in einem Editor erfaßt wurde und als abgespeicherte Datei in Textform vorliegt (siehe Quellprogramm-Beispiel auf der folgenden Seite). Dieses Programm ist für den Rechner zunächst nicht verständlich und daher auch nicht ausführbar. Erst durch den Einsatz eines Übersetzungsprogramms (Compiler) werden aus den Befehlen des Quellprogrammes Maschinenbefehle in Binärform, die von einem Computer interpretiert werden können. Die Gesamtheit der aus der Übersetzung des Quellprogrammes entstandenen Maschinenbefehle wird als Objektprogramm (Object Program, Maschinenprogramm) bezeichnet. Stellt der Compiler während des Übersetzungsvorganges syntaktische Fehler fest (Befehle nicht korrekt oder unvollständig editiert u.ä.), erstellt er eine Fehlerliste, aus der der Programmierer die zu korrigierenden Quellcodestellen ersehen kann. Der Quellcode wird so lange im Editor korrigiert, bis der Compiler keine syntaktischen Fehler mehr feststellt.

Um das durch Compilation erzeugte Objektprogramm aufrufen und zum Ablauf bringen zu können, müssen in einem nächsten Schritt den Maschinenbefehlen die hardwaresteuernden Betriebssystembefehle und Hauptspeicheradressen zugeordnet werden. Diese Aufgabe übernimmt ein eigenständig auszuführendes Betriebssystemprogramm, der sogenannte "Linker" (Binder). Zudem enthalten Quellprogramme bei sinnvoller Modularisierung häufig Anweisungen, die weitere eigenständige (externe) Programme oder Programmteile (sog. Unterprogramme) aufrufen. Diese Moduln werden getrennt compiliert und im Rahmen der Programmintegration mit einem Linker zusammengebunden. Der Linker ist somit ein Betriebssystemprogramm, das zum einen die Logik der einzelnen Maschinenbefehle mit absoluten Hardware-Anweisungen funktionalisiert und zum anderen die Beziehungsstrukturen zwischen den getrennt übersetzten Programmteilen herstellt. Erst nach diesem integrierenden Bindevorgang ist ein wirklich ausführbarer Binärcode entstanden, der zur Abarbeitung in den Hauptspeicher geladen werden kann.

In der Testphase wird geprüft, ob das erstellte Programm bei seinem Ablauf auch wirklich die Funktionen erfüllt, die durch Anforderungsermittlung, -spezifizierung und Systemkonzeption festgelegt wurden. Logische und semantische Fehler des Programmablaufs werden durch Quellcode-Modifikation, Neucompilierung und Linken der Objektprogramme beseitigt.

```
IDENTIFICATION DIVISION.
************************************
program-id. Datum-Uhrzeit.


ENVIRONMENT DIVISION.
************************************
CONFIGURATION SECTION.
*------------------------------------
source-computer. vax.
object-computer. vax.


DATA DIVISION.
**********************
WORKING-STORAGE SECTION.
*------------------------------------
01 datum-aus.
     05 tag          pic 99.
     05 filler       pic x value ".".
     05 monat        pic 99.
     05 filler       pic xxx value ".19".
     05 jahr         pic 99.


01 datum-ein.
     05 jahr         pic 99.
     05 monat        pic 99.
     05 tag          pic 99.


PROCEDURE DIVISION.
**********************************
haupt.
     accept datum-ein from date.
     move corr datum-ein to datum-aus.
     display "Heute:  " datum-aus.
     stop run.
```

Abb. 21: Beispiel Quellprogramm-Listing

```
┌──────────────────────┐
│     Struktogramme,   │      Strukturierter und programmiersprachen-
│  Jackson-Diagramme   │          unabhängiger Software-Entwurf
│      auf Papier      │
└──────────────────────┘
                              ┌──────────────────────┐
                              │    Quellprogramm(e)  │
         Editieren           │       in Cobol       │              Programmierung
                              └──────────────────────┘                (Codierung)

      Planung                          ┌──────────────────────────┐
                                       │  Objektprogramm(e)  mit  │
                   Compilieren         │    Maschinenbefehlen     │
                                       └──────────────────────────┘
                                                          ┌──────────────────────┐
                                                          │  Ablauffähiges  Pro- │
        Realisierung        Linken                        │  gramm in Binärcode  │
                                                          └──────────────────────┘
```

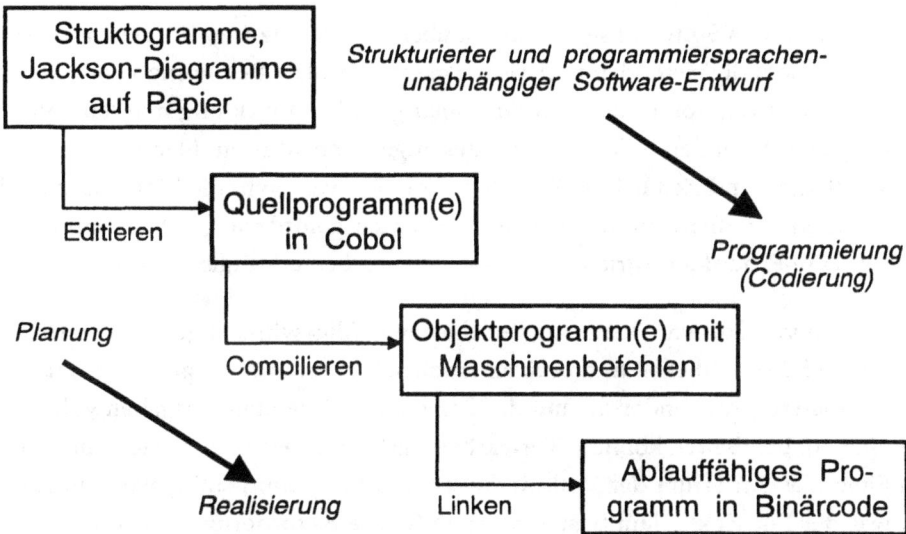

Abb. 22: Editieren, Compilieren, Linken

Die Hauptkomponenten der Systemrealisierung werden daher so lange in einer Schleife nacheinander abgearbeitet, bis ein fehlerfreies Programm entwickelt ist, das die ihm zugedachten Funktionen in einem zufriedenstellenden Maße erfüllt. In Kapitel 2.3 wird dieser Ablauf im bezug auf die Programmiersprache Cobol und verschiedene Systemumgebungen detailliert dargestellt.

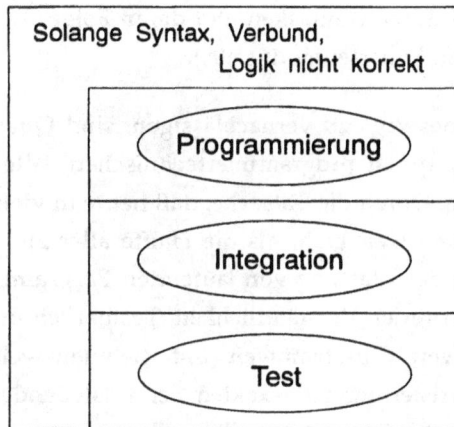

```
┌──────────────────────────────────────┐
│  Solange Syntax, Verbund,            │
│             Logik nicht korrekt       │
│   ┌──────────────────────────────┐   │
│   │      (  Programmierung  )     │   │
│   └──────────────────────────────┘   │
│   ┌──────────────────────────────┐   │
│   │       (   Integration   )     │   │
│   └──────────────────────────────┘   │
│   ┌──────────────────────────────┐   │
│   │          (   Test   )         │   │
│   └──────────────────────────────┘   │
└──────────────────────────────────────┘
```

Abb. 23: Komponenten der Systemrealisierung

1.4.11   Software-Qualität und Programmierregeln

Die Erstellung von Software setzt Klarheit über die Zielsetzung, Vorgehensweise sowie anzuwendende Methoden und Techniken voraus. Die Befolgung von Prinzipien und die Festlegung von Konzepten für Planung und Entwicklung müssen daher als Grundlagen eines jeden Software-Projektes angesehen werden. Neben den Einflußfaktoren Kosten und Zeit bei der Erstellung von Software geht die Motivation zu diesen Maximen vor allem auf die heute immer stärker geforderte Qualitätsoptimierung von Software-Produkten zurück (siehe auch die Vorbemerkungen in Kapitel 2.1).

Die Qualität von Software kann aus verschiedenen Blickwinkeln gesehen werden. Einerseits sind die fachlichen und problemspezifischen Anforderungen so umzusetzen, daß die späteren Anwender die mit der Software zu lösenden Aufgaben vollständig und effizient bearbeiten können. Korrektheit und Zuverlässigkeit beschreiben in diesem Sinne das Kriterium der Vollständigkeit. Ein Programm soll genau das ausführen, was der Entwickler laut Systemplanung (Phase Anforderungsspezifikation), die in Zusammenarbeit mit den späteren Anwendern erstellt wurde, codiert hat. Zuverlässigkeit bezeichnet die Sicherheit und Genauigkeit, mit der die vereinbarten Funktionen abgearbeitet werden. Das Kriterium der Nutzungseffizienz wird maßgeblich durch den Grad der Benutzerfreundlichkeit und Robustheit von Software konkretisiert. Das Programm soll seine Funktionen auf eine dem Benutzer angenehme und unterstützende Art und Weise verrichten. Ergonomische und arbeitsablaufspezifische Aspekte müssen in einem vertretbaren und programmiertechnisch machbaren Rahmen realisiert werden. Im besonderen sind hier fehlertolerante und einheitliche Benutzeroberflächen zu erwähnen, die eine der zu lösenden Aufgabe angepaßte Benutzerführung bieten (Bildschirmmasken und deren Folge, Tastatur- und Maussteuerung mit Anfänger- und Expertenmodus etc.).

Nachgelagert, aber keineswegs zu vernachlässigen, sind Qualitätsmerkmale bezüglich der konstruktiven, sprich programmiertechnischen Seite der Programmerstellung zu berücksichtigen. Durch die Tatsache, daß heute in vielen Entwicklungsabteilungen von Unternehmen weit mehr als die Hälfte aller zur Verfügung stehenden Personalressourcen mit der Wartung von laufenden Programmen beschäftigt ist, erhalten die Programm-Kriterien Verständlichkeit, Testbarkeit und Änderbarkeit einen immens hohen Stellenwert. Eine teamweit (unternehmensweit) standardisierte und dokumentierte Modularisierung mit exakten Schnittstellendefinitionen fördert auf der organisatorischen Seite einen arbeitsteiligen Entwicklungsprozeß und schafft zusätzlich eine einheitliche Kommunikationsbasis für alle beteiligten Programmierer.

Merkmal	Ausprägung	Indikator

Problemspezifisch

Vollständigkeit	Korrektheit	Planungstreue
		Inhaltlich korrekte Umsetzung
	Zuverlässigkeit	Sicherheit
		Genauigkeit
Effizienz	Benutzerfreundlichkeit	Ergonomie
		Erlernbarkeit
		Arbeitsablaufsbezug
	Robustheit	Fehlertoleranz
		Absturzsicherheit

Programmiertechnisch

Wartbarkeit	Verständlichkeit	Modularisierung
	Testbarkeit	Standardisierung
	Änderbarkeit	Dokumentation
	Wiederverwendbarkeit	
Portabilität	Hardware-Unabhängigkeit	Direkte Systemzugriffe
	Systemsoftware-Unabhängigkeit	Sprachnormierung
Effizienz	Ablaufgeschwindigkeit	Antwortzeiten
	Hauptspeicherbedarf	Hauptspeicherbelegung
	Aufgabenerfüllungsgrad	Benutzerzufriedenheit

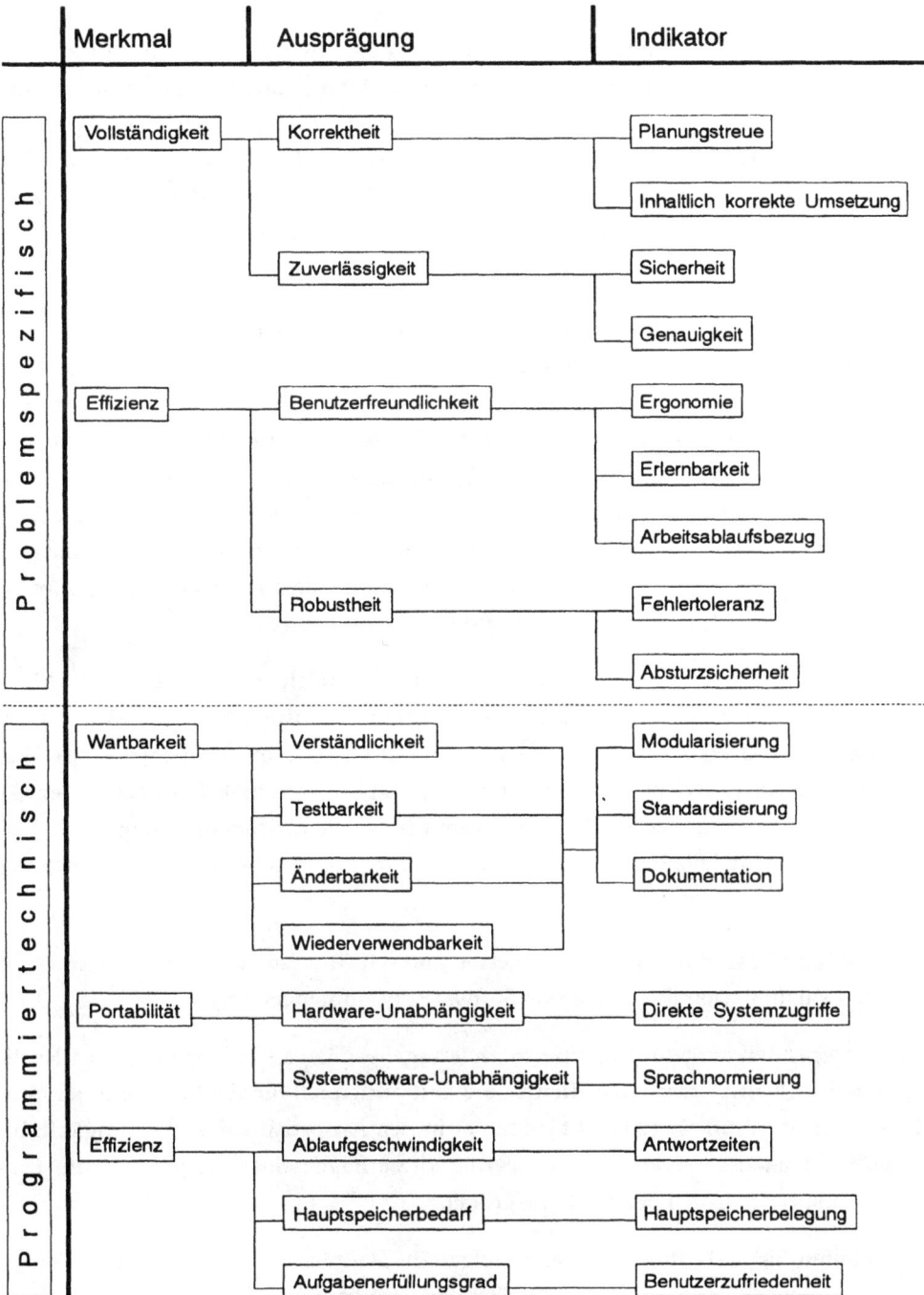

Abb. 24: Übersicht Qualitätsmerkmale von Software

In umfangreichen, modularisierten Programmsystemen wirkt sich die separierte Testbarkeit von Einzelmoduln positiv auf den Zeitaufwand für die Entwicklungs- und Wartungstätigkeit aus. Eventuelle Programm-Modifikationen lassen sich relativ problemlos durch den Austausch der betreffenden Moduln bewerkstelligen. In vielen Fällen kann sich das Sammeln von wiederverwendbaren Moduln in Modulbibliotheken zeitsparend auf neu zu entwickelnde Software auswirken. Bereits geleistete Denkarbeit steht dadurch in Form von abgespeichertem Programm-Code zur Verfügung.

Weitere Qualitätsaspekte programmiertechnischer Natur sind die Portabilität und Effizienz von Programmen. Die Portabilität beschreibt den Grad der Hardware- und Systemsoftware-Unabhängigkeit eines Anwendungsprogrammes. In Cobol erstellte Programme zeichnen sich wegen der weitgehenden Sprachnormierung diesbezüglich dadurch aus, daß sie ohne größere Quellcode-Modifikationen in den verschiedensten EDV-Systemen ablauffähig sind. Da in den meisten Unternehmen die DV-Infrastruktur selten aus ein- und derselben Rechnerfamilie besteht, hat es Sinn, standardisierte Sprachen zur Software-Entwicklung heranzuziehen und dabei auf rechnerspezifische Hardware- und Betriebssystem-Zugriffe zu verzichten.

Die Effizienz von Software-Produkten wird heute nur noch zum Teil durch die Meßgrößen Ablaufgeschwindigkeit (u.a. Antwortzeiten, Beanspruchung von Prozessorkapazitäten) und Hauptspeicherbedarf bestimmt. Diese Größen wurden lange Zeit bei der Software-Entwicklung als die primär wichtigen Merkmale betrachtet. Der aktuell zu verfolgende Verfall der Hardware-Preise bei gleichzeitig steigender Leistungsfähigkeit rückt jedoch die Effizienz eines Programmes bezüglich der Erfüllung seiner Aufgaben in den Vordergrund.

In Abbildung 24 sind die wünschenswerten und schrittweise möglichst weit zu erreichenden Qualitätscharakteristika von Software zusammengefaßt.

Die im folgenden aufgeführten Programmierregeln sollen als Hilfestellung zur Realisierung der Qualitätsmerkmale dienen. Sie sind prinzipiell für alle Programmiersprachen gültig, die Auflistung erhebt jedoch nicht den Anspruch auf Vollständigkeit. Im Verlauf der nachfolgenden Kapitel werden diese allgemeinen Regeln für die Programmiersprache Cobol praktisch ausgestaltet.

❑   Halten Sie stets folgende Reihenfolge ein: Definieren eines Problems, Planen der Lösung, Codieren. Das heißt: "Design first, code later".

❑   Brechen Sie die Regeln nicht. Wehren Sie sich gegen die weit verbreitete Einstellung "Code first, design later".

❑   Gehen Sie top-down vor, d.h., gliedern Sie das Programm in Rahmen- und Un-
     terprogramme.

❑   Strukturieren Sie das Programm, d.h., bilden Sie Unterstrukturen für Daten und
     Programmteile; springen Sie nie durch "GO TO" aus diesen Unterstrukturen
     heraus oder in sie hinein. Als Hilfe dient dabei die Anwendung von Strukto-
     grammen und Jackson-Bäumen.

❑   Strukturieren Sie nach logischen Einheiten, nicht nach programmtechnischen.

❑   Modularisieren Sie, d.h., bilden Sie Unterprogramme mit exakt definierten
     Schnittstellen.

❑   Pretty print, d.h. bereiten Sie den Quelltext optisch durch Unterstreichen, Ein-
     rücken, Leerzeilen, Seitenumbrüche etc. auf. Sprechende Variablennamen ver-
     bessern zusätzlich die Lesbarkeit und Verständlichkeit des Quelltextes.

❑   Dokumentieren Sie jede erklärungsbedürftige Anweisung des Programms
     durch das Einfügen von Kommentarzeilen im Quelltext. Kommentarzeilen wer-
     den in Cobol am Beginn einer Zeile mit einem Stern " * " eingeleitet.

2. Grundlagen Cobol

2.1 Cobol - Geschichtliche Daten und Merkmale

Im Laufe der 50er Jahre weitete sich das Einsatzgebiet von EDV-Anlagen immer mehr auch in den Wirtschaftsbereich aus. Der Bedarf an Anwendungssoftware für betriebswirtschaftliche Zwecke wuchs sprunghaft an. Da sich die Erstellung von Programmen in dem bis dahin üblichen Assembler-Code als äußerst aufwendig und kompliziert erwiesen hatte, wuchsen auch bei den betroffenen Institutionen die Bestrebungen, die Programmierungsaktivitäten zu rationalisieren. Erster Ansatzpunkt war dabei die Entwicklung einer problemorientierten höheren Programmiersprache, die vorrangig den Bedürfnissen der Erstellung von betriebswirtschaftlichen Anwendungen gerecht wurde. Als ein Ergebnis dieser Bemühungen präsentierte sich Anfang der 60er Jahre die Programmiersprache Cobol (Common Business Oriented Language), die sich durch ihre kommerzielle Ausrichtung von anderen, technisch-wissenschaftlichen Programmiersprachen kategorial unterschied.

Als Vorläufer von Cobol wurden in den 50er Jahren unternehmenseigene Sprachen von Univac (Flowmatic), Air-Force Material Command (Aimaco), IBM (Comtran) und Honeywell (Fact) entwickelt. Die Anfänge der Programmiersprache Cobol gehen auf das Jahr 1959 zurück. Das US-Verteidigungsministerium gründete in Zusammenarbeit mit der Computerindustrie die Arbeitsgemeinschaft CODASYL, die sich das Ziel setzte, eine höhere Programmiersprache für die Programmierung von kommerziellen Datenverarbeitungsproblemen zu entwickeln, die eine Loslösung von der bis dahin ausschließlich in Maschinensprache erfolgten Programmierung von Anwendungssoftware ermöglichte. Im Jahre 1960 stellte CODASYL die erste Version der Sprache Cobol vor. Seither erfolgten - bis zum heutigen Tag - laufend Anpassungen und Erweiterungen, die Cobol an die Erfordernisse der modernen EDV herangeführt haben.

Seit 1968 gibt es vom amerikanischen Normungsinstitut (American National Standards Institute - ANSI) veröffentlichte Normen für Cobol:

- ❑ American National Standard Cobol 68 (ANS-Cobol, erste Norm 1968)
- ❑ American National Standard Cobol 74 (ANS-Cobol, zweite Norm 1974)
- ❑ American National Standard Cobol 85 (ANS-Cobol, dritte Norm 1985)

Diese amerikanischen Normen basierten jeweils auf den einzelnen Cobol-Versionen von CODASYL und wurden in der Folge von der ISO (International Organization for

Standardization) in das internationale Normenwerk übernommen. Der aktuelle Stand der Cobol-Normung ist ANS-Cobol 85.

Im Laufe der Jahre entwickelte sich Cobol zu der am meisten verbreiteten Programmiersprache überhaupt. Die in den 70er Jahren erhobenen Vorwürfe, Cobol eigne sich nicht für eine moderne (sprich: strukturierte) Programmierung, müssen besonders seit der letzten Cobol-Norm als gegenstandslos betrachtet werden. Auch zahlreiche abfällige Kommentare von Branchenkennern über Cobol können nicht darüber hinwegtäuschen, daß auch heute noch ca. 30% - 40% aller Software-Produkte im kommerziellen Bereich in Cobol erstellt werden. Ein Anteil von 60% bis 70% an in Cobol entwickelter, bestehender Anwendungssoftware im kommerziellen Bereich dürfte noch sehr vorsichtig geschätzt sein. Im folgenden sollen aus dieser Perspektive durch eine Aufzählung der wichtigsten Vor- und Nachteile von Cobol gegenüber anderen Programmiersprachen die Wesensmerkmale der Sprache hervorgehoben werden:

❏   *Vorteile*

Cobol verwendet weitgehend eine an das Englische angelehnte, natürliche und relativ stark ausformulierte Sprache. Programme werden dadurch leicht verständlich, gut lesbar und selbstdokumentierend.

Cobol ist im Vergleich zu anderen Programmiersprachen (relativ) leicht erlernbar. Mit Anfänger-Kenntnissen lassen sich bereits nach kurzer Zeit einfache Programme erstellen.

Durch die internationale Normierung der Sprache sind Cobol-Programme problemlos auf EDV-Anlagen der verschiedensten Hersteller einsetzbar (Portabilität). Normkonforme Cobol-Compiler sind heute praktisch auf allen Mainframes aller Computerhersteller, aber auch auf Mikrocomputern verfügbar.

Cobol eignet sich durch die Bereitstellung höchst leistungsfähiger Datenzugriffsverfahren hervorragend für die Bearbeitung großer, komplexer Datenmengen (Massendatenverarbeitung), was als wichtiges Kriterium für eine auf kaufmännische DV-Zwecke abgestimmte Programmiersprache gilt.

❏   *Nachteile*

Die gute Lesbarkeit von Cobol-Programmen wird durch den hohen Schreibaufwand von nahezu vollständigen englischen Sätzen erreicht. Auf den ersten Blick erscheinen die Quellprogramme dadurch langatmig und schwerfällig.

Cobol-Programme besitzen einen starren formalen Aufbau, der gerade bei kleinen Programmen wiederum einen hohen Schreibaufwand bedingt.

Die Nachteile sollte man jedoch nicht überbewerten, denn in modernen Betriebssystemen oder Entwicklungsumgebungen wird die Schreibarbeit oft von leistungsfähigen Editor-Systemen unterstützt oder sogar weitgehend von Programm-Generatoren übernommen.

2.2   Aufbau eines Cobol-Programms

2.2.1   Das Programmgerüst

Es ist systemunabhängig zwingend vorgeschrieben, ein Cobol-Quellprogramm in folgende 4 Hauptteile zu untergliedern:

- Den Erkennungsteil (Identification Division)

- Den Maschinenteil (Environment Division)

- Den Datenteil (Data Division)

- Den Prozedurteil (Procedure Division)

Jeder Hauptteil wird mit dem in Klammern angegebenen Ausdruck überschrieben. Die obenstehende Reihenfolge der Teile ist ebenfalls exakt einzuhalten. Jeder Hauptteil (Division) kann prinzipiell folgendermaßen hierarchisch unterbaut werden:

- Eine Division kann aus mehreren Sections bestehen.

- Eine Section kann aus mehreren Paragraphen bestehen.

- Ein Paragraph kann aus mehreren Sätzen bestehen.

- Ein Satz kann aus mehreren Anweisungen bestehen.

- Eine Anweisung kann aus mehreren Wörtern bestehen.

- Ein Wort besteht aus einem oder mehreren Zeichen.

Mit der Jackson-Notation läßt sich der Aufbau eines Cobol-Programms wie in Abbildung 25 verdeutlichen.

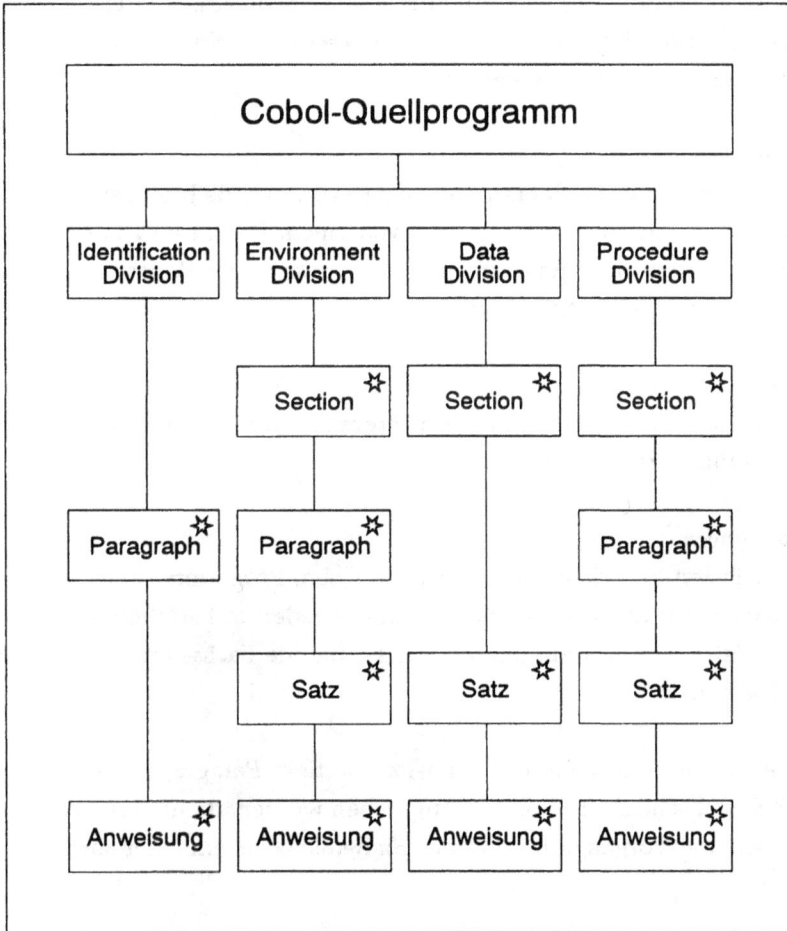

Abb. 25: Cobol-Programmgerüst

❏ *Divisions*

Die vier Hauptteile eines Cobol-Programms werden Divisions genannt. Eine Division besteht aus einer Division-Überschrift (Name, gefolgt von einer Leerstelle, dem Wort Division und einem Punkt) und entweder aus keiner, einer oder mehreren Sections. Die Division-Namen sind als reservierte Wörter fest vorgegeben (siehe Kapitel 2.4).

❏ *Sections*

Die zweithöchste Gruppierung innerhalb eines Programms bilden die Sections. Sie bestehen aus einer Section-Überschrift (Name, gefolgt von einer Leerstelle,

dem Wort Section und einem Punkt) und keinem, einem oder mehreren Paragraphen. Einige Section-Namen sind als reservierte Wörter fest vorgegeben, andere können frei definiert werden.

❑ *Paragraphen*
Den Sections sind die Paragraphen untergeordnet. Sie bestehen aus einer Para-
graphen-Überschrift (Name, gefolgt von einem Punkt) und mindestens einem
Satz. Einige Paragraphen-Namen sind als reservierte Wörter fest vorgegeben,
andere können frei definiert werden.

❑ *Sätze*
Ein Satz setzt sich aus einer oder mehreren Anweisungen und einem abschließenden Punkt zusammen.

❑ *Anweisungen*
Die kleinsten logischen Einheiten eines Cobol-Programms sind Anweisungen.
Sie setzen sich aus Cobol-Wörtern (diese wiederum bestehen aus Zeichen des
Cobol-Zeichensatzes) zusammen, die bestimmte Sachverhalte definieren oder
beschreiben.

Nach jeder syntaktischen Einheit (Division, Section, Paragraph, Satz, Anweisung)
muß als Zeilenabschluß ein Punkt "." angegeben werden, damit der Cobol-Compiler
beim Übersetzungsvorgang die einzelnen Einheiten gegeneinander abgrenzen kann.

2.2.2   Die Identification Division

Die Identification Division ist immer der erste Teil eines Cobol-Programms. Er enthält
die zur Identifizierung des Programms benötigten Angaben in den Paragraphen Pro-
gramm-Id und Author (diese Namen sind
fest vorgegeben).

```
IDENTIFICATION DIVISION.
************************************
program-id. Programm-Name.
author. Hans Albers.
```

Zu beachten ist, daß der angegebene Programm-Name mit dem Namen der Datei
übereinstimmen sollte, in der der Quelltext aus dem Editor abgespeichert wird. Der
Name im optionalen Paragraphen Author kann frei gewählt werden. Der abschließende Punkt nach jeder Angabe ist zwingend erforderlich.

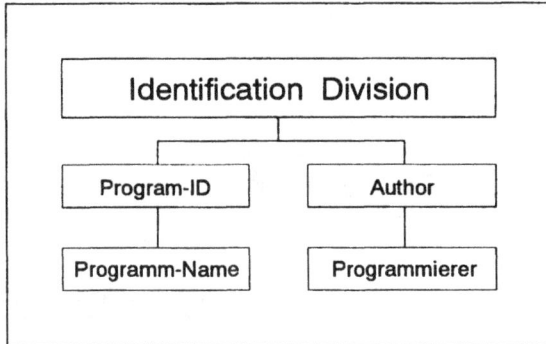

Abb. 26: Identification Division

2.2.3   Die Environment Division

Die Environment Division ist immer der zweite Teil eines Cobol-
Programms. Er enthält alle für das
Programm benötigten Angaben
über die konkrete Programmumge-
bung und stellt damit das Binde-
glied zwischen dem systemunab-
hängigen Daten- und Prozedurteil
(Data und Procedure Division) eines Cobol-Programms einerseits
und der realen Umwelt (Hardware
und Systemsoftware) andererseits

```
ENVIRONMENT DIVISION.
**********************************
Configuration Section.
*---------------------------
source-computer. vax.
object-computer. vax.
special-names. decimal point is comma.

Input-Output Section.
*---------------------------
File-Control.
```

dar. Die Configuration Section (vorgegebener Name) stellt dafür die Paragraphen
Source-Computer und Object-Computer (vorgegebene Namen) zur Verfügung, in
denen jeweils die Bezeichnung der verwendeten Systemumgebung angegeben wird
(z.B. Vax, Unix, Multics). Diese Paragraphen sind Pflichtangaben.

Der Paragraph Special-Names (fest vorgegebener Name, Bindestrich erforderlich) er-
laubt die Umdefinition von Namen bestimmter Funktionen (z.B.: Decimal Point is
Comma; die Trennstelle in Dezimalzahlen wird vom Cobol-obligaten Punkt in ein
Komma umdefiniert). Die Angabe des Paragraphen Special-Names ist optional.

Die Input-Output Section mit dem Paragraphen File-Control (fest vorgegebene Namen, Bindestriche erforderlich) wird nur angegeben, wenn im Programm Dateien benutzt werden. Bei Anwendungen ohne Datei-In- oder -Output entfällt diese Section.

Der abschließende Punkt nach den Namen, Sätzen und Anweisungen jeder Section ist zwingend erforderlich.

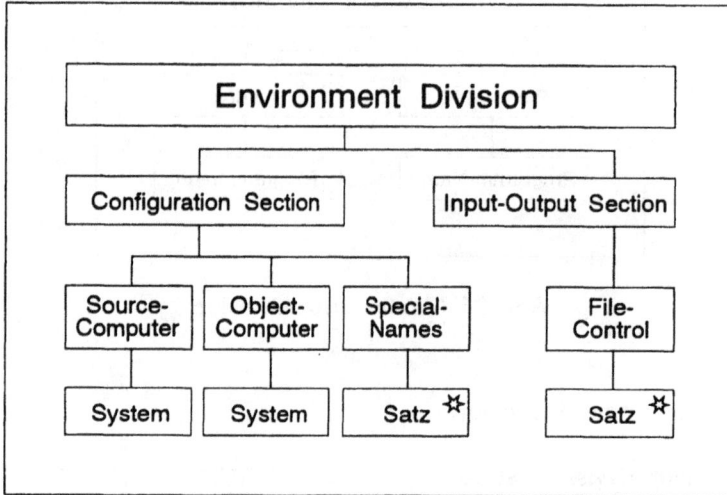

Abb. 27: Environment Division

2.2.4   Die Data Division

Die Data Division ist immer der dritte Teil eines Cobol-Programms. Hier werden alle Daten beschrieben, die vom Programm als Eingaben akzeptiert, als Elemente verändert und als Ausgaben erzeugt werden.

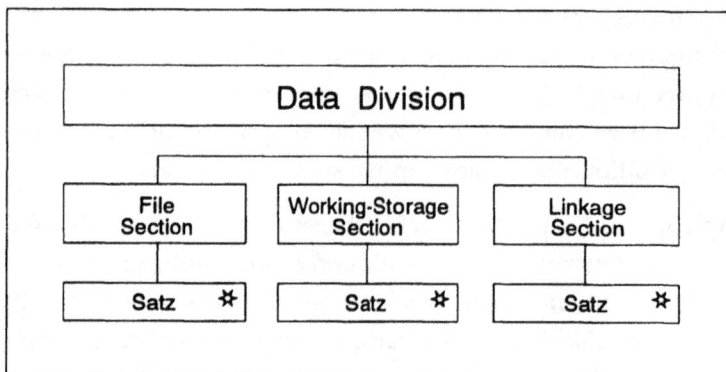

Abb. 28: Data Division

In der File Section (fest vorgegebener Name) werden die vom Programm verwendeten Dateien und die dazugehörigen Dateipuffer beschrieben. Werden im Programm keine Dateien benutzt, entfällt somit diese Section.

Die Working-Storage Section (fest vorgegebener Name, Bindestrich erforderlich) enthält die Beschreibung aller Daten, die nicht Teile externer Dateien sind, also nur programmintern zur Verarbeitung anstehen (z.B. Zähler, Rechenfelder). Die Working-Storage Section muß immer angegeben werden, da in jedem Programm derartige Daten Verwendung finden.

Die Linkage Section (fest vorgegebener Name) ist nur in einem von einem anderen Programm aufgerufenen Unterprogramm zu codieren. In ihr werden Daten beschrieben, die von einem aufrufenden Programm an das aufgerufene Programm übergeben bzw. von diesem zurückgeliefert werden.

Im nebenstehenden Beispiel einer Data Division ist eine Datei Personal (muß bereits in der Environment Divison definiert worden sein) mit ihrem Datensatz-

```
DATA DIVISION.
********************
File Section.
*--------------
FD Personal label record standard.
01 Personal-Satz.
    02 Personalnr        pic x(8).
    02 Nachname          pic x(30).
    02 Vorname           pic x(20).
    02 Adresse.
        03 Strasse       pic x(25).
        03 PLZ           pic 9(4).
        03 Ort           pic x(30).
    02 Geburtsdatum      pic 9(6).
    02 Stand             pic x.
    02 Gehalt            pic 9(8).

Working-Storage Section.
*-------------------------------
01 zaehler               pic 9(3).
01 ergebnis              pic 9(9).
01 anzeigesatz.
    02 feld1             pic x(10).
    02 filler            pic x(30).
    02 feld2             pic 9(9).

Linkage Section.
*--------------------
01 passwort              pic x(12).
01 schalter1             pic x.
```

aufbau angegeben. Die Felder der Working-Storage und Linkage Section sind frei gewählt und dienen nur der Verdeutlichung des Aufbaus einer Data Division.

2.2.5   Die Procedure Division

Die Procedure Division ist immer der vierte und letzte Teil eines Cobol-Programms. Die Procedure Division enthält die zur Lösung der Aufgabenstellung erforderlichen Verarbeitungsanweisungen und stellt somit den eigentlichen Hauptteil eines Cobol-Programms dar.

Die Verwendung von Sections ist in der Procedure Division nicht zwingend vorgeschrieben. Es können wahlweise keine, eine oder mehrere Sections codiert werden. Jede angegebene Section muß jedoch mindestens einen Paragraphen enthalten. Ein Paragraph muß mindestens eine einzelne Anweisung umfassen. Jede Anweisung muß einem Paragraphen zugeordnet sein. Section- und Paragraphen-Namen können unter Berücksichtigung der Konventionen bzgl. des Cobol-Zeichensatzes und -Zeichenketten frei gewählt werden (siehe Kapitel 2.4). Sind keine Sections angegeben, besteht die Procedure Division aus mindestens einem Paragraphen.

Bei der Programmausführung werden die einzelnen in der Procedure Division enthaltenen Sätze und Anweisungen in jener Reihenfolge abgearbeitet, in der sie aufgeführt sind (von oben nach unten), es sei denn, daß Verzweigungen zu anderen Programmteilen oder Unterprogrammen explizit vorgesehen sind.

```
PROCEDURE DIVISION.
********************************
Anfang Section.
*--------------------
Vorlauf.
   move 0 to zaehl.

Impuls.
   display "Hallo".
   perform Schleife until zaehl = 10.

Nachlauf.
   display zaehl " Durchlaeufe".
   display "Ciao". stop run.

Schleife Section.
*--------------------
Rundlauf.
   compute zaehl = zaehl + 1.
   display "Runde: " zaehl.
```

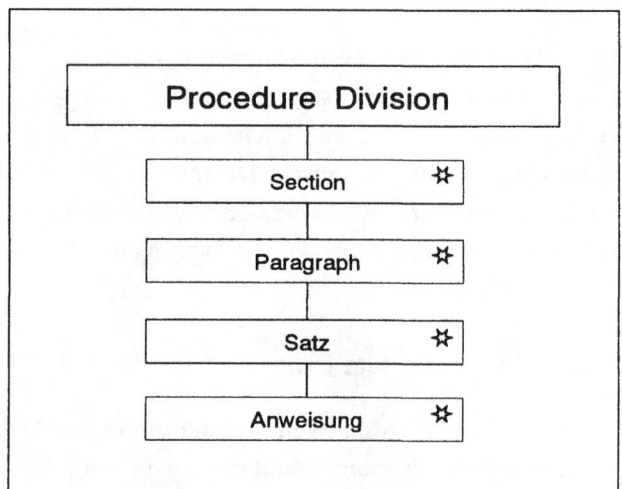

Die Procedure Division besteht im Beispiel aus zwei Sections, der Anfang Section und der Schleife Section. Die Anfang Section beinhaltet die drei Paragraphen Vorlauf, Impuls und Nachlauf, in denen jeweils mehrere Anweisungen stehen. Die Schleife Section besteht nur aus dem einen Paragraphen Rundlauf. Die Section- und Paragraphen-Namen sind frei gewählt und müssen jeweils, genau wie die Anweisungen,

Abb. 29: Procedure Division

mit einem Punkt abgeschlossen werden. Die auf der vorhergehenden Seite angegebene Procedure Division dient nur zu Demonstrationszwecken. Die benutzten Cobol-Befehle in den Anweisungen (Statements) werden im Verlauf der weiteren Ausführungen detailliert erläutert. Ein vollständiges, compilierbares und ablauffähiges Cobol-Programm zur Lösung einer einfachen Problemstellung könnte dann folgendermaßen aussehen:

```
IDENTIFICATION DIVISION.
**********************************
program-id. Zins.
author. Schwickert.

ENVIRONMENT DIVISION.
**********************************
Configuration Section.
*----------------------------
source-computer. vax.
object-computer. vax.

DATA DIVISION.
**********************
Working-Storage Section.
*-----------------------------
01  kapital      pic 9(6)V99.
01  zinsen       pic 99V99.
01  jahre        pic 99.
01  zeige        pic 9(6).99.

PROCEDURE DIVISION.
****************************
Haupt.
        display "Kapital:".      accept kapital.
        display "Zinssatz:".     accept zinsen.
        display "Jahre:".        accept jahre.
        perform Verzinsen jahre times.
        move kapital to zeige.
        display "Ergebnis: " zeige.  stop run.
Verzinsen.
        compute kapital rounded =
               kapital + (kapital * zinsen * 0.01).
```

2.2.6   Die formale Struktur eines Cobol-Programms

Die formale Struktur eines Cobol-Programms läßt sich in dem nachfolgenden Programmgerüst zusammenfassen. In dieses Programmgerüst lassen sich Programme für jede beliebige Problemstellung einpassen. Zur Reduzierung von Tipparbeit beim Programmieren ist es daher sinnvoll, sich dieses Gerüst als Textkonserve abzuspeichern und bei Bedarf auszufüllen.

```
C            IDENTIFICATION DIVISION.
             ********************************
             program-id. Programm-Name.
O            author. Hans Albers.

             ENVIRONMENT DIVISION.
B            ********************************
             Configuration Section.
             *--------------------------
                 source-computer. vax.
O                object-computer. vax.

             Input-Output Section.
             *--------------------------
L                File-Control.
                 .....

             DATA DIVISION.
             ********************
G            File Section.
             *--------------

                 .....
E            Working-Storage Section.
             *------------------------------

                 .....
R            Linkage Section.
             *--------------------
                 .....

             PROCEDURE DIVISION.
Ü            ********************************
             Erste Section.
             *------------------
                 Paragraph1.
S                .....

             Zweite Section.
             *------------------
T                Paragraph2.
                 ......
```

2.3   Vorgehensweise bei der Erstellung von Cobol-Programmen

2.3.1   Struktogramm-Überblick

Die Programmierung (Codierung) eines Cobol-Programms beginnt in der Phase der Systemrealisierung durch die Umsetzung des Systementwurfs (Jackson-Diagramme, Struktogramme) in Cobol-Quelltext. Für den ungeübten oder gelegentlichen Programmierer wird es sinnvoll sein, den Quellcode mit seinen wichtigsten Komponenten zunächst auf Papier niederzuschreiben und einem "Schreibtischtest" zu unterziehen. Dabei läßt sich der korrekte Aufbau und Ablauf der Programmlogik durch die Verfolgung der einzelnen Funktionsschritte anhand der Struktogramme relativ leicht abprüfen. Im anschließenden Arbeitsschritt erfolgen die Eingabe und Vervollständigung des Quelltextes in einem Editor und die Abspeicherung der Textdatei (Source File) auf einem externen Speichermedium (z.B. auf Diskette oder Magnetplatte). Durch den Aufruf des Cobol-Compilers wird die maschinelle Übersetzung des Quelltextes in ein Objektprogramm (Object File) in Gang gesetzt. Erkennt der Compiler beim Übersetzungsvorgang syntaktische Fehler im Quelltext (Cobol-Befehle falsch oder unvollständig geschrieben o.ä.), kann durch eine Parametersetzung beim Compileraufruf eine Fehlerdatei angefordert werden, die den gesamten Quelltext mit Hinweisen auf die fehlerhaften Code-Stellen enthält und als separate Datei mit einem eindeutigen Suffix abgespeichert wird. Anhand dieser Fehlerhinweise kann der Programmierer im Editor die notwendigen Korrekturen des Quellcodes vornehmen und anschließend einen erneuten Compilierungslauf anstoßen. Erst wenn der Compiler einen Quelltext als syntaktisch vollständig und korrekt erkennt, wird ein aus Maschinenbefehlen bestehendes Objektprogramm automatisch als zusätzliche Datei auf dem externen Speichermedium angelegt. Die Anwendung des Linkers auf dieses Objektprogramm erzeugt wiederum eine zusätzliche Datei auf dem externen Speichermedium, die das aufruf- und ablauffähige Programm in maschinenverständlichem Binärcode darstellt (siehe dazu auch die allgemeinen Ausführungen zur Strukturierten Implementierung in Kapitel 1.4.10).

Um neben der syntaktischen auch die logische und semantische Korrektheit des Programms sicherzustellen, wird im nächsten Schritt das Programm in seinem Ablauf mit der Datendefinition und Funktionsabfolge des Systementwurfs (Jackson-Diagramme, Struktogramme) verglichen. Nach der Beseitigung eventueller Differenzen durch Quellcode-Modifikation im Editor, Neucompilierung und Linken kann die Übergabe des Programms an den Endbenutzer erfolgen.

Nach Ablauf dieses gesamten Vorganges werden sich die folgenden drei Dateien auf dem benutzten externen Speichermedium befinden:

❏ eine reine Text-Datei mit dem Quellcode des Programms,

❏ eine Objekt-Datei mit den Maschinenbefehlen des Programms,

❏ eine Datei mit dem ausführbaren Binärcode des Programms.

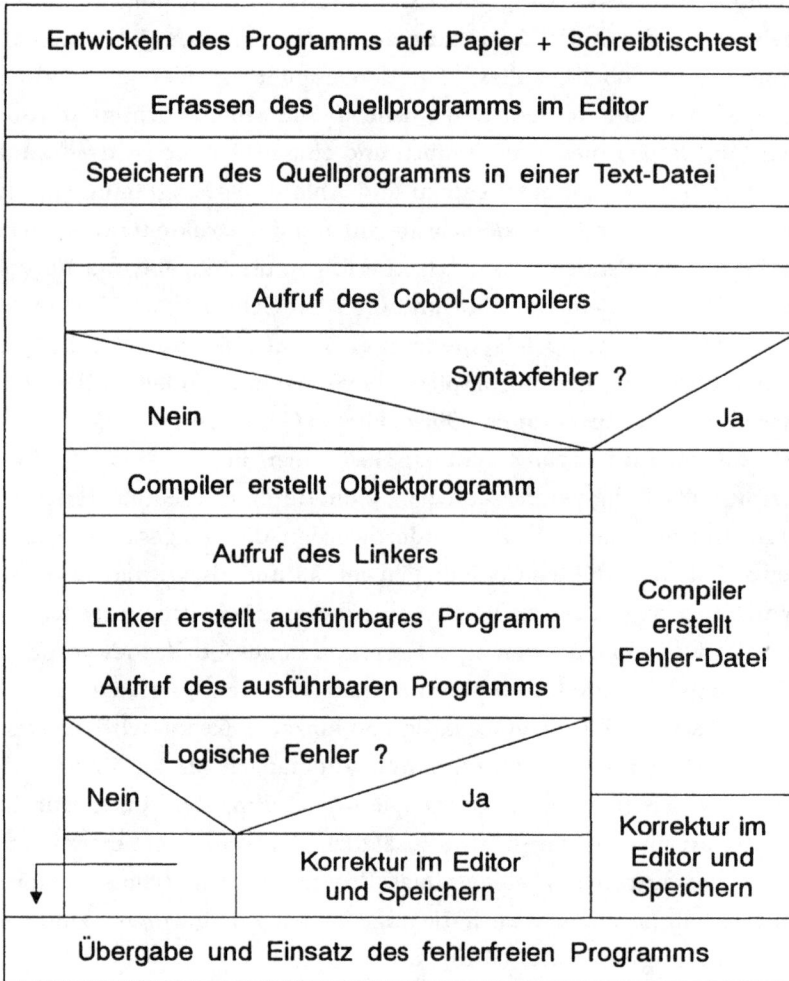

Entwickeln des Programms auf Papier + Schreibtischtest
Erfassen des Quellprogramms im Editor
Speichern des Quellprogramms in einer Text-Datei

```
Aufruf des Cobol-Compilers

                        Syntaxfehler ?
  Nein                                          Ja

  Compiler erstellt Objektprogramm
                                              Compiler
  Aufruf des Linkers                          erstellt
  Linker erstellt ausführbares Programm       Fehler-Datei
  Aufruf des ausführbaren Programms

      Logische Fehler ?
  Nein               Ja                        Korrektur im
                                               Editor und
                     Korrektur im Editor       Speichern
                     und Speichern
```

Übergabe und Einsatz des fehlerfreien Programms

Abb. 30: Struktogramm-Überblick zur Erstellung eines Cobol-Programms

2.3.2 Erstellen des Quellprogramms

Als Cobol-Quellprogramme noch mit Hilfe von Lochkarten in den Rechner eingegeben wurden (bevor die Eingabe mit komfortablen Texteditoren interaktiv am Terminal erfolgte), war die Eingabeform eines Quelltextes noch an das 80-Zeichen-Format einer Lochkarte gebunden. Auf eine Karte paßte eine begrenzte Menge von Cobol-Anweisungen, die spaltenweise in den Karton eingestanzt wurden. Die Anordnung der Stanzlöcher in einer Zeile war signifikant für die Instruktion, die dem Rechner damit übermittelt werden sollte.

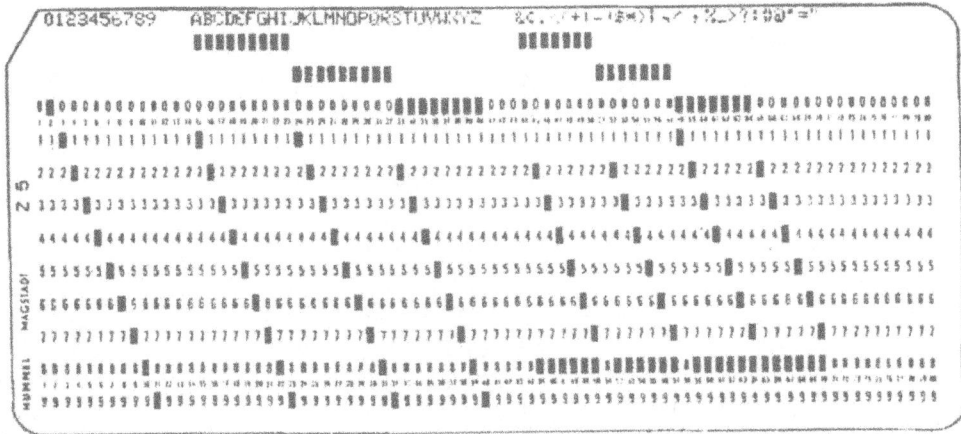

Abb. 31: Lochkarte

Die Sequence Number Area, Spalten 1 - 6, enthielt laufende Zeilennummern. In Spalte 7 der Karte, der Indicator Area, mußte entweder ein Leerzeichen oder ein Indikatorzeichen z.B. für Kommentar oder Seitenvorschub gestanzt werden. Erst in Spalte 8 (Area A von 8 - 11) begannen Namen von Divisions, Sections, Paragraphen und Stufennummern. In Area B, ab der Spalte 12, waren die Cobol-Befehle codiert.

Der Lochkarten-Input hat jedoch schon seit längerer Zeit ausgedient. Der Programmquellcode wird heutzutage sehr viel komfortabler über Textverarbeitungsprogramme (Editoren) an Datensichtstationen (Bildschirmen mit Tastaturen) in Text-Dateien erfaßt, die zur Weiterbehandlung (Compilation, Linken) auf externen Speichermedien (Disketten, Magnetplatten) abgelegt werden. Das Format (Positionierung von bestimmten Quelltextzeilen ab bestimmten Spalten) von Cobol-Quelltext-Dateien ist dabei z.B. unter dem Betriebssystem VMS der Digital Equipment Corporation (DEC) nicht mehr an den 80-Zeichen-Modus gebunden. Die Anzahl der maximal möglichen signifikanten Zeichen pro Zeile ist auf 256 ausgedehnt worden. VMS erlaubt auch die "quasi formatfreie" Eingabe von Programmen, d.h., jede Zeile kann von Spalte 1 an nur mit geringen Area-Beschränkungen beschrieben werden. Abbildung 32 zeigt beispielhaft eine "quasi formatfreie" Quelltext-Datei im VMS-Terminalformat.

Bereich A	Bereich B
1 2 3 4	5 6 7 8 9 (Bildschirmbreite =) 80

```
I D E N T I F I C A T I O N   D I V I S I O N .
* * * * * * * * * * * * * * * * * * * * * * * *
p r o g r a m - i d .   A d d i e r e n .
a u t h o r .   S c h w i c k e r t .

E N V I R O N M E N T   D I V I S I O N .
* * * * * * * * * * * * * * * * * * * * *
C o n f i g u r a t i o n   S e c t i o n .
* - - - - - - - - - - - - - - - - - - - - -
s o u r c e - c o m p u t e r .   v a x .
o b j e c t - c o m p u t e r .   v a x .

D A T A   D I V I S I O N .
* * * * * * * * * * * * * *
W o r k i n g - S t o r a g e   S e c t i o n .
* - - - - - - - - - - - - - - - - - - - - - - -
0 1   z a h l          p i c   9 9 .
0 1   z a e h l e r     p i c   9 9 .
0 1   s u m m e         p i c   9 ( 4 ) .

P R O C E D U R E   D I V I S I O N .
* * * * * * * * * * * * * * * * * * *
E i n .
      d i s p l a y   " Z a h l ? " .
      a c c e p t   z a h l .
      m o v e   0   t o   s u m m e ,   z a e h l e r .
      p e r f o r m   R e c h   z a h l   t i m e s .
      d i s p l a y   " S u m m e = "   s u m m e .

E n d e .
      d i s p l a y   " C i a o " .
      s t o p   r u n .

R e c h .
      a d d   1   t o   z a e h l e r .
      a d d   z a e h l e r   t o   s u m m e .
```

Abb. 32: Cobol-Quelltext-Datei im VMS-Terminalformat

Im Bereich A können von der Spalte 1 an Division-, Section-, Paragraphen-Namen und die Datenvereinbarungen der Ebene 01 eingetragen werden. Vom Programmierer definierte Angaben (Programm-Name nach Program-Id, Name nach Author, Datenvereinbarungen der Ebenen 02 und höher, Cobol-Anweisungen der Procedure Division) akzeptiert der Compiler erst im Bereich B ab der fünften Spalte. Die erforderlichen Einrückungen können in der Regel durch Tabulatorsprünge oder Leerzeichen im Editor vorgenommen werden. Diese Formatierungsmerkmale für Quelltext-Dateien beziehen sich beispielhaft und speziell auf den Cobol-Compiler des DEC-Betriebssystems VMS. Die Hersteller von anderen Cobol-Compilern können davon abweichende Regelungen getroffen haben. Im konkreten Fall sollte sich der Programmierer vor der Erfassung von Quellcode über das erforderliche Quelltext-Format in der Dokumentation seines Compilers informieren.

Nach der Erfassung des Quelltextes im Editor sollte darauf geachtet werden, daß die Abspeicherung der Datei unter einem Namen erfolgt, der mit seinem Suffix darauf hinweist, daß die Datei Cobol-Quelltext enthält. Durch die für alle Quelltext-Dateien einheitliche Vergabe einer eindeutigen Endung lassen sich Quellprogramme z.B. bei einer Directory-Auflistung sehr leicht auffinden. Hier bieten sich die Endungen "cob" oder "cobol" an (Name.cob, Name.cobol). Unter VMS kann der Programmierer "seine" Endung frei wählen. Die Compiler einiger weniger Hersteller verlangen hingegen zwingend die Abspeicherung von Quelltext mit einem genau festgelegten Suffix. Zudem muß bei manchen Compilern der quelltextinterne Programm-Name (Angabe unter "Program-Id" der Identification Division) mit dem Namen der Datei identisch sein, unter der der gesamte Quelltext abgespeichert wird (nicht unter VMS). Um die Konventionen des aktuell benutzten Compilers einhalten zu können, bedürfen daher vor einer Quellcode-Erfassung zumindest folgende Punkte einer Klärung anhand der Compiler-Dokumentation:

- ❑   erforderliches (erlaubtes) Quelltext-Format,

- ❑   erforderliche (erlaubte) Quelltext-Dateinamens-Endung(en),

- ❑   erforderlicher (erlaubter) quelltextinterner Programm-Name.

2.3.3   Aufruf des Compilers

Nachdem ein Cobol-Quelltext editiert und abgespeichert wurde, kann er durch den Aufruf des Cobol-Compilers in ein aus Maschinenbefehlen bestehendes Objekt-Programm übersetzt werden. In fast allen Systemumgebungen geschieht dies durch die

Eingabe (nach einem Systemprompt) des Compiler-Namens, gefolgt von dem Namen der Quelltext-Datei, die übersetzt werden soll.

Compiler-Name Quelltext-Dateiname.Suffix [Enter]

Bei VMS-Cobol sieht der Aufruf folgendermaßen aus ($ = Systemprompt bei VMS):

$ COBOL Name.cob [Enter]

Der Cobol-Compiler ("COBOL") wird dadurch angewiesen, den Cobol-Quellcode,
der in der Datei "Name.cob" enthalten ist, in Maschinenbefehle zu übersetzen. Der
VMS-Cobol-Compiler akzeptiert automatisch alle Datei-Namen mit der Endung
".cob" als Cobol-Quellprogramme (falls sie tatsächlich Quellcode enthalten). Die Angabe des Suffix ist hier daher optional. Genau die gleiche Auswirkung wie obiger
Compiler-Aufruf hat somit:

$ COBOL Name [Enter]

Manche Compiler erfordern jedoch zwingend die Eingabe einer (bestimmten) Dateinamens-Endung, um anhand dieser Kennung die Datei als Quellprogramm identifizieren zu können.

2.3.4   Objekt-Datei und Fehler-Datei

Nach einem erfolgreichen Übersetzungslauf (es wurden keine syntaktischen Fehler
im Quellcode entdeckt) signalisiert das Betriebssystem durch die Anzeige des Systemprompts, daß sein Kommandointerpreter die Befehlsgewalt zurückerhalten hat.
Bei einer Directory-Auflistung lassen sich nun die beiden Dateien

❑   "Name.cob" (enthält weiterhin den Quelltext)
     und
❑   "Name.obj" (enthält die entsprechenden Maschinenbefehle)

finden. Der Compiler hat automatisch und selbständig eine Objekt-Datei mit der Endung ".obj" und dem gleichen (Stamm-)Namen wie dem der Quelltext-Datei generiert.

Stellt der Compiler beim Übersetzungsvorgang jedoch syntaktische Fehler im Quelltext fest, wird der Compilerlauf abgebrochen. Die Objekt-Datei wird in diesem Fall
nicht erstellt. Statt dessen kann der Programmierer sich eine separate Fehler-Datei
vom Compiler erzeugen lassen, die die Compiler-Hinweise auf die als unkorrekt er-

kannten Quellcode-Stellen enthält. Eine solche "Fehlerliste" wird jedoch nur dann generiert, wenn der Compiler-Aufruf durch einen bestimmten (optionalen) Parameter ergänzt wird. Im Betriebssystem VMS lautet dieser Parameter "/LIST".

$ COBOL   Name.cob   /LIST   [Enter]

Bei einer Directory-Auflistung nach einem abgebrochenen Übersetzungsvorgang lassen sich jetzt die beiden Dateien

☐   "Name.cob" (enthält weiterhin den Quelltext)
     und
☐   "Name.lis" (enthält Hinweise auf die fehlerhaften Quellcode-Stellen)

finden. Der Parameter "/LIST" ist in seiner syntaktischen Ausgestaltung VMS-spezifisch. Man kann jedoch davon ausgehen, daß jeder Cobol-Compiler einen eventuell anderslautenden Parameter anbietet, der die gleiche Funktion erfüllt. Ebenfalls kann das Suffix der Fehler-Datei von Compiler zu Compiler unterschiedlich festgelegt sein.

2.3.5   Aufruf des Linkers

Das durch die Compilation erzeugte Objekt-Programm enthält Maschinenbefehle, die durch einen sogenannten Bindevorgang an die reale Betriebssystemsoftware des Ziel-EDV-Systems angepaßt werden müssen. Erst durch die Anwendung des Linkers (das Programm, das den Bindevorgang durchführt) auf das existierende Objekt-Programm entsteht aufruffähiger Binärcode, der die Hardware-Umgebung beim Programmablauf korrekt steuert.

In fast allen Systemumgebungen erfolgt der Linkvorgang durch die Eingabe (nach einem Systemprompt) des Linker-Namens, gefolgt von dem Namen der Objekt-Datei, die "gelinkt" werden soll.

Linker-Name   Objekt-Dateiname.obj   [Enter]

Unter VMS sieht der Aufruf folgendermaßen aus ($ = Systemprompt bei VMS):

$ LINK   Name.obj   [Enter]

Der Linker ("LINK") wird dadurch angewiesen, die Maschinenbefehle, die in der Datei "Name.obj" enthalten sind, in ablauffähigen Binärcode zu übersetzen. Der VMS-Linker akzeptiert automatisch alle Dateien mit der Namensendung ".obj" als Objekt-

Programme (falls sie tatsächlich Maschinenbefehle enthalten). Die Angabe des Suffix
".obj" ist hier daher optional. Genau die gleiche Auswirkung wie obiger Linker-Aufruf hat somit:

$$\text{\$ LINK Name [Enter]}$$

Manche Betriebssysteme besitzen Linker, die zwingend die Eingabe einer (bestimmten) Dateinamens-Endung erfordern, um anhand dieser Kennung die Datei als Objekt-Programm identifizieren zu können.

2.3.6   Aufruf des ablauffähigen Programms

Nach einem erfolgreichen Link-Vorgang (es wurden keine Fehlermeldungen ausgegeben) signalisiert das Betriebssystem durch die Anzeige des Systemprompts, daß sein Kommandointerpreter die Befehlsgewalt zurückerhalten hat. Bei einer Directory-Auflistung lassen sich nun die drei Dateien

- ☐   "Name.cob" (enthält weiterhin den Quelltext)
      und
- ☐   "Name.obj" (enthält weiterhin die entsprechenden Maschinenbefehle)
      und
- ☐   "Name.exe" (enthält den ablauffähigen Binärcode)

finden. Der Linker hat automatisch und selbständig eine Binärcode-Datei mit der Endung ".exe" und dem gleichen (Stamm-)Namen wie dem der Quelltext- und Objekt-Datei generiert. Das Suffix ".exe" ist VMS-spezifisch und kann je nach Betriebssystem unterschiedlich gestaltet sein.

Der Binärcode kann nun durch die Eingabe des Exe-Dateinamens nach einem Systemprompt in den Hauptspeicher geladen und ausgeführt werden. Dieser Lade- und Ablauf-Befehl kann wiederum von Betriebssystem zu Betriebssystem differieren. Unter VMS sieht er wie folgt aus (\$ = Systemprompt bei VMS):

$$\text{\$ RUN Name.exe [Enter]}$$

Der Programm-Lader ("RUN") wird dadurch angewiesen, dem Binärcode der Exe-Datei absolute Hauptspeicheradressen zuzuweisen und diese mit den aus der Exe-Datei gelesenen 0/1-Werten zu initialisieren. Der VMS-Lader akzeptiert automatisch alle Datei-Namen mit der Endung ".exe" als Binär-Programme (falls sie tatsächlich Binärcode enthalten). Die Angabe des Suffix ".exe" ist hier daher optional. Genau die gleiche Auswirkung wie obiger Lader-Aufruf hat somit:

$$\text{\$ RUN   Name   [Enter]}$$

Manche Betriebssysteme besitzen Lader, die zwingend die Eingabe einer (bestimmten) Dateinamens-Endung erfordern, um anhand dieser Kennung die Datei als Binär-Programm identifizieren zu können.

Nach dem Lade-Befehl übergibt der Kommandointerpreter des Betriebssystems die Befehlsgewalt an das aufgerufene (selbsterstellte) Programm. Der Benutzer kann nun nur noch die von diesem Programm angebotenen Funktionen ausführen (bei einem Adreßverwaltungsprogramm z.B. Adressen erfassen, korrigieren, speichern, drucken). Wird das Programm mit dem ihm eigenen Ende-Befehl verlassen, übernimmt der Kommandointerpreter des Betriebssystems wieder die Befehlsgewalt, gibt ein Systemprompt aus und wartet auf weitere Benutzeranweisungen. Als prinzipielle Ausnahme von diesem Zyklus Betriebssystemebene - Anwendungsprogramm - Betriebssystemebene gilt nur der Aufruf des Betriebssystemprogramms, das der Benutzer zur Beendigung der gesamten Bildschirmsitzung aufruft (Abmeldung vom EDV-System durch Logout, Logoff o.ä.).

2.4   Cobol-Linguistik

2.4.1   Ausdrucksformen in Cobol

Die Menge der Zeichen, die in einem Cobol-Programm verwendet werden dürfen, nennt man den Cobol-Zeichenvorrat (Zeichensatz, Character set). Der von der Cobol-85-Norm definierte Zeichenvorrat umfaßt insgesamt 78 Zeichen (siehe Abbildung 33). Nur aus diesem Zeichenvorrat können zur Programm-Erstellung Cobol-Zeichenketten (Character strings) gebildet werden. Unter Zeichenketten werden zum einen fest vorgegebene, reservierte Cobol-Wörter (Reserved words) und zum anderen frei definierbare Programmierer-Wörter (User defined words) zusammengefaßt. Die weitere Untergliederung der reservierten und frei definierbaren Wörter gemäß Abbildung 34 wird in den nachfolgenden Kapiteln beschrieben.

Die Cobol-syntaktisch korrekte Zusammenstellung von Zeichenketten (Wörter, Befehle) ergibt Cobol-Anweisungen (Cobol statements), die, wie in Kapitel 2.2.1 dargelegt, zu den größeren syntaktischen Einheiten Satz, Paragraph, Section und Division gruppiert werden.

Zeichen	Bedeutung
0, 1, ..., 9	Ziffern (Digits)
A, B, ..., Z	Großbuchstaben (Uppercase letters)
a, b, ..., z	Kleinbuchstaben (Lowercase letters)
	Leerzeichen (Space, Blank)
+	Pluszeichen (Plus sign)
-	Minuszeichen (Minus sign, Hyphen)
*	Stern (Asterisk)
/	Schrägstrich (Stroke, Virgule, Slash)
=	Gleichheitszeichen (Equal sign)
$	Dollar-Zeichen (Currency sign)
,	Komma (Comma, Decimal point)
;	Semikolon (Semicolon)
.	Punkt (Period, Decimal point, Full stop)
"	Anführungszeichen (Quotation mark)
(	Linke Klammer (Left parenthesis)
)	Rechte Klammer (Right parenthesis)
>	Größer-Zeichen (Greater-than symbol)
<	Kleiner-Zeichen (Less-than symbol)
:	Doppelpunkt (Colon)

Abb. 33: Der Cobol-Zeichenvorrat

2.4.2   Reservierte Cobol-Wörter

Die reservierten Wörter (Reserved words) sind in der Definition der Cobol-Sprache vorgegeben. Ihre Zeichenfolge und Bedeutung sind exakt festgelegt, und sie dürfen in einem Cobol-Programm nur in dieser Form und Bedeutung verwendet werden. Für die aktuelle Cobol-Norm ANS-85 ist die im Anhang A aufgeführte, genau definierte Menge von Wörtern reserviert. Da allerdings jeder Compiler-Hersteller in seiner Cobol-Fassung Spracherweiterungen vorsehen kann, vergrößert sich dadurch auch die Menge der reservierten Wörter. Der Programmierer sollte sich daher in der Dokumentation seines Cobol-Compilers informieren, welche Wörter tatsächlich reserviert sind.

```
┌─────────────────────────────────────────────────────────────┐
│                                                               │
│              ┌───────────────────────────────┐               │
│              │      Cobol-Zeichenketten       │               │
│              └───────────────────────────────┘               │
│                                                               │
│        ┌──────────────────┐      ┌──────────────────┐         │
│        │ Reservierte Wörter│      │Programmierer-Wörter│        │
│        └──────────────────┘      └──────────────────┘         │
│                                                               │
│      ┌──────────┐  ┌──────────┐                               │
│      │ Schlüssel-│  │  Wahl-   │                               │
│      │  Wörter  │  │  Wörter  │                               │
│      └──────────┘  └──────────┘                               │
│                                                               │
│   ┌────────────┐  ┌──────────────┐  ┌──────────┐              │
│   │ Daten-Namen│  │ Prozedur-Namen│  │ Literale │              │
│   └────────────┘  └──────────────┘  └──────────┘              │
│                                                               │
│   ┌────────────┐  ┌──────────────┐  ┌──────────┐              │
│   │ Numerische │  │Alphanumerische│  │ Figurative│             │
│   │  Literale  │  │   Literale   │  │ Konstanten│             │
│   └────────────┘  └──────────────┘  └──────────┘              │
│                                                               │
└─────────────────────────────────────────────────────────────┘
```

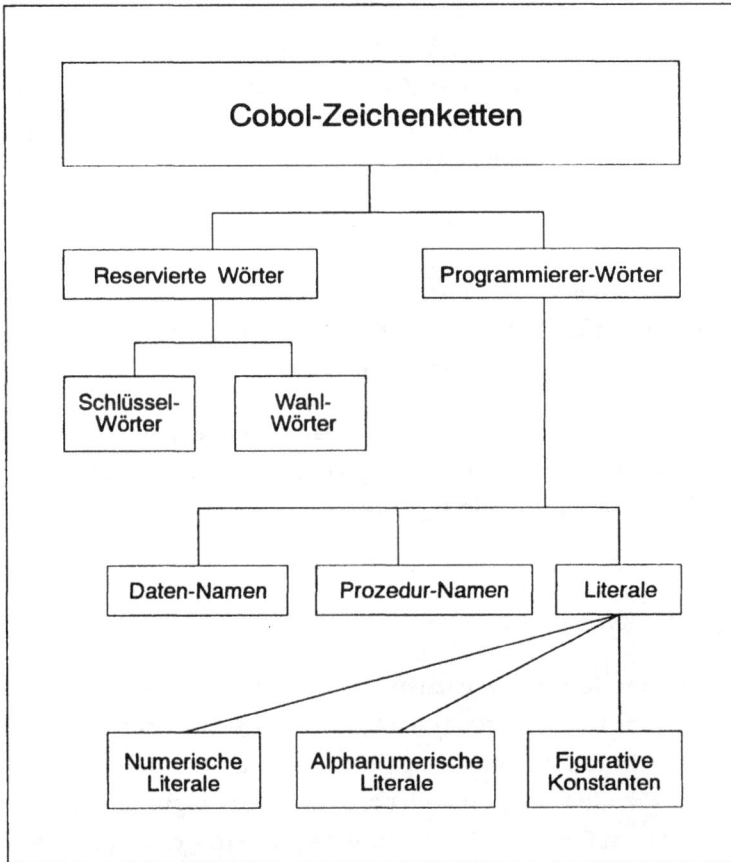

Abb. 34: Cobol-Zeichenketten

Die reservierten Cobol-Wörter lassen sich in Schlüssel-Wörter und Wahl-Wörter un-
terteilen. Schlüssel-Wörter sind reservierte Wörter, deren Vorhandensein bei der syntaktisch richtigen Formulierung in einer Cobol-Anweisung unbedingt erforderlich
ist, das heißt, das Fehlen oder die Falschangabe dieser Wörter führt zu einem Fehler
bei der Compilation.

Wahl-Wörter ergänzen die Schlüssel-Wörter, haben jedoch keine Auswirkung auf die
Bedeutung einer Anweisung. Wahl-Wörter dienen lediglich der besseren Lesbarkeit
eines Programms und können daher auch weggelassen werden.

Verdeutlichung am Beispiel der Cobol-Additionsanweisung:

ADD   100   TO   ergebnis   ON SIZE ERROR   display "Overflow".

In diesem Beispiel stellen alle Begriffe in Großschreibung reservierte Wörter dar; jedoch nur die unterstrichenen Begriffe in Großschreibung sind zwingende Schlüssel-
Wörter. Das Wort "ON" ist zwar vom Compiler reserviert, muß aber als Wahl-Wort
hier nicht angegeben werden, so daß die Additionsanweisung auch folgendermaßen
aussehen könnte, ohne eine andere Aussage zu erhalten:

<u>ADD</u>   100   <u>TO</u>   ergebnis   <u>SIZE ERROR</u>   display "Overflow".

Bei der Beschreibung der Cobol-Notation in Kapitel 2.5 werden reservierte Wörter in
Großschreibung aufgeführt; Schlüssel-Wörter erhalten zusätzlich eine Unterstreichung, Wahl-Wörter erscheinen ohne Unterstreichung.

Bei der Erfassung des Quellcodes im Editor ist es unerheblich, ob die reservierten
Wörter in Groß- oder Kleinschreibung eingegeben werden. Der Compiler erkennt in
jedem Fall, daß es sich um reservierte Wörter handelt.

2.4.3   Programmierer-Wörter

Im Gegensatz zu den fest vorgegebenen reservierten Wörtern können die Programmierer-Wörter (User defined words) nach bestimmten Regeln frei gebildet werden.
Diese Regeln unterliegen der aktuellen Cobol-Sprachnorm und sind daher als Mindestanforderung für alle Cobol-Compiler relevant. Der Programmierer sollte sich vor
der ersten Wort-Definition darüber informieren, ob sein Compiler eventuell herstellerspezifische Regel-Erweiterungen vorsieht.

Bei der Bildung von Programmierer-Wörtern gelten normgemäß die folgenden Regeln als Mindestanforderung:

❑   Programmierer-Wörter dürfen nicht mit reservierten Wörtern identisch sein.
❑   Die maximale Länge von 30 Zeichen darf nicht überschritten werden.
❑   Zulässige Zeichen sind Buchstaben, Ziffern und der Bindestrich.
❑   Ein Bindestrich steht weder am Anfang noch am Ende des Wortes.
❑   Programmierer-Wörter müssen mindestens einen Buchstaben enthalten.

Programmierer-Wörter lassen sich - je nachdem, wofür sie gebildet wurden - in verschiedene Kategorien einteilen:

❑   Daten-Namen
❑   Prozedur-Namen
❑   Literale

Die Berücksichtigung von mnemotechnischen Grundsätzen bei der freien Bildung von Programmierer-Wörtern unterstützt den Entwickler bei der Wartung und Pflege seiner Software-Produkte. Er sollte darauf achten, daß Daten- und Prozedur-Namen in irgendeiner Form auf den Inhalt des betreffenden Datenfeldes oder Programmabschnittes hinweisen. Sogenannte "sprechende" Namen erhöhen die Lesbarkeit und Verständlichkeit eines Quelltextes. Mit Sicherheit ist es unzweckmäßig, ein Datenfeld, das eine Kundenadresse aufnehmen soll, mit dem Daten-Namen "Yw-23bR" zu versehen. Sehr viel besser wären hier z.B. die Bezeichnungen "Kunden-Adr" oder "Kd-Adresse".

Im Gegensatz zu den reservierten Wörtern kann es von Relevanz sein, ob bei der Erfassung des Quellcodes im Editor die Programmierer-Wörter in Groß- oder Kleinschreibung eingegeben werden. Manche Cobol-Compiler fassen z.B. die Daten-Namen "Kunde" und "kunde" (oder "KUnde" und "kuNDE") beim Übersetzungsvorgang als zwei verschiedene Datenfeldbezeichnungen auf. Der Programmierer kann dieses Problem umgehen, indem er einheitlich alle Daten-Namen entweder in Groß- oder Kleinschreibung im Quelltext erfaßt.

2.4.4   Daten-Namen

Ein Daten-Name (Synonyme: Bezeichner, Datenfeldname, Identifier, Data Name) bezeichnet ein Datenfeld mit variablem Inhalt. Ein Datenfeld-Inhalt kann als Informationseinheit innerhalb eines Programms durch den Daten-Namen zur Verarbeitung herangezogen werden. Einige Beispiele:

Auftr-Beginn-Kennzeichen	(korrekt definiert)
ADRESSE	(korrekt definiert)
schalter-1	(korrekt definiert)
DiesistleidereinzulangesDatenfeld	(falsch, da mehr als 30 Zeichen)
08-15	(falsch, da kein Buchstabe enthalten)
INPUT	(falsch, da reserviertes Wort)
-Zaehler1	(falsch, da Bindestrich am Anfang)
Feld 1	(falsch, da Leerzeichen enthalten)

In der Working-Storage Section der Data Division werden alle Datenfelder mit Namen versehen, die innerhalb eines Programms benutzt werden. Sollen z.B. zwei Zahlen in einem Programm addiert werden, müssen in der Working-Storage Section drei Datenfelder definiert werden, die die zu addierenden Zahlen aufnehmen (Feld1 und Feld2) und das Ergebnis der Addition speichern (Feld3). In der Procedure Division können nur solche Datenfelder verarbeitet werden (z.B. Inhalte über Tastatur einge-

ben oder auf dem Bildschirm anzeigen), die zuvor in der Data Division deklariert
wurden. Jedem Datenfeld wird bei seiner Deklaration eine Kennzeichnung mitgege-
ben, die die möglichen Inhalte des Feldes festlegt (numerisch: nur Ziffern, alphanumerisch: Ziffern und sonstige Zeichen aus dem Zeichenvorrat). Dies geschieht in einer Art Maskendefinition (PICTURE-Klausel, pic), die in Kapitel 3.4 erläutert wird.

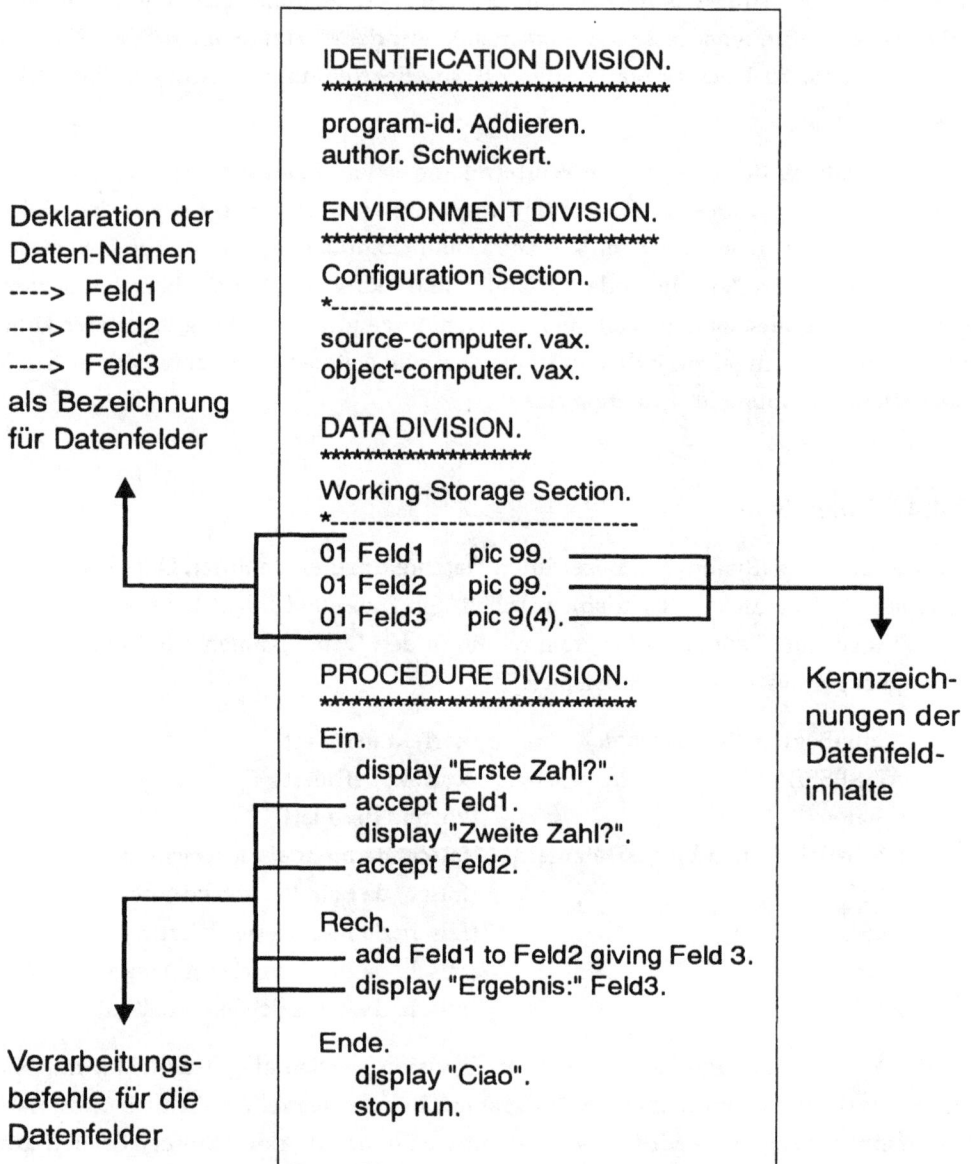

```
                              IDENTIFICATION DIVISION.
                              ********************************

                              program-id. Addieren.
                              author. Schwickert.

Deklaration der               ENVIRONMENT DIVISION.
Daten-Namen                   ********************************
----> Feld1                   Configuration Section.
                              *----------------------------
----> Feld2                   source-computer. vax.
----> Feld3                   object-computer. vax.
als Bezeichnung
für Datenfelder               DATA DIVISION.
                              **********************

                              Working-Storage Section.
                              *----------------------------
                              01 Feld1      pic 99.
                              01 Feld2      pic 99.
                              01 Feld3      pic 9(4).

                              PROCEDURE DIVISION.            Kennzeich-
                              ********************************   nungen der
                              Ein.                            Datenfeld-
                                 display "Erste Zahl?".        inhalte
                                 accept Feld1.
                                 display "Zweite Zahl?".
                                 accept Feld2.

                              Rech.
                                 add Feld1 to Feld2 giving Feld 3.
                                 display "Ergebnis:" Feld3.

                              Ende.
Verarbeitungs-                   display "Ciao".
befehle für die                  stop run.
Datenfelder
```

Abb. 35: Definition von Daten-Namen und deren Verarbeitung

Obwohl die genaue Bedeutung der Cobol-Befehle noch nicht erläutert wurde, dürfte es Ihnen keine größeren Schwierigkeiten bereiten, den Programmablauf der Procedure Division in der Abbildung 35 zu verstehen. Schauen Sie sich zu Übungszwecken auch die Listings aus Kapitel 2.2.5 und aus Abbildung 32 an. Die benutzten Cobol-Befehle gehören alle zum Standard-Sprachumfang eines jeden Cobol-Compilers und werden in den nachfolgenden Kapiteln detailliert beschrieben.

2.4.5 Prozedur-Namen

Unter Prozedur-Namen werden Namen von Sections und Paragraphen der Procedure Division zusammengefaßt. Diese Namen benennen Stellen in einem Programm (Labels), zu denen im Programmablauf von anderen Stellen aus verzweigt werden kann. Einige Beispiele für Prozedur-Namen:

STEUERUNG	(korrekt definiert)
Rechnung2	(korrekt definiert)
0815	(falsch, da kein Buchstabe enthalten)
DISPLAY	(falsch, da reserviertes Wort)

Auch in Abbildung 36 auf der folgenden Seite sollten Sie bereits jetzt nachvollziehen können, daß nach einer anderen Eingabe als der Ziffer "7" der Paragraph "Falsch" angesprungen wird. Danach folgt automatisch die Beendigung des Programms im Paragraph "Ende". Zum Paragraph "Richtig" wird nur verzweigt, wenn die "7" eingegeben wird. Um nach Abarbeitung der DISPLAY-Anweisung im Paragraph "Richtig" nicht automatisch zum Paragraph "Falsch" zu gelangen, wird mit der Anweisung "go to Ende" der Paragraph "Falsch" übersprungen und direkt zur Beendigung des Programms verzweigt.

2.4.6 Literale

Literale sind Zeichenketten, die ihren Inhalt (Wert) selbst definieren; sie werden daher auch als Konstanten bezeichnet. Das bedeutet, daß bei Literalen der Name identisch ist mit ihrem Wert. Man unterscheidet numerische und alphanumerische Literale sowie die figurativen Konstanten:

❏ *Numerische Literale*
   Der Wert eines numerischen Literals (numerische Konstante) ist die algebraische Größe, die durch die Zeichen des Literals dargestellt wird. Für die Bildung von numerischen Literalen gelten folgende Regeln:

Prozedur-Namen
-----> Frage
-----> Richtig
-----> Falsch
-----> Ende
als Bezeichnung
der Paragraphen

```
        IDENTIFICATION DIVISION.
        ********************************
        program-id. Examen.
        author. Schwickert.

        ENVIRONMENT DIVISION.
        **********************************
        Configuration Section.
        *----------------------------
        source-computer. vax.
        object-computer. vax.

        DATA DIVISION.
        *********************
        Working-Storage Section.
        *----------------------------------
        01 Eingabe  pic 9.

        PROCEDURE DIVISION.
        *********************************
        Frage.
            display "Wieviel ergibt  2 + 5 ?".
            accept Eingabe.
              if Eingabe = 7
                  go to Richtig
              else
                  go to Falsch.

        Richtig.
            display "Gut, Johann".
            go to Ende.

        Falsch.
            display "Looser".

        Ende.
            stop run.
```

Verzweigungen

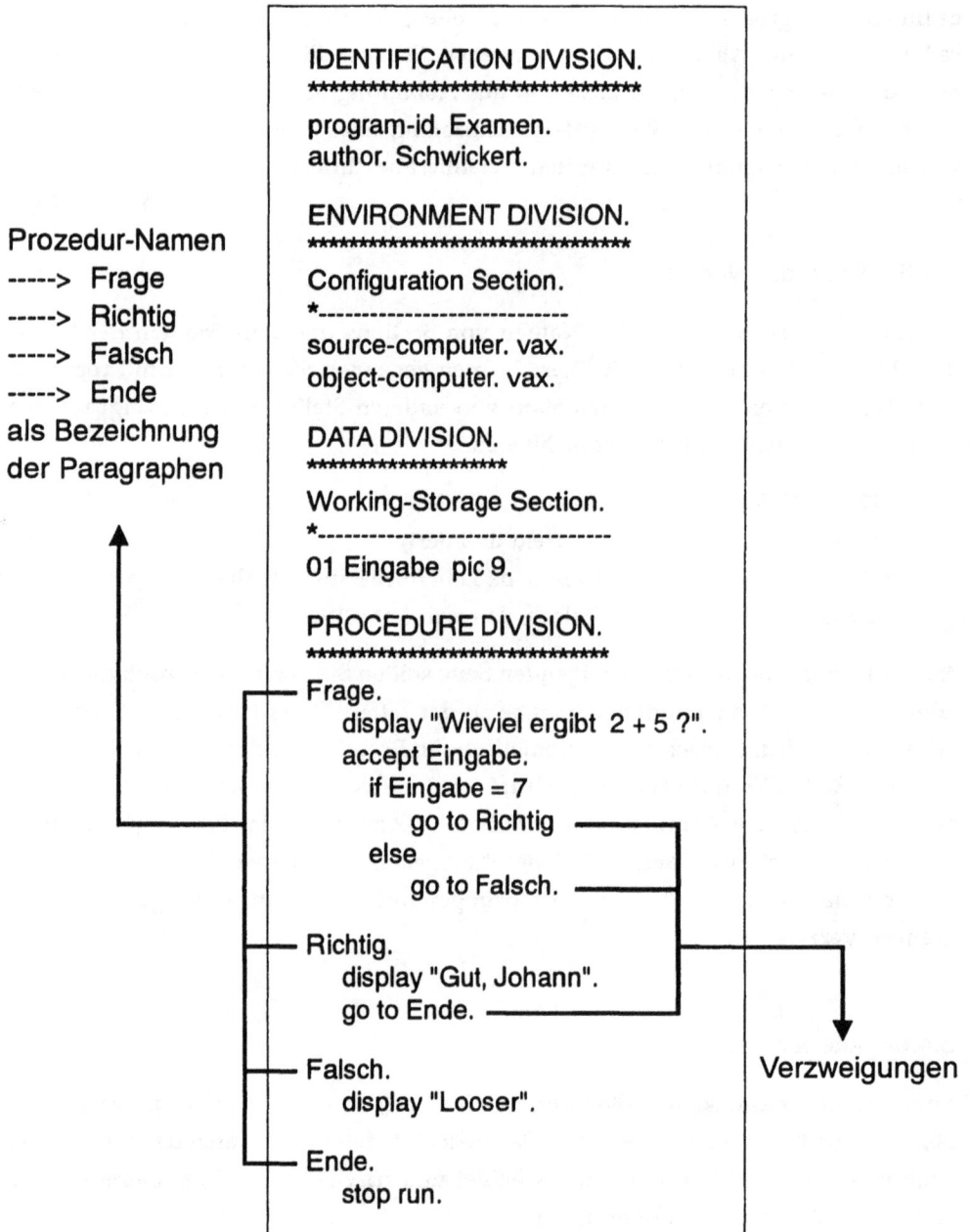

Abb. 36: Definition von Prozedur-Namen und deren Verwendung

- Maximal 18 Dezimalstellen sind zugelassen.
- Zulässige Zeichen sind Ziffern, Dezimalpunkt und die Vorzeichen + bzw. -.
- Ein numerisches Literal muß mindestens eine Ziffer enthalten.
- Das Vorzeichen ist das am weitesten links stehende Zeichen.
- Ein numerisches Literal darf maximal einen Dezimalpunkt enthalten.
- Ein numerisches Literal darf nicht in Anführungszeichen stehen.

Nachfolgend einige Beispiele für korrekte und falsche numerische Literale:

14	(korrekt)
+4.89	(korrekt)
34,45	(falsch, da Komma anstatt Dezimalpunkt)
2343+	(falsch, da Vorzeichen rechts)

❑ *Alphanumerische Literale*
Der Wert eines alphanumerischen Literals (alphanumerische Konstante) ist jene Zeichenfolge, die das Literal darstellt. Alphanumerische Literale müssen in Anführungszeichen eingeschlossen werden. Für die Bildung von alphanumerischen Literalen gelten folgende Regeln:

- Eine maximale Länge von 256 Zeichen ist zugelassen.
- Beliebige Zeichen aus dem Cobol-Zeichenvorrat dürfen benutzt werden.
- Alphanumerische Literale stehen in Anführungszeichen.
- Groß- und Kleinschreibung werden unterschieden.

Zwei Beispiele für korrekte alphanumerische Literale:

"Guten Tag"	(korrekt)
"+2345"	(korrekt)

Es ist zu beachten, daß "+2345" nicht dem numerischen Literal +2345 entspricht. Während das numerische Literal den algebraischen Wert (die Zahl) +2345 beschreibt, ist das alphanumerische Literal nur als Zeichenfolge von fünf beliebigen Zeichen zu interpretieren. Da ein alphanumerisches Literal vom Compiler lediglich als beliebige Zeichenfolge verstanden wird, können innerhalb der Anführungszeichen sogar reservierte Cobol-Wörter verwendet werden.

❑ *Figurative Konstanten*
Figurative Konstanten sind Schlüssel-Wörter (reservierte Cobol-Wörter), die stellvertretend für bestimmte Literale stehen. Sie werden deshalb meist den Literalen zugeordnet. Die wichtigsten figurativen Konstanten sind:

- Zero, Zeros, Zeroes: Konstante mit dem numerischen Wert Null
- Space, Spaces: Konstante mit dem alphanumerischen Wert Blank

[3]

- All: Mehrmalige Wiederholung eines alphanumerischen Literals (z.B. All "*")
- Quote : Konstante mit dem alphanumerischen Wert Anführungszeichen

In der nachfolgenden Abbildung 37 sehen Sie, wie die einzelnen Untergruppen der Literale in der Procedure Division Verwendung finden.

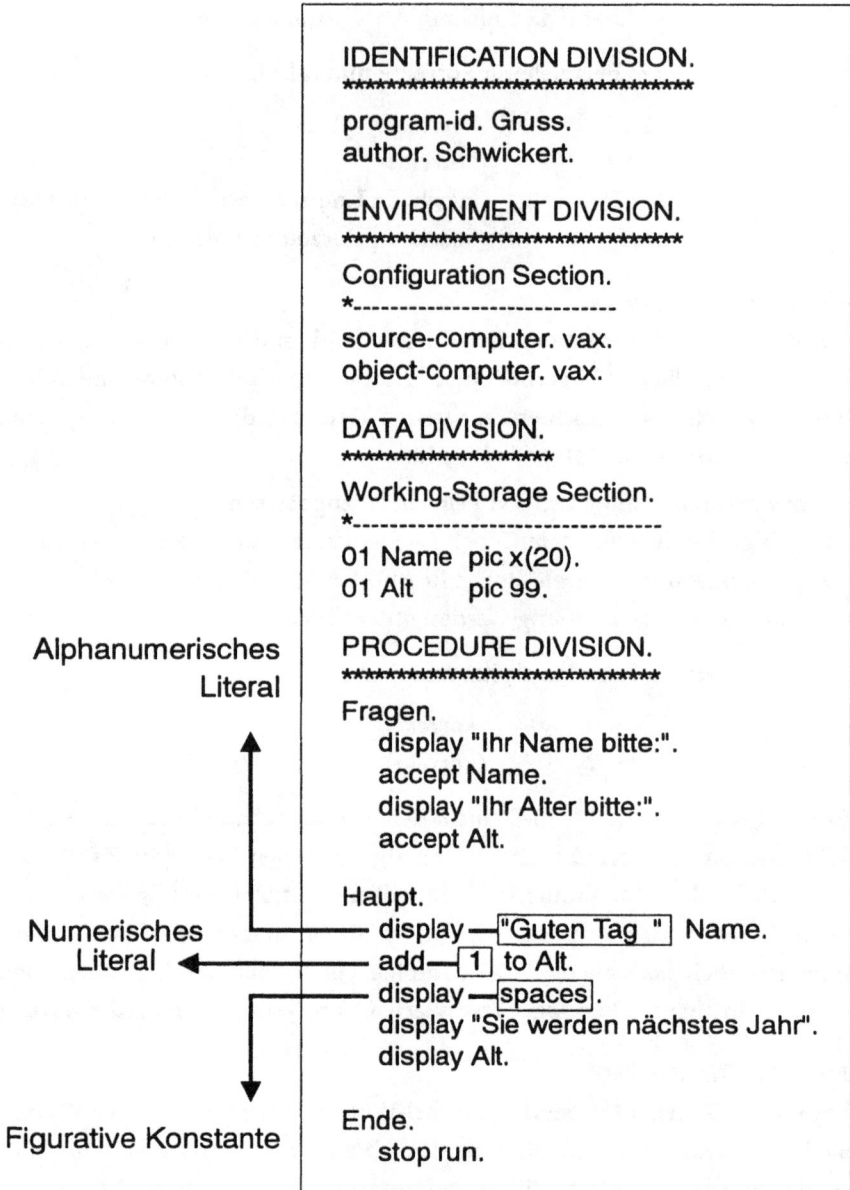

Abb. 37: Definition von Literalen und deren Verwendung

2.4.7   Der Cobol-Befehlsvorrat

Es muß an dieser Stelle darauf hingewiesen werden, daß im vorliegenden Buch nicht alle Cobol-Sprachkonstrukte aufgeführt sind, die nach dem aktuellen Standard normiert sind. Viele der erläuterten Konstrukte sind zudem nicht mit allen möglichen Varianten dargestellt. Die Zielsetzung dieses Buches, dem Leser die Grundlagen der Strukturierten Programmierung mit einer Einführung in die Programmiersprache Cobol näherzubringen, steckt den Rahmen für die Menge der in den weiteren Kapiteln besprochenen Cobol-Befehle. Die Beschränkung auf ein für alle gängigen Cobol-Compiler und Cobol-Sprachnormen gültiges Befehls-Subset läßt zwar eine nicht zu vernachlässigende Anzahl an Cobol-Befehlen und -Klauseln außen vor, setzt aber gleichzeitig die "Einstiegsbarrieren" in den anvisierten Themenkomplex beträchtlich herab. Durch die Auswahl der erläuterten grundlegenden Cobol-Konstrukte wurde zum einen versucht, das Handwerkszeug für die Umsetzung relativ einfacher Problemstellungen in strukturierte Cobol-Programme zur Verfügung zu stellen, zum anderen aber auch dem Leser das Verständnis für die komplexeren und erweiterten Cobol-Konstrukte zu vermitteln.

In Anhang C des Buches finden Sie ein Literaturverzeichnis, das eine grundlegende Auswahl didaktisch gut aufgebauter weiterführender Lehrbücher darstellt. Im besonderen seien hier Göpfrich, H. R., "Wirtschaftsinformatik II. Strukturierte Programmierung in COBOL" [7], und Höcker, H.-J., "Einführung in die strukturierte COBOL-Programmierung mit Mikrocomputeranwendungen" [8], erwähnt.

2.5   Die Cobol-Notation

Um ein fehlerfrei compilierbares Programm in Cobol zu erstellen, ist die richtige Aneinanderreihung von syntaktisch (Syntax: Regeln zum formalen Aufbau einer Sprache) korrekten Cobol-Zeichenketten erforderlich. Durch diese Aneinanderreihung entstehen semantische Einheiten (Semantik: inhaltliche Bedeutung einzelner Sprachelemente) mit Anweisungen, Paragraphen, Sections und Divisions. Die Normierungen bezüglich des formalen Aufbaus eines Cobol-Programms und der Regeln zur Bildung von Zeichenketten wurden in den vorhergehenden Kapiteln besprochen. Die Cobol-Norm bietet nun als "besonderen Service" im Vergleich zu anderen Programmiersprachen zusätzlich ein eigenes Symbolsystem, das dazu dient, die Cobol-Syntax übersichtlich darzustellen und die inhaltliche Bedeutung der syntaktischen Einheiten zu beschreiben. Diese Meta-Sprache, die sogenannte Cobol-Notation, wird, da sie ebenso wie Cobol selbst standardisiert und normiert ist, in allen Cobol-Lehrbüchern und -Manualen verwendet. Am Additions-Befehl ADD werden die Elemente dieses Symbolsystems erläutert:

ADD $\left\{ \begin{array}{l} \text{Daten-Name-1} \\ \text{Literal-1} \end{array} \right\}$ ... TO { Daten-Name-2 [ROUNDED] } ...

[ON SIZE ERROR Unbedingte-Anweisung]

❑   *Reservierte Cobol-Wörter (Großschreibung)*
Reservierte Cobol-Wörter werden groß geschrieben. Im Beispiel sind demnach ADD, TO, ROUNDED und ON, SIZE, ERROR reservierte Cobol-Wörter.

❑   *Schlüssel-Wörter (Großschreibung und Unterstreichung)*
Schlüssel-Wörter werden unterstrichen. Ihre Angabe ist für die syntaktische Richtigkeit der Anweisung obligatorisch. Im Beispiel sind demnach alle reservierten Wörter außer ON Schlüssel-Wörter.

❑   *Wahl-Wörter (Großschreibung ohne Unterstreichung)*
Reservierte Wörter, die nicht unterstrichen werden, sind Wahl-Wörter und können bei der Angabe der Anweisung weggelassen werden, ohne die syntaktische Richtigkeit zu beeinflussen. Im Beispiel ist nur ON als Wahl-Wort angegeben.

❑   *Geschweifte Klammern { }*
Geschweifte Klammern umschließen Alternativen, von denen genau eine auszuwählen ist. Im Beispiel kann als erster Operand der Addition entweder ein Datenfeld oder ein Literal angegeben werden.

❑   *Eckige Klammern [ ]*
Angaben in eckigen Klammern sind optionale Zusätze, die zu codieren sind, wenn die betreffende Funktion erwünscht ist; sie können weggelassen werden, wenn diese Funktion nicht gebraucht wird. Im Beispiel ist die Angabe von ROUNDED und die ON SIZE ERROR Klausel optional.

❑   *Drei aufeinanderfolgende Punkte ...*
Drei aufeinanderfolgende Punkte zeigen an, daß die unmittelbar vorhergehende Einheit beliebig oft wiederholt werden kann. Im Beispiel können nach dem Schlüsselwort ADD beliebig viele Operanden (Datenfelder oder Literale) angefügt werden. Nach dem Schlüsselwort TO können ebenfalls mehrere Datenfelder erscheinen. Die einzeln aufgereihten Elemente werden entweder durch ein Leerzeichen oder ein Komma voneinander getrennt.

Aus dem oben dargestellten Format für die ADD-Anweisung können entsprechend den erläuterten Regeln z.B. folgende Cobol-Anweisungen abgeleitet werden (die inhaltliche Bedeutung dieser Anweisungen wird in Kapitel 5.1 erklärt):

```
ADD   1  TO  zahl1, zahl2, zahl3.
ADD   feld1, feld2  TO  feld3, feld4  ON SIZE ERROR  display "Fehler".
ADD   zaehler1, 5  TO  zaehler2, zaehler3  SIZE ERROR  display "Fehler".
ADD   zahl5  TO  feld5  ROUNDED.
```

3. Datenvereinbarung in Cobol

3.1 Grundregeln der Datenfeldbeschreibung

Alle Informationen (Daten), die in einem Cobol-Programm verarbeitet werden sollen, müssen in der Data Division in Form von Datenfeldern detailliert beschrieben werden. Bei der Definition der Datenfelder (Datenelemente) in der Data Division werden folgende Datenfeldattribute vereinbart:

☐ unter welchem *Namen* das Datenfeld in den Anweisungen der Procedure Division angesprochen werden soll (Datenfeld-Name),

☐ welchen *Umfang* der Inhalt des Datenfeldes maximal haben kann (Datenfeld-Länge),

☐ welcher *Art* die Inhalte des Datenfeldes sein können (Datenfeld-Typ).

Es werden zunächst die Grundregeln der Datenfeldbeschreibung, die für alle drei Sections (File Section, Working-Storage Section, Linkage Section) der Data Division relevant sind, erläutert. Darüber hinausgehende Regeln für die Beschreibung der Dateipuffer in der File Section bzw. die Einträge in der Linkage Section werden in späteren Kapiteln besprochen.

Zur Beschreibung eines Datenfeldes in der Data Division wird folgendes Format herangezogen:

Stufennummer	$\left\{ \begin{array}{l} \text{Feld-Name} \\ \underline{\text{FILLER}} \end{array} \right\}$	<u>PICTURE</u> IS Maske
	[Zusatzklausel] ...	

Ein Datenbeschreibungseintrag in der Data Divison besteht demzufolge aus:

☐ einer Stufennummer,

☐ einem programminternen Namen für das definierte Datenfeld (Feld-Name),

☐ einer Picture-Klausel zur Beschreibung der Attribute Feld-Länge und Feld-Typ

☐ und verschiedenen Zusatzklauseln zur Beschreibung weiterer Feldeigenschaften.

3.2   Das Stufennummernkonzept

In den meisten Anwendungen ist es sinnvoll, die verwendeten Daten hierarchisch zu
gliedern, d.h. Datenelemente zu übergeordneten Datengruppen zusammenzufassen.
In Cobol wird eine hierarchische Datenstruktur durch die Vergabe von Stufennummern erreicht. Dabei wird die höchste Ebene immer als Stufe 01, die niedrigeren Ebenen als Stufen 02 - 49 bezeichnet. Die Stufennummern müssen nicht lückenlos fort-
laufend vergeben werden; nach der Stufe 01 müssen die Nummern nur durch ihre
aufsteigende Sortierung niedrigere Stufen kennzeichnen (z.B. 01, 05, 10, 15, 25).

Durch die Stufennummern und die Reihenfolge der Datenfelder ist die Struktur eines Datensatzes wie in Abbildung 38 eindeutig bestimmt.

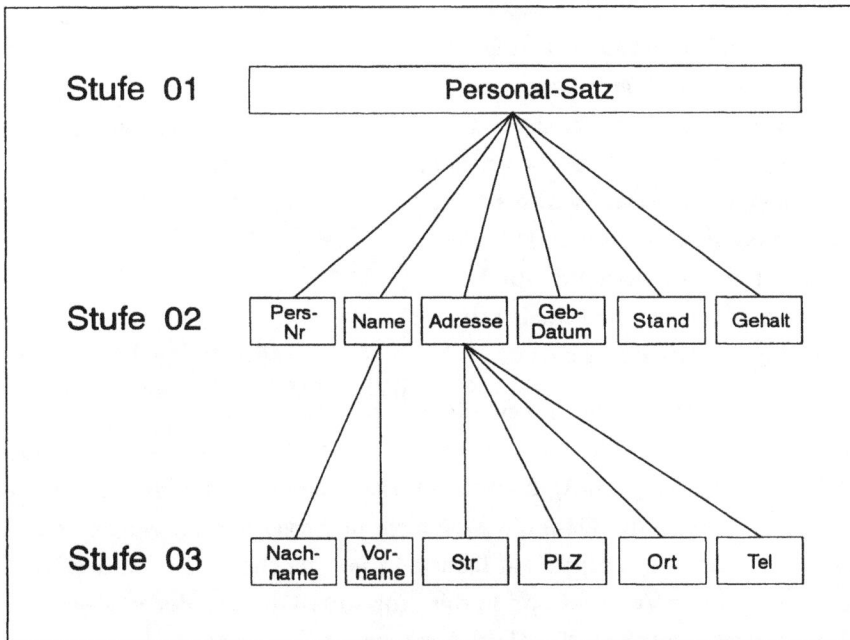

Abb. 38: Stufenstruktur eines Beispiel-Datensatzes

Daraus lassen sich die zugehörigen Einträge in der Data Division bilden (die Ausgestaltung der PICTURE-Klauseln wird in Kapitel 3.4 näher beschrieben). Jedes einzelne Rechteck stellt hier ein Datenfeld dar. Man erkennt unterteilte Datenfelder (Personal-Satz, Name, Adresse), die als Datengruppen bezeichnet werden, und Datenfelder, die nicht unterteilt sind (Pers-Nr, Nachname, Vorname, Str, PLZ, Ort, Tel, Geb-
Datum, Stand, Gehalt).

Letztere werden Datenelemente (Elementarfelder, Elementary items) genannt. Die Stufe 01 stellt mit der Bezeichnung "Datensatz" eine besondere Datengruppe dar. Die nebenstehende Data Division wurde gemäß dem Jackson-Diagramm aus Abbildung 38 erstellt.

```
DATA DIVISION.
************************
Working-Storage Section.
*--------------------------------
01  Personal-Satz.
    02  Pers-Nr              pic x(8).
    02  Name.
        03 Nachname    pic x(30).
        03 Vorname     pic x(20).
    02  Adresse.
        03 Str         pic x(30).
        03 PLZ         pic 9(5).
        03 Ort         pic x(30).
        03 Tel         pic x(15).
    02  Geb-Datum            pic x(6).
    02  Stand                pic x.
    02  Gehalt               pic 9(6).

PROCEDURE DIVISION.
*******************************
Anfang.
    display "Ihr Name?  ".
    accept Nachname.
    display Nachname.  stop run.
```

3.3 Daten-Namen

Einem Datenfeld muß immer ein Feldname zugeordnet werden. Dieser Feldname kann als Programmierer-Wort (siehe Kapitel 2.4.3) frei gebildet werden. Der Inhalt des Datenfeldes kann über diesen Namen durch Cobol-Anweisungen der Procedure Division angesprochen und bearbeitet werden. Um eine fehlerfreie Verarbeitung des Feldinhaltes sicherzustellen, ist es erforderlich, daß jedes Datenfeld durch einen eindeutigen Namen innerhalb seiner Datengruppe gekennzeichnet ist.

Die Forderung nach Eindeutigkeit des Feldnamens innerhalb seiner Datengruppe ist jedoch nicht zwangsläufig damit verbunden, daß der betreffende Feldname in anderen Datengruppen der Data Division nicht mehr verwendet werden darf. Wird innerhalb einer anderen Gruppe ein Datenfeld mit gleichem Namen definiert, muß diesem jedoch bei der Verarbeitung in der Procedure Division der eindeutige Name seiner Datengruppe mit der "OF"-Klausel zugeordnet werden.

{ Daten-Name }   <u>OF</u>   { Datengruppen-Name }

Dem Kriterium der Eindeutigkeit kann demnach auch durch eine ergänzende Zuordnung des Namens der direkt übergeordneten Datengruppe Rechnung getragen werden. Dies bedeutet, daß zumindest die oberste Datengruppe (die Bezeichnung des Datensatzes auf der Stufe 01) einen eindeutigen Namen besitzen muß, da in diesem Falle kein übergeordneter Strukturteil mehr existiert (siehe Beispiel im abgebildeten Programmausschnitt).

Das reservierte Cobol-Wort FILLER wird in einer Datenstruktur als Feldname verwendet, wenn das betreffende Datenfeld in der Procedure Division eines Programms nicht direkt durch eine Cobol-Anweisung (ADD, MOVE etc.) angesprochen werden soll, sondern nur als Füllraum innerhalb einer Datengruppe bei seiner Anzeige am Bildschirm oder auf Papier dient. FILLER können innerhalb eines Datensatzes beliebig oft vergeben werden. Im abgebildeten Programmausschnitt wurden die Elementarfelder "Nachname" und "Vorname" der Datengruppe "Name" durch einen FILLER getrennt. Bei einer Bildschirmanzeige der Gruppe "Name" per "display Name" in der Procedure Division wird dadurch immer ein Leerraum (zehn Zeichen durch pic x(10)) zwischen den Feldinhalten von "Nachname" und "Vorname" eingefügt. Im nebenstehenden Beispiel wird auch an den Datensatz "Personal-Satz" am Schluß ein Füllraum per FILLER angehängt, so daß beim Anzeigen des Datensatzes als letzte Zeichen immer drei Sterne ausgegeben werden (VALUE-Klausel).

```
DATA DIVISION.
*********************
Working-Storage Section.
*--------------------------------
01  Personal-Satz.
     02  Pers-Nr              pic x(8).
     02  Name.
          03 Nachname      pic x(30).
          03 filler            pic x(10).
          03 Vorname       pic x(20).
     02  Info.
          03 Nachname      pic x(30).
          03 Str             pic x(30).
          03 Ort             pic 9(4).
     02  filler      pic x(3) value "***".

PROCEDURE DIVISION.
*******************************
Anfang.
   display "Ihr Name?  ".
   accept Nachname of Name.
   move Nachname of Name
             to Nachname of Info.
   display Nachname of Info.
   stop run.
```

3.4   Die PICTURE-Klausel

3.4.1   Aufbau und Bestandteile der PICTURE-Klausel

Die Stufennummer gibt die Stellung eines Datenfeldes in einer hierarchischen Datenstruktur vor. Die Vergabe eines Feldnamens ermöglicht die eindeutige Adressierung des jeweiligen Datenfeldinhaltes durch Befehle in der Procedure Division. Als dritte Komponente einer Datenfeldbeschreibung werden die Eigenschaften (Attribute) eines Datenfeldes bezüglich seiner Länge und seines Datentyps (Art des Feldinhaltes) in der PICTURE-Klausel festgelegt.

☐   Die PICTURE-Klausel muß und darf nur für Elementarfelder codiert werden.

☐   Die Kurzform für PICTURE IS ist PIC.

Die Angaben der PICTURE-Klausel, die direkt auf PIC (oder Langform PICTURE IS) folgen, werden als PICTURE-Maske (Feld-Maske) bezeichnet. Diese Maske darf als Zeichenkette im Quelltext eines Programms höchstens 30 Zeichen lang sein. Damit ist jedoch nicht die maximal mögliche Anzahl von Zeichen gemeint, die bei einer Verarbeitung in das betreffende Feld aufgenommen werden kann. Einige Beispiele:

01 Eins   pic x.   Feld "Eins" faßt genau 1 Zeichen;
                               Maskenlänge: 1 (Buchstabe x)

01 Name   pic xxx.   Feld "Name" faßt maximal 3 Zeichen;
                               Maskenlänge: 3 (3 mal Buchstabe x)

01 Ort   pic x(20).   Feld "Ort" faßt maximal 20 Zeichen;
                               Maskenlänge: 5 (Buchstabe x + 2 Klammern + Ziffern 2, 0)

Die Anzahl der Symbole X nach PIC gibt somit an, aus wieviel Zeichen der Inhalt des bezogenen Feldes maximal bestehen kann. Soll z.B. das Feld "Ort" maximal 20 Zeichen enthalten, müßte der Programmierer nach PIC genau 20 einzelne X anführen. Diese Schreibarbeit kann jedoch umgangen werden, indem die gewünschte Feldlänge in Klammern nach dem X angegeben wird. Die anzugebende Maskenlänge verkürzt sich demnach von 20 auf 5 Zeichen. Felder, die mehr als 30 Zeichen beinhalten sollen, müssen demnach wegen obiger Restriktion zwingend in geklammerter Form definiert werden.

Im Rahmen dieses Buches werden die zwei grundsätzlichen Datenfeld-Typen von Cobol verwendet: Felder mit numerischem Inhalt und Felder mit alphanumerischem Inhalt. In modernen Cobol-Compilern für Personal Computer werden Sie häufig weitere, meist herstellerspezifische Datenfeld-Typen vorfinden, wie z.B. für Datumsangaben, Ganz-, Festkomma-, Gleitkommazahlen.

3.4.2   Numerische und alphanumerische Datenfelder

Zur Datentyp-Festlegung eines Feldes werden in Cobol bestimmte Symbole in der Picture-Maske verwendet.

☐   *Numerische Felder*
     Das Symbol 9 in der Maske kennzeichnet ein Datenfeld als numerisch. Felder, mit denen im Programm mathematische Operationen ausgeführt werden sollen, müssen numerisch sein. Derartige Felder dürfen bis zu 18 Dezimalstellen enthalten, d.h. maximal 18 Ziffern lang sein.

❑   *Alphanumerische Felder*

Das Symbol X in der Maske kennzeichnet ein Datenfeld als alphanumerisch. Mit alphanumerischen Feldern können im Programm nur dann mathematische Operationen ausgeführt werden, wenn sie regelgerechte numerische Werte enthalten. Alphanumerische Felder dürfen in Cobol bis zu 256 beliebige Zeichen des Cobol-Zeichenvorrates beinhalten.

Jedes Symbol 9 oder X repräsentiert eine Position im Datenfeld, die entweder numerische (9) oder alphanumerische (X) Werte enthalten darf. Beispiele:

Das Datenfeld Feld1 kann ein einziges numerisches Zeichen aufnehmen (eine der Ziffern von 0 - 9). Feld2 nimmt bis zu 3stellige Zahlen (alle Zahlen von 0 bis 999) auf. In Feld3 können bis zu 4stellige Zahlen (alle

```
01 Feld1    pic  9.
01 Feld2    pic  999.
01 Feld3    pic  9(4).
01 Feld4    pic  x.
01 Feld5    pic  xxxx.
01 Feld6    pic  x(50).
```

Zahlen von 0 bis 9999) enthalten sein. Mit einer ganzen Zahl in Klammern kann die Eingabe einer Maske verkürzt werden. Die Angabe 9(4) in Feld3 besagt, daß das Feld höchstens 4stellige numerische Inhalte haben kann. Numerische Felder können mit "pic x(18)" für maximal 18stellige Zahlen definiert werden.

Das Datenfeld Feld4 kann ein einziges alphanumerisches Zeichen aufnehmen (beliebiges Zeichen aus dem Cobol-Zeichenvorrat, z.B. "A"). Feld5 nimmt Zeichenketten bis zur Länge von 4 beliebigen Zeichen auf (z.B. "xyz2"). In Feld6 können Zeichenketten mit bis zu 50 Zeichen stehen (z.B. "Einen schönen guten Morgen!"). Auch hier kann die Angabe der Maske durch eine geklammerte Zahl als Feldlänge verkürzt werden. Anstatt 50mal ein X einzutippen (was zudem unzulässig wäre), genügt die Angabe "pic x(50)".

Die Handhabung von numerischen und alphanumerischen Datenfeldern wird nachfolgend an einigen Beispiel-Programmen verdeutlicht. Zum Verständnis dieser Programme wird an dieser Stelle eine kurze Erläuterung der elementaren Cobol-Anweisungen DISPLAY, ACCEPT und MOVE im Vorgriff notwendig. Ausführlichere Informationen zu diesen Anweisungen liefert Kapitel 4.

Die DISPLAY-Anweisung ermöglicht die Ausgabe von Datenfeld-Inhalten oder Literalen auf dem Bildschirm (i.d.R. das Standardausgabegerät). Da der Bildschirm in aller Regel "nur" 80 Zeichen pro Zeile faßt, werden Ausgaben mit mehr als 80 Zeichen auf die nachfolgenden Zeilen umgebrochen. Nach der Ausführung einer DISPLAY-Anweisung wird die Schreibmarke (Cursor am Bildschirm) für die nächste DISPLAY-Anweisung auf den Anfang der nächsten Bildschirmzeile positioniert. Zum Beispiel erzeugt die Anweisung:

display "Hallo, wie geht es Ihnen?".

die Bildschirmausgabe:

Hallo, wie geht es Ihnen?

Mit Hilfe der ACCEPT-Anweisung werden Benutzereingaben von einer Terminal-Tastatur (i.d.R. das Standardeingabegerät) in vorher dafür definierte Datenfelder (Working-Storage Section) eingelesen. Trifft der Rechner im Programmablauf auf eine ACCEPT-Anweisung, verhält er in einer Art Wartezustand, bis der Benutzer seine Tastatureingabe mit der Enter-Taste abgeschlossen hat. Die Tastatureingaben werden (ohne das [Enter]) in das Datenfeld abgelegt, das nach dem ACCEPT angegeben wird. Zum Beispiel erlaubt die Anweisung:

accept Name.

dem Programmbenutzer die Eingabe seines Namens über Tastatur:

Hans Albers   [Enter]

Das korrekte Funktionieren dieser ACCEPT-Anweisung ist natürlich nur dann gewährleistet, wenn in der Data Division ein Datenfeld "Name" deklariert wurde. Im Hinblick auf die Benutzerfreundlichkeit eines Programms sollte vor jeder ACCEPT-Anweisung dem Programmbenutzer per DISPLAY ein Hinweis auf dem Bildschirm ausgegeben werden, daß nun eine Tastatureingabe von ihm erwartet wird. In diesem Sinne gehören die Anweisungen DISPLAY und ACCEPT immer logisch zusammen.

Die MOVE-Anweisung ist einer der am häufigsten benutzten Cobol-Befehle. MOVE kopiert Daten von einem Datenfeld in ein oder mehrere andere Datenfelder. Zum Beispiel kopiert die Anweisung:

move Name-1 to Name-2.

den aktuellen Inhalt des Datenfeldes "Name-1" in das Datenfeld "Name-2" (beide Datenfelder müssen in der Data Division deklariert sein). Gesetzt den Fall, daß das Datenfeld "Name-1" vor der MOVE-Anweisung per ACCEPT (s.o.) mit dem Inhalt "Hans Albers" gefüllt wurde, werden die Datenfelder "Name-1" und "Name-2" nach der MOVE-Anweisung beide den Inhalt "Hans Albers" haben. Dies kann sehr einfach mit DISPLAY-Anweisungen überprüft werden. Die Anweisungen:

display Name-1.   und   display Name-2.

werden nach der MOVE-Anweisung jeweils die Bildschirmausgabe:

Hans Albers

erzeugen. Der Inhalt des Datenfeldes "Name-1" (Sendefeld) wurde in das Datenfeld "Name-2" (Empfangsfeld) übertragen und zu dessen neuem Inhalt. Der alte Inhalt des Empfangsfelds "Name-2" vor der MOVE-Anweisung wird dabei überschrieben.

```
┌─────────────────────────────────────────────┐
│        Beispiel-Programm 1: Alphanumerisch    │
└─────────────────────────────────────────────┘
┌─────────────────────────────────────────────┐
│  DATA DIVISION.                               │
│  **********************                       │
│  Working-Storage Section.                     │
│  *--------------------------------            │
│  01 Nachname          pic x(30).              │
│  01 Vorname           pic x(10).              │
│                                               │
│  PROCEDURE DIVISION.                          │
│  *******************************              │
│  Anfang.                                      │
│        display "Ihr Vorname:".                │
│        accept Vorname.                        │
│        display "Ihr Nachname:".               │
│        accept Nachname.                       │
│        display Vorname.                       │
│        display Nachname.                      │
│        stop run.                              │
└─────────────────────────────────────────────┘
```

ACCEPT Vorname: Klaus   [Return]
                        5 Zeichen in zehnstelliges, alphanumerisches Feld;
                        Eingabe wird linksbündig im Feld Vorname abgelegt;
                        fehlende Stellen rechts mit Leerzeichen aufgefüllt;
                        -----> Inhalt von Vorname ist "Klaus   " (zehnstellig)

ACCEPT Nachname: Meier   [Return]
                        5 Zeichen in 30-stelliges, alphanumerisches Feld;
                        Eingabe linksbündig im Feld Nachname abgelegt;
                        fehlende Stellen rechts mit Leerzeichen aufgefüllt;
                        -----> Inhalt Nachname ist "Meier   " (30stellig)

Bildschirmausgabe: "Klaus   "
(DISPLAY)   "Meier   "

Hinweis: Im obigen und allen folgenden Beispielen dieser Art werden die Anführungszeichen nicht ausgegeben; sie dienen nur der Darstellung der Ausgabelänge.

Im Beispiel-Programm 1 wurden die alphanumerischen Felder Vorname und Nachname nach rechts mit Leerzeichen aufgefüllt, wenn die Eingabe per ACCEPT in diese
Felder den maximalen, durch die PICTURE-Klausel festgelegten Feldumfang nicht
erreicht. Im nachfolgenden Beispiel-Programm 2 ist das Eingabefeld Vorname und
das Empfangsfeld der MOVE-Anweisung zu klein definiert, um alle eingehenden
Zeichen aufzunehmen. In beiden Fällen werden die Felder linksbündig voll aufgefüllt und die überstehenden Zeichen rechts abgeschnitten.

```
    Beispiel-Programm 2: Alphanumerisch


    DATA DIVISION.
    ***********************

    Working-Storage Section.
    *--------------------------------

    01 Nachname            pic x(30).
    01 Vorname             pic x(5).
    01 Stand               pic x.


    PROCEDURE DIVISION.
    *******************************

    Anfang.
        display "Ihr Vorname?  ".
        accept Vorname.
        move Vorname to Stand.
        display "Stand= " Stand.
        stop run.
```

ACCEPT Vorname:	Klaus-Peter [Return]
	11 Zeichen in fünfstelliges, alphanumerisches Feld;
	Eingabe wird linksbündig im Feld Vorname abgelegt;
	überstehende Stellen werden rechts abgeschnitten;
	-----> Inhalt von Vorname ist "Klaus" (fünfstellig)
MOVE Vorname:	Kopieren von "Klaus" (5 Zeichen) in einstelliges Feld
Bildschirmausgabe: (DISPLAY)	Stand= K
	"Klaus" in einstelligem Feld linksbündig abgelegt;
	überstehende Stellen werden rechts abgeschnitten;
	-----> Inhalt von Stand ist "K" (einstellig)

Die beiden folgenden Beispiel-Programme 3 und 4 zeigen, wie Zahlenwerte in numerischen Feldern abgelegt werden. Numerische Empfangsdaten werden rechtsbündig
ausgerichtet und nach links mit Nullen aufgefüllt, falls das Empfangsdatum die maximale Länge (PICTURE-Klausel) des Feldes nicht erreicht. Der eingehende Zahlen-
wert wird dadurch logisch nicht verfälscht. Kann das Empfangsfeld jedoch nicht alle
eingehenden Zeichen aufnehmen, werden bei numerischen Feldern die überstehenden Zeichen links abgeschnitten. Der numerische Feldinhalt nach der Zeichenüber-
tragung wird in diesem Fall logisch verfälscht sein.

```
Beispiel-Programm 3: Numerisch


DATA DIVISION.
***********************
Working-Storage Section.
*--------------------------------
01  Zahl3            pic 9(3).
01  Zahl5            pic 9(5).


PROCEDURE DIVISION.
********************************
Anfang.
      move 123 to Zahl5.
      move Zahl5 to Zahl3.
      display "Zahl3= " Zahl3.
      stop run.
```

MOVE Literal: Kopieren der Zahl "123"
                         Dreistelliger Wert in fünfstelliges, numerisches Feld;
                         Inhalt wird rechtsbündig im Feld Zahl5 abgelegt;
                         fehlende Stellen nach links mit Nullen aufgefüllt;
                         -----> Inhalt von Zahl5 ist "00123" (fünfstellig)

MOVE Zahl5 TO Zahl3:   Kopieren der Zahl "00123" in dreistelliges Feld

Bildschirmausgabe: Zahl3= 123
(DISPLAY)   Fünfstelliger Inhalt ("00123") in dreistelliges Feld;
                         Inhalt wird im Feld Zahl3 rechtsbündig angeordnet;
                         überstehende Stellen links abgeschnitten;
                         -----> Inhalt von Zahl3 ist "123" (dreistellig)

```
┌─────────────────────────────────────────┐
│   Beispiel-Programm 4: Numerisch         │
├─────────────────────────────────────────┤
│                                          │
│   DATA DIVISION.                         │
│   ***********************                │
│   Working-Storage Section.               │
│   *----------------------------------    │
│   01  Zahl-Satz.                         │
│       02  Zahl1          pic 9.          │
│       02  Zahl3          pic 9(3).       │
│                                          │
│   PROCEDURE DIVISION.                    │
│   *******************************        │
│   Anfang.                                │
│       move 10 to Zahl1.                  │
│       move Zahl1 to Zahl3.               │
│       display "Zahl3= " Zahl3.           │
│       stop run.                          │
│                                          │
└─────────────────────────────────────────┘
```

MOVE Literal: Kopieren der Zahl "10"
Zweistelliger Wert in einstelliges, numerisches Feld;
Inhalt wird rechtsbündig im Feld Zahl1 abgelegt;
überstehendes Zeichen wird links abgeschnitten;
-----> Inhalt von Zahl1 ist "0" (einstellig)

MOVE Zahl1 TO Zahl3:   Kopieren der Zahl "0" in dreistelliges Feld

Bildschirmausgabe: Zahl3= 000
(DISPLAY)   Einstelliger Inhalt ("0") in dreistelligem Feld;
Inhalt wird im Feld Zahl3 rechtsbündig angeordnet;
Leerstellen werden nach links mit Nullen aufgefüllt;
-----> Inhalt von Zahl3 ist "000" (dreistellig)

Für die Definition von numerischen Datenfeldern gibt es zwei Zusatzsymbole:

☐ *Vorzeichenbehaftete numerische Felder durch das Symbol S*
Durch ein einzelnes, vor die Maske gestelltes S wird bestimmt, daß bei einem numerischen Feld ein Vorzeichen mitgeführt werden soll, d.h., daß das numeri-

sche Feld auch negative Werte aufnehmen kann. Dieses "gedachte" Vorzeichen muß als erstes Zeichen vor dem Symbol "9" angegeben werden und belegt keine Stelle im Hauptspeicher. Es zählt deshalb auch nicht mit zur Feldlänge.

☐   *Numerische Felder mit Dezimalpunkt durch das Symbol V*
Das Symbol V definiert an der Stelle der Maske, an der es plaziert wird, die Position des Dezimalpunktes in numerischen Feldern. V zählt ebenfalls als "gedachtes" Zeichen nicht mit zur Feldlänge.

Wird ein mit S und/oder V versehenes Datenfeld am Bildschirm per DISPLAY-Anweisung in der Procedure Division angezeigt oder auf dem Drucker ausgegeben, erscheint weder ein Vorzeichen noch der Dezimalpunkt. Die Sondersymbole werden lediglich bei mathematischen Operationen in der Procedure Division berücksichtigt. Sollen Vorzeichen und/oder Dezimalpunkt sichtbar gemacht werden, müssen die betreffenden Datenfelder einer Druckaufbereitung unterzogen werden (siehe Kapitel 3.4.3). Zur Verdeutlichung einige Beispiele:

Definition		Inhalt	Wert
01 Feld1	pic 9V9999.	12345	1.2345
01 Feld2	pic V9(5).	12345	0.12345
01 Feld3	pic 9(3)V9(2).	12345	123.45
01 Feld4	pic S99999.	12345	-12345
01 Feld5	pic S9V9(4).	12345	+1.2345

Physikalisch beinhalten die Felder die unter Inhalt aufgeführten Zahlen. Vom Programm jedoch werden die logischen Werte berücksichtigt. Die Zeichen S und V dürfen jeweils nur ein einziges Mal innerhalb einer Maske verwendet werden.

3.4.3   Druckaufbereitete Datenfelder

Bisher wurden Datenfelder lediglich so definiert, wie die darin enthaltenen Daten programmintern im Hauptspeicher behandelt werden sollen. Um die Daten bei der Ausgabe über ein Peripheriegerät (Bildschirm, Drucker) auch für den Menschen gut lesbar zu machen, müssen die auszugebenden Datenfelder einer sogenannten Druckaufbereitung unterzogen werden. Die Druckaufbereitung erfolgt, indem die auszugebenden Datenfeldinhalte vor der Ausgabe in spezielle Datenfelder übertragen wer-

den (mit der Cobol-Anweisung MOVE), die z.B. durch bestimmte Symbole in ihrer
Picture-Maske "gedachte" Vorzeichen und einen Dezimalpunkt sichtbar machen oder
bei numerischen Feldern führende Nullen unterdrücken. Mit den druckaufbereiteten
Datenfeldern können dann keine mathematischen Operationen mehr ausgeführt
werden; sie dienen nur noch zur aufbereiteten Ausgabe auf Papier und/oder dem
Bildschirm.

Aus der Menge der Druckaufbereitungssymbole wird an dieser Stelle nur eine Auswahl der am häufigsten gebrauchten Symbole für numerische Datenfelder vorgestellt, die jedoch die Prinzipien der Druckaufbereitung generell verdeutlicht. Im konkreten Bedarfsfall können Informationen über weitere Möglichkeiten der Druckaufbereitung der Dokumentation des jeweils verwendeten Cobol-Compilers entnommen werden.

❑   *Das Symbol . (Punkt)*
Bei der Druckaufbereitung numerischer Datenfelder, sprich der Übertragung
des Sendefeldinhaltes in das mit Druckaufbereitungssymbolen versehene Empfangsfeld, erfolgt die Ausrichtung der eingehenden Feldinhalte im druckaufbereiteten Feld immer dem Dezimalpunkt entsprechend. Das Symbol . (Punkt)
markiert den Dezimalpunkt für die Ausrichtung des eingehenden Feldinhaltes
im druckaufbereiteten Empfangsfeld und repräsentiert die Position, an der ein
"gedachter" Dezimalpunkt sichtbar werden soll. Um Verfälschungen des Sendefeldinhaltes bei der Übertragung zu vermeiden, muß der Programmierer darauf
achten, daß die Position des Druckaufbereitungspunktes im Empfangsfeld genau der Position des "gedachten" Dezimalpunktes im Sendefeld (per V definiert) entspricht. Das Symbol . (Punkt) darf in der Picture-Maske nur ein einziges Mal vorkommen. Enthält das Sendefeld mehr Zeichen als das Empfangsfeld
maximal aufnehmen kann, werden die im Empfangsfeld links vor dem Dezimalpunkt überstehenden Zeichen abgeschnitten und gehen verloren. Ist der
Sendefeldinhalt kürzer als die Empfangsfeld-Maske, werden fehlende Zeichen
rechts und links vom Dezimalpunkt als Nullen dargestellt.

Sendemaske	Sendeinhalt	Empfangsmaske	Empfangsinhalt
9(5)	12345	9.999	5.000
9(5)	12345	9(3).999	345.000
9(2)V9(3)	12.345	9(3).9(2)	012.34

```
┌─────────────────────────────────────┐
│       Beispiel-Programm 5: Symbol "." │
└─────────────────────────────────────┘
┌─────────────────────────────────────┐
│  DATA DIVISION.                       │
│  ************************             │
│  Working-Storage Section.             │
│  *-------------------------------     │
│  01  Sender      pic 9(5).            │
│  01  Empfang     pic 9(3).999.        │
│                                       │
│  PROCEDURE DIVISION.                  │
│  *******************************      │
│  Anfang.                              │
│       move 12345 to Sender.           │
│       move Sender to Empfang.         │
│       display Sender.                 │
│       display Empfang.                │
│       stop run.                       │
└─────────────────────────────────────┘
```

Bildschirmausgabe Sender: 12345
Bildschirmausgabe Empfang: 345.000

- Ganze Zahl 12345 wird in Feld mit 3 Nachkomma-Stellen abgelegt;
- Rechtsbündiges Ablegen (Standard in numerischen Feldern);
- Empfangsfeld läßt nur 3 Vorkomma-Stellen zu;
-----> Die ersten beiden Stellen (12) werden abgeschnitten.

❏ *Das Symbol Z*

Das Symbol Z dient zur Unterdrückung von führenden Nullen bei numerischen
Datenfeldern. Die unterdrückten Nullen werden durch Leerzeichen ersetzt. Als
führende Null gilt jede Null, die sich links vom Dezimalpunkt *und* gleichzeitig
links von der ersten von Null verschiedenen Ziffer des numerischen Wertes befindet. Jedes einzelne Z ersetzt dabei eine Null durch ein Leerzeichen. Das Symbol * (Stern) ersetzt in gleicher Weise führende Nullen durch Sterne. Das Symbol Z (oder *) darf in einer Maske mehrmals vorkommen, aber nicht rechts von
einem Symbol 9 stehen.

Sendemaske	Sendeinhalt	Empfangsmaske	Empfangsinhalt
9(5)	00012	ZZZZ9	12
9(3)V99	012.34	Z(3).99	12.34
99V9(3)	01.234	Z.9(3)	1.234

```
           Beispiel-Programm 6: Symbol Z

     DATA DIVISION.
     ***********************
     Working-Storage Section.
     *--------------------------------
     01  Sender            pic 9(5).
     01  Empfang           pic ZZZZ9.

     PROCEDURE DIVISION.
     *******************************
     Anfang.
          display "Zahl?  ".
          accept Sender.
          move Sender to Empfang.
          display "Sender= " Sender.
          display "Empfang= " Empfang.
          stop run.
```

Eingabe Sender: 00012   [Return]
                         Eingabe "00012" für Wert "12" im fünfstelligen Feld;

Bildschirmausgabe: Sender= 00012
                         Empfang= 12
                         Rechtsbündiges Ablegen im Empfangsfeld;
                         Maximal 4 führende Nullen werden unterdrückt.

❏   *Die Symbole - und +*
Diese Symbole dienen zur Darstellung des Vorzeichens und stehen entweder
als erste Zeichen am Anfang oder als letzte Zeichen am Ende der Maske. Wird
ein + angegeben, wird abhängig vom Sendefeldinhalt bei positivem Wert an

der betreffenden Stelle des Empfangsfeldes ein +, bei negativem Wert ein - als Vorzeichen eingesetzt. Wird ein - angegeben, so wird bei positivem Sendefeldinhalt an der betreffenden Stelle des Empfangsfeldes eine Leerstelle, bei negativem Wert ein - als Vorzeichen eingesetzt.

Sendemaske	Sendeinhalt	Empfangsmaske	Empfangsinhalt
S9V9(4)	1.2345	+9.9(4)	+1.2345
S9V9(4)	1.2345	9.9(4)-	1.2345
S9(3)V9(3)	-12.345	Z(2)9(3).9(3)-	012.345-

```
Beispiel-Programm 7: Symbole +, -

DATA DIVISION.
**********************
Working-Storage Section.
*--------------------------------
01     Sender     pic S9V9(4).
01     Empfang   pic +9.9(4).

PROCEDURE DIVISION.
******************************
Anfang.
  move +1.2345 to Sender.
  move Sender to Empfang.
  display Sender.
  display Empfang.
  stop run.
```

Bildschirmausgabe Sender: 12345
Bildschirmausgabe Empfang: +1.2345

Für das Verständnis der Problemstellungen dieses Buches genügt die Kenntnis der erläuterten Druckaufbereitungssymbole. In den im Literaturverzeichnis angegebenen Quellen findet sich jedoch eine Fülle weiterer Symbole, die interessante Effekte bei der Ausgabe von Datenfeldern am Bildschirm oder auf Papier erzielen lassen.

3.4.4　Zusätze in der PICTURE-Klausel

Einige zusätzliche Anweisungen in der PICTURE-Klausel ermöglichen die Zuordnung weiterer Eigenschaften zu einem Datenfeld. Auch hier werden nur die am häufigsten benötigten Varianten erläutert.

Stufennummer $\left\{ \begin{array}{l} \text{Feld-Name} \\ \text{Filler} \end{array} \right\}$ PICTURE　IS　Maske

　　　　　　[VALUE IS Literal]

　　　　　　[SIGN IS] $\left\{ \begin{array}{l} \text{LEADING} \\ \text{TRAILING} \end{array} \right\}$

　　　　　　[JUSTIFIED]

　　　　　　[BLANK WHEN ZERO]

　　　　　　[REDEFINES Daten-Name]

☐　*VALUE IS Literal*

Die VALUE-Klausel weist einem Datenfeld einen festen Anfangswert zu, den das Feld beim Beginn der Programmausführung annimmt. Der zugewiesene Wert bleibt so lange erhalten, bis er während des Programmablaufs durch die Ausführung von Cobol-Anweisungen in der Procedure Division verändert wird. Der Wert des angegebenen Literals muß auf den in der Picture-Maske angegebenen Feldtyp und die Feldgröße (kleiner oder gleich) abgestimmt sein. Alphanumerische Anfangswerte werden in Anführungszeichen gesetzt. Die Verwendung der VALUE-Klausel ist nur in der Working-Storage Section erlaubt. Beispiele:

01 Anrede	pic x(10)	value "Herr/Frau".
01 Begruessung	pic x(50)	value "Guten Tag !".
01 zaehler	pic 9(3)	value 10.
01 Filler	pic x(10)	value all "=".
01 zahl	pic 99	value zeroes.
01 Leer	pic x(79)	value spaces.

☐　*SIGN IS LEADING / TRAILING*

Wurde die numerische PICTURE-Maske mit S, also mit "gedachtem" Vorzeichen, definiert, so kann mit der Klausel SIGN IS festgelegt werden, daß das Vorzeichen als eigenes (nicht nur "gedachtes", sondern physikalisch vorhandenes) Zeichen mitgeführt wird. SIGN IS LEADING speichert das Vorzeichen als

eigenes Zeichen im Datenfeld vor dem numerischen Wert ab, SIGN IS TRAI-
LING dahinter. In diesen Fällen muß das Vorzeichen mit zur Feldlänge gezählt
werden. Beispiele:

```
01 Feld1          pic S9(4)       sign is leading.
01 Feld2          pic S9(2)V9(2)  sign trailing.
```

❑ *JUSTIFIED*

Die JUSTIFIED-Klausel bewirkt bei alphanumerischen Feldern (nur dort er-
laubt) ein rechtsbündiges Positionieren der Feldinhalte. Ohne JUSTIFIED
(Kurzform: JUST) wird ein alphanumerischer Feldinhalt immer linksbündig im
Feld positioniert. Beispiele:

```
01 Nachname       pic x(30) justified.
01 Vorname        pic x(20) just.
```

❑ *BLANK WHEN ZERO*

Die Klausel BLANK WHEN ZERO ersetzt in numerischen Datenfeldern führende Nullen (siehe Druckaufbereitungszeichen Z) durch Leerzeichen (Blanks).
Beispiele:

```
01 zahl1          pic 9(4)   blank when zero.
01 zahl2          pic 9(3)   blank zero.
```

❑ *REDEFINES Daten-Name*

Mit der REDEFINES-Klausel ist es
möglich, einmal beschriebenen
und mit Namen versehenen Datengruppen weitere Strukturdefi-
nitionen zuzuordnen. Ein und der-
selbe Inhalt einer Datengruppe
kann dann in verschiedenen Feld-
aufteilungen und Feldtypen durch
Cobol-Anweisungen der Procedure Division verarbeitet werden.

```
02 Anschrift              pic x(59).
02 Adresse-1 redefines Anschrift.
     03 Ort               pic x(35).
     03 Land              pic x(24).
02 Adresse-2 redefines Anschrift.
     03 PLZ               pic x(5).
     03 Ort               pic x(30).
     03 Land              pic x(24).
```

Hierdurch wird im nebenstehenden Beispiel das unter "Anschrift" originär definierte Datenfeld zusätzlich mit den Daten-Namen "Adresse-1" und "Adresse-2"
als Datengruppe deklariert. Erstdefinition und Redefinition(en) müssen dabei
mit der gleichen Stufennummer beginnen und direkt aufeinander folgen. Ein
originäres Feld (Anschrift) kann beliebig oft mit verschiedenen Strukturen rede-
finiert werden. Es sind jedoch keine Verkettungen von Redefinitionen erlaubt
("Adresse-2 redefines Adresse-1" wird vom Compiler nicht akzeptiert). Die Verwendung der VALUE-Klausel ist bei einer Redefiniton nicht erlaubt. In der Procedure Division kann sowohl das Feld "Anschrift" mit seinem Blockinhalt von
59 Zeichen als auch die kompletten Datengruppen "Adresse-1" und "Adresse-2"
mit deren untergeordneten Einzelfeldinhalten verarbeitet werden.

3.5 Übungsaufgaben

Übung 1:

Welche der folgenden Zeichenketten sind unzulässige Daten-Namen?

Adresse	Haus-Nr	PLZ
Ort	Vers.Nr	Input
SUM	1-10	-Betrag
Kto-Std-Alt	Anzahl--der--Versicherungsnehmer	

Übung 2:

Erstellen Sie die Datenstruktur der Working-Storage Section für folgenden Datensatz (A = Alphanumerisch, N = Numerisch):

Kundensatz									
Kdnr	Personendaten					Akquisitionsdaten			
	Name		Adresse			Lokalisation		Umsatz	
	VName	NName	PLZ	Ort	Str	Land	Bezirk	Lfdjahr	Vorjahr
(10) A	(10) A	(10) A	(5) N	(9) A	(9) A	(3) A	(5) A	(6) N	(6) N

Übung 3:

Wie sieht der Empfangsinhalt aus?

Sendemaske	Sendeinhalt	Empfangsmaske	Empfangsinhalt
S999V99	+12345	999.99-	?
9(5)V99	0000234	ZZZZZ.ZZ	?
S9(4)V99	-000005	-ZZZ9.99	?
S9(4)V99	+000005	***99.99	?

Übung 4:

Erstellen Sie das Jackson-Diagramm zu folgendem Datensatz:

```
01  Feld.
    05 Feld-1.
        10  Feld-11        pic x(5).
        10  Feld-12        pic x(5).
    05 Feld-2 redefines Feld-1.
        10  Feld-21        pic 9.
        10  Feld-22        pic x(3).
        10  Feld-23        pic x(6).
```

Die Lösungen zu den Übungsaufgaben finden Sie in Anhang B.

4. Elementare Anweisungen in Cobol

4.1 Die ACCEPT-Anweisung

Mit Hilfe der ACCEPT-Anweisung werden Benutzereingaben von einer Terminal-Tastatur (i.d.R. das Standardeingabegerät) in vorher dafür definierte Datenfelder (Working-Storage Section) durchgeführt.

<u>ACCEPT</u>   Daten-Name-1

Trifft der Rechner im Programmablauf auf eine ACCEPT-Anweisung, verhält er in einer Art Wartezustand, bis der Benutzer seine Tastatureingabe mit der Enter-Taste abgeschlossen hat. Die Tastatureingaben werden (ohne das [Enter]) in das Datenfeld Daten-Name-1 (Empfangsfeld) als dessen Inhalt abgelegt.

Die ACCEPT-Anweisung prüft dabei nicht ab, ob die Tastatureingaben dem Feldtyp des Feldes Daten-Name-1 entsprechen (häufige Fehlerquelle!). Ist z.B. Daten-Name-1 numerisch deklariert und wird eine alphanumerische Eingabe getätigt, so wird in aller Regel ein Programmabsturz erfolgen oder zumindest eine Fehlermeldung den Programmablauf stören.

Unabhängig vom Datentyp des Feldes Daten-Name-1 werden die Eingaben grundsätzlich linksbündig im Empfangsfeld abgelegt. Gibt der Programmbenutzer mehr Zeichen ein, als das Empfangsfeld fassen kann, werden überstehende Zeichen rechts abgeschnitten und gehen verloren. Gibt der Programmbenutzer weniger Zeichen ein, als die Empfangsmaske erlaubt, werden bei alphanumerischen Empfangsfeldern die nichtgenutzten Stellen nach rechts mit Leerzeichen aufgefüllt. Bei numerischen Empfangsfeldern werden nicht genutzte Stellen jedoch mit Nullen aufgefüllt. Dies hat zur Folge, daß z.B. nach der Eingabe von "50" dann in einem vierstellig definierten Empfangsfeld der Wert "5000" enthalten ist. Ist daher ein numerischer Eingabewert kleiner als das numerische Eingabefeld, so muß eine entsprechende Anzahl führender Nullen angegeben werden. Um z.B. die Zahl "50" korrekt in einem vierstelligen Empfangsfeld aufzunehmen, muß also "0050" per Tastatur eingegeben werden. Die Cobol-Compiler einiger Hersteller umgehen diese "Unart" jedoch durch spezifische Anweisungserweiterungen von ACCEPT, zu denen an dieser Stelle auf die Manuale der jeweiligen Compiler verwiesen wird.

```
┌─────────────────────────────────────────────────┐
│              Beispiel-Programm 1: ACCEPT          │
├─────────────────────────────────────────────────┤
│                                                   │
│    IDENTIFICATION DIVISION.                       │
│    **********************************             │
│    Program-Id. Eingaben.                          │
│                                                   │
│    ENVIRONMENT DIVISION.                          │
│    *******************************                │
│    Configuration Section.                         │
│    *----------------------------                  │
│    Source-Computer. Vax.                          │
│    Object-Computer. Vax.                          │
│                                                   │
│    DATA DIVISION.                                 │
│    ********************                           │
│    Working-Storage Section.                       │
│    *------------------------------                │
│    01  Name        pic x(15).                     │
│    01  Wiealt       pic 99.                       │
│                                                   │
│    PROCEDURE DIVISION.                            │
│    *****************************                  │
│    Haupt.                                         │
│          display "Ihr Name bitte: ".              │
│          accept Name.                             │
│          display "Ihr Alter bitte: ".             │
│          accept Wiealt.                           │
│          display "Sie heissen: " Name.            │
│          display "und sind " Wiealt " Jahre alt.".│
│          stop run.                                │
│                                                   │
└─────────────────────────────────────────────────┘
```

ACCEPT Name: Klaus-Peter Meier   (17 Zeichen)
                Inhalt Name: "Klaus-Peter Mei" (linksbündig, 15 Zeichen)

ACCEPT Wiealt: 5   (1 Ziffer)
                Inhalt Alter: "50" (linksbündig, auffüllen mit Nullen)
                Alter = 5 erfordert Eingabe "05"; führende Null(en)

Im Hinblick auf die Benutzerfreundlichkeit eines Programms sollte vor jeder AC-CEPT-Anweisung dem Programmbenutzer per DISPLAY (Kapitel 4.2) ein Hinweis auf dem Bildschirm ausgegeben werden, daß nun eine Tastatureingabe von ihm erwartet wird. In diesem Sinne gehören die Anweisungen DISPLAY und ACCEPT immer logisch zusammen.

Weiterhin ermöglicht die ACCEPT-Anweisung den Abruf von den vom Betriebssystem des jeweiligen Rechners zur Verfügung gestellten Daten Datum, Tag und Uhrzeit (hier am Beispiel des Betriebssystems VMS gezeigt):

ACCEPT   Daten-Name-1   FROM   DATE

ACCEPT   Daten-Name-2   FROM   DAY

ACCEPT   Daten-Name-3   FROM   TIME

ACCEPT   Daten-Name-4   FROM   DAY-OF-WEEK

Dabei müssen die Felder Daten-Name-1 bis Daten-Name-4 wie folgt in der Working-Storage Section definiert sein:

Daten-Name-1: pic 9(6)   (yymmdd)   Bsp.: 931224

Daten-Name-2: pic 9(5)   (yyddd)   Bsp.: 84100 (Nummer des Tages)

Daten-Name-3: pic 9(8)   (hhmmss.ss)   Bsp.: 14581098 = 14h 58min 10.98s

Daten-Name-4: pic 9(1)   (d)   Bsp.: 1 = Montag, 7 = Sonntag

Beim Erreichen einer derartigen ACCEPT-Anweisung erfolgt keine Programmunterbrechung, denn der Rechner wird lediglich angewiesen, die betreffenden Daten vom Betriebssystem zu übernehmen. Das Programm wird ohne eine für den Programmbenutzer ersichtliche Pause mit der nächsten auf ACCEPT folgenden Anweisung fortgesetzt (siehe Beispiel-Programm auf der nachfolgenden Seite).

Abweichend von den bisher gezeigten genormten Anwendungsformen der AC-CEPT-Anweisung bieten die Cobol-Compiler vieler Hersteller eine Fülle weiterer ACCEPT-Zusätze, die insbesondere Bildschirmpositionierungen und spezielle Aufbereitungsarten der Eingaben erlauben. Um eine konsistente Basis für alle Leser dieses Buches zu gewährleisten, sei auch für diese Anweisungserweiterungen auf die jeweiligen Compiler-Manuale verwiesen.

```
┌─────────────────────────────────────────┐
│        Beispiel-Programm 2: ACCEPT        │
├─────────────────────────────────────────┤
│  DATA DIVISION.                           │
│  ********************                     │
│  Working-Storage Section.                 │
│  *-------------------------------         │
│  01  datum-ein.                           │
│       05  jahr        pic 99.             │
│       05  monat       pic 99.             │
│       05  tag         pic 99.             │
│                                           │
│  PROCEDURE DIVISION.                      │
│  *****************************            │
│  Haupt.                                   │
│     accept datum-ein from date.           │
│     display "Tag: " tag.                  │
│     display "Monat:" monat.               │
│     display "Jahr: " jahr.                │
│     stop run.                             │
└─────────────────────────────────────────┘
```

Bildschirmanzeige:	Tag:	17
	Monat:	07
	Jahr:	93

4.2   Die DISPLAY-Anweisung

Die DISPLAY-Anweisung ermöglicht die Ausgabe von Datenfeld-Inhalten oder Literalen auf dem Bildschirm (i.d.R. das Standardausgabegerät).

DISPLAY   { Daten-Name }   ...
          { Literal   }

Enthält die DISPLAY-Anweisung mehrere Ausgabefelder oder Literale (durch Komma oder Leerzeichen getrennt), werden diese unmittelbar hintereinander, also ohne zwischenstehende Leerzeichen oder Kommata am Bildschirm ausgegeben. Es können maximal 256 Zeichen pro auszugebendes Feld der DISPLAY-Anweisung angezeigt werden. Da der Bildschirm in aller Regel "nur" 80 Zeichen pro Zeile faßt, werden längere Ausgaben auf nachfolgende Zeilen umgebrochen. Nach der Ausführung

einer DISPLAY-Anweisung wird die Schreibmarke (Cursor) für die nächste DIS-
PLAY-Anweisung auf den Anfang der nächsten Bildschirmzeile positioniert.

```
                        Beispiel-Programm : DISPLAY
```

```
DATA DIVISION.
*********************
Working-Storage Section.
*-------------------------------
01 Nachname         pic x(5).
01 Vorname          pic x(5).
01 Wiealt           pic 99.


PROCEDURE DIVISION.
******************************
Aufnahme.
   display "Ihr Nachname: ".  accept Nachname.
   display "Ihr Vorname: ".  accept Vorname.
   display "Ihr Alter: ".  accept Wiealt.
Anzeige.
   display "Anzeige (1):   "  Nachname  Vorname  Wiealt.
   display "Anzeige (2):   "  Nachname " " Vorname " " Wiealt.
   display "Anzeige (3):   ".
   display Nachname. display Vorname. display Wiealt.
   stop run.
```

Eingaben:	Meier [Return] Klaus [Return] 25 [Return]
Anzeige (1):	MeierKlaus25 (ganze Felder ohne Trennzeichen) Ohne Trennzeichen; alle Felder komplett gefüllt
Anzeige (2):	Meier Klaus 25 (ganze Felder mit Leerzeichen) Leerzeichen als alphanum. Literale zwischen den Feldern
Anzeige (3):	(eigene Bildschirmzeile)
Meier	(eigene Bildschirmzeile)
Klaus	(nächste Bildschirmzeile)
25	(nächste Bildschirmzeile)

4.3   Die MOVE-Anweisung

Die MOVE-Anweisung ist einer der am häufigsten benutzten Cobol-Befehle. MOVE
kopiert Daten von einem Hauptspeicherbereich in einen anderen, d.h. von einem Datenfeld in ein oder mehrere andere Datenfelder. Zur Beschreibung der MOVE-Anweisung wird folgendes Format herangezogen:

MOVE   { Daten-Name-1 }   TO   { Daten-Name-2 }   ...
        { Literal-1   }

```
                    Beispiel-Programm 1: MOVE


    DATA DIVISION.
    ********************
    Working-Storage Section.
    *-------------------------------
    01  Nachname          pic x(5).
    01  Vorname           pic x(5).
    01  Puffer            pic x(5).


    PROCEDURE DIVISION.
    *******************************
    Aufnahme.
       display "Ihr Nachname: ".  accept Nachname.
       display "Ihr Vorname: ".  accept Vorname.
    Anzeige.
       display "Anzeige (1):    " Nachname "  " Vorname.
       move Nachname to Puffer.
       move Vorname to Nachname.
       move Puffer to Vorname.
       display "Anzeige (2):    " Nachname "  " Vorname.
       stop run.
```

Eingaben:	Meier [Return] Klaus [Return]
MOVE:	Tauschen der Inhalte über das Feld Puffer
Anzeige (1):	Meier Klaus
Anzeige (2):	Klaus Meier

Das Literal-1 bzw. der Inhalt des durch Daten-Name-1 angesprochenen Datenfeldes (Sendefeld) wird in das Feld, das durch Daten-Name-2 gekennzeichnet ist (Empfangsfeld), übertragen und zu dessen neuem Inhalt. Bei der Anführung von mehreren Empfangsfeldern wird die Übertragung in jedes dieser Felder durchgeführt. Die alten Inhalte der Empfangsfelder werden überschrieben.

Für ein **numerisches MOVE** (Übertragung der Inhalte numerischer Felder in numerische oder numerisch-druckaufbereitete Felder) gelten folgende Regeln:

❑   Ist kein Dezimalpunkt im Empfangsfeld definiert, werden die übertragenen Zeichen rechtsbündig im Empfangsfeld abgelegt.

❑   Wenn der Inhalt des Sendefeldes größer ist als die Maske des Empfangsfeldes, werden dort überstehende Stellen links abgeschnitten. Analog werden fehlende Stellen linksseitig mit Nullen aufgefüllt.

❑   Ein im Empfangsfeld definierter Dezimalpunkt ist ausschlaggebend für die Positionierung der empfangenen Daten. Der ganzzahlige Teil des Sendefeldes wird rechtsbündig an den Dezimalpunkt gestellt. Auch hier werden die über das Empfangsfeld ragenden Stellen links abgeschnitten (Achtung: Fehlerquelle) und fehlende Stellen links mit Nullen aufgefüllt.

❑   Die Dezimalstellen des Sendefeldes werden linksbündig am Dezimalpunkt ausgerichtet. Dezimalstellen, die rechts über das Empfangsfeld herausragen, gehen verloren (Achtung: Rundungsfehler), fehlende Stellen werden mit Nullen aufgefüllt.

❑   Durch die Übertragung von numerischen Daten in ein numerisch-druckaufbereitetes Feld erfolgt die Druckaufbereitung gemäß der Picture-Maske des Empfangsfeldes. Hier ist besonders auf eine gleiche Feldlänge und die identische Positionierung von gedachtem und druckaufbereitetem Dezimalpunkt zu achten, um den Wert der übertragenen Dezimalzahl nicht zu verfälschen.

❑   Die Positionierung eines Vorzeichens wird entsprechend den Druckaufbereitungssymbolen (Kapitel 3.4.3) und dem Zusatz SIGN IS (Kapitel 3.4.4) in der Picture-Klausel vorgenommen.

Das Beispiel-Programm 2 auf der folgenden Seite verdeutlicht die Übertragung der Inhalte numerischer Felder in numerische und numerisch-druckaufbereitete Felder. Es ist besonders darauf zu achten, daß ein zu klein definiertes Empfangsfeld den logischen Wert der übertragenen Zahl verfälscht.

```
┌─────────────────────────────────────┐
│        Beispiel-Programm 2: MOVE     │
└─────────────────────────────────────┘

┌─────────────────────────────────────┐
│  DATA DIVISION.                      │
│  ************************            │
│  Working-Storage Section.            │
│  *-------------------------------    │
│  01  Zahl3          pic 9(3)V9(2).   │
│  01  Zahl5          pic 9(2).9(3).   │
│                                      │
│  PROCEDURE DIVISION.                 │
│  ******************************      │
│  Anfang.                             │
│     move 123.45 to Zahl3.            │
│     move Zahl3 to Zahl5.             │
│     display "Zahl5= " Zahl5.         │
│     stop run.                        │
└─────────────────────────────────────┘
```

MOVE Literal: 123.45
                           Feld Zahl3 wird dezimalpunktgerecht gefüllt;
                           -----> Inhalt von Zahl3 ist "123.45"

Bildschirmausgabe: Zahl5= 23.450
                           Feld Zahl5 wird dezimalpunktgerecht gefüllt;
                           ganzzahliger Teil rechtsbündig an Dezimalpunkt;
                           die "1" geht verloren; 2 Dezimalstellen linksbündig
                           an Dezimalpunkt; auffüllen mit einer "0";
                           -----> Inhalt von Zahl5 ist "23.450"

Für die Übertragung **alphanumerischer Daten** (Übertragung der Inhalte alphanumerischer Felder in alphanumerische oder alphanumerisch-druckaufbereitete Felder)
gelten folgende Vorschriften:

❏   Die Zeichen werden linksbündig in das Empfangsfeld übertragen.

❏   Wenn der Inhalt des Sendefeldes länger ist als die Maske des Empfangsfeldes,
    werden überstehende Zeichen rechtsseitig abgeschnitten. Ist das Sendefeld kür-
    zer als das Empfangsfeld, werden die verbleibenden Stellen rechts mit Leerzei-
    chen aufgefüllt.

```
┌─────────────────────────────────────┐
│        Beispiel-Programm 3: MOVE     │
└─────────────────────────────────────┘

┌─────────────────────────────────────────┐
│  DATA DIVISION.                           │
│  ***********************                   │
│  Working-Storage Section.                 │
│  *-------------------------------         │
│  01  Staedte.                             │
│      02 Ost         pic x(20).            │
│      02 West        pic x(9).             │
│                                           │
│  PROCEDURE DIVISION.                      │
│  *******************************          │
│  Anfang.                                  │
│    display "Stadt? ".                     │
│    accept Ost.  move Ost to West.         │
│    display "West= " West.                 │
│    stop run.                              │
└───────────────────────────────────────────┘
```

Eingabe Ost: Frankfurt/Oder   [Return]
                      14 Zeichen in 20-stelliges Feld;
                      Eingabe wird linksbündig im Empfangsfeld abgelegt;
                      fehlende Stellen rechts mit Leerzeichen aufgefüllt;
                      -----> Inhalt von Ost ist "Frankfurt/Oder   " (20stellig)

Bildschirmausgabe: West= Frankfurt
                      20stelliger Inhalt in 9stelligem Feld linksbündig abgelegt;
                      überstehende Stellen werden rechts abgeschnitten;
                      -----> Inhalt von West ist "Frankfurt" (9stellig)

Beim gemischten MOVE im Sinne des Überkreuzkopierens von numerischen und
alphanumerischen Feldern sind einige Einschränkungen zu beachten:

☐   Die Inhalte von numerischen Sendefeldern lassen sich problemlos in alphanu-
    merische Empfangsfelder übertragen. Die Zeichen werden linksbündig im al-
    phanumerischen Empfangsfeld abgelegt. Nehmen die gesendeten Zeichen
    weniger Stellen in Anspruch, als das Empfangsfeld anbietet, wird nach rechts
    mit Leerzeichen aufgefüllt. Bietet das Empfangsfeld zu wenig Stellen an, wer-
    den überstehende Stellen rechts abgeschnitten. Arithmetik-Anweisungen (Ad-

dieren, Subtrahieren etc.) können dann allerdings nicht mehr auf das Empfangsfeld angewendet werden.

☐   Der Inhalt eines alphanumerischen Datenfeldes kann nur dann in ein numerisches Datenfeld kopiert werden, wenn der Inhalt des Sendefeldes ausschließlich
aus Ziffern, sprich numerischen Zeichen besteht.

```
┌─────────────────────────────────────────┐
│        Beispiel-Programm 4: MOVE         │
└─────────────────────────────────────────┘
┌─────────────────────────────────────────┐
│  DATA DIVISION.                          │
│  ***********************                  │
│  Working-Storage Section.                 │
│  *-------------------------------         │
│  01  Eingabe        pic 9(4).            │
│  01  Ausgabe        pic x(6).            │
│                                          │
│  PROCEDURE DIVISION.                     │
│  *******************************          │
│  Anfang.                                 │
│     accept Eingabe.                      │
│     move Eingabe to Ausgabe.             │
│     display "Ausgabe= " Ausgabe.         │
│     stop run.                            │
└─────────────────────────────────────────┘
```

Eingabe :   55   [Return]
                   2 Ziffern in 4stelliges numerisches Feld;
                   Eingabe wird linksbündig abgelegt (siehe ACCEPT);
                   -----> Inhalt von Eingabe ist "5500" (4stellig)

Bildschirmausgabe: Ausgabe= 5500
                   "5500" in 6stelliges Feld linksbündig abgelegt;
                   -----> Inhalt von Ausgabe ist "5500   " (6stellig)

Durch die Zusatzklausel CORRESPONDING zur MOVE-Anweisung wird die Übertragung der Inhalte von ganzen Datengruppen vereinfacht.

MOVE [CORRESPONDING] Daten-Name-1 TO Daten-Name-2 ...

Die MOVE CORRESPONDING-Anweisung (Kurzform: MOVE CORR) überträgt die
Inhalte der Datenfelder einer Datengruppe namens Daten-Name-1 in die entsprechenden gleich benannten Datenfelder der Datengruppe namens Daten-Name-2. In
den folgenden Listings haben beide Procedure Divisions die gleiche Auswirkung auf
den Programmablauf. Man kann bereits bei diesem kleinen Beispiel erkennen, daß
die Anwendung von CORRESPONDING eine Menge Schreibarbeit ersparen kann.

```
DATA DIVISION.                              DATA DIVISION.
********************                         ********************

Working-Storage Section.                    Working-Storage Section.
*--------------------------------           *--------------------------------

01 Ein.                                     01 Ein.
    02 Name            pic x(20).               02 Name            pic x(20).
    02 Abt             pic 9(4).                02 Abt             pic 9(4).
    02 Gehalt          pic 9(5).               02 Gehalt          pic 9(5).


01 Aus.                                     01 Aus.
    02 Name            pic x(20).               02 Name            pic x(20).
    02 Abt             pic ZZZ9.                02 Abt             pic ZZZ9.
    02 Gehalt          pic Z(4).9.              02 Gehalt          pic Z(4).9.


PROCEDURE DIVISION.                         PROCEDURE DIVISION.
******************************               ******************************

Anfang.                                     Anfang.
    move Name of Ein to Name of Aus.           * Tipparbeit gespart
    move Abt of Ein to Abt of Aus.             * Tipparbeit gespart
    move Gehalt of Ein to Gehalt of Aus.       move corr Ein to Aus.
    display Aus.                               display Aus.
    stop run.                                  stop run.
```

Erst die Benennung der Datenfelder in den beiden Datengruppen Ein und Aus mit
den gleichen Namen ermöglicht die Anwendung der CORRESPONDING Klausel.
Die Wirkung der MOVE CORR-Anweisung ist die gleiche, als wenn die Inhalte der
einzelnen, gleich benannten Datenfelder durch mehrere einzelne MOVE-Anweisungen von Feld zu Feld übertragen werden würden. In diesem Falle müssen wegen der
gleichen Namen die angesprochenen Datenfelder durch eine "OF Datengruppe"-Er-
weiterung exakt spezifizert werden. Generell müssen gleichnamige Felder verschie-
dener Datengruppen in allen Cobol-Anweisungen durch die OF-Erweiterung für den
Compiler identifizierbar gemacht werden.

4.4   Demonstrationsbeispiel

Für ein Cobol-Programm, das Kundenstammdaten und Kundenaufträ-
ge verwaltet, soll ein Begrüßungsbildschirm erstellt werden (siehe Abbildung 39). Der Programmbenutzer
soll persönlich mit seinem Namen
begrüßt werden, den er in einem
vorgelagerten Schritt über die Tastatur einzugeben hat.

Das zugehörige Struktogramm ist
denkbar einfach, da keinerlei Schleifen oder Verzweigungen enthalten
sein müssen:

Abb. 39: So soll der Begrüßungsbildschirm aussehen.

Übersicht

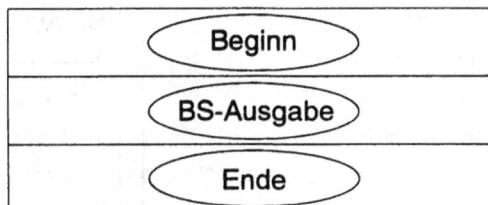

Beginn

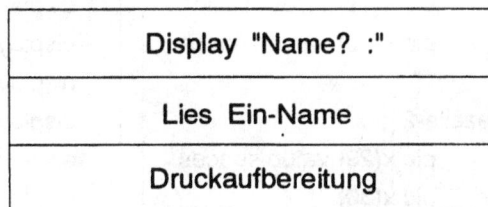

BS-Ausgabe

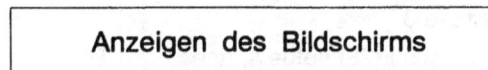

Ende

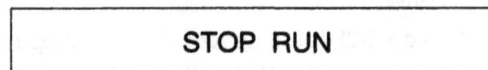

```
                              BEGRUESSUNG

IDENTIFICATION DIVISION.              PROCEDURE DIVISION.
********************************      ******************************
program-id. BEGRUESSUNG.              Beginn.
author. Schiweck.                     *---------
**********************************        * Aufforderung zur Namenseingabe
* Erstellungsdatum:  29. April 1993       display spaces.
                                          display "Name? :"
ENVIRONMENT DIVISION.                     display spaces.
**********************************
Configuration Section.                    * Aufnahme des Namens
*----------------------------             accept ein-name.
   source-computer. vax.
   object-computer. vax.                  * Überführen in das Ausgabefeld
                                          move ein-name to name.
DATA DIVISION.
*******************                   BS-Ausgabe.
Working-Storage Section.              *----------------
*-------------------------------          * Ausgabe des Begruessungs-BS.
01 ein-name   pic x(30).                  display spaces. display sterne.
01 sterne     pic x(80) value all "*".    display spaces. display sterne.
01 anzeigezeile-1.                        display spaces. display spaces.
   02 filler   pic x(30) value spaces.    display anzeigezeile-1.
   02 text1    pic x(19) value "Hallo".   display spaces. display spaces.
   02 filler   pic x(30) value spaces.    display anzeigezeile-2.
                                          display spaces. display spaces.
01 anzeigezeile-2.                        display anzeigezeile-3.
   02 filler   pic x(29) value spaces.    display spaces. display spaces.
   02 name     pic x(30).                 display sterne.  display spaces.
   02 filler   pic x(21) value spaces.    display sterne.
                                          display spaces.
01 anzeigezeile-3.
   02 filler   pic x(28) value spaces.  Ende.
   02 text2    pic x(30) value           *-------
               "Viel Spaß!".               * Programmende
   02 filler   pic x(22) value spaces.    stop run.
```

Aus dem Listing läßt sich die prinzipielle Ausgestaltung der quellcodeinternen Dokumentation ersehen. In der Identification Division wird (mindestens) der Programmierer, eventuell der Programmzweck und das Quellcodeerstellungsdatum vermerkt. Nach jeder Paragraphenüberschrift der Procedure Division wird dokumen-
tiert, welche Funktion der Paragraph ausführt. Zusätzlich können innerhalb der Paragraphen wichtige Anweisungen mit einer Erläuterung versehen werden.

Die Hervorhebungen von Division-, Section- und Paragraphen-Bezeichnungen anhand von Unterstreichungen sollten im gesamten Listing jeweils einheitlich erfolgen.
Der Quellcode gewinnt dadurch an Übersichtlichkeit.

Wie man im Paragraphen "BS-Ausgabe" sieht, muß nicht jede Anweisung (z.B. "display spaces.") in einer eigenen Zeile erfaßt werden. Um die benötigte Zeilenanzahl zu
verringern, können mehrere, jeweils durch einen Punkt abgeschlossene Statements in
einer Zeile hintereinander stehen.

Anzumerken ist auch die Paragraphenaufteilung in der Procedure Division. Die rein
sequentielle Abfolge der einzelnen Statements vom Anfang des Paragraphen "Beginn" bis zum Ende des Paragraphen "Ende" erfordert programmiertechnisch gesehen nur die Existenz eines einzigen Paragraphen in der Procedure Division (mindestens ein Paragraph muß vorhanden sein). Aus Gründen der Übersichtlichkeit wird
aber auch bei dieser einfachen Problemstellung nicht auf die Separierung der einzelnen logischen Programmfunktionen durch Paragraphen verzichtet.

4.5   Übungsaufgaben

Übung 1:
   Erfassen Sie das Programmlisting aus dem vorangegangenen Demonstrationsbeispiel, compilieren und linken Sie es, und bringen Sie es zum Ablauf.

Übung 2:
   Ergänzen Sie das Programmlisting aus dem vorangegangenen Demonstrations-
   beispiel um die Anzeige des aktuellen Datums und der Uhrzeit in der Form
   (Beispiel):   Datum --> 28.05.1993   Uhrzeit --> 15h 30min 20.55s
   Dieses Programm werden Sie im Verlauf der weiteren Übungen benötigen.

Die Lösungen zu den Übungsaufgaben finden Sie in Anhang B.

5. Arithmetische Anweisungen in Cobol

5.1 Die ADD-Anweisung

Die ADD-Anweisung summiert die Inhalte zweier oder mehrerer numerischer Felder (numerische Operanden) und speichert den Ergebniswert in einem Datenfeld ab.

ADD $\left\{ \begin{array}{l} \text{Daten-Name-1} \\ \text{Literal-1} \end{array} \right\}$ ... TO { Daten-Name-2 [ROUNDED] } ...

        [ON SIZE ERROR Unbedingte-Anweisung]

Die vor dem Wort TO stehenden Operanden werden zu einem temporären Zwischenergebnis addiert, das dann zu dem ersten nach dem Wort TO stehenden Feld addiert und in diesem als dessen Inhalt abgelegt wird. Dieser Vorgang wird für alle nach dem Wort TO aufgeführten Operanden durchgeführt. Ein zweites Format der ADD-Anweisung sieht wie folgt aus:

ADD $\left\{ \begin{array}{l} \text{Daten-Name-1} \\ \text{Literal-1} \end{array} \right\}$ ... TO $\left\{ \begin{array}{l} \text{Daten-Name-2} \\ \text{Literal-2} \end{array} \right\}$

        GIVING { Daten-Name-3 [ROUNDED] } ...

        [ON SIZE ERROR Unbedingte-Anweisung]

Hier werden die vor dem Wort GIVING stehenden Operanden zu einem temporären Ergebnis addiert, das in alle nach dem Wort GIVING aufgeführten Ergebnisfelder als deren Inhalt übertragen wird. Es gilt bei der Definition der beteiligten Datenfelder zu beachten, daß auch negative Operanden und Ergebniswerte vorkommen können.

Beispiele: add 1000 to nettogehalt on size error display "Fehler".

             add 1, 2, 3 to zahl1, zahl2.

             add gehalt, 100 to weihnacht giving gesamtgehalt.

             add A, B to C giving D on size error display "Fehler".

Wenn Sie die Beispiele zur ADD-Anweisung auf der folgenden Seite nachvollziehen, müssen Sie bei jeder Anweisung von den aufgeführten anfänglichen Feldinhalten ausgehen.

Beispiele zur ADD-Anweisung

Anfängliche Feldinhalte für jedes Anweisungsbeispiel:

☐ Ergebnis1 = 0   ☐ Ergebnis2 = 0
☐ Feld1   = 1   ☐ Feld2   = 2
☐ Feld3   = 3   ☐ Feld4   = 4

Anweisung	Ergebnis1	Ergebnis2
add 1 to Ergebnis1	1	0
add 1, 2 to Ergebnis1	3	0
add Feld1 to Ergebnis1	1	0
add 1, Feld1 to Ergebnis1	2	0
add 1 to Ergebnis1, Ergebnis2	1	1
add 1, 2 to Ergebnis1, Ergebnis2	3	3
add 1, Feld2 to Ergebnis1, Ergebnis2	3	3
add 1 to 2 giving Ergebnis1	3	0
add 1, 2 to Feld3 giving Ergebnis2	0	6
add 1 to Feld4 giving Ergebnis1, Ergebnis2	5	5

5.2   Die SUBTRACT-Anweisung

Die SUBTRACT-Anweisung wird verwendet, um einen oder die Summe mehrerer numerischer Operanden von einem oder mehreren numerisch definierten Datenfeldern zu subtrahieren und den Ergebniswert in einem Datenfeld abzuspeichern.

SUBTRACT $\left\{ \begin{array}{l} \text{Daten-Name-1} \\ \text{Literal-1} \end{array} \right\}$ ... FROM   { Daten-Name-2 [ROUNDED] }   ...

[ON SIZE ERROR Unbedingte-Anweisung]

Die vor dem Wort FROM stehenden Operanden werden zu einem temporären Zwischenergebnis addiert, das von dem ersten nach dem Wort FROM stehenden Operanden abgezogen wird. Die Differenz wird in diesem Feld abgespeichert. Dieser Vorgang wird für alle nach dem Wort FROM angegebenen Operanden durchgeführt. Ein zweites Format der SUBTRACT-Anweisung sieht folgendermaßen aus:

SUBTRACT $\left\{ \begin{array}{l} \text{Daten-Name-1} \\ \text{Literal-1} \end{array} \right\}$ ... <u>FROM</u> $\left\{ \begin{array}{l} \text{Daten-Name-2} \\ \text{Literal-2} \end{array} \right\}$

<u>GIVING</u> { Daten-Name-3 [ROUNDED] } ...

[ON <u>SIZE ERROR</u> Unbedingte-Anweisung]

Hier werden ebenfalls die vor dem Wort FROM stehenden Operanden zu einem temporären Zwischenergebnis addiert, das von dem Operanden nach dem Wort FROM subtrahiert wird. Das Ergebnis der Subtraktion wird jeweils in die nach dem Wort GIVING aufgeführten Datenfelder als Inhalt übertragen. Es gilt bei der Definition der beteiligten Datenfelder zu beachten, daß auch negative Operanden und Ergebniswerte vorkommen können.

Beispiele: subtract steuern from brutto giving nettogehalt.

subtract 1, 2, 3 from zahl1, zahl2 on size error display "Fehler".

subtract zahl1, 150 from puffer giving ergebnis.

Wenn Sie die folgenden Beispiele zur SUBTRACT-Anweisung nachvollziehen, müssen Sie bei jeder Anweisung von den aufgeführten anfänglichen Feldinhalten ausgehen.

Beispiele zur SUBTRACT-Anweisung

Anfängliche Feldinhalte für jedes Anweisungsbeispiel:

- ❑ Ergebnis1 = 5
- ❑ Feld1 = 1
- ❑ Feld3 = 3

- ❑ Ergebnis2 = 7
- ❑ Feld2 = 2
- ❑ Feld4 = 4

Anweisung	Ergebnis1	Ergebnis2
subtract 1, 2 from Ergebnis1	2	7
subtract Feld1 from Ergebnis1	4	7
subtract Feld1, Feld2 from Ergebnis2	5	4
subtract 1 from Ergebnis1, Ergebnis2	4	6
subtract 1, 2 from Ergebnis1, Ergebnis2	2	4
subtract 1, Feld2 from Ergebnis1, Ergebnis2	2	4
subtract 1 from 2 giving Ergebnis1	1	7
subtract 1, 2 from Feld3 giving Ergebnis2	5	0
subtract 1 from Feld4 giving Ergebnis1, Ergebnis2	3	3

5.3 Die MULTIPLY-Anweisung

Die MULTIPLY-Anweisung multipliziert numerische Operanden und legt den Ergebniswert in dafür vorgesehene Datenfelder ab.

MULTIPLY $\left\{ \begin{array}{l} \text{Daten-Name-1} \\ \text{Literal-1} \end{array} \right\}$ BY { Daten-Name-2 [ROUNDED] } ...

        [ON SIZE ERROR Unbedingte-Anweisung]

Der vor dem Wort BY stehende Operand wird mit dem Inhalt des nach dem Wort BY stehenden Datenfeldes multipliziert und das Ergebnis in diesem Feld abgespeichert. Der Vorgang wird für alle nach dem Wort BY angeführten Operanden ausgeführt. Ein zweites Format der MULTIPLY-Anweisung sieht folgendermaßen aus:

MULTIPLY $\left\{ \begin{array}{l} \text{Daten-Name-1} \\ \text{Literal-1} \end{array} \right\}$ BY $\left\{ \begin{array}{l} \text{Daten-Name-2} \\ \text{Literal-2} \end{array} \right\}$

        GIVING { Daten-Name-3 [ROUNDED] } ...

        [ON SIZE ERROR Unbedingte-Anweisung]

Der vor dem Wort BY stehende Operand wird mit dem nach dem Wort BY stehenden Operanden multipliziert. Das Ergebnis dieser Multiplikation wird in alle nach dem Wort GIVING angeführten Ergebnisfelder übertragen.

Beispiele zur MULTIPLY-Anweisung		
Anfängliche Feldinhalte für jedes Anweisungsbeispiel:		

☐ Ergebnis1 = 1   ☐ Ergebnis2 = 2
☐ Feld1 = 1   ☐ Feld2 = 2
☐ Feld3 = 3   ☐ Feld4 = 4

Anweisung	Ergebnis1	Ergebnis2
multiply 1 by Ergebnis1	1	2
multiply Feld1 by Ergebnis1	1	2
multiply 1 by Ergebnis1, Ergebnis2	1	2
multiply Feld2 by Ergebnis1, Ergebnis2	2	4
multiply 1 by 5 giving Ergebnis1	5	2
multiply Feld3 by 3 giving Ergebnis2	1	9
multiply 2 by Feld4 giving Ergebnis1, Ergebnis2	8	8

5.4   Die DIVIDE-Anweisung

Die DIVIDE-Anweisung wird verwendet, um den Inhalt eines numerischen Datenfeldes durch den eines anderen zu dividieren und den Ergebniswert in dafür vorgesehene Datenfelder abzulegen.

DIVIDE $\begin{Bmatrix} \text{Daten-Name-1} \\ \text{Literal-1} \end{Bmatrix}$ INTO   { Daten-Name-2 [ROUNDED] }   ...

[ON SIZE ERROR Unbedingte-Anweisung]

Der Inhalt des nach dem Wort INTO stehenden Operanden (Dividend) wird durch
den Inhalt des vor dem Wort INTO stehenden Operanden (Divisor) dividiert. Das
Ergebnis wird im Dividendenfeld abgespeichert. Dieser Vorgang wird für alle nach
dem Wort INTO aufgeführten Operandenfelder durchgeführt.

Ein zweites Format der DIVIDE-Anweisung sieht folgendermaßen aus:

DIVIDE $\begin{Bmatrix} \text{Daten-Name-1} \\ \text{Literal-1} \end{Bmatrix}$ $\begin{Bmatrix} \text{INTO} \\ \text{BY} \end{Bmatrix}$ $\begin{Bmatrix} \text{Daten-Name-2} \\ \text{Literal-2} \end{Bmatrix}$

GIVING   { Daten-Name-3 [ROUNDED] }   ...

[ON SIZE ERROR Unbedingte-Anweisung]

Der Inhalt des nach dem Wort INTO stehenden Operanden (Dividend) wird durch
den Inhalt des vor dem Wort INTO stehenden Operanden (Divisor) dividiert. Das
Ergebnis der Division wird in alle nach dem Wort GIVING angeführten Datenfelder
als deren Inhalt übertragen. Wird statt dem Wort INTO das Wort BY verwendet, so
ist der vor dem Wort BY stehende Operand der Dividend und der dem Wort BY folgende Operand der Divisor. Das Ergebnis der Division wird in den dem Wort GI-
VING folgenden Datenfeldern abgelegt.

Ein drittes Format der DIVIDE-Anweisung sieht folgendermaßen aus:

DIVIDE $\begin{Bmatrix} \text{Daten-Name-1} \\ \text{Literal-1} \end{Bmatrix}$ $\begin{Bmatrix} \text{INTO} \\ \text{BY} \end{Bmatrix}$ $\begin{Bmatrix} \text{Daten-Name-2} \\ \text{Literal-2} \end{Bmatrix}$

GIVING   { Daten-Name-3 [ROUNDED] }   REMAINDER   { Daten-Name-4 }

[ON SIZE ERROR Unbedingte-Anweisung]

Beispiele: divide anzahl into gesamt.

divide 100 into gesamt giving zahl2.

divide gesamt by anzahl giving durchschnitt rounded.

Beispiele zur DIVIDE-Anweisung

Anfängliche Feldinhalte für jedes Anweisungsbeispiel:

- ❑ Ergebnis1 = 4   ❑ Ergebnis2 = 6
- ❑ Feld1   = 1   ❑ Feld2   = 2
- ❑ Feld3   = 3   ❑ Feld4   = 4

Anweisung	Ergebnis1	Ergebnis2
divide 2 into Ergebnis1	2	6
divide Feld1 into Ergebnis2	4	6
divide Feld2 into Ergebnis1, Ergebnis2	2	3
divide 4 into 8 giving Ergebnis1	2	6
divide 8 by 4 giving Ergebnis1	2	6
divide Feld4 into 8 giving Ergebnis2	4	2
divide 6 by Feld2 giving Ergebnis2	4	3
divide 3 into Feld3 giving Ergebnis1, Ergebnis2	1	1
divide Feld3 by 3 giving Ergebnis1, Ergebnis2	1	1

Mit Hilfe der REMAINDER-Klausel kann ein eventueller ganzzahliger Rest aus einer Division in einem dafür vorgesehenen Datenfeld abgelegt werden.

Beispiel zur REMAINDER-Klausel

```
01  Ergebnis1      pic 9 value 11.
01  Ergebnis2      pic 9 value 0.
01  Restfeld       pic 9.

divide Ergebnis1 by 3 giving Ergebnis2 remainder Restfeld.
```

Inhalt Ergebnis2:   3
Inhalt Restfeld: 2   (ganzzahliger Rest der Division)

5.5 Die COMPUTE-Anweisung

Die COMPUTE-Anweisung wird verwendet, um einem oder mehreren numerischen Datenfeldern den Wert eines arithmetischen Ausdrucks zuzuweisen. Mit der COMPUTE-Anweisung können zusammenfassend i.d.R. alle Berechnungen durchgeführt

werden, die durch die Einzel-Anweisungen ADD, SUBTRACT, DIVIDE und MULTI-
PLY erfolgen.

COMPUTE   { Daten┬Name-1 [ROUNDED] }   ...   =   Arithmetischer-Ausdruck

          [ON SIZE ERROR Unbedingte-Anweisung]

Der arithmetische Ausdruck wird berechnet und das Ergebnis in die vor dem Gleich-
heitszeichen aufgeführten Ergebnisfelder als deren Inhalt übertragen. Die Auswertung des arithmetischen Ausdrucks erfolgt gemäß der allgemeinen Rechenregel der
Mathematik "Punktrechnung vor Strichrechnung" (von rechts nach links). Wird eine
andere Reihenfolge der Auswertung gewünscht, so kann dies durch eine entsprechende Klammersetzung veranlaßt werden. Die Auflösung der Klammern erfolgt
wie üblich von innen nach außen. Der arithmetische Ausdruck besteht aus Operanden und Operatoren. Als Operanden sind numerische Datenfelder und numerische
Literale zugelassen. Als Operatoren dürfen die Zeichen + (Addition), - (Subtraktion),
* (Multiplikation), / (Division) und ** (Potenzierung) eingesetzt werden. Vor und
nach den Operatoren muß jeweils ein Leerzeichen codiert werden.

Beispiele zur COMPUTE-Anweisung

Anfängliche Feldinhalte für jedes Anweisungsbeispiel:

a = 1	b = 2
c = 3	d = 4
e = 5	f = 6

Anweisung	a =
compute a = b + c	5
compute a = a + b - c	0
compute a = f - a - 2 - c	0
compute a = a + 1	2
compute a = b * c	6
compute a = b * 4 / d	2
compute a = b * c - e	1
compute a = a + c * d - 6	7
compute a = (a + b) * c	9
compute a = ((a + 2) * d) / f	2
compute a = b ** 3	8

5.6   Die ON SIZE ERROR-Klausel

Wenn bei arithmetischen Berechnungen für die Ergebnisse zu kurze Ergebnisfelder vorgesehen wurden (zu wenige Stellen vor dem Dezimalpunkt; Stellen nach dem Dezimalpunkt werden nicht berücksichtigt), so kann dies bei der dezimalpunktgerechten Ausrichtung des Ergebnisses zu einer Verfälschung der Resultate führen, z.B. 23 statt 123 als Inhalt eines numerischen Feldes. Durch die Verwendung der ON SIZE ERROR-Klausel kann vorgesehen werden, daß bei Eintreten eines solchen Feldüberlaufs (und nur dann) bestimmte Anweisungen an Stelle der Berechnung ausgeführt werden. Die Berechnung wird zwar nicht durchgeführt, ein Absturz des Programmes wird aber vermieden. Der Programmierer sollte in solchen Fällen nach der ON SIZE ERROR-Klausel Anweisungen codieren, die den Programmbenutzer auf den Feldüberlauf hinweisen (alle unbedingten Cobol-Anweisungen sind möglich).

Beispiel: add 100 to Zahl on size error display "Feldüberlauf!".

Wenn das Feld Zahl in der Working-Storage Section mit weniger als 3 Stellen definiert wurde, erscheint bei Abarbeitung obiger Addition der Hinweis "Feldüberlauf!" am Bildschirm. Die Addition wurde nicht durchgeführt; der alte Inhalt von Zahl bleibt erhalten. (Analog existiert auch die Klausel NOT ON SIZE ERROR, die jedoch sehr selten Anwendung findet und deren Funktion über andere, eigenständige Cobol-Anweisungen realisiert werden kann.)

Beispiel zur ON SIZE ERROR-Klausel
01   Ergebnis1   pic 9 value 8. 01   Ergebnis2   pic 9 value 0. multiply Ergebnis1 by 5 giving Ergebnis2 on size error display "Feldüberlauf" Inhalt Ergebnis2:   0   (alter Inhalt bleibt bestehen) ☐   Ohne On Size Error: Programm arbeitet ohne Hinweis weiter ☐   Mit On Size Error: Reaktion möglich, da Ausgabe eines Hinweises

5.7   Die ROUNDED-Klausel

Die ROUNDED-Klausel kann bei jeder arithmetischen Anweisung genutzt werden. Das Wort ROUNDED wird dabei hinter das Ergebnisfeld einer Berechnung gestellt. Wurden in der PICTURE-Klausel des Ergebnisfeldes weniger Nachkomma-Stellen definiert, als die Berechnung korrekterweise ergibt, wird der Ergebniswert auf die maximale Anzahl der Stellen gerundet. Die Rundung erfolgt dabei nach den üblichen mathematischen Regeln (1 - 4 abrunden; 5 - 9 aufrunden).

Beispiele zur ROUNDED-Klausel

Anfängliche Feldinhalte für jedes Anweisungsbeispiel:

01	Feld1	pic 9(5)V9999 value 12345.2222
01	Feld2	pic 9(5)V99 value 54321.11
01	Feld3	pic 99V99 value 9
01	Feld4	pic 99V99 value 24

Anweisung	Feld2	Feld4
add Feld1 to Feld2 rounded	66666.33	
divide Feld3 into Feld4 rounded		02.67

5.8 Übungsaufgaben

Übung 1:

Bilden Sie jeweils <u>zwei</u> verschiedene Cobol-Anweisungen zu folgenden Berechnungen:

a)   Der Wert B soll zu dem Wert A addiert werden.

b)   Der Wert 5,28 soll zu C addiert werden; das Ergebnis wird gerundet.

c)   Die Werte 5, A, 7 und ZAHL sollen sowohl zu A als auch zu ERGEBNIS und GERUNDETE-ZAHL addiert werden; dabei werden ERGEBNIS und GERUNDETE-ZAHL gerundet. Tritt ein Überlauf ein, so soll "Ergebnis zu groß" ausgegeben werden.

d)   Das Feld X wird um die Summe von D, E, F und 10 vermindert. Das Ergebnis dieser Operation wird in das Feld Y bewegt.

e) Das Feld X wird durch 11 dividiert, wobei das Ergebnis der Division nach Feld Y bewegt wird. Ein eventueller Divisionsrest wird in Feld Z ausgewiesen.

f) Die Summe von A, B und 5 wird zu Feld X addiert. Tritt ein Überlauf ein, so erscheint die Meldung "Size Error" auf dem Bildschirm.

Übung 2:

Erstellen Sie ein Programm zur Lösung folgender Problemstellung: Über Tastatur werden nacheinander zwei natürliche Zahlen A und B eingegeben. Das Programm soll die Summe, die Differenz, das Produkt und den Quotienten der Zahlen berechnen und jeweils in einer kommentierten Ergebniszeile am Bildschirm anzeigen. Sie kennen alle notwendigen Anweisungen bis auf STOP RUN, das ein Cobol-Programm ordnungsgemäß beendet. Orientieren Sie sich diesbezüglich an den in den Abbildungen 35, 36 und 37 dargestellten Programmlistings.

Übung 3:

Ermitteln Sie die Ergebnisse der aufgelisteten Berechnungen. Gehen Sie dabei bei jeder Anweisung von folgenden Anfangswerten aus:

| ❑ | Feld1 | = | 2 | ❑ | Ergebnis1 = | 0 |
| ❑ | Feld2 | = | 4 | ❑ | Ergebnis2 = | 0 |

Anweisung	Ergebnis1	Ergebnis2
add Feld1, 6 to Ergebnis1 giving Ergebnis2	–	–
add 2, 3, 4, Feld1 to Ergebnis1, Ergebnis2	–	–
add Feld2 to Feld1 giving Ergebnis2	–	–
subtract Feld1, 1 from Feld2 giving Ergebnis2	–	–
subtract 1, Feld2 from Ergebnis1, Ergebnis2	–	–
subtract Feld2 from Feld1 giving Ergebnis2	–	–
multiply Feld2 by 10 giving Ergebnis1	–	–
multiply Feld1 by Ergebnis1	–	–
multiply Feld1 by Feld2 giving Ergebnis2	–	–
divide Feld1 into Feld2 giving Ergebnis1	–	–
divide Feld2 by Feld1 giving Ergebnis2	–	–
divide 4 into Feld2 giving Ergebnis2	–	–

Übung 4:

Ermitteln Sie die Ergebnisse der aufgelisteten Berechnungen. Gehen Sie dabei
bei jeder Anweisung von folgenden Anfangswerten aus:

☐ a = 1   ☐ c = 3   ☐ e = 5
☐ b = 2   ☐ d = 4   ☐ f = 6

Anweisung	a =
compute a = ((d * 4) / b) ** (1 / 3)	_
compute a = (a + 2) * a	_
compute a = (((f - b) + e) / c)	_

Die Lösungen zu den Übungsaufgaben finden Sie in Anhang B.

6. Kontrollfluß-Anweisungen in Cobol

6.1 Zum Begriff "Kontrollfluß"

Ohne Kontrollflußelemente werden alle Cobol-Anweisungen der Procedure Division sukzessive nacheinander in der Reihenfolge ausgeführt, wie sie im Programmlisting festgeschrieben wurden. Kontrollflußelemente sind Anweisungen, die diese sequentielle Abarbeitung von Programmanweisungen der Procedure Division in ihrer Reihenfolge verändern.

Durch Kontrollflußelemente werden Sprünge, Schleifen, bedingte Verzweigungen u.ä. von und zu Programm-Labels (Paragraphen und Sections in der Procedure Division) möglich, die die Sequenz der Anweisungsabarbeitung nach den Vorstellungen des Programmierers bestimmen.

Hier sei noch einmal an die Ausführungen des Kapitels 1.4 erinnert. Die Beschränkung der verwendeten Strukturblockarten auf Sequenz, Selektion und Iteration optimiert die Übersichtlichkeit der Funktionsabfolge in einem Programm. Zudem darf die Verflechtung von Sprunganweisungen zwischen Paragraphen und Sections nicht zu dicht werden, um ein "Spaghetti-junction-Design" zu vermeiden (siehe Abbildung 10). Dazu sollte der Abarbeitungsfluß vor der eigentlichen Programmierung (Codierung) durch die Erstellung von Struktogrammen so gestaltet werden, daß die Umsetzung in Programm-Algorithmen idealerweise 1:1 vollzogen werden kann (design first, code later).

Zur Realisierung der Struktogrammblöcke durch Quellcode bietet Cobol exakt abgestimmte Mechanismen und Befehlskonstrukte an. Eine Sequenz (Abfolge) wird durch die aufeinanderfolgende Abarbeitung von Programm-Anweisungen, wie sie im Listing stehen, realisiert (falls nicht Kontrollflußelemente die Reihenfolge verändern). Eine Selektion (Auswahl) läßt sich mit Hilfe der IF...ELSE-Anweisung umsetzen. Für Iterationen (Schleifen) sowie Aufrufe von Strukturblöcken (Sprünge zu Labels) ist die PERFORM-Anweisung zuständig.

Allerdings gibt Cobol dem Programmierer auch die Möglichkeit, Selektionen, Schleifen und Sprünge mit der GO TO-Anweisung auszuführen. In Cobol, wie in vielen anderen prozeduralen Programmiersprachen, scheiden sich hier die Geister. Aufrechte Theoretiker der Strukturierten Programmierung lehnen die Verwendung von GO TO strikt ab. Sie verweisen darauf, daß sich jede Programmdynamik mit be-

dingten Anweisungen (IF...ELSE) und parametrisierten PERFORMs abbilden läßt.
Streßgeplagte Praktiker der Strukturierten Programmierung benutzen hingegen GO
TO recht häufig und belächeln die aufwendigen Versuche der Theoretiker, einfache
Problemstellungen umständlich zu codieren. Ohne an dieser Stelle eine Lanze für
das GO TO brechen zu wollen, sei angemerkt, daß die Verwendung der GO TO-Anweisung in manchen Fällen "genial einfache" Problemlösungen eröffnet. Die Abgren-
zung sinnvoller Einsatzbereiche sowie die sichere Kontrolle eines GO TO-Geflechts
kann jedoch nur von versierten Kennern der Materie vorgenommen werden. Ungeübten Programmier-Anfängern muß daher empfohlen werden, solange GO TO-
Abstinenz zu üben, bis die Grundsätze der Strukturierten Programmierung in
Fleisch und Blut übergegangen sind. Erst dann kann nach der Methode "Quick and
dirty" verfahren werden. Ganz in diesem Sinne wird GO TO bei allen nachfolgenden
Programmen, wenn überhaupt, nur in "Notfällen" Anwendung finden.

6.2   Die Kontrollfluß-Anweisung STOP RUN

Das Kontrollflußelement STOP RUN beendet ein Programm ordnungsgemäß. Nach
der Abarbeitung eines STOP RUN gibt das ausgeführte Programm die Kontrolle an
das Betriebssystem zurück. Der Programmbenutzer erhält das Systemprompt.

STOP RUN

Versteht man ein Programm als Baustein in einem umfassenden Software-System,
gilt die Forderung nach genau einem Eingang und genau einem Ausgang des Bau-
steins. Dem Blockkonzept folgend (siehe Kapitel 1.4.4), sollte STOP RUN demnach
nur ein einziges Mal im Programm als Baustein-Ausgang vorkommen. Sehr vorteilhaft ist die Positionierung des STOP RUN als einzigem Befehl in einem eigenen Paragraphen, der dann von beliebigen Stellen im Programm per Sprunganweisung ausgeführt werden kann.

6.3   Die Kontrollfluß-Anweisung IF...ELSE

Mit der Anweisung IF...ELSE wird der Struktogrammblock Selektion realisiert. Abhängig vom Erfülltsein bzw. Nichterfülltsein einer auf IF folgenden Bedingung wird
im nächsten Programmschritt genau eine bestimmte Anweisungsalternative ausge-
wählt (selektiert). Die bestehenden Anweisungsalternativen (jeweils eine einzelne
Anweisung oder eine Folge von Anweisungen) werden in einen Ja-Zweig (Bedin-

gung erfüllt) und einen Nein-Zweig (Bedingung nicht erfüllt) unterschieden. Die Anweisungen der beiden Zweige werden daher auch als bedingte Anweisungen bezeichnet.

$$
\underline{\text{IF}}\text{ Bedingung }\quad\text{THEN}\quad\left\{\begin{array}{l}\text{Anweisung-1 ...}\\\underline{\text{NEXT}}\text{ SENTENCE}\end{array}\right\}\quad\left\{\begin{array}{l}\underline{\text{ELSE}}\text{ Anweisung-2 ...}\\\underline{\text{ELSE}}\ \underline{\text{NEXT}}\ \underline{\text{SENTENCE}}\end{array}\right\}
$$

Die IF...ELSE-Anweisung besteht aus drei Abschnitten:

❑   Einer Bedingung, die auszuwerten ist und von deren Ergebniswert der nächste
Programmschritt abhängig ist; es existieren verschiedene Bedingungsarten, die
weiter unten in diesem Kapitel gesondert beschrieben werden.

❑   Einem Ja-Zweig mit Anweisungen, die nur dann ausgeführt werden, wenn die
Bedingung erfüllt ist (THEN-Zweig); diesem Zweig entspricht das erste Paar
geschweifter Klammern im obigen Format. Entweder kann hier eine beliebige
Anzahl von Cobol-Anweisungen oder NEXT SENTENCE angeführt werden. Im
Falle der Ausführung des Ja-Zweiges wird der nachfolgende Nein-Zweig ignoriert und mit dem nächsten auf die IF...ELSE-Anweisung folgenden Befehl fortgefahren.

❑   Einem Nein-Zweig mit Anweisungen, die nur dann ausgeführt werden, wenn
die Bedingung nicht erfüllt ist (ELSE-Zweig); diesem Zweig entspricht das
zweite Paar geschweifter Klammern im obigen Format. Auch hier kann entweder eine beliebige Anzahl von Cobol-Anweisungen oder NEXT SENTENCE codiert werden. Nach dem Ignorieren des Ja-Zweiges (die Bedingung ist nicht erfüllt) und der Ausführung des Nein-Zweiges wird mit dem nächsten auf die
IF...ELSE-Anweisung folgenden Befehl fortgefahren.

In beiden Zweigen kann entweder eine beliebige Anzahl von Cobol-Anweisungen
oder NEXT SENTENCE (Leeranweisung; es wird "nichts" ausgeführt) angegeben
werden. Die Cobol-Anweisungen können entweder unbedingte Anweisungen sein
(display, move, accept etc.) oder wiederum Bedingungen ausdrücken (if Bedingung-
2 then Anweisung-3 else Anweisung-4). Im letzten Fall spricht man von geschachtel-
ten IF...ELSE-Anweisungen.

Beispiele: if Alter > 30 then display "Grufti" else display "Jungspund".

              if Alter < 18 then next sentence else display "Erwachsen" move 1 to X.

              if Chef = "mies" then perform jobhopping else perform hardwork.

Das Ende einer IF...ELSE-Anweisung ist erst dann erreicht, wenn nach der auf die letzte ELSE-Klausel folgenden Anweisung ein Punkt gesetzt wurde. Folgender Ausschnitt aus einer Procedure Division verdeutlicht dies:

Beispiel-Programm 1: IF...ELSE

```
Pruefen.
*-----------
    display "Ihr Gehalt wird jetzt geprueft!".
    if  Gehalt > 5000 then  move 1 to Antwort
            else  if  Gehalt > 3500 then  move 2 to Antwort
                else  move 3 to Antwort.
    if  Antwort = 1  then  display "Angemessen".
    if  Antwort = 2  then  display "Nachschlag verlangen".
    if  Antwort = 3  then  display "Kuendigung schreiben".
    display "Sie sollten sich jetzt entscheiden!".
```

Nach der ersten DISPLAY-Anweisung folgt eine verschachtelte IF...ELSE-Anweisung, die erst nach "move 3 to Antwort" mit einem Punkt abgeschlossen wird. Wenn im konkreten Fall das Gehalt größer als 5000 ist, der Ja-Zweig "move 1 to Antwort" also ausgeführt wird, ignoriert der Rechner alle weiteren Anweisungen des verschachtelten IF...ELSE und fährt mit der nächsten für ihn erkennbaren Anweisung fort. Dies ist hier die Anweisung "if Antwort = 1 ....".

Ist der Inhalt des Feldes Gehalt hingegen nicht größer als 5000, wird die Anweisung "move 1 to Antwort" des Ja-Zweiges ignoriert, und der Nein-Zweig tritt in Aktion. Hier wird in einer weiteren, verschachtelten Bedingung abgeprüft, ob das Gehalt, wenn schon nicht größer als 5000, dann wenigstens größer als 3500 ist. Ist dies der Fall, wird im Ja-Zweig die Ziffer 2 in das Feld Antwort übertragen, der Nein-Zweig "else move 3 to Antwort" ignoriert und mit der Anweisung "if Antwort = 1 ...." fortgefahren. Verdient der arme Mensch jedoch 3500 oder noch weniger, so wird der Nein-Zweig (else move 3 to Antwort) ausgeführt und die nächste Anweisung nach dem abschließenden Punkt in Angriff genommen (if Antwort = 1 ...).

Der Inhalt des Feldes Antwort ist nun verantwortlich für den weiteren Programmablauf. Je nachdem, ob Antwort eine 1, 2 oder 3 enthält, werden zwei der drei letzten IF...ELSE-Anweisungen (alle mit einem Punkt abgeschlossen und nur mit einem Ja-Zweig versehen) ignoriert und mit der abschließenden Bildschirmausgabe "Sie sollten sich jetzt entscheiden!" fortgefahren.

Ohne die Logik zu verändern, kann der Algorithmus aus Beispiel-Programm 1 auch anders gestaltet werden. Die drei letzten, einzelnen IF...ELSE-Anweisungen werden durch eine einzelne, verschachtelte IF...ELSE-Anweisung ersetzt (ebenso könnte die verschachtelte Bedingungsanweisung in Beispiel-Programm 1 durch drei einzelne IF...ELSE-Anweisungen abgebildet werden):

```
                    Beispiel-Programm 2: IF...ELSE

 Pruefen.
 *-----------

     display "Ihr Gehalt wird jetzt geprueft!".
     if  Gehalt > 5000 then  move 1 to Antwort
             else  if  Gehalt > 3500 then  move 2 to Antwort
                     else  move 3 to Antwort.
     if  Antwort = 1 then  display "Angemessen"
             else  if  Antwort = 2 then  display "Nachschlag verlangen"
                     else  display "Kuendigung schreiben".
     display "Sie sollten sich jetzt entscheiden!".
```

Innerhalb einer IF...ELSE-Anweisung können vier verschiedene Arten von Bedingungen definiert werden:

❑ Vergleichsbedingungen,
❑ Vorzeichenbedingungen,
❑ Klassenbedingungen,
❑ zusammengesetzte, komplexe Bedingungen.

Eine **Vergleichsbedingung** dient zum inhaltlichen Vergleich von einem Operanden-Paar. Als Operanden kommen Datenfelder, Literale und arithmetische Ausdrücke in Frage. Eine Vergleichsbedingung ist folgendermaßen aufgebaut:

$$\left\{ \begin{matrix} \text{Daten-Name-1} \\ \text{Literal-1} \\ \text{Arithm.-Ausdruck-1} \end{matrix} \right\} \quad \text{Operator} \quad \left\{ \begin{matrix} \text{Daten-Name-2} \\ \text{Literal-2} \\ \text{Arithm.-Ausdruck-2} \end{matrix} \right\}$$

Die vor und hinter dem Operator aufgeführten Operanden dürfen wechselseitig beliebig kombiniert werden. Durch ein vor den Operator gestelltes NOT wird der Vergleich der Operanden logisch negiert. Vor und nach jedem Operator >, <, =, >=, <=

muß mindestens ein Leerzeichen codiert werden. Die zulässigen Operatoren sowie einige Beispiele zeigt nachfolgende Tabelle.

Operatoren:	Beispiele:	Operanden-Paare:
IS [NOT] >	if A > B then ...	(Datenfeld, Datenfeld)
	if A not > B then ...	(Datenfeld, Datenfeld)
IS [NOT] <	if A < 5 then ...	(Datenfeld, Literal)
	if 5 not < A then ...	(Literal, Datenfeld)
IS [NOT] =	if "Hallo" = A then ...	(Literal, Datenfeld)
	if A not = "Hallo" then ...	(Datenfeld, Literal)
IS [NOT] > =	if A >= B+C+5 then ...	(Datenfeld, Arith.-Ausdruck)
IS [NOT] < =	if B+C+5 <= 100 then ...	(Arith.-Ausdruck, Literal)

Mit Hilfe einer **Vorzeichenbedingung** kann festgestellt werden, ob der Ergebniswert eines arithmetischen Ausdrucks größer, kleiner oder gleich Null ist. Eine Vorzeichenbedingung ist folgendermaßen aufgebaut:

$$\text{Arithm.-Ausdruck IS [NOT]} \left\{ \begin{array}{l} \text{POSITIVE} \\ \text{NEGATIVE} \\ \text{ZERO} \end{array} \right\}$$

Durch ein optionales, vorangestelltes NOT kann jede der drei Vorzeichenbedingungen logisch negiert werden. Einige Beispiele zu Vorzeichenbedingungen:

if A + B * 2	not negative	then ...
if (C - D)	is zero	then ...
if ((E + F) / (G - H)) * 4	positive	then ...

Die Bildung der arithmetischen Ausdrücke basiert auf den allgemein üblichen Regeln und Zeichen der Mathematik (Punkt- vor Strichrechnung). In Kapitel 5 "Arithmetische Anweisungen in Cobol" werden die diesbezüglichen Cobol-Spezifika detailliert erläutert.

Eine **Klassenbedingung** dient zur Feststellung des Typs eines Datenfeldinhaltes (Datenfelder können entweder numerisch oder alphanumerisch definiert sein; numerische Felder können jedoch nur rein numerische Werte, sprich Zahlen, beinhalten). Eine Klassenbedingung ist folgendermaßen aufgebaut:

Daten-Name-1 IS [NOT] $\left\{ \begin{array}{l} \underline{NUMERIC} \\ ALPHABETIC \end{array} \right\}$

Durch ein optionales vorangestelltes NOT kann jede der zwei Klassenbedingungen logisch negiert werden. Einige Beispiele zu Klassenbedingungen:

if feld1	is numeric	then ...
if feld2	alphabetic	then ...
if feld3	not numeric	then ...

Die bisher dargelegten "einfachen" Bedingungen können mit Hilfe der Bindewörter AND, OR und NOT sowie mit Klammerungen zu komplexen **Bedingungen** zusammengesetzt werden. Komplexe Bedingungen werden von links nach rechts und in der Reihenfolge NOT vor AND und OR ausgewertet. Einige Beispiele zu komplexen Bedingungen:

if A = B	and	B > C	then ...
if Netto > 5000	and	Abzuege < 100	then ...
if (A = B AND A = C)	or	C = 25	then ...

6.4   Die Kontrollfluß-Anweisung GO TO

Mit der Sprunganweisung GO TO können von jeder Stelle der Procedure Division aus Labels (vom Programmierer definierte Paragraphen- und / oder Section-Namen in der Procedure Division) angesprungen werden, wodurch die sequentielle Abarbeitung der Programmanweisungen im Quellcodelisting unterbrochen wird.

$\underline{GO\ TO}$ $\left\{ \begin{array}{l} \text{Paragraphen-Name} \\ \text{Section-Name} \end{array} \right\}$

Beispiel-Programm 1 (siehe folgende Seite): GO TO

Gibt der Programmbenutzer ein "J" über die Tastatur ein, wird im Ja-Zweig der IF...ELSE-Anweisung der Sprung zum Paragraphen "Weiter" ausgeführt und mit dessen erstem Befehl im Programmablauf fortgefahren. Dieser erste (hier einzige) Befehl bewirkt jedoch den sofortigen Rücksprung an den Anfang des Paragraphen "Abfrage", so daß eine erneute Tastatureingabe angefordert wird.

Erst wenn die Tastatureingabe ungleich "J" ist, tritt der Nein-Zweig der IF...ELSE-Anweisung in Kraft, der per Sprung zum Paragraphen "Ende" das Programm ordnungsgemäß beendet.

Ohne die Schleifenlogik zu verändern, kann der Algorithmus aus Beispiel 1 auch wie folgt codiert werden:

Beispiel-Programm 2: GO TO

Nach einer Tastatureingabe "J" ruft die GO TO-Anweisung den Paragraphen "Abfrage" auf, in dem das GO TO selbst codiert wurde. Ein solcher Rücksprung an den Beginn des gerade abgearbeiteten Paragraphen realisiert eine Iteration eines Struktogramms. Erfolgt eine Tastatureingabe, die ungleich "J" ist, kann der Ja-Zweig der IF...ELSE-Anweisung nicht ausgeführt werden, da die Bedingung nicht erfüllt ist. Ein Nein-Zweig ist jedoch nicht vorhanden, so daß mit dem nächsten auf die IF...ELSE-Anweisung folgenden Befehl im Programmablauf fortgefahren wird. Dieser nächste Befehl ist in der Quellcodesequenz das STOP RUN des Paragraphen "Ende", wodurch das Programm ordnungsgemäß terminiert wird.

Mit der DEPENDING ON-Klausel der GO TO-Anweisung kann ein Auswahlstrukturblock (Selektion) umgesetzt werden:

Beispiel-Programm 1: GO TO

```
Abfrage.
*-----------
    display "Weiter? (J/N):".
    accept antwort.
    if antwort = "J" go to Weiter
        else go to Ende.


Weiter.
*---------
    go to Abfrage.


Ende.
*-------
    stop run.
```

Beispiel-Programm 2: GO TO

```
Abfrage.
*-----------
    display "Weiter? (J/N):".
    accept antwort.
    if antwort = "J" go to Abfrage.


Ende.
*-------
    stop run.
```

GO TO $\left\{ \begin{array}{l} \text{Paragraphen-Name} \\ \text{Section-Name} \end{array} \right\}$ DEPENDING ON   Daten-Name-1

```
┌─────────────────────────────────────────────────────────────────┐
│                    Beispiel-Programm 3: GO TO                      │
├─────────────────────────────────────────────────────────────────┤
│  Eingabe.                                                          │
│  *-----------                                                      │
│     display "Geben Sie eine Zahl ein:".                            │
│     display "1  für Guido".                                        │
│     display "2  für Petra".                                        │
│     accept geschlechtsspezifischerolle.                            │
│     go to Guido, Petra depending on geschlechtsspezifischerolle.   │
│                                                                    │
│                                                                    │
│  Fehler.                                                           │
│  *---------                                                        │
│     display "Falsche Eingabe".                                     │
│     go to Eingabe.                                                 │
│                                                                    │
│                                                                    │
│  Guido.                                                            │
│  *--------                                                         │
│     display "Macht Ruebchen-Erziehungs- und Dissertationsurlaub".  │
│     go to Ende.                                                    │
│                                                                    │
│                                                                    │
│  Petra.                                                            │
│  *-------                                                          │
│     display "Macht Karriere und jede Menge Kohle".                 │
│                                                                    │
│                                                                    │
│  Ende.                                                             │
│  *-------                                                          │
│     stop run.                                                      │
└─────────────────────────────────────────────────────────────────┘
```

Beispiel-Programm 3: GO TO

Der Benutzer wird zu einer Tastatureingabe aufgefordert. Abhängig von der Anzahl der Ziel-Labels hinter der GO TO-Anweisung wird die Gültigkeit der Tastatureingabe überprüft. Zulässig sind (nur) numerische Werte bis zur maximalen Anzahl der Ziel-Labels. In Beispiel 3 sind nur die Zahlen 1 oder 2 gültige Eingaben, da genau zwei Labels hinter GO TO gefunden werden. Ist die Eingabe nicht eine 1 oder eine 2, wird zum Paragraphen "Fehler" verzweigt, von dem aus mit einem "einfachen" GO TO (ohne DEPENDING ON) wieder der Paragraph "Eingabe" angesprungen wird. Der Benutzer muß eine gültige Zahl eingeben, um das Programm weiter durchlaufen zu können. Wird eine 1 eingegeben, so wird in das erste Label verzweigt, das nach GO TO aufgeführt ist (Paragraph "Guido"). Wird eine 2 eingegeben, dann wird das zweite Label aufgerufen, das nach GO TO aufgeführt ist (Paragraph "Petra"). Durch den letzten Befehl des Paragraphen "Guido" wird das Label "Ende" angesprungen, in dem die ordnungsgemäße Beendigung des Programms erfolgt. Falls der Paragraph "Petra" durchlaufen wurde, folgt an dessen Ende automatisch der Paragraph "Ende".

6.5   Demonstrationsbeispiel

Das Demonstrationsbeispiel aus Kapitel 4.4 soll um ein Menue-System erweitert werden, das folgende Anforderungen erfüllt:

☐   Nach dem Programmaufruf erscheint der Begrüßungsbildschirm; es werden Datum und Uhrzeit angezeigt.

☐   Nach Betätigung der Eingabetaste (Enter, Return) wird das Hauptmenue mit den folgenden Auswahlpunkten auf dem Bildschirm erscheinen:

1	Kundenstamm
2	Kundenauftrag
3	Programmende

☐   Nach dem Aufruf der Moduln "Erfassung von Kundenaufträgen" und "Bearbeitung von Kundenstammdaten" soll jeweils die Meldung "Modul z.Z. noch nicht verfügbar !" erscheinen und nach Bestätigung mit der Eingabetaste wieder das Hauptmenue angezeigt werden.

☐   Nach Anwahl des Menue-Punktes "Programmende" wird das Programm ordnungsgemäß terminiert.

Alle Schleifen- und Sprungfunktionen sind in diesem Programm mit der GO TO-Anweisung realisiert. Aber schon das nächste Demonstrationsbeispiel in Kapitel 6.7.1 wird zeigen, wie die gleiche Problemstellung im Sinne der Strukturierten Programmierung mit der Kontrollfluß-Anweisung PERFORM bearbeitet wird.

Zunächst jedoch das zugehörige Struktogramm:

Übersicht

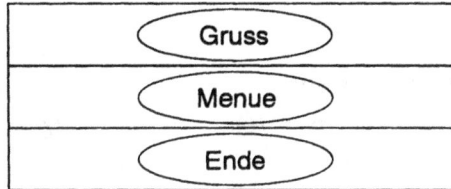

Gruss

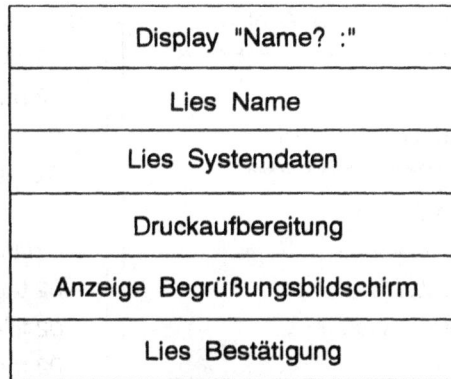

Menue

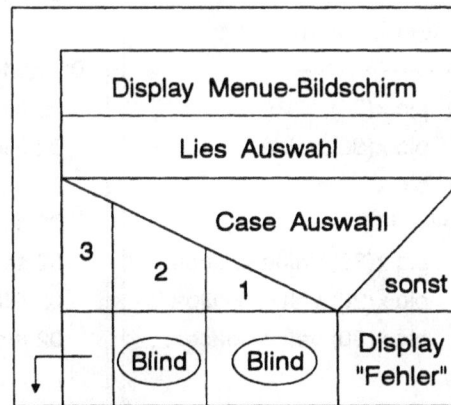

Blind

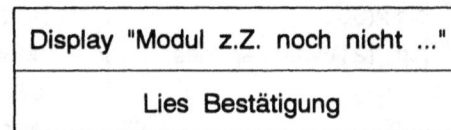

Ende

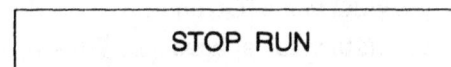

MENUE1

IDENTIFICATION DIVISION.
****

program-id. MENUE1.
author. Schiweck.
****

* Erstellungsdatum: 29. April 1993
****

ENVIRONMENT DIVISION.
****

Configuration Section.
*----------------------------

source-computer. vax.
object-computer. vax.

DATA DIVISION.
****

Working-Storage Section.
*--------------------------------

01 ein-name pic x(30).
01 sterne   pic x(80) value all "*".
01 bestaet   pic x.
01 anzeigezeile-1.
   02 filler   pic x(30) value spaces.
   02 text1   pic x(20) value "Hallo".
   02 filler   pic x(30) value spaces.

01 anzeigezeile-2.
   02 filler   pic x(29) value spaces.
   02 name   pic x(30).
   02 filler   pic x(21) value spaces.

01 anzeigezeile-3.
   02 filler   pic x(30) value spaces.
   02 text2   pic x(30) value "Go on !".
   02 filler   pic x(20) value spaces.

01 datum-ein.
   02 jahr   pic x(2).
   02 monat   pic x(2).
   02 tag   pic x(2).

01 zeit-ein.
   02 stunde   pic x(2).
   02 min   pic x(2).
   02 sek   pic x(2).
   02 msek   pic x(2).

01 datum-aus.
   02 tag   pic x(2).
   02 filler   pic x value ".".
   02 monat   pic x(2).
   02 filler   pic x(3) value ".19".
   02 jahr   pic x(2).

01 zeit-aus.
   02 stunde   pic x(2).
   02 filler   pic x(2) value "h ".
   02 min   pic x(2).
   02 filler   pic x(4) value "min ".
   02 sek   pic x(2).
   02 filler   pic x value ".".
   02 msek   pic x(2).

01 ein-auswahl   pic x.
01 auswahl   pic 9.
01 text3   pic x(70) value
       "Modul z.Z. noch nicht verfügbar".

PROCEDURE DIVISION.
****

BS Section.
*-------------

MENUE1 - Fortsetzung

Namenseingabe.
  display spaces.
  display "Name? :".
  display spaces.
  accept ein-name.
  move ein-name to name.
* ---- Aufnahme der Systemdaten ----
  accept datum-ein from date.
  accept zeit-ein from time.
  move corr datum-ein to datum-aus.
  move corr zeit-ein to zeit-aus.

Ausgabe.
* ---- Ausgabe Begruessungs-BS ----
  display sterne. display spaces.
  display anzeigezeile-1.
  display spaces. display spaces.
  display anzeigezeile-2.
  display spaces. display spaces.
  display anzeigezeile-3.
  display spaces. display spaces.
  display "Datum --> " datum-aus.
  display "Uhrzeit --> " zeit-aus.
  display sterne. display spaces.
  display "Mit <Return> bestaetigen".
  accept bestaet.

Haupt Section.
*------------------
Anfang.
* ---- Aufbau Auswahlbildschirm ----
  display spaces.
  display "*** Hauptmenue ***".
  display spaces. display spaces.
  display "1   Kundenstamm".
  display spaces.

display "2   Kundenauftrag".
display spaces.
display "3   Programmende".
display spaces.
display "Ihre Auswahl? :".
display spaces.
accept ein-auswahl.

Abfrage.
* ---- Abfangen von Falscheingaben ----
  if ein-auswahl not numeric
    then display "Fehler" go to Anfang
    else move ein-auswahl to auswahl.
  if auswahl > 3
    then display "Fehler" go to Anfang
    else next sentence.

Aufruf.
* ---- Menue-Punkt-Auswahl ----
  if auswahl = 1 then go to Blind.
  if auswahl = 2 then go to Blind.
  if auswahl = 3 then go to Ende.

Blind Section.
*------------------
Beginn-Blind.
  display text3.
  display "Mit <Return> bestaetigen".
  accept bestaet.
  go to Haupt.

Ende Section.
*------------------
Schluss.
  display "Programmende".
  stop run.

6.6   Die Kontrollfluß-Anweisung PERFORM

Mit der PERFORM-Anweisung kann wie mit GO TO ein bestimmtes Label in der Procedure Division angesprungen werden. PERFORM bewirkt allerdings, daß nach Abarbeitung des betreffenden Labels mit der nächsten Anweisung nach dem aufrufenden PERFORM fortgefahren wird. PERFORM beinhaltet also implizit einen Rücksprung hinter die PERFORM-Anweisung, was bei GO TO nicht der Fall ist. Das Format der PERFORM-Anweisung sieht folgendermaßen aus:

$$\underline{\text{PERFORM}} \text{ Label-1 } [\ \underline{\text{THROUGH}} \text{ Label-2}\ ] \quad \left[\ \left\{ \begin{array}{l} \text{Daten-Name-1} \\ \text{Ganze-Zahl-1} \end{array} \right\} \quad \underline{\text{TIMES}}\ \right]$$

Beispiel 1: PERFORM	

Eingabe.
    display "Ihr Name: ".
    accept Name.
    perform Ausgabe.
 	
Ende.
    display "Programm-Ende".
    stop run.
 	
Ausgabe.
    display "*********".
    display "Hallo " Name.
	Eingabe.
	    display "Ihr Name: ".
	    accept Name.
	    go to Ausgabe.
	
	Ende.
	    display "Programm-Ende".
	    stop run.
	
	Ausgabe.
	    display "*********".
	    display "Hallo " Name.
	    go to Ende.

Eingabe:	Willi	Willi
Ausgabe:	*********	*********
	Hallo Willi	Hallo Willi
	Programm-Ende	Programm-Ende

Die PERFORM-Anweisung ohne die Optionen THROUGH und TIMES bewirkt, daß die Befehle des Labels Label-1 einmal ausgeführt werden; ist der letzte Befehl von Label-1 abgearbeitet, wird mit der nächsten Anweisung nach dem PERFORM-Aufruf fortgefahren. Im obigen Bespiel 1 sehen Sie, wie ein mit GO TO codierter Algorithmus (rechts) auf einfachere Art mit PERFORM (links) dargestellt wird.

Wird die PERFORM-Anweisung mit der TIMES-Klausel eingesetzt, werden die Befehle des Labels-1 so oft in Folge ausgeführt, wie dies durch den Inhalt des mit Da-
ten-Name-1 gekennzeichneten (numerischen) Datenfeldes (Beispiel 2 rechts) bzw.
durch Ganze-Zahl-1 (Beispiel 2 links) angegeben ist.

```
+-------------------------------------------------------------------+
|                   Beispiel 2: PERFORM ... TIMES                   |
+----------------------------------+--------------------------------+
| Eingabe.                         | Eingabe.                       |
|    display "Ihr Name: ".         |    display "Ihr Name: ".       |
|    accept Name.                  |    accept Name.                |
|    perform Ausgabe 4 times.      |    display "Wie oft?".         |
|                                  |    accept zahl.                |
|                                  |    perform Ausgabe zahl times. |
|                                  |                                |
| Ende.                            | Ende.                          |
|    display "Programm-Ende".      |    display "Programm-Ende".    |
|    stop run.                     |    stop run.                   |
|                                  |                                |
| Ausgabe.                         | Ausgabe.                       |
|    display "Hallo " Name.        |    display "Hallo " Name.      |
+----------------------------------+--------------------------------+
```

Eingabe:	Willi	Willi
		2
Ausgabe:	Hallo Willi	Hallo Willi
	Hallo Willi	Hallo Willi
	Hallo Willi	Programm-Ende
	Hallo Willi	
	Programm-Ende	

Wird die PERFORM-Anweisung mit der Option THROUGH (Kurzform: THRU) benutzt, werden alle Befehle von Label-1 an bis zum letzten Befehl von Label-2 ausgeführt. Die in der Reihenfolge des Quelltextes zwischen Label-1 und Label-2 liegenden
Labels (Paragraphen, Sections) werden dabei durchlaufen und ebenfalls abgearbeitet.
Anschließend wird die Programmausführung mit der dem PERFORM-Befehl folgenden Anweisung fortgesetzt (siehe Beispiel 3 links). In Beispiel 3 rechts sehen Sie, daß
die THROUGH- und die TIMES-Klausel kombiniert angewendet werden können.

Beispiel 3: PERFORM ... THROUGH	

Eingabe.
  move 0 to zahl.
  perform Ausgabe1
    through Ausgabe2
      until zahl = 6.
 	
Ende.
  display "Programm-Ende".
  stop run.
 	
Ausgabe1.
  compute zahl = zahl + 1.
 	
Ausgabe2.
  compute zahl = zahl + 1.
  display "Schleife: " zahl.
	Eingabe.
	  move 0 to zahl.
	  perform Ausgabe1
	    through Ausgabe2
	      3 times.
	
	Ende.
	  display "Programm-Ende".
	  stop run.
	
	Ausgabe1.
	  compute zahl = zahl + 1.
	
	Ausgabe2.
	  compute zahl = zahl + 1.
	  display "Schleife: " zahl.

Ausgabe:	Schleife: 2	Schleife: 2
	Schleife: 4	Schleife: 4
	Schleife: 6	Schleife: 6
	Programm-Ende	Programm-Ende

Eine weitere Klausel, die UNTIL-Klausel, bedingt folgendes Format:

PERFORM Label-1 [THROUGH Label-2] [UNTIL Bedingung-1]

Die Befehle des Labels Label-1 (oder die der durch THROUGH gekennzeichneten La-bel-Folge) werden so oft in ihrer Reihenfolge ausgeführt, bis die in der UNTIL-Klau-sel angegebene Bedingung Bedingung-1 erfüllt ist. Als Bedingungen können die beim Kontrollflußelement IF...ELSE erläuterten Vorzeichen-, Klassen-, Vergleichs- und zusammengesetzten Bedingungen genutzt werden. Meist wird ein Zählfeld in dem (der) aufgerufenen Label (Labelfolge) vor jedem Durchlauf abgeprüft oder der Inhalt eines Datenfeldes mit bestimmten Werten verglichen. Wird die angegebene Bedingung innerhalb eines Durchlaufs erfüllt, wird das Label (die Labelfolge) bis zu seinem (ihrem) letzten Befehl weiter abgearbeitet und mit der nächsten Anweisung nach dem PERFORM-Befehl fortgefahren. In Beispiel 4 sehen Sie zwei Algorithmen, die die Anwendung der UNTIL-Klausel verdeutlichen. Auf der linken Seite ist die Anzahl der Schleifendurchläufe durch den Algorithmus im Paragraph Ausgabe determiniert. Auf der rechten Seite wird der Schleifendurchlauf erst dann beendet, wenn der Programmbediener den richtigen alphanumerischen Begriff eingibt.

Beispiel 4: PERFORM ... UNTIL

Eingabe.
   move 0 to zahl.
   perform Ausgabe until zahl = 4.
 	
Ende.
   display "Programm-Ende".
   stop run.
 	
Ausgabe.
   compute zahl = zahl + 1.
   display "Schleife: " zahl.
	Eingabe.
	   move spaces to ratefeld.
	   perform Ausgabe
	      until ratefeld = "eisberg".
	
	Ende.
	   display "Programm-Ende".
	   stop run.
	
	Ausgabe.
	   display "Raten Sie: ".
	   accept ratefeld.

Ausgabe:	Schleife: 1	Schleifendurchlauf,
	Schleife: 2	bis "eisberg"
	Schleife: 3	eingegeben wird,
	Schleife: 4	dann:
	Programm-Ende	Programm-Ende

6.7 Demonstrationsbeispiele

6.7.1 Menue-System

Das in Kapitel 6.5 vorgestellte Menue-System wird nun in der äußerlich gleichen Form ohne GO TOs ausschließlich mit PERFORM-Anweisungen realisiert. Das in Kapitel 6.5 aufgeführte Struktogramm kann ohne Änderungen übernommen werden. (In allen folgenden Programmen werden wir die Anwendung der GO TO-Anweisung vermeiden.)

MENUE2

```
IDENTIFICATION DIVISION.
***********************************
program-id. MENUE2.
author. Schiweck.
*********************************************
*  Erstellungsdatum:  29.Aprill 1993
*********************************************


ENVIRONMENT DIVISION.
*********************************
Configuration Section.
*---------------------------
source-computer. vax.
object-computer. vax.


DATA DIVISION.
*********************
Working-Storage Section.
*-------------------------------
01 ein-name   pic x(30).
01 sterne     pic x(80) value all "*".
01 bestaet    pic x.
01 anzeigezeile-1.
  02 filler     pic x(30) value spaces.
  02 text1      pic x(19) value "Hallo".
  02 filler     pic x(30) value spaces.


01 anzeigezeile-2.
  02 filler     pic x(30) value spaces.
  02 name       pic x(30).
  02 filler     pic x(19) value spaces.


01 anzeigezeile-3.
  02 filler     pic x(22) value spaces.
  02 text2      pic x(35) value "Go on!".
  02 filler     pic x(22) value spaces.
```

```
01  datum-ein.
  02 jahr       pic x(2).
  02 monat      pic x(2).
  02 tag        pic x(2).

01  zeit-ein.
  02 stunde     pic x(2).
  02 min        pic x(2).
  02 sek        pic x(2).
  02 msek       pic x(2).

01  datum-aus.
  02 tag        pic x(2).
  02 filler     pic x  value ".".
  02 monat      pic x(2).
  02 filler     pic x(3) value ".19".
  02 jahr       pic x(2).

01  zeit-aus.
  02 stunde     pic x(2).
  02 filler     pic x(2)  value "h ".
  02 min        pic x(2).
  02 filler     pic x(4) value "min".
  02 sek        pic x(2).
  02 filler     pic x  value ".".
  02 msek       pic x(2).

01 flag         pic x.
01 auswahl      pic 9.
01 text3        pic x(70) value
       "Modul z.Z. nicht verfügbar".


PROCEDURE DIVISION.
******************************
BS Section.
*--------------
```

MENUE2 - Fortsetzung

Namenseingabe.
   display spaces.
   display "Name? :".
   display spaces.
   accept ein-name.
   move ein-name to name.
   * -- Aufnahme Systemdaten --
   accept datum-ein from date.
   accept zeit-ein from time.
   move corr datum-ein to datum-aus.
   move corr zeit-ein to zeit-aus.

Ausgabe.
* -- Ausgabe Begruessungs-BS --
   display sterne. display spaces.
   display anzeigezeile-1.
   display spaces. display spaces.
   display anzeigezeile-2.
   display spaces. display spaces.
   display anzeigezeile-3.
   display spaces. display spaces.
   display "Datum --> " datum-aus.
   display "Uhrzeit --> " zeit-aus.
   display sterne. display spaces.
   display "Mit <Return> bestaetigen".
   accept bestaet.

Haupt Section.
*------------------
Steuerung.
   move 0 to flag.
   perform Eingabe until flag =1.

Ende.
   display "Programmende".
   stop run.

Module Section.
*------------------
Eingabe.
* ---- Aufbau Auswahlbildschirm ----
   display spaces.
   display spaces.
   display "*** Hauptmenue ***".
   display spaces. display spaces.
   display "1   Kundenstamm".
   display spaces.
   display "2   Kundenauftrag".
   display spaces.
   display "3   Programmende".
   display spaces.
   display "Ihre Auswahl? :".
   display spaces.
   accept auswahl.
* -- Abfangen Falscheingaben --
   if auswahl not numeric
     then display "Fehler".
   if auswahl numeric and auswahl > 3
     then display "Fehler".
* -- Menue-Punkt-Auswahl --
   if auswahl = 1 then perform Blind.
   if auswahl = 2 then perform Blind.
   if auswahl = 3 then move 1 to flag.

Blind.
   display text3.
   display "Mit <Return> bestaetigen".
   accept bestaet.

Im Vergleich mit dem Demonstrationsbeispiel aus Kapitel 6.5 wurde hier nicht nur die PERFORM-Anweisung verwendet, sondern auch das Abfangen von Falscheingaben leicht modifiziert.

6.7.2   Kostenvoranschlag

Ein Schreinermeister bittet Sie, für seinen Betrieb ein Dialogprogramm zu schreiben,
das ihn bei seinen Kostenvoranschlägen unterstützt. Es soll zunächst der Wert des
verwendeten Materials eingegeben werden. Darauf wird ein bestimmter Prozentsatz
an Gemeinkosten aufgeschlagen. Danach soll die Anzahl der Arbeitsstunden pro
Meister und Geselle abgefragt und mit jeweils einem festgelegten Lohnsatz multipliziert werden. Schließlich ist auf die bis dahin errechnete Summe die Mehrwertsteuer
von 15 % aufzuschlagen. Die Ergebnisse der einzelnen Teilschritte sollen übersichtlich auf dem Bildschirm dargestellt werden (druckaufbereitet). Die Programmanfor-
derungen lauten im einzelnen:

❑   Materialwert ganzzahlig und maximal fünfstellig

❑   Arbeitstunden ganzahlig und maximal dreistellig

❑   Berechnung der Gemeinkosten (GK) aus folgender Aufstellung:

-   40 % des Materialswerts an Gemeinkosten bei einem Materialwert
    bis 1000,- DM

-   65 % des Materialwerts an Gemeinkosten bei einem Materialwert
    von 1001,- DM bis 10.000,- DM

-   87 % des Materialwerts an Gemeinkosten bei einem Materialwert
    von 10.001 DM und mehr

❑   Lohnsatz Meister 65,62 DM / Lohnsatz Geselle 43,50 DM

Die Gestaltung Anzeige-Maske für die Ergebnisse am Bildschirm bedarf bzgl. Übersichtlichkeit und Ergonomie ein wenig der Phantasie und Erfahrung des Programmierers. Da bei dieser Problemstellung keine Eingabe-Maske gefordert wird, genügt
ein listenartiger Bildschirmaufbau mit der Ausgabe der Rechenergebnisse nach den
Tastatur-Eingaben des Benutzers.

Sie haben zusätzlich noch eine Wiederholungsfunktion eingebaut. Der Benutzer
durchläuft das Programm so lange, bis er bei einer Wiederholungsabfrage "n" für
Nein eingibt und mit [Return] abschließt. Erst dann wird der Block Schleife beendet,
und die Blöcke Abschied und Ende werden ausgeführt (siehe Übersicht). Der Sinnge-
halt der Rechenfeld-Abkürzungen ist teilweise aus den sprechenden Namen zu erkennen. Im nachfolgend erstellten Programm erläutern diese Abkürzungen sich aus
der Logik von selbst.

Sie erstellen zunächst ein Struktogramm:

Übersicht

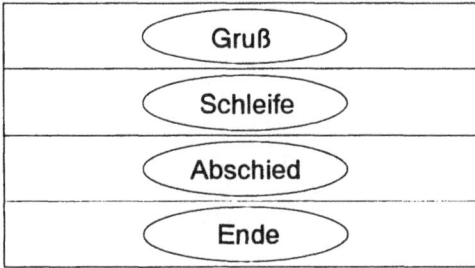

Gruß

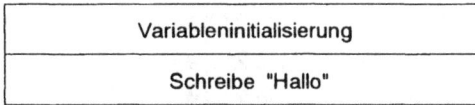

Abschied

Ende

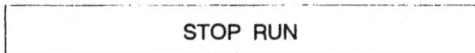

Schleife

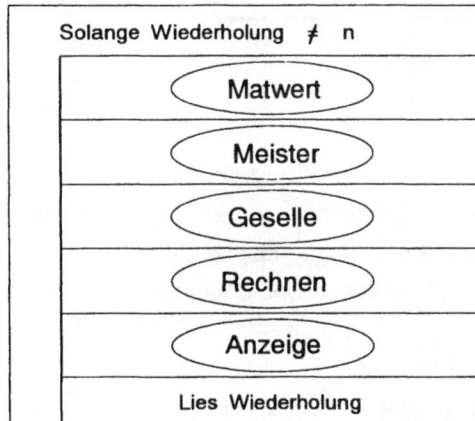

Matwert

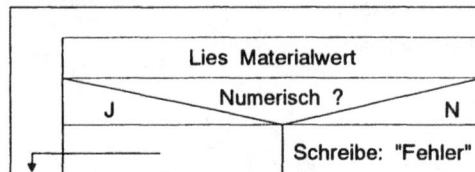

Meister

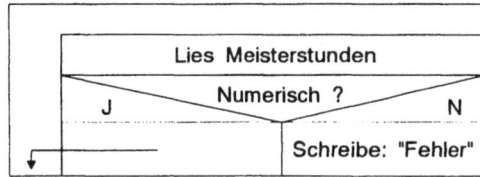

Geselle

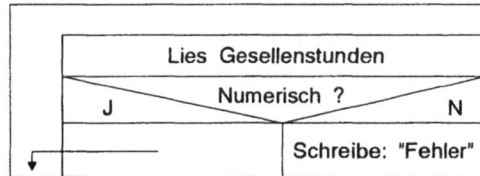

Rechnen

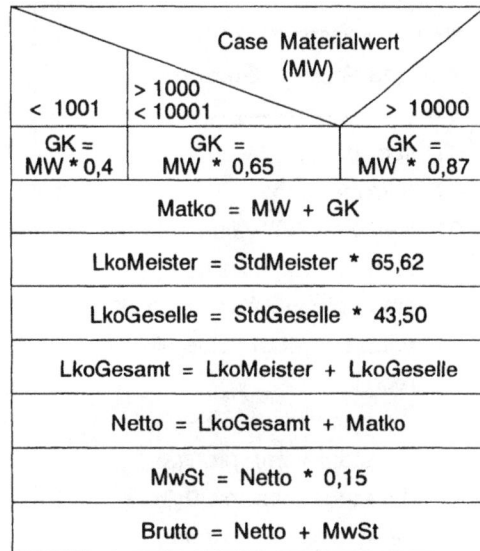

Anzeige

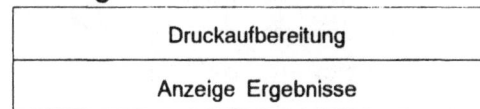

K-VORANSCHLAG

```
IDENTIFICATION DIVISION.
********************************
program-id. K-VORANSCHLAG.
author. Schwickert.
*---------------------------------

* Datum:   10. April 1993

ENVIRONMENT DIVISION.
********************************
Configuration Section.
*----------------------------
source-computer. vax.
object-computer. vax.


DATA DIVISION.
********************
Working-Storage Section.
*------------------------------
01  flag  pic x.
01  abfrage pic x.
01  leer pic x(80) value spaces.
01  stern pic x(80) value all "*".
01  strich pic x(80) value all "-".
01  dopp pic x(80) value all "=".
01  rech.
    02  matwert       pic 9(5).
    02  stdmeister  pic 9(3).
    02  stdgeselle   pic 9(3).
    02  gemko        pic 9(5).
    02  matko        pic 9(6).
    02  lkomeister   pic 9(5).
    02  lkogeselle  pic 9(5).
    02  lkogesamt  pic 9(6).
    02  netto         pic 9(6).
    02  mwst         pic 9(5).
    02  brutto        pic 9(6).
```

```
01  e-block.
    02  e-matwert         pic x(5).
    02  e-stdmeister     pic x(3).
    02  e-stdgeselle     pic x(3).


01  disp.
    02  matwert    pic Z(4)9.
    02  stdmeister pic Z(2)9.
    02  stdgeselle pic Z(2)9.
    02  gemko      pic Z(4)9.
    02  matko      pic Z(5)9.
    02  lkomeister pic Z(4)9.
    02  lkogeselle pic Z(4)9.
    02  lkogesamt pic Z(5)9.
    02  netto      pic Z(5)9.
    02  mwst       pic Z(4)9.
    02  brutto     pic Z(5)9.

PROCEDURE DIVISION.
********************************
Haupt Section.
*-------------------
Gruss.
    move spaces to abfrage.
    display leer. display leer. display stern.
    display "Hallo".   display stern.
    perform Steuerung until abfrage = "n".

Abschied.
    display leer. display stern.
    display "Ciao".
    display stern.
    display leer.

Ende.
    stop run.
```

K-VORANSCHLAG - Fortsetzung

Schleife Section.

*---------------------

Steuerung.

   perform Eingabe1 until flag = 1. move 0 to flag.

   perform Eingabe2 until flag = 1. move 0 to flag.

   perform Eingabe3 until flag = 1. move 0 to flag.

   perform Rechnen.

   perform Anzeige.   perform Frage.

Eingabe1.

   display leer. display "Materialwert:".

   accept e-matwert.

   if e-matwert numeric move 1 to flag, move e-matwert to matwert of rech

       else display "Fehler! Bitte eine Zahl eingeben.".

Eingabe2.

   display leer. display "Meisterstunden:".

   accept e-stdmeister.

   if e-stdmeister numeric move 1 to flag, move e-stdmeister to stdmeister of rech

       else display "Fehler! Bitte eine Zahl eingeben.".

Eingabe3.

   display leer. display "Gesellenstunden:".

   accept e-stdgeselle.

   if e-stdgeselle numeric move 1 to flag move e-stdgeselle to stdgeselle of rech

       else display "Fehler! Bitte eine Zahl eingeben.".

Rechnen.

   if matwert of rech < 1001

       compute gemko of rech rounded = matwert of rech * 0.40.

   if matwert of rech > 1000 and matwert of rech < 10001

       compute gemko of rech rounded = matwert of rech * 0.65.

   if matwert of rech > 10000

       compute gemko of rech rounded = matwert of rech * 0.87.

   compute matko of rech = matwert of rech + gemko of rech.

   compute lkomeister of rech rounded = stdmeister of rech * 65.62.

K-VORANSCHLAG - Fortsetzung

---

compute lkogeselle of rech rounded = stdgeselle of rech * 43.50.

compute lkogesamt of rech = lkomeister of rech + lkogeselle of rech.

compute netto of rech = matko of rech + lkogesamt of rech.

compute mwst of rech rounded = netto of rech * 0.15.

compute brutto of rech = netto of rech + mwst of rech.

Anzeige.

   move corr rech to disp.

   display leer. display stern.

   display leer.

   display "KOSTENVORANSCHLAG".

   display leer. display stern.

   display leer.

   display "Materialwert: " matwert of disp.

   display "Gemeinkosten: " gemko of disp.

   display leer. display strich.

   *--

   display "   Meister   " "   Geselle".

   display "Stunden: "   stdmeister of disp   " "   stdgeselle of disp.

   display "Lohnsatz: 65,62   43,50".

   display strich.

   *--

   display "Lohn:"   lkomeister of disp   " "   lkogeselle of disp.

   display "Gesamt:"   lkogesamt of disp.

   display dopp.

   *==

   display "Nettosumme:"   netto of disp.

   display "Mehrwertsteuer:" mwst of disp.

   display dopp.

   *==

   display "Bruttosumme:"   brutto of disp.

Frage.

   display leer.

   display "Wiederholen (j/n)".

   display leer.   accept abfrage.

☐ *Zur Working-Storage Section*

Zunächst werden die Datenfelder definiert, die nicht direkt als Rechenfelder benutzt werden. Die hier festgelegten Display-Zeilen (leer, stern etc.) ersparen
dem Programmierer in der Procedure Division eine Menge Tipparbeit. Der e-
block beinhaltet alle Felder, die eine Eingabe per Tastatur erfahren. Sie sind alphanumerisch definiert, um Fehlermeldungen vom Betriebssystem zu vermeiden, die bei ungültigen, sprich alphanumerischen Eingaben vom Programmierer nicht kontrolliert werden können. Die Datengruppen rech und disp sind exakt gleich aufgebaut, um die CORRESPONDING-Klausel des MOVE-Befehls
nutzen zu können. In rech sind dabei die Felder festgelegt, die mathematischen
Operationen unterzogen werden, disp beinhaltet die druckaufbereiteten Ausgabefelder (aus Vereinfachungsgründen werden nur ganze Zahlen berechnet).

☐ *Zur Haupt Section*

Die Haupt Section stellt den Programmrahmen um die Verarbeitungsschleife
(Schleife Section) dar. Im Paragraphen Gruss wird diese Verarbeitungsschleife
mit dem PERFORM-Befehl aufgerufen. Sie wird so lange durchlaufen, bis das
Hilfsfeld abfrage in der Schleife Section den Wert "n" erhält. Dies soll der Fall
sein, wenn der Benutzer mit der Eingabe von "n" für Nein die Wiederholungsabfrage beantwortet. Nach einer solchen Eingabe wird die nächste Anweisung
nach dem PERFORM ausgeführt: Der Paragraph Abschied wird abgearbeitet.

☐ *Zur Schleife Section*

Die Paragraphen Eingabe1, Eingabe2, Eingabe3, Rechnen, Anzeige und Frage
werden sukzessive nacheinander abgearbeitet. Bei jeder Eingabe wird auf numerische Zeichen abgeprüft und über PERFORM UNTIL der betreffende Paragraph wieder aufgerufen, wenn die Eingabe ungültig war. Die Anweisungen
der Paragraphen Rechnen, Anzeige und Frage erklären sich selbst.

6.8   Eigenheiten der PERFORM-Anweisung

PERFORM-Anweisungen aller Varianten dürfen geschachtelt werden; sie dürfen sich
jedoch nicht während ihrer Ausführung überlappen. Abbildung 40 zeigt ein Beispiel.

Im Paragraph X (Label X) wird eine PERFORM-Anweisung über die Paragraphen A
bis E (Label range 1, kurz: Range 1) codiert. Während (!) der Ausführung dieser Anweisung stößt das Programm in Label B auf eine weitere PERFORM-Anweisung und
beginnt mit dessen Ausführung. Die Range 2 durchbricht die Grenzen der Range 1.

Range 1

```
PROCEDURE DIVISION.
****************************
X.   perform A thru E.
     stop run.

A.   display "A".

B.   perform C thru G.

C.   display "C".

D.   display "D".

E.   display "E".

F.   display "F".

G.   display "G".

H.   display "H".
```

Range 2

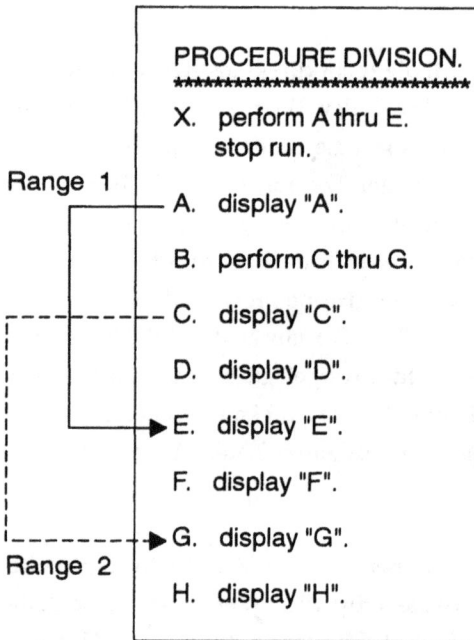

Abb. 40: Falsche Überlappung

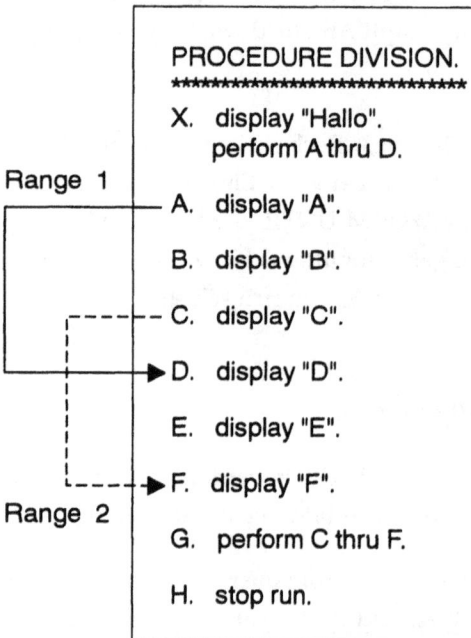

Damit wird die erste PERFORM-Anweisung außer Kraft gesetzt, d.h. "vergessen". Nach Abarbeitung der Range 2 ("C thru G") wird der Programmablauf mit dem Label C fortgesetzt, als hätte es die erste PERFORM-Anweisung nie gegeben. Dies führt zumeist zu unerwarteten Ergebnissen. Im Listing der Abbildung 40 wird sogar ein Programmabsturz produziert, da in Paragraph H keine ordnungsgemäße Programmbeendigung erfolgt (STOP RUN).

Demgegenüber führen die überlappenden PERFORM-Anweisungen wie in Abbildung 41 gezeigt zu den erwünschten Resultaten.

Range 1

```
PROCEDURE DIVISION.
****************************
X.   display "Hallo".
     perform A thru D.

A.   display "A".

B.   display "B".

C.   display "C".

D.   display "D".

E.   display "E".

F.   display "F".

G.   perform C thru F.

H.   stop run.
```

Range 2

Abb. 41: Korrekte Überlappung

Hier wird zwar zwar auch eine Überlappung von Range 1 und Range 2 realisiert. Die Überlappung wird jedoch erst nach Abarbeitung der gesamten Range 1 durch die PERFORM-Anweisung in Paragraph G erzeugt. In dieser Konstellation werden die beiden PERFORM-Anweisungen nacheinander und mit der erwünschten Logik ausgeführt. Es gilt daher, nicht nur die Überlappung der Label-Ranges zu beachten, sondern auch, an welcher Stelle die PERFORM-Anweisungen plaziert werden.

Die Abbildungen 42 und 43 zeigen die problemlosen "Normalfälle" von vollständig verschachtelten und vollständig getrennten PERFORM-Anweisungen.

```
      PROCEDURE DIVISION.
      ******************************
      X.   perform A thru H.
           stop run.
Range 1
           A.   display "A".

           B.   perform C thru F.
Range 2
      ┌─── C.   display "C".

           D.   display "D".

           E.   display "E".

      └──▶ F.   display "F".

           G.   display "G".

        ──▶ H.   display "H".
```

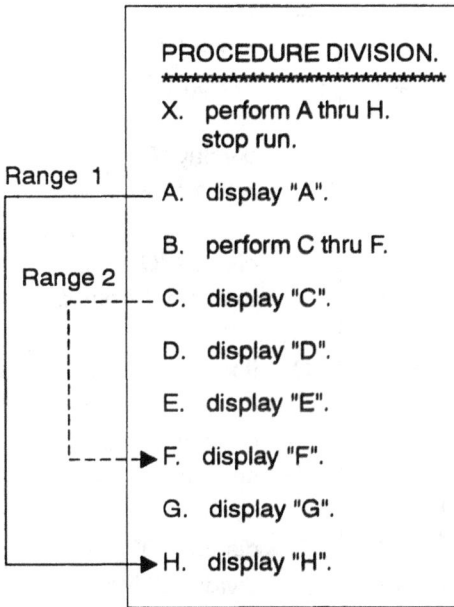

Abb. 42: Vollständige Verschachtelung

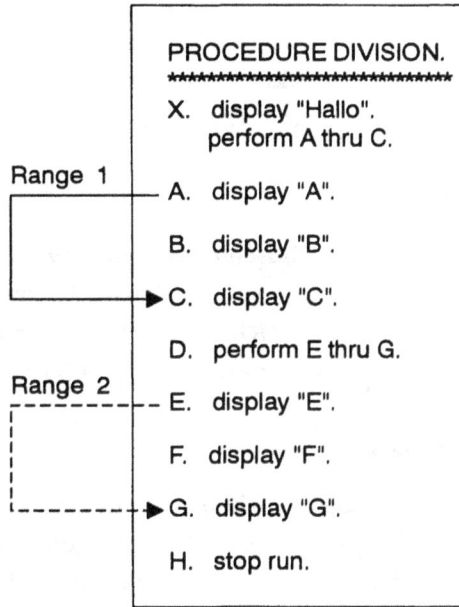

```
      PROCEDURE DIVISION.
      ******************************
      X.   display "Hallo".
           perform A thru C.
Range 1
           A.   display "A".

           B.   display "B".

        ──▶ C.   display "C".

           D.   perform E thru G.
Range 2
      ┌─── E.   display "E".

           F.   display "F".

      └──▶ G.   display "G".

           H.   stop run.
```

Abb. 43: Vollständige Trennung

6.9 Übungsaufgaben

Übung 1:

Erstellen Sie ein ablauffähiges Programm, das die Anforderungen des Struktogramms zu der Beispiel-Problemstellung 1 in Kapitel 1.4.9 erfüllt.

Übung 2:

Erstellen Sie ein ablauffähiges Programm, das die Anforderungen des Struktogramms zu der Beispiel-Problemstellung 2 in Kapitel 1.4.9 erfüllt.

Übung 3:

Sie verfügen heute über ein Anfangskapital von 10.000 DM. Sie möchten wissen, über wieviel Jahre Sie diesen Betrag festverzinslich zu 7 % p. a. anlegen müssen, um am Ende des Anlagezeitraums mit Anfangskapital, Zins und Zinseszins mindestens 15.000 DM in Empfang nehmen zu können. Sie kennen "leider" nicht die Kapitalendwertformel aus der Zinsrechnung. Erstellen Sie ein Struktogramm und die ablauffähige Procedure Division (ohne GO TO).

Übung 4:

Welche Bildschirmausgaben veranlaßt der nebenstehende Algorithmus ?

Übung 5:

Welche Bildschirmausgaben werden in Übung 4 erzeugt, wenn das letzte Statement des Paragraphen G nicht   "compute x = (x+4) /2", sondern   "compute x = (x + 6) / 2"   heißt ?

Übung 6:

Erstellen Sie ein Struktogramm und die ablauffähige Procedure Division (<u>ohne</u> GO TO) für folgende Problemstellung: Es soll die Summe der ersten n natürlichen Zahlen berechnet werden. Die Eingabe von n erfolgt über Tastatur; das Ergebnis wird am Bildschirm angezeigt. (Natürliche Zahlen sind alle ganzen, positiven Zahlen, ohne die Null.)

Übung 7:

Z sei die <u>letzte</u> Ziffer Ihres Geburtsjahres. Welchen Endwert erhält Z nach Ablauf des nebenstehenden Algorithmus ?

Übung 8:

Welche Problemstellung liegt dem Programmlisting in Kapitel 2.2.5 auf Seite 67 zugrunde? Welches Ergebnis wird am Bildschirm angezeigt, wenn Sie von folgenden Tastatureingaben ausgehen:

Kapital:	5000
Zinssatz:	8,25 %
Jahre:	2

A.   move 0 to x.
     perform G.

B.   display "B".
     add 1 to x.

C.   display "C".
     subtract 2 from x.

D.   if x = 1 perform E.
     if x = 2 perform F.
     display "x =" x.
     stop run.

E.   display "D".
     divide 0,5 into x.

F.   display "E".
     multiply 2 by x.

G.   display "A".
     compute x=(x+4)/2.

A.   move 2 to X.
     move 1 to Y.
     perform C until Y > 3.

B.   if X < 15
         then compute Z = Z + Y
         else compute Z = Z - Y.
     stop run.

C.   compute X = X + Z.
     compute Z = X + 1.
     add 2 to Y.

Übung 9:

> Die folgenden Beispiele sollen lediglich die Anwendung der PERFORM-Anwei-
> sung verdeutlichen. Versuchen Sie, die Programmlogik nachzuvollziehen, in-
> dem Sie bei den Variablen a und b von den Anfangswerten 0 (Null) ausgehen.

```
Para1.
    compute a = a +1.
    if a < 5 perform Para2 thru Para3.
    go to Para1.
Para2.
    display a "Durchlaeufe vorbei".
Para3.
    display spaces.
    move zero to a.
```

```
Para1.
    compute a = a + 1.
    if a > 5 perform Para2.
    go to Para1.
Para2.
    display a "Durchlaeufe vorbei"
    display spaces.
    move zero to a.
```

```
Para1.
    compute a = a + 1.
    if a < 5 perform Para2 until b = 10.
    move 0 to b.
    go to Para1.
Para2.
    compute b = b + 1.
    display "Dies ist der " b ". Durchlauf.".
    move zero to a.
```

```
Para1.
    compute a = a + 1.
    if a < 5 perform Para2
            through Para3 10 times.
    go to Para1.
Para2.
    display "Dies sind 10 Zeilen.".
Para3.
    display spaces.
    move zero to a.
```

Übung 10:

> Z sei die <u>letzte</u> Ziffer Ihres Geburtsjahres. Wel-
> chen Endwert erhält Z nach Ablauf des neben-
> stehenden Algorithmus?

```
A.  move 1 to X.

B.  perform C.
    add X to Z.

C.  perform D.
    compute Z = Z + 1.

D.  multiply 2 by Z.

E.  stop run.
```

> Die Lösungen zu den Übungsaufgaben
> finden Sie in Anhang B.

7. Modularisierung von Cobol-Programmen

7.1 Interne und externe Modularisierung

Kapitel 1.4.4 führte im Rahmen des Blockkonzepts den Begriff des Moduls ein. Dort wurden Systembausteine der untersten Schicht im Abstraktionsstufenmodell als Moduln bezeichnet. Die Ausführungen zum Kontrollflußelement PERFORM im vorigen Kapitel haben Ihnen bereits die Ausprägungen des Modularitätsprinzips innerhalb eines einzelnen Programms verdeutlicht. Im Demonstrationsbeispiel des Menue-Systems (Kapitel 6.7.1) sind bestimmte logische Programmfunktionen in eigenständige Paragraphen ausgelagert, die über einen Steuerungsparagraphen in eine festgelegte Ablaufreihenfolge gestellt werden. Die logischen Programmfunktionen "Kundenstamm" und "Kundenauftrag" werden im Paragraphen Blind (zunächst) simuliert. Dieser Paragraph kann im Sinne einer internen Modularisierung als Programmkomponente bezeichnet werden. PERFORM realisiert somit interne Programmkomponenten, die feste Bestandteile eines Hauptprogramms sind und als einzelner (und einziger) Quellcodeblock compiliert werden (vgl. Abb. 44).

Solange sich die Realisierung einer Problemstellung im "kleinen" Rahmen hält, ist es sicherlich ausreichend, die Modularisierung in einer klaren Struktur innerhalb eines einzelnen Programms durchzuführen. Sobald es jedoch um die Entwicklung umfangreicherer Programmsysteme geht, muß der Modulbegriff in einem weitergreifenden Sinne interpretiert werden. In diesem Zusammenhang wird ein Modul als ein eigenständiges (Cobol-)Programm verstanden, das ein logisch gut abzugrenzendes Teilproblem in getrennt vom Hauptprogramm editiertem und compiliertem Quellcode realisiert. Diese externen Moduln werden häufig als Unterprogramme bezeichnet, deren Integration zu einem Gesamt-Programmsystem gegen Ende der Systemrealisierung erfolgt (siehe Kapitel 1.4.10).

Im allgemeinen ist eine Menge von separierten Einzelprogrammen wesentlich einfacher zu handhaben als ein einziges, großes Programm, das die gesamte Problemstellung abbildet. Die obligate Teamarbeit bei der Entwicklung großer Programmsysteme (Vertriebsinformations-, Lagerhaltungssysteme etc.) erfordert z.B. zwingend die getrennte Entwicklung von eigenständigen Teilprogrammen.

Unter der Voraussetzung, daß die Schnittstellen (Aufruf-, Übergabe- und Rücksprungkonventionen; s.u.) zwischen diesen Moduln vorab exakt definiert worden sind, können die Einzelteile von mehreren Programmierern zeitsparend parallel entwickelt werden. Idealerweise sollten die Moduln dabei so weit voneinander unabhängig sein, daß Änderungen in einem Systemteil die anderen Systemteile unberührt lassen. In diesem Fall kann das modifizierte Modul vor der Reintegration in den Gesamtverbund des Programmsystems eigenständig compiliert und getestet werden.

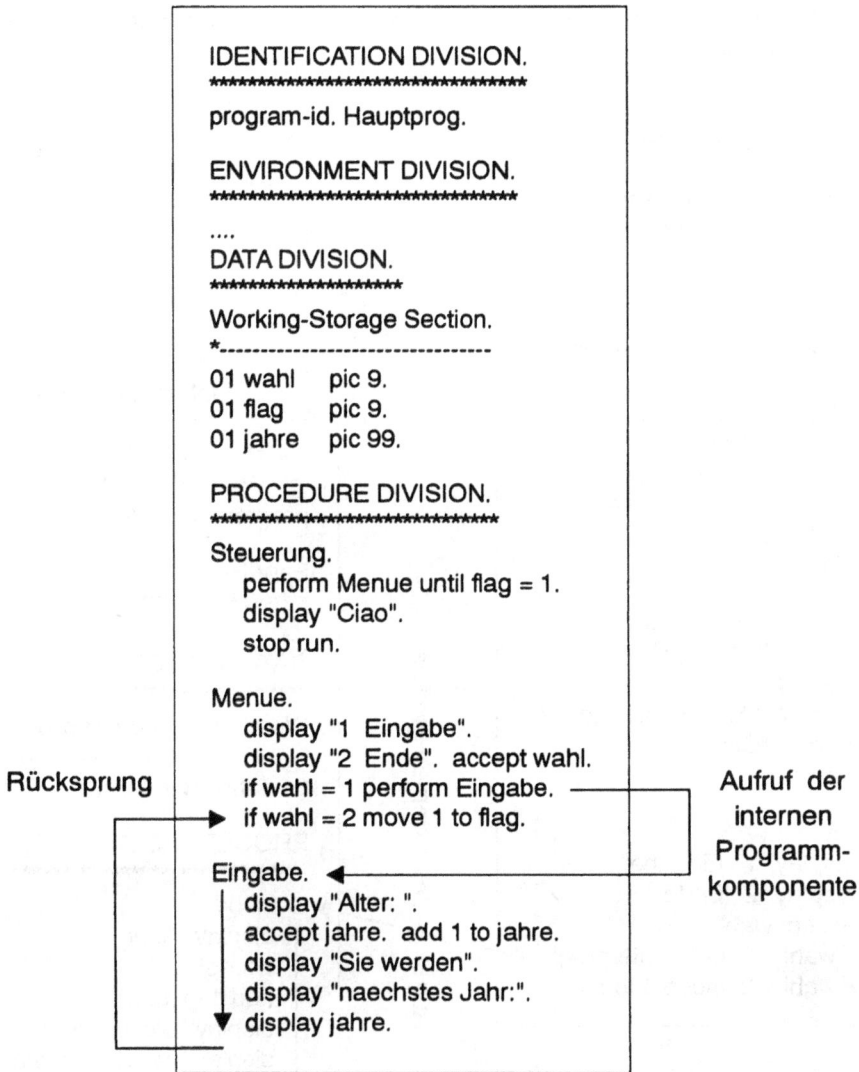

```
            IDENTIFICATION DIVISION.
            ************************************
            program-id. Hauptprog.

            ENVIRONMENT DIVISION.
            ************************************
            ....
            DATA DIVISION.
            **********************
            Working-Storage Section.
            *--------------------------------
            01 wahl    pic 9.
            01 flag    pic 9.
            01 jahre   pic 99.

            PROCEDURE DIVISION.
            ********************************
            Steuerung.
                perform Menue until flag = 1.
                display "Ciao".
                stop run.

            Menue.
                display "1 Eingabe".
                display "2 Ende".  accept wahl.
                if wahl = 1 perform Eingabe.
                if wahl = 2 move 1 to flag.

            Eingabe.
                display "Alter: ".
                accept jahre.  add 1 to jahre.
                display "Sie werden".
                display "naechstes Jahr:".
                display jahre.
```

Rücksprung   Aufruf der
                                              internen
                                              Programm-
                                              komponente

Abb. 44: Interne Modularisierung mit PERFORM

Die Realisierung solcher externen Moduln wird in Cobol durch die Anweisung CALL ermöglicht. CALL ruft aus einem Hauptprogramm ein eigenständiges Unterprogramm auf und überträgt diesem die Steuerung des weiteren Kontrollflusses.

CALL fungiert somit als Kontrollfluß-Schnittstelle zwischen Haupt- und Unterprogramm. CALL hat dabei wie die PERFORM-Anweisung die Eigenschaft, daß nach
der kompletten Abarbeitung des aufgerufenen Unterprogramms (Moduls) ein Rücksprung zu dem nächsten Befehl nach der Aufruf-Anweisung erfolgt. CALL bietet zusätzlich die Option, Daten vom Hauptprogramm an das Unterprogramm zur weiteren Verarbeitung zu übergeben.

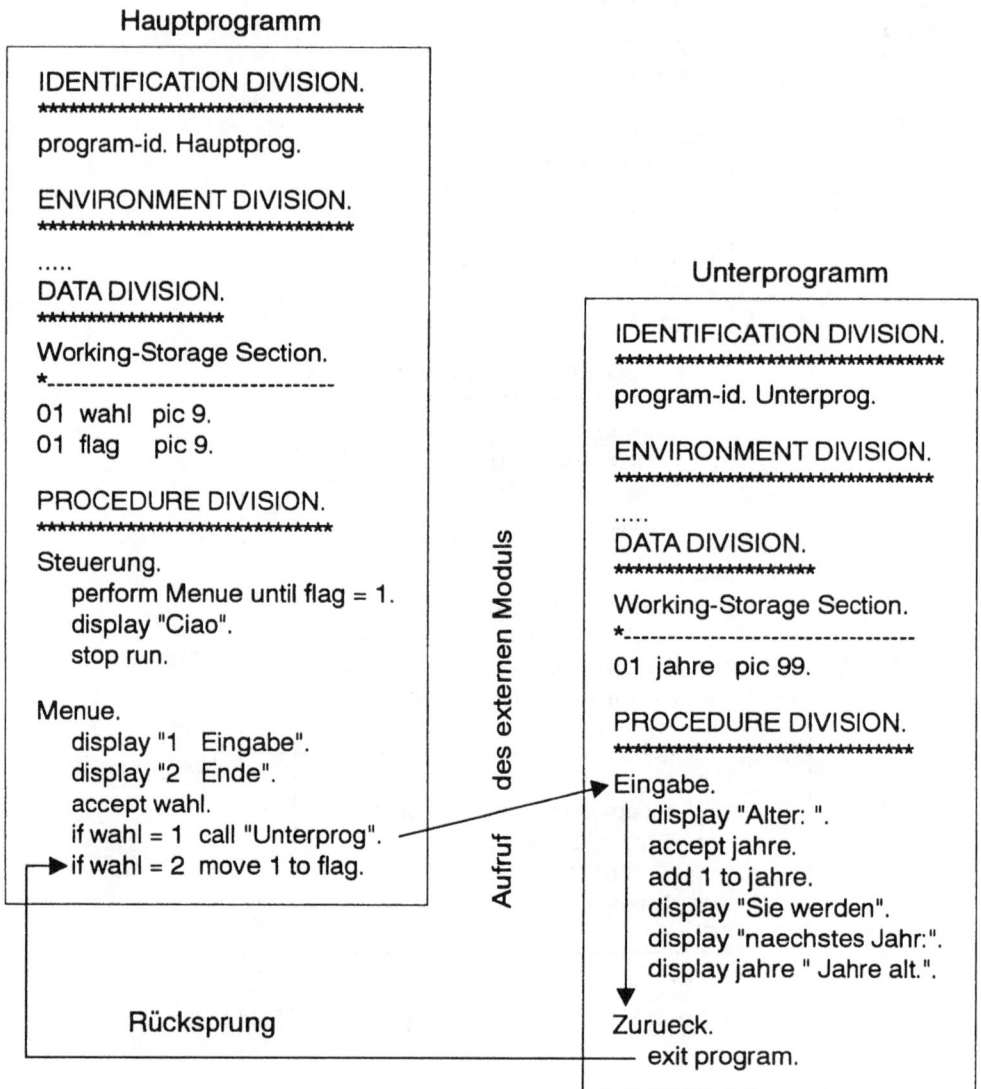

Hauptprogramm

```
IDENTIFICATION DIVISION.
**********************************
program-id. Hauptprog.

ENVIRONMENT DIVISION.
**********************************
.....
DATA DIVISION.
********************
Working-Storage Section.
*--------------------------------
01  wahl   pic 9.
01  flag    pic 9.

PROCEDURE DIVISION.
********************************
Steuerung.
    perform Menue until flag = 1.
    display "Ciao".
    stop run.

Menue.
    display "1   Eingabe".
    display "2   Ende".
    accept wahl.
    if wahl = 1  call "Unterprog".
    if wahl = 2  move 1 to flag.
```

Unterprogramm

```
IDENTIFICATION DIVISION.
**********************************
program-id. Unterprog.

ENVIRONMENT DIVISION.
**********************************
.....
DATA DIVISION.
********************
Working-Storage Section.
*--------------------------------
01  jahre   pic 99.

PROCEDURE DIVISION.
********************************
Eingabe.
    display "Alter: ".
    accept jahre.
    add 1 to jahre.
    display "Sie werden".
    display "naechstes Jahr:".
    display jahre " Jahre alt.".

Zurueck.
    exit program.
```

Aufruf des externen Moduls

Rücksprung

Abb. 45: Externe Modularisierung mit CALL

Es ist nicht sinnvoll und auch schwerlich möglich, allgemeine Regeln anzugeben, ab welcher Unterprogrammgröße die Realisierung als externes Modul erfolgen sollte. Die optimale Trennung in interne und externe Moduln muß sich bei jedem Programmprojekt aus dem Kontext ergeben. Zu beachten ist jedoch immer, daß zu viele externe Moduln der Übersichtlichkeit eines Programmpaketes auch wieder nicht dienlich sind. Kleinere und weniger wichtige Programmteile sollten daher im Normalfall als interne Moduln mit PERFORM erstellt werden. In unserem Demonstrationsbeispiel einer Kundenverwaltung (siehe folgende Kapitel) sind als externe Moduln nur die Hauptteile des Programmpaketes verfaßt. Natürlich wäre es möglich gewesen, weitere Programfunktionen als externe Moduln auszulagern, was jedoch aus Gründen der Vereinfachung unterlassen wurde.

7.2   Externe Modularisierung mit der CALL-Anweisung

7.2.1   Die Erstellung externer Unterprogramme mit CALL

Die CALL-Anweisung ermöglicht aus einem Hauptprogramm heraus den Aufruf von externen Unterprogrammen. Sie überträgt die Ablaufsteuerung von einem Objektprogramm auf ein anderes, und zwar immer an den Beginn der jeweiligen Procedure Division. Als Besonderheit wird im aufgerufenen Unterprogramm die STOP RUN-Anweisung durch die EXIT PROGRAM-Anweisung ersetzt, welche die Ablaufsteuerung wieder zum übergeordneten Hauptprogramm zurückgibt. Hier wird der Programmablauf - wie bei PERFORM - mit dem nächsten Befehl nach der CALL-Anweisung fortgesetzt.

Das Hauptprogramm sowie jedes Unterprogramm müssen einzeln editiert und compiliert werden, können also i.a. auch separat ausgeführt werden (z.B. zu Testzwecken). Erst beim Linken (Binden) werden die einzelnen Moduln zu einem Programmsystem zusammengefügt. Der LINK-Befehl auf Betriebssystemebene (siehe auch Kapitel 2.3.5) erhält in diesem Fall den Namen des Hauptprogramms sowie die Namen aller darin aufgerufenen Unterprogramme als Parameter. Durch den Binde-Vorgang wird aus mehreren eigenständig compilierten Objektmoduln eine einzige ablauffähige Programm-Datei erzeugt, die unter VMS das Suffix ".exe" erhält.

Beispiel für VMS:

Es liegt ein Hauptprogramm HPRO.COB vor, in dessen Quellcode drei Unterprogramme UPRO1.COB, UPRO2.COB und UPRO3.COB aufgerufen werden. Jedes dieser vier Programme wird mit dem COBOL-Befehl einzeln compiliert. Danach werden die entstandenen Objektprogramme (".OBJ") mit folgendem Befehl zusammengebunden:

$ LINK HPRO, UPRO1, UPRO2, UPRO3

Als Ergebnis entsteht ein ablauffähiges Programm mit dem Namen HPRO.EXE, das unter VMS mit $ RUN HPRO aufgerufen wird.

Von aufgerufenen Unterprogrammen aus können wiederum andere, nachgeordnete Unterprogramme per CALL aufgerufen werden. Unzulässig ist lediglich der Aufruf von Unterprogrammen, die in der Aufrufhierarchie über dem aufrufenden Programm stehen. Ein Programm darf sich also niemals selbst aufrufen, auch nicht über den Umweg mehrerer CALLs und anderer Unterprogramme; eine solche rekursive Programmierung ist in Cobol nicht erlaubt.

7.2.2   Die CALL-Anweisung

Die CALL-Anweisung hat folgendes Format:

CALL $\left\{ \begin{array}{l} \text{Daten-Name-1} \\ \text{Literal-1} \end{array} \right\}$

Daten-Name-1 muß ein in der Working-Storage Section definiertes Datenfeld sein, das den Namen des aufzurufenden Unterprogramms (Program-Id) enthält (z.B. durch die VALUE-Klausel). Bei Verwendung von Literal-1 ist der Name des aufzurufenden Unterprogramms anzugeben. Dieser ist zwischen Anführungszeichen zu setzen und darf nicht numerisch sein.

Beispiele: call Uprog.
                  call "Modul_1".

7.2.3   Die EXIT PROGRAM-Anweisung

Die Anweisung EXIT PROGRAM kennzeichnet das logische Ende eines per CALL aufgerufenen Unterprogramms; sie gibt die Ablaufsteuerung wieder an das übergeordnete Hauptprogramm zurück.

EXIT PROGRAM

Bei den Cobol-Normen vor ANS-COBOL-85 darf in einem Paragraphen, in dem EXIT PROGRAM vorkommt, keine andere Anweisung codiert werden. Bei ANS-COBOL-85 darf EXIT PROGRAM mit anderen Anweisungen innerhalb eines Paragraphen vorkommen, muß aber die letzte Anweisung sein.

Die Anweisung EXIT PROGRAM bewirkt einen Rücksprung in das aufrufende Hauptprogramm zu dem Befehl, der auf die CALL-Anweisung folgt. Wird die EXIT PROGRAM-Anweisung in einem Programm verwendet, das nicht per CALL aufgerufen wurde, so wird sie als "leere Anweisung" übergangen.

7.2.4   Demonstrationsbeispiel

In diesem Demonstrationsbeispiel soll das in Kapitel 6.7.1 bereits vorgestellte Menue-System mit externen Moduln realisiert werden.

Es existiert ein Hauptprogramm "HAUPT", das das gesamte Programmsystem der Kunden- und Auftragsverwaltung steuert. HAUPT zeigt einen Auswahlbildschirm an, in dem der Programmbediener per Tastatureingabe entscheidet, ob er kundenbezogene Daten (Kundendaten) oder auftragsbezogene Daten (Auftragsdaten) verwalten möchte. Mit dem dritten Auswahlpunkt dieses "Hauptmenues" kann der Bediener das Programm ordnungsgemäß beenden.

Ebenfalls im Hauptprogramm werden für die ersten beiden Auswahlpunkte sogenannte Untermenues codiert. Bei Eingabe einer "1" erscheint das Untermenue "Kundenverwaltung". Bei Eingabe einer "2" erscheint das Untermenue "Auftragsverwaltung".

```
        HAUPTMENUE

1    Kundenverwaltung

2    Auftragsverwaltung

3    Programmende
```

```
     KUNDENVERWALTUNG

1    Kunden aufnehmen

2    Kunden anzeigen

3    Zum Hauptmenue
```

```
     AUFTRAGSVERWALTUNG

1    Auftrag aufnehmen

2    Auftrag anzeigen

3    Zum Hauptmenue
```

Die Aufrufe dieser Untermenues werden im Hauptprogramm mit PERFORM-Anweisungen als interne Programmkomponenten realisiert. Wählt der Programmbediener in einem der Untermenues den Punkt 3 an, erhält er wieder die Anzeige des Hauptmenues. Sobald der Programmbediener eine "1" oder "2" in einem der Untermenues eingibt, wird er per CALL in ein externes Unterprogramm geführt, das die Funktion des jeweils angegebenen Auswahltextes erfüllt. Es sind also insgesamt 5 Einzelprogramme zu erstellen:

- ❑   das Hauptprogramm,
- ❑   ein Programm zur Erfassung neuer Kundendaten,
- ❑   ein Programm zur Anzeige bestimmter Kundendaten,
- ❑   ein Programm zur Erfassung neuer Auftragsdaten,
- ❑   ein Programm zur Anzeige bestimmter Auftragsdaten.

Da wir hier zunächst lediglich ein Menue-System erstellen wollen, sollen die letzten vier Programme noch nicht in ihrer vollständigen Funktionalität codiert werden, sondern jeweils nur ein Modul aufrufen, das folgende Bildschirmanzeige produziert:

"Modul zur Zeit noch nicht verfügbar"

Sie erstellen zunächst das Struktogramm:

Übersicht

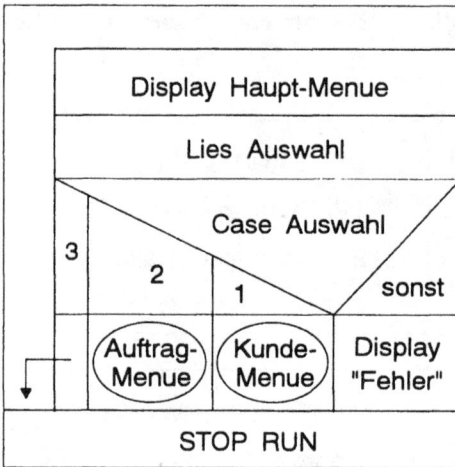

Kunde-Menue

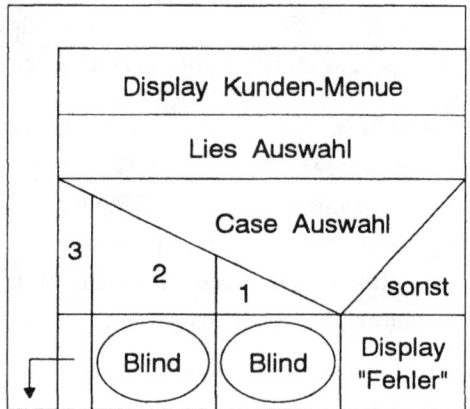

Blind

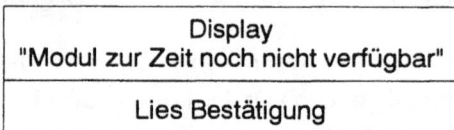

Auftrag-Menue

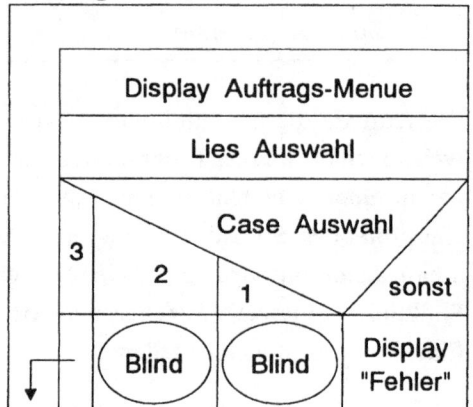

Hauptprogramm HAUPT

```
IDENTIFICATION DIVISION.
*********************************
program-id. HAUPT.

ENVIRONMENT DIVISION.
*********************************
Configuration Section.
*---------------------------
source-computer. vax.
object-computer. vax.

DATA DIVISION.
*********************
Working-Storage Section.
*-----------------------------
01 wahl1       pic x.
01 wahl2       pic x.

PROCEDURE DIVISION.
*******************************
Steuerung.
    move 0 to wahl1, wahl2.
    perform Menue until wahl1 = 3.
    stop run.

Menue.
    move 0 to wahl1, wahl2.
    display "*** Hauptmenue ***".
    display "1    Kundenverwaltung".
    display "2    Auftragsverwaltung".
    display "3    Programmende".
    display "Wahl? :".  accept wahl1.
    if wahl1 = 1 then perform K-Menue
            until wahl2 = 3.
    if wahl1 = 2 then perform A-Menue
            until wahl2 = 3.
    if wahl1 not numeric or wahl1 > 3
            then  display "Fehler".
```

```
K-Menue.
    move 0 to wahl2.
    display "** Kundenverwaltung **".
    display "1    Kunden aufnehmen".
    display "2    Kunden anzeigen".
    display "3    Zum Hauptmenue".
    display "Wahl? :".  accept wahl2.
    if wahl2 = 1 then call "BLIND".
    if wahl2 = 2 then call "BLIND".
    if wahl2 not numeric or wahl2 > 3
            then  display "Fehler".

A-Menue.
    move 0 to wahl2.
    display "** Auftragsverwaltung **".
    display "1    Auftrag aufnehmen".
    display "2    Auftrag anzeigen".
    display "3    Zum Hauptmenue".
    display "Wahl? :".  accept wahl2.
    if wahl2 = 1 then call "BLIND".
    if wahl2 = 2 then call "BLIND".
    if wahl2 not numeric or wahl2 > 3
            then  display "Fehler".
```

Um dem Bediener etwas mehr Komfort zu bieten, sollten Sie zwischen den Bildschirmanzeigen Leerzeilen einfügen. Zudem erweist es sich als sehr vorteilhaft, vor jeder Menue-Anzeige den Bildschirm vollständig zu leeren. Dies erreichen Sie, wenn Sie einen Paragraphen z.B. mit Namen Leer an das Ende des Listings anfügen, der nur die Anweisung "display spaces" enthält und der vor jeder Menue-Anzeige mit "perform Leer 25 times." aufgerufen wird.

Das Modul BLIND sieht wie folgt aus:

```
            Unterprogramm BLIND

IDENTIFICATION DIVISION.
*********************************
program-id. BLIND.

ENVIRONMENT DIVISION.
*********************************
Configuration Section.
*----------------------------
source-computer. vax.
object-computer. vax.

DATA DIVISION.
*********************
Working-Storage Section.
*------------------------------
01 bestaet      pic x.

PROCEDURE DIVISION.
*******************************
Fehlanzeige.
    display  "Modul zur Zeit noch
                nicht verfügbar".
    display "Mit <Return> bestaetigen".
    accept bestaet.

Zurueck.
    exit program.
```

7.2.5   Übungsaufgaben

Übung 1

Erfassen, compilieren und linken Sie die auf Seite 166 in Abbildung 45 angegebenen Programme.

Übung 2

Erfassen, compilieren und linken Sie das Demonstrationsbeispiel aus Kapitel 7.2.4 und bauen Sie das vollständige Leeren des Bildschirms vor jeder Menue-Anzeige ein. Gestalten Sie die einzelnen Menue-Bildschirme in benutzerfreundlicher Art, indem Sie Leer-, Stern-, Strichzeilen o.ä. einfügen. Sie werden dieses Menue-System in allen weiteren Übungen der folgenden Kapitel benötigen. Dort werden sukzessive die BLIND-Moduln mit den konkreten Funktionen der jeweiligen Auswahlpunkte versehen. Kopieren Sie sich daher den Quellcode des Moduls BLIND in vier verschiedene Dateien, die Sie dann später als Programmrahmen nutzen können.

7.3   Aufruf externer Unterprogramme mit Variablenübergabe

7.3.1   Bedingungen der Variablenübergabe

Soll ein Unterprogramm Daten erhalten, die von dem aufrufenden Hauptprogramm erzeugt wurden, muß die Ihnen bisher bekannte CALL-Anweisung um die USING-Klausel erweitert werden. Die zu transferierenden Daten werden in diesem Zusammenhang häufig auch als Variablen oder Parameter bezeichnet.

Die Syntax der erweiterten CALL-Anweisung lautet wie folgt:

| CALL | $\left\{\begin{array}{l}\text{Daten-Name-1}\\\text{Literal-1}\end{array}\right\}$ | $\left[\underline{\text{USING}}\right.$ | $\left\{\begin{array}{l}\text{Daten-Name-2}\\\text{Literal-2}\end{array}\right\}$ | $\left.\dots\right]$ |

Beispiele: call   A-Menue   USING   Kundenr, Name.

                  call   Berechnung   USING   "Alpha", "Beta".

Die im Hauptprogramm erzeugten Inhalte der hinter USING aufgeführten Datenfelder (Daten-Name-2) und/oder die absoluten Werte der angegebenen Literale (Lite-
ral-2; numerisch oder alphanumerisch; in Anführungszeichen zu setzen) werden an
das durch CALL aufgerufene Unterprogramm (Daten-Name-1 oder Literal-1) zur
weiteren Verarbeitung übergeben.

Zusätzlich zur erweiterten CALL-Anweisung werden auch im aufgerufenen Programm Ergänzungen notwendig, die im folgenden erläutert werden.

Linkage Section

Die zu übergebenden Datenfelder müssen zum einen in der Data Division des
aufrufenden Hauptprogramms deklariert sein (Working-Storage Section); sie
müssen zusätzlich aber auch in der Data Division des aufgerufenen Unterprogramms aufgeführt werden. Im Unterprogramm geschieht dies in der Linkage
Section, die immer im Anschluß an die dortige Working-Storage Section codiert
wird und deren Syntaxregeln sie weitgehend übernimmt. Einzige Ausnahme
ist, daß in der Linkage Section die VALUE-Klausel nicht zulässig ist.

Procedure Division using { Daten-Name-1 } ...

Im aufgerufenen Programm muß die Überschrift PROCEDURE DIVISION bei
Übergabe von Daten ebenfalls um eine USING-Klausel erweitert werden, hinter
der die in der Linkage Section definierten Transfer-Felder aufgelistet sind. Es
können beliebig viele solcher Felder angegeben werden.

Im Hauptprogramm HAUPT des nachfolgenden Beispiels 1 zu CALL werden die
Datenfelder alpha und beta mit fünf Einsen und fünf Zweien gefüllt. Hinter CALL ...
USING werden alpha und beta als zu übergebende Datenfelder aufgelistet. Im Un-
terprogramm UNTER sind diese Felder sowohl in der Linkage Section definiert als
auch hinter dem USING der Procedure Division angegeben. Bei Ausführung des
CALLs im Hauptprogramm wird nun zunächst die Kontrollflußsteuerung von der
Procedure Division des Unterprogramms übernommen. Gleichzeitig werden die ak-
tuellen Inhalte von alpha und beta an die Datenfelder übergeben, die hinter der
USING-Klausel der Procedure Division im Unterprogramm angegeben sind. Die
DISPLAY-Anweisungen des Unterprogramms werden die Bildschirmanzeige:

11111
22222

bewirken. Die EXIT PROGRAM-Anweisung im Paragraphen Zurueck übergibt die
Kontrollflußsteuerung zurück an die Anweisung des Hauptprogramms, die direkt
auf das CALL folgt. Das Programm wird ordnungsgemäß beendet.

Beispiel 1: CALL mit Variablenübergabe	
Hauptprogramm	Unterprogramm

```
Hauptprogramm                          Unterprogramm

IDENTIFICATION DIVISION.               IDENTIFICATION DIVISION.
*********************************       *********************************
program-id. HAUPT.                     program-id. UNTER.


ENVIRONMENT DIVISION.                  ENVIRONMENT DIVISION.
*******************************         *******************************
Configuration Section.                 Configuration Section.
*---------------------------           *---------------------------
source-computer. vax.                  source-computer. vax.
object-computer. vax.                  object-computer. vax.


DATA DIVISION.                         DATA DIVISION.
********************                    ********************
Working-Storage Section.               Working-Storage Section.
*-------------------------------       *-------------------------------
01 alpha      pic x(5).                01 text     pic x(13) value "Unterprogramm".
01 beta       pic x(5).
                                       Linkage Section.
PROCEDURE DIVISION.                    *----------------------------
********************************        01 alpha      pic x(5).
Steuerung.                             01 beta       pic x(5).
  display "Testanfang".
  move "11111" to alpha.               PROCEDURE DIVISION using alpha, beta.
  move "22222" to beta.                ***************************************************
  call "UNTER" using alpha, beta.      Anzeige.
  display "Testende".                     display text.  display alpha.  display beta.


Ende.                                  Zurueck.
  stop run.                              exit program.
```

7.3.2   Eigenschaften der Variablenübergabe

Ausschlaggebend für die Übertragung von Datenfeld-Inhalten aus einem Hauptprogramm in ein Unterprogramm ist allein die Reihenfolge der Feld-Nennung hinter den USING-Klauseln der CALL-Anweisung (Hauptprogramm) und der Procedure Division (Unterprogramm). Der Inhalt des ersten hinter CALL...USING aufgeführten Feldes wird in das erste hinter PROCEDURE DIVISION USING aufgeführte Feld übertragen, der Inhalt des zweiten CALL...USING-Feldes in das zweite hinter PROCEDURE DIVISION USING aufgeführte Feld usw. Die Namen, Längen und Typen der beteiligten Datenfelder spielen beim Datentransfer keine Rolle. Diese Tatsache erzeugt u.a. die gleiche Problematik, wie sie bereits in den Kapiteln 3.4.2 und 4.3 im Zusammenhang mit der MOVE-Anweisung geschildert wurde: Übertragungen zwischen Sende- und Empfangsfeldern, die nicht korrekt in Länge und Typ aufeinander abgestimmt sind, verursachen Fehlermeldungen (alphanumerische Zeichen in numerische Felder) oder Verfälschungen (abgeschnittene Zeichen bei zu kurz gewähltem Empfangsfeld). Daß die Namen der beteiligten Sende- und Empfangsfeld-Paare nicht übereinstimmen müssen, kann hingegen für interessante Effekte wie in Beispiel 2 genutzt werden.

Auch im Hauptprogramm HAUPT des Beispiels 2 auf der folgenden Seite werden die Datenfelder alpha und beta mit fünf Einsen und fünf Zweien gefüllt. Hinter CALL...USING werden alpha und beta als zu übergebende Datenfelder aufgelistet. Im Unterprogramm UNTER sind jedoch hinter der USING-Klausel der Procedure Division die Felder delta und gamma (in dieser Reihenfolge) als Empfangsfelder angegeben. Genau diese Felder delta und gamma sind dem Unterpogramm auch durch die Linkage Section bekannt zu machen. Bei Ausführung des CALLs im Hauptprogramm wird nun zunächst wiederum die Kontrollflußsteuerung von der Procedure Division des Unterprogramms übernommen. Gleichzeitig werden die aktuellen Inhalte von alpha und beta (in dieser Reihenfolge) an die Datenfelder übergeben, die hinter der USING-Klausel der Procedure Division des Unterprogramms in der dortigen Reihenfolge angegeben sind. Dies bewirkt, daß das Feld delta den Inhalt des Feldes alpha und das Feld gamma den Inhalt des Feldes beta erhält. Die DISPLAY-Anweisungen des Unterprogramms werden hier also die Bildschirmanzeige:

22222

11111

bewirken. Die Bildschirmausgaben sind vertauscht. Die EXIT PROGRAM-Anweisung im Paragraphen Zurueck übergibt die Kontrollflußsteuerung zurück an die Anweisung des Hauptprogramms, die direkt auf das CALL folgt. Das Programm wird ordnungsgemäß beendet.

Beispiel 2: CALL mit Variablenübergabe

Hauptprogramm	Unterprogramm

IDENTIFICATION DIVISION.
****
program-id. HAUPT.
 	
ENVIRONMENT DIVISION.
****
Configuration Section.
*--------------------------- 	
source-computer. vax.
object-computer. vax.
 	
DATA DIVISION.
****
Working-Storage Section.
*--------------------------- 	
01 alpha   pic x(5).
01 beta   pic x(5).
 	
PROCEDURE DIVISION.
****
Steuerung.
  move "11111" to alpha.
  move "22222" to beta.
  call "UNTER"
      using alpha, beta.
  display "Testende".
 	
Ende.
  stop run.
	IDENTIFICATION DIVISION.
	************************************
	program-id. UNTER.
	
	ENVIRONMENT DIVISION.
	************************************
	Configuration Section.
	*--------------------------- 	
	source-computer. vax.
	object-computer. vax.
	
	DATA DIVISION.
	*********************
	Working-Storage Section.
	*--------------------------- 	
	01 text pic x(13) value "Unterprogramm".
	
	Linkage Section.
	*--------------------------- 	
	01 gamma pic x(5).
	01 delta pic x(5).
	
	PROCEDURE DIVISION using delta, gamma.
	***
	Anzeige.
	  display text. display gamma. display delta.
	
	Zurueck.
	  exit program.

Auch wenn Sie die viele Tipparbeit bereits leid sind, wird es als Übung zum Kapitel 7 sicherlich nicht schaden, die Beispielprogramme 1 und 2 zu erfassen, zu compilieren und zu linken. Zum Verständnis aller folgenden Demonstrationsbeispiele und Übungsaufgaben ist es für Sie unerläßlich, die Konventionen der Datenübergabe zwischen Haupt- und Unterprogrammen verinnerlicht zu haben.

8. Grundlagen der Dateiverarbeitung in Cobol

8.1 Zum Begriff "Datei"

Im bisherigen Verlauf der Ausführungen wurden reine Aktionsprogramme (Rechen-programme) erstellt, die keinerlei Möglichkeiten boten, bestimmte Informationen zu archivieren (speichern). Im folgenden wird erläutert, wie Daten auf externen Spei-chermedien (Magnetplatten, Magnetbänder) abgelegt und verwaltet werden. Als An-wendungsbeispiel läßt sich hier das in den vorigen Kapiteln bereits vorgestellte Kun-den-Verwaltungsprogramm anführen, das die Personalien von Firmenkunden admi-nistriert. Jede einzelne Adresse wird einmal per Tastatur über das Programm in den Rechner eingegeben und dort auf einem externen Speichermedium abgelegt. Solange die Kundenpersonalien auf diese Art archiviert sind, kann zu jedem beliebigen späte-ren Zeitpunkt wieder auf sie zugegriffen werden, d.h. die Adressen gehen bei einem Verlassen des Programms nicht verloren. Das Kunden-Verwaltungsprogramm ent-hält zu diesem Zweck ein Modul, das die Daten vom Speichermedium (nachfolgend Magnetplatte oder Platte genannt) liest und in einen Arbeitsspeicherbereich des Rechners schreibt, auf den das Programm zugreifen kann. Sodann können die Perso-nalien verändert oder ergänzt werden, bis bei Beendigung des Programms die Modi-fikationen gespeichert werden, um die Neuerungen nicht zu verlieren.

Die Daten, hier die Kundenpersonalien, werden in sogenannten Dateien (Files) auf dem externen Speichermedium abgelegt. Unter einer Datei versteht man einen Da-tenblock (mit Anfangs- und Endezeichen), der logisch zusammenhängende Informa-tionen zu einem Sachverhalt in Form von Datensätzen (Records) enthält. Datensätze wiederum sind identisch strukturierte Zeichenketten (ebenfalls mit einem Anfangs-und Endezeichen), die aus Einzelinformationen, den Feldern (ebenfalls mit Anfangs-und Endezeichen), bestehen. Ein Datensatz (Record) ist also die Zusammenfassung aller Datenfelder, die sich auf ein Objekt beziehen. Ein oder mehrere Datensätze bil-den eine Datei (File).

In unserer Kunden-Datei repräsentiert jeder Kunden-Datensatz die zu einem Kun-den gehörigen Informationen. Diese Informationen sind in den einzelnen Feldern mit Namen Nachname, Vorname, Strasse, Ort etc. des Datensatzes enthalten. Jedes Feld hat also einen Namen und einen Inhalt (oder auch nicht, wenn die betreffende Infor-mation fehlt), der eine bestimmte Teil-Information zu dem Kunden liefert, zu dessen Datensatz das Feld gehört. In Cobol stellen Datengruppen in der Data Division mit der Stufe 01 Datensatz-Rahmen (benannte Datenfelder) dar, die durch Anweisungen der Procedure Division mit Inhalten (Datensätzen) gefüllt und bearbeitet werden. Für das Kunden-Verwaltungsprogramm kann z.B. eine Datei mit einer Datensatz-Definition sinnvoll sein, wie sie oben zu sehen ist.

Für jede in einem Cobol-Programm verwendete Datei muß eine 01-Datengruppe als Datensatzstruktur definiert sein. Die Angabe einer solchen Definition in der Data Division bewirkt, daß jeder Datensatz der betreffenden Datei auf dem externen Speichermedium mit genau dieser Struktur abgelegt oder gelesen werden kann.

Im nebenstehenden Beispiel wird mit der Bezeichnung "Kunden-Satz" die Gesamtinformation zu einem Kunden angesprochen. Wie Sie bereits wissen, wird eine Anweisung "display Kunden-Satz" die Inhalte aller unter der Datengruppe "01 Kunden-Satz" aufgeführten Elementar-Felder mit höherer Stufennummer am Bildschirm anzeigen. In prinzipiell gleicher Weise werden Dateibearbeitungsanweisungen wie READ, WRITE etc. auf die 01-Datengruppen von Dateien

```
01 Kunden-Satz.
    02 Kundennummer        pic 9(5).
    02 Name.
        03 Nachname        pic x(30).
        03 Vorname         pic x(20).
    02 Strasse             pic x(30).
    02 PLZ                 pic x(5).
    02 Ort                 pic x(30).
    02 Telefon             pic x(20).
```

angewendet. Eine Anweisung "write Kunden-Satz" wird die aktuellen Inhalte der Elementarfelder (Kundennummer, Nachname, Vorname, Strasse, PLZ, Ort, Telefon) in die Datei auf dem Speichermedium schreiben, für die "01 Kunden-Satz" definiert wurde.

In den Programmen, die Sie bisher kennengelernt haben, konnten Sie Datengruppen oder Elementarfelder mit höheren Stufennummern als 01 einzeln ansprechen. So ist es mit den Anweisungen DISPLAY, ACCEPT oder MOVE z.B. möglich, die untergeordneten Elementarfelder wie "Ort" oder "Telefon" anzuzeigen oder mit Inhalten zu füllen. Vor dem Hintergrund des obigen Beispiels wird die Anweisung "display Name" (Datengruppe mit der Stufennummer 02) die Inhalte der Elementarfelder Nachname und Vorname am Bildschirm anzeigen. Im Gegensatz dazu können die Dateibearbeitungsbefehle (READ, WRITE etc.) nur auf Datengruppen der Stufe 01 angewendet werden. Es kann immer nur ein vollständiger Datensatz auf das Speichermedium geschrieben (WRITE) oder von ihm gelesen (READ) werden. Die Feldstruktur (01 Kunden-Satz) einer Datei gewährleistet dabei, daß im Hauptspeicher des Rechners von Programmbeginn an strukturentsprechende Speicherstellen reserviert wer-

den, in die ein vollständiger vom Speichermedium gelesener Datensatz zur Weiter-
verarbeitung mit Procedure-Division-Anweisungen gestellt wird. Erst nach einem erfolgreichen Lesen (READ Kunde) eines kompletten Datensatzes vom externen Speichermedium stehen also die Inhalte der Elementarfelder in der Form der definierten
Datensatzstruktur zur weiteren, auch einzelnen Verwendung per DISPLAY, AC-
CEPT, MOVE etc. zur Verfügung.

Dementsprechend kann auch ein WRITE-Befehl nur eine komplette 01-Struktur auf
das Speichermedium schreiben. Es ist z.B. nicht möglich, die Datengruppe "02
Name" mit der Anweisung "write Name" getrennt von dem Rest der 01-Struktur auf
das Speichermedium zu schreiben. Vor der Ausführung eines sinnvollen WRITE
müssen daher alle Elementarfelder der im Hauptspeicher reservierten Datensatzstruktur mit Inhalten gefüllt werden. Dies kann im obigen Beispiel mit den Anweisungen "move 12345 to Kundennummer", "accept Kundennummer" o.ä. erfolgen.
Erst wenn die Satzstruktur der Datei im Hauptspeicher für alle Felder aussagefähige
Informationen beinhaltet, ist es sinnvoll, die vollständige 01-Datengruppe mit der
Anweisung "WRITE Kunden-Satz" auf das externe Speichermedium zu schreiben.

Die vorgenannten Grundlagen lassen sich wie folgt zusammenfassen:

☐   Für jede Datei muß eine Datensatzstruktur definiert werden.

☐   Diese Strukturdefinition bestimmt, in welcher Form die einzelnen Sätze einer
    Datei auf dem Speichermedium abgelegt werden, und reserviert gleichzeitig im
    Hauptspeicher des Rechners einen Speicherbereich, der ein genaues Abbild die-
    ser Struktur darstellt.

☐   Ein Lesen (READ) vom externen Medium wird diesen Hauptspeicherbereich
    immer mit einem vollständigen Datensatz füllen. Die Datengruppen und Ele-
    mentarfelder des Datensatzes stehen dann zur weiteren umfassenden oder se-
    parierten Verwendung bereit (DISPLAY, MOVE, ACCEPT etc.).

☐   Ein Schreiben (WRITE) aus dem reservierten Hauptspeicherbereich wird immer
    die vollständige Hauptspeicherstruktur des Datensatzes auf das externe Spei-
    chermedium übertragen. Die Datengruppen und Elementarfelder eines Daten-
    satzes müssen daher vor dem WRITE durch einzelne Anweisungen wie MOVE,
    ACCEPT o.ä. mit den Inhalten gefüllt werden, die auf dem externen Speicher-
    medium abgelegt werden sollen.

8.2   Organisationsformen von Dateien

Es gibt mehrere Aufzeichnungsvarianten, mit denen Dateien auf ein externes Speichermedium geschrieben werden können. Der Programmierer bestimmt im Programm, das die Datei erstellt, welche Aufzeichnungsform es benutzt. Je nach Verwendung einer Datei gibt es abgestimmte Aufzeichnungsformen, die diese Verwendung besonders unterstützen. Die Aufzeichnungsform bestimmt also in nicht unbeträchtlichem Maße die Nutzung der in der Datei enthaltenen Informationen.

❑   *Sequentiell organisierte Dateien*
     Bei sequentiell organisierten Dateien werden die Datensätze z.B. unserer Kunden-Datei nacheinander in der vom Programmbediener eingegebenen Reihenfolge auf das Speichermedium geschrieben und können auch nur in dieser Reihenfolge in einem Programm verwendet werden. Die Reihenfolge der Sätze auf dem externen Speichermedium bestimmt also die Reihenfolge, in der die Sätze durch ein Programm angesprochen werden können. Wird z.B. der Datensatz des Kunden Müller gesucht, so muß jeder Datensatz der Datei von Beginn an gelesen und auf den Nachnamen Müller abgeprüft werden. Neu eingegebene Datensätze werden i.d.R. immer an das Ende einer sequentiellen Datei angehängt. Die sequentielle Organisation resultiert aus der ausschließlichen Nutzung von Magnetbändern als Speichermedium in den Anfangsstadien der EDV. Datensätze können dort technisch bedingt nur einzeln hintereinander abgelegt und mit Trennzeichen (Anfangs- und Endezeichen) versehen werden. Um auf einem solchen Band eine bestimmte Stelle (einen bestimmten Datensatz) zu finden, muß logischerweise bei einem Banddurchlauf ständig überprüft werden, welcher Datensatz denn nun gerade am physikalischen Lesekopf vorbeiläuft.

❑   *Random-Dateien*
     Die Datensätze von Random-Dateien werden so abgespeichert, daß jeder Datensatz direkt an seiner physikalischen Adresse auf dem Speichermedium gelesen und geschrieben werden kann. Diese Zugriffsart wurde erst durch die Verwendung von direkt adressierbaren Speichermedien wie Disketten und Festplatten möglich. Die technische Grundlage dafür ist, daß der Schreib-/Lesekopf dieser Speichereinheiten direkt auf eine beliebige Position (auf einen beliebigen Datensatz) des Datenträgers gefahren werden kann, ohne die vor der adressierten Speicherstelle liegenden Datensätze durchlaufen zu müssen. Die logische Grundlage dieses Direktzugriffs ist natürlich die genaue Kenntnis der physikalischen Datensatzadressen auf dem Speichermedium. Bei Random-Dateien wird daher jeder Satz mit einem Schlüssel angesprochen. Je nach Art des Schlüssels unterscheidet man zwei Kategorien von Random-Dateien:

☐   *Relativ-Dateien*

Als Schlüssel fungiert hier eine vom Betriebssystem automatisch vergebene Positionsnummer für jeden Datensatz. Die Position des Satzes entspricht dabei einer logischen Nummer, die durch die Aufnahmereihenfolge der Sätze in eine Datei bestimmt wird. Die Positionsnummern aller Datensätze einer Datei werden in einer vom Betriebssystem intern mitgeführten (Zeiger-)Tabelle abgelegt. Zu jeder Positionsnummer wird zusätzlich die physikalische Adresse (Zeiger, Pointer) vermerkt, an der der zugehörige Datensatz auf dem Speichermedium zu finden ist. Soll nun z.B. der Datensatz mit der Positionsnummer 5 gelesen werden (der Datensatz, der als fünfter in die Datei aufgenommen wurde), ermittelt das Betriebssystem aus der intern mitgeführten Tabelle die physikalische Adresse, die dieser Positionsnummer zugeordnet wurde und fährt den Lesekopf der Speichereinheit an diese Stelle (die physikalische Adresse "zeigt" auf die betreffende Stelle des Speichermediums).

☐   *Indexsequentielle Dateien*

Hier beinhaltet ein bestimmtes Feld jedes Datensatzes den Schlüssel, anhand dessen direkt auf einen Satz zugegriffen werden kann. Bei der Kunden-Datei bietet sich dafür das Feld Kundennummer an, das für jeden Kunden einen eindeutigen Inhalt hat. Bei der Definition einer indexsequentiellen Kundendatei im Kunden-Verwaltungsprogramm muß dafür eine exakte Deklaration des Feldes Kundennummer als sogenanntes Indexfeld erfolgen. Durch diese Deklaration erzeugt der Rechner selbständig bei Ablauf des Programms zusätzlich zur eigentlichen Kunden-Datei eine Index-Datei, die nur die Kundennummern eines jeden Kunden-Datensatzes und einen Zeiger (Pointer; siehe Relativ-Dateien) auf die physikalische Speicher-Position des Satzes enthält (wie das Schlüssel/Pointer-Prinzip bei indexsequentiellen Dateien detailliert-technisch realisiert wird, führt im gegebenen Rahmen zu weit). Soll jetzt z.B. auf den Kunden mit der Nummer 12345 (Schlüssel) zugegriffen werden, so wird zuerst die Index-Datei nach dieser Nummer durchsucht. Wird die Kundennummer in der Index-Datei gefunden, benutzt der Rechner den dazugehörigen Pointer, um den Schreib-/Lesekopf zu dieser physikalischen Adresse zu fahren und auf den dort abgelegten Datensatz in der eigentlichen Kundendatei zuzugreifen. Die Nutzung von indexsequentiell organisierten Dateien dient vorrangig dem Beschleunigen von Suchvorgängen und ist vergleichbar mit dem sortierten Stichwortverzeichnis eines Buches.

In Kapitel 9 wird zunächst nur das Handling von sequentiell organisierten Dateien beschrieben. In Kapitel 10 folgt die Erläuterung der Random-Dateien.

8.3   Kenngrößen von Dateien

Die physikalischen Kenngrößen der in einem Programm benutzten Dateien sind in der Environment Division aufgeführt. Dazu gehören:

- ❑   Datenträger (Platte, Band, Karte, Diskette, Liste)
- ❑   Dateiorganisation (sequentiell, relativ, indexsequentiell)
- ❑   Zugriffsarten (ACCESS MODE: sequentiell, random, dynamic)

Neben dem primären Attribut einer Datei, der Organisationsform, ist die Zugriffsmethode (ACCESS MODE) als die Art und Weise, wie von einem Cobol-Programm aus auf sie zugegriffen wird, in der Environment Division zu definieren. Je nach Organisationsform gibt es verschiedene Zugriffsarten. Während auf eine sequentiell organisierte Datei eines Magnetbandes technisch bedingt nur sequentiell zugegriffen werden kann, sind Datensätze von Random-Dateien auf Direktzugriffsspeichern technisch bedingt sowohl direkt als auch sequentiell (Festplatten-Dateien können auch "Satz für Satz" durchlaufen werden) ansprechbar.

Die logischen Kenndaten betreffen die Strukturdefinition der in einem Programm verwendeten Dateien. Sie werden in der Data Division festgelegt. Dazu gehören:

- ❑   die Festlegung der Datengruppen- und Elementarfeld-Namen,
- ❑   die Definition von Elementarfeld-Typen und -Längen.

9. Sequentiell organisierte Dateien in Cobol

9.1 Definition der physikalischen Kenngrößen

Die physikalischen Kenngrößen einer Datei werden in der Environment Division unter der Input-Output Section im Paragraphen File-Control angegeben (siehe Kapitel 2.2 "Aufbau eines Cobol-Programms"). Mit Hilfe der SELECT-Anweisung werden die Organisationsform, der Datenträger und der ACCESS MODE einer jeden im Programm verwendeten Datei definiert. Das Format der SELECT-Anweisung für sequentiell organisierte Dateien sieht folgendermaßen aus:

SELECT   Datei-Name-1   ASSIGN TO   Literal-1

           [ORGANIZATION IS SEQUENTIAL]

Die Input-Output Section dient der Zuordnung von programmintern verwendeten Dateinamen zu den extern gespeicherten Datenbeständen (Betriebssystem) und enthält alle Informationen, die für die Steuerung der Datenübertragung zwischen einem externen Speichermedium und dem ausführbaren Objektprogramm notwendig sind. Die dafür zuständige SELECT-Anweisung (Paragraph File-Control) beinhaltet folgende Elemente:

❏ *Datei-Name-1*

Unter dem hier codierten Dateinamen wird die betreffende Datei zum programminternen Zugriff (Lesen, Schreiben etc.) angesprochen. Der Name muß eindeutig sein, das heißt, es darf keine weitere Datei oder eine sonstige semantische Einheit innerhalb und außerhalb des Paragraphen File-Control unter demselben Namen existieren.

```
ENVIRONMENT DIVISION.
*********************************
Configuration Section.
*-------------------------
source-computer. vax.
object-computer. vax.


Input-Output Section.
*-------------------------
File-Control.


select Kunden assign to
      "sys$disk:KUNDEN"
   organization is sequential.


select Auftrag assign to
      "sys$disk:AUFTRAG"
   organization is sequential.
```

❏ *ASSIGN TO Literal-1*

Die Klausel ASSIGN TO mit einem eindeutigen Dateinamen (dieser Name darf
innerhalb und außerhalb der Input-Output-Section keine sonstige Verwendung
im Programm finden) lokalisiert für das jeweils zugrundeliegende Betriebssystem den physikalischen Speicherplatz der durch Datei-Name-1 Cobol-pro-
grammintern benannten Datei. In dieser Klausel wird durch Literal-1 der relative oder absolute Verzeichnispfad (für VMS im obigen Beispiel sys$disk:) zu der
zu bearbeitenden physikalischen Datei und deren Name (im Beispiel: KUN-
DEN) angegeben. Gemäß der Literal-Definition in Kapitel 2.4.6 muß das alphanumerische Literal-1 ("sys$disk:KUNDEN") in Anführungszeichen eingefaßt
werden (ohne Leer- oder sonstige Zeichen zwischen Anführungszeichen, Pfad-
namen und Datei-Namen). Existiert die physikalische Datei (im Beispiel: KUN-
DEN unter sys$disk) bei Ausführung des Programms noch nicht, wird sie
durch die ASSIGN-Klausel zunächst leer, das heißt ohne Dateninhalte, angelegt. Die ASSIGN-Klausel stellt somit die Verbindung zwischen dem Cobol-
programminternen Dateinamen Datei-Name-1 und der Ihrem Betriebssystem
bekannten physikalischen Datei unter KUNDEN her. Datei-Name-1 wird also
nur programmintern benutzt, während KUNDEN für Betriebssystembefehle
auf der Betriebssystemebene (für VMS z.B. type KUNDEN) relevant ist. Beachten Sie, daß bei manchen Betriebssystemen bei Datei-Namen zwischen Groß-
und Kleinschreibung unterschieden wird.

❏ *ORGANIZATION IS SEQUENTIAL*

In dieser Klausel wird die Cobol-programminterne Organisationsform der Datei angegeben. Die hier angegebene Organisationsform ist ausschlaggebend für
eine ganz bestimmte physikalische Speicherungsform (von Ihrem Betriebssystem gesteuert). Im Rahmen des vorliegenden Kapitels 9 ist nur das reservierte
Cobol-Wort SEQUENTIAL relevant. In Kapitel 10 wird erläutert, wie durch andere Bezeichner Random-Dateien definiert werden.

Im obigen Beispiel wird einer Datei der programminterne Name "Kunden" zugeord-
net. Alle Dateibearbeitungsbefehle (OPEN, CLOSE, READ, WRITE etc.) in der Procedure Division des Programms benutzen diesen internen Namen. Die ASSIGN TO-
Klausel zeigt den Verzeichnispfad und den Namen der Datei, die "außerhalb" des
Programms gelten. Befinden Sie sich auf der Betriebssystemebene ("außerhalb" des
Programms), sprechen Sie die betreffende Datei mit dem programmexternen Namen
"KUNDEN" über den angegebenen Pfad an. Entsprechendes gilt für die zweite im
obigen Beispiel definierte Datei "Auftrag". Je nach verwendetem Compiler können
externer und interner Dateiname durchaus identisch sein. Näheres zu den diesbe-
züglichen Namenskonventionen entnehmen Sie bitte Ihrem Compiler-Manual.

9.2 Definition der logischen Kenngrößen

Die logischen Kenngrößen einer jeden in einem Programm benutzten Datei, insbesondere die Größe und die Struktur der Datensätze, sind in der Data Division unter der File Section mit Hilfe der FD-Anweisung (File Description) anzugeben. Das Format einer FD-Anweisung sieht folgendermaßen aus:

```
FD  Datei-Name-1  LABEL RECORD STANDARD.

    01 Datensatz.

       . . .
```

In der File Section werden die in einem Programm verwendeten Dateien bzw. deren Datensätze beschrieben. Attribute, die die Datei als Ganzes betreffen, werden im Dateibeschreibungseintrag FD (File Description) codiert, dem die Datensatzbeschreibungseinträge folgen. Die FD-Anweisung beinhaltet folgende Elemente:

❑ *FD Datei-Name-1*
Zu jeder in der Input-Output Section mit einem SELECT aufgeführten Datei muß ein entsprechender FD-Eintrag erfolgen. Somit muß Datei-Name-1 der FD-Anweisung mit einem nach SELECT angeführten Datei-Namen identisch sein, das heißt, auch in der FD-Anweisung wird der jeweilige programminterne Name einer Datei verwendet.

```
DATA DIVISION.
********************
File Section.
*--------------
FD Kunden label record standard.
01 Kunden-Satz.
   02 Kundennummer    pic x(4).
   02 Nachname        pic x(30).
   02 Vorname         pic x(20).
   02 Strasse         pic x(30).
   02 PLZ             pic 9(8).
   02 Ort             pic x(30).
   02 Telefon         pic x(15).

FD Auftrag label record standard.
01 Auftrag-Satz.
   02 Kundennummer    pic x(8).
   02 Auftragnummer   pic x(8).
   02 Artikelnr       pic x(8).
   02 Menge           pic 9(5).
   02 Artikelpreis    pic 9(5).
   02 Auftragsdatum   pic 9(6).
```

❑ *LABEL RECORD STANDARD*
Unter dem Betriebssystem VMS ist diese Klausel nur für Dokumentationszwecke von Relevanz. In der ANS-Cobol-Norm ist sie vorgeschrieben und darf daher nicht weggelassen werden. Da die meisten Cobol-Compiler weitgehend nach dieser Norm ausgerichtet sind, muß LABEL RECORD STANDARD in dieser Form generell angegeben werden.

❏ *Datensatzbeschreibung*

Beginnend mit der Sufe 01 wird hier die Struktur eines Satzes der betreffenden
Datei mit seinen Feldern und Picture-Masken festgelegt. Sie beschreibt die
logische Form der Speicherung von Datensätzen der betreffenden Datei auf
dem externen Speichermedium. Diese Struktur dient zudem im Hauptspeicher
als Aufnahmepuffer für Datensätze, die von einer extern abgelegten Datei eingelesen oder aus dem Programm in eine externe Datei weggeschrieben werden
sollen. Bei der Strukturdefinition sind die Regeln der im Kapitel 3 erläuterten
Datenfeldbeschreibung zu befolgen. Zu beachten gilt, daß die Datensatzbeschreibung mit der Stufe 01 beginnt und die VALUE-Klausel hier nicht angewendet werden darf. Im obigen Beispiel werden die Dateien Kunden und Auftrag beschrieben, die im Beispiel zur SELECT-Klausel mit ihren physikalischen
Kenngrößen definiert wurden.

9.3   Anweisungen zur Verarbeitung sequentieller Dateien

9.3.1   Die OPEN-Anweisung

Bevor eine logisch und physikalisch definierte Datei in der Procedure Division durch
Cobol-Anweisungen bearbeitet werden kann, muß diese Datei durch die Cobol-Anweisung OPEN (ebenfalls in der Procedure Division) geöffnet werden. Je nachdem,
welche Operationen mit den Sätzen einer Datei durchgeführt werden sollen, unterscheidet man verschiedene Bearbeitungsformen (Open Modes). Abhängig von diesen
Open Modes können die Verarbeitungsbefehle READ und WRITE eingesetzt werden. Bevor ein Programm beendet wird, sollte jede Datei auch wieder geschlossen
werden. Dies geschieht mit der Anweisung CLOSE.

Eine OPEN-Anweisung dient dazu, eine Datei vor der eigentlichen Bearbeitung
durch die Befehle READ oder WRITE einem Cobol-Programm zugänglich zu machen. Grundsätzlich können nur geschlossene oder noch nicht existierende Dateien
geöffnet werden. Die mehrmalige Anwendung der OPEN-Anweisung auf eine Datei
ohne dazwischenliegende CLOSE-Anweisungen führt unweigerlich zu Programmabstürzen. Wird ein Programm auf diese nicht sehr elegante Art beendet und sind
Dateien dabei offen geblieben, wird die nächste OPEN-Anweisung für eine dieser
Dateien bei einem Programm-Neustart sofort wieder zu einem Absturz führen. Die
geöffneten Dateien müssen daher vor einer erneuten Programmausführung durch
ein eigenes kleines Programm, das nur CLOSE-Anweisungen ausführt, geschlossen
werden. Das Format der OPEN-Anweisung sieht wie folgt aus:

OPEN   {   INPUT   { Datei-Name-1 } ... } ...
              OUTPUT { Datei-Name-2 } ...
              I-O   { Datei-Name-3 } ...
              EXTEND { Datei-Name-4 } ...

Die Alternativen INPUT, OUTPUT, I-O und EXTEND stellen die verschiedenen Open Modes einer Datei dar. Eine Datei kann zu einem bestimmten Zeitpunkt immer nur in einem einzigen dieser Modes im geöffneten Zustand vorliegen. Eine OPEN-Anweisung kann aber auf mehrere verschiedene Dateien angewendet werden, wenn deren Namen hinter der Modus-Angabe durch Leerzeichen oder Kommata getrennt aufgeführt werden.

☐   *OPEN INPUT*

Die OPEN INPUT-Anweisung eröffnet eine bereits auf dem externen Speichermedium existierende Datei als Eingabedatei (Input-Datei). Aus einer Eingabedatei können nur Datensätze gelesen werden (READ). Die Anwendung einer WRITE-Anweisung führt zu einem Programmabsturz. OPEN INPUT setzt voraus, daß die als Datei-Name-1 angegebene Datei bereits existiert, und positioniert einen Datensatz-Zeiger (Record Pointer; eine vom Betriebssystem verwaltete Markierung) auf den ersten Satz der Datei. Das heißt, bei Anwendung einer READ-Anweisung auf eine "frisch" geöffnete Eingabedatei würde der erste Datensatz dieser Datei in den FD-Puffer gelesen und dort zur Verarbeitung durch weitere Cobol-Anweisungen bereitstehen. Wird versucht, eine physisch nicht vorhandene Datei zu öffnen, bleibt die OPEN-Anweisung erfolglos.

☐   *OPEN OUTPUT*

OPEN OUTPUT eröffnet eine Ausgabedatei (Output-Datei) auf dem externen Speichermedium. In eine Ausgabedatei können Datensätze nur geschrieben werden (WRITE). Die Anwendung der READ-Anweisung führt zu einem Programmabsturz. Falls die hinter OUTPUT aufgeführte(n) Datei(en) auf dem externen Speichermedium noch nicht existiert(en), wird (werden) diese vom Betriebssystem neu angelegt. Eine solche "neue" Datei ist zunächst leer, das heißt, sie enthält noch keine Datensätze. Mit der OPEN OUTPUT-Anweisung können folglich neue Dateien generiert werden. Falls die hinter OPEN OUTPUT angegebene(n) Datei(en) bereits vorhanden war(en), wird deren Inhalt komplett gelöscht. Das heißt, bei der Anwendung einer WRITE-Anweisung auf eine "frisch" geöffnete Ausgabedatei wird der zu schreibende Datensatz als erster und einziger Datensatz in diese Datei eingefügt.

❑   *OPEN I-O*

Die Anweisung OPEN I-O eröffnet eine bereits existierende Datei sowohl als Eingabedatei als auch als Ausgabedatei. Die betreffende sequentielle Datei kann sowohl gelesen (READ) als auch beschrieben (nur REWRITE) werden, während sie im I-O-Modus geöffnet vorliegt. Nach erfolgreicher Eröffnung einer Datei mittels der OPEN I-O-Anweisung zeigt der Record Pointer auf den ersten Datensatz der Datei. Dieser OPEN-Modus ermöglicht es, innerhalb ein- und derselben OPEN-Phase einen Datensatz zu lesen und ihn, z.B. nach einer Korrektur, wieder an dieselbe Stelle auf das externe Speichermedium zu schreiben. Der I-O-Modus kann für sequentiell organisierte Dateien nur dann verwendet werden, wenn diese auf direkt adressierbaren Speichermedien abgelegt sind.

❑   *OPEN EXTEND*

Die Anweisung OPEN EXTEND eröffnet eine bereits existierende sequentiell organisierte Datei (Extend-Datei). Falls die hinter EXTEND aufgeführte(n) Datei(en) auf dem externen Speichermedium noch nicht existiert(en), bleibt die OPEN-Anweisung erfolglos. Mit der OPEN EXTEND-Anweisung können folglich (in der hier gezeigten Form) keine neuen Dateien generiert werden. In eine Extend-Datei können nur Datensätze hinter den letzten bereits existierenden Datensatz geschrieben werden (WRITE). Die Anwendung einer READ-Anweisung führt zu einem Programmabsturz. OPEN EXTEND positioniert den Record Pointer hinter den letzten bereits vorhandenen Datensatz. D.h., bei der Anwendung einer WRITE-Anweisung auf eine "frisch" geöffnete EXTEND-Datei würde der zu schreibende Datensatz hinter den letzten bereits vorhandenen Datensatz in diese Datei eingefügt. Die Datei wird "fortgeschrieben" und nicht wie beim einem OPEN OUTPUT vor dem Schreiben komplett gelöscht.

Beispiele: open input Kunden.
                open input Kunden, extend Auftrag, output Personal.
                open input Kunden, Auftrag, output Personal, extend Dat1.

9.3.2   Die CLOSE-Anweisung

Eine CLOSE-Anweisung (im Ablauf der Procedure Division vor dem STOP RUN) dient dazu, eine Datei nach einem OPEN und der Bearbeitung durch READ / WRITE-Anweisungen wieder zu schließen. Grundsätzlich können nur existierende, geöffnete Dateien geschlossen werden. Die mehrmalige Anwendung der CLOSE-Anweisung auf eine Datei ohne dazwischenliegende OPEN-Anweisungen führt zum Programmabsturz. Das Format der CLOSE-Anweisung sieht folgendermaßen aus:

CLOSE   { Datei-Name-1 }   ...

Hinter dem Wort CLOSE können ein oder mehrere Namen von geöffneten Dateien aufgeführt werden. Dabei spielt es keine Rolle, in welchem Open-Modus sich diese Dateien befinden. Ein weiterer Zugriff auf die mit CLOSE bearbeiteten Dateien ist im selben Programm erst dann wieder möglich, wenn die Dateien neuerlich durch eine OPEN-Anweisung bereitgestellt werden.

Beispiele: close Kunden.
                close Lagerbestand, Auftrag.

9.3.3 Die READ-Anweisung

Durch die READ-Anweisung wird bei sequentieller Verarbeitung einer im INPUT-Modus geöffneten Datei der Datensatz, auf den der Record Pointer zeigt, in den unter der FD-Klausel beschriebenen Datensatzpuffer der bearbeiteten Datei im Hauptspeicher gelesen. Das Format der READ-Anweisung sieht folgendermaßen aus:

READ   Datei-Name-1   RECORD [INTO Daten-Name-1]

              [AT END Unbedingte-Anweisung ...]

❑ *READ Datei-Name-1 RECORD*
Datei-Name-1 muß eine logisch und physikalisch korrekt definierte und im IN-PUT-Modus geöffnete Datei bezeichnen. Ein erfolgreich gelesener Datensatz wird in dem Datensatzpuffer (Aufnahmepuffer) der betreffenden Datei (FD-Eintrag) zur weiteren Verarbeitung bereitgestellt. Auf die Felder dieses Puffers kann dann mit Cobol-Anweisungen zugegriffen werden.

❑ *INTO Daten-Name-1*
Die optionale INTO-Klausel bewirkt, daß der erfolgreich gelesene Datensatz nicht nur in den Aufnahmepuffer des FD-Eintrages eingelesen, sondern zusätzlich auch in einer durch Daten-Name-1 gekennzeichneten Datengruppe zur Verfügung gestellt wird. Diese Datengruppe muß in der Working-Storage Section definiert sein und, wenn INTO sinnvoll angewendet werden soll, die eingelesenen Daten strukturell fehlerfrei aufnehmen können.

❑ *AT END Unbedingte-Anweisung*
Kann eine READ-Anweisung nicht erfolgreich ausgeführt werden, weil z.B. kein nächster Satz mehr in der Datei vorhanden ist, so tritt die angegebene un-

bedingte Anweisung in Kraft (und nur dann). Hier können beliebige Cobol-Anweisungen außer der IF-Anweisung (bedingte Anweisung) codiert werden. Nach Ausführung dieser Anweisungen wird der Programmablauf mit der nächsten auf READ folgenden Anweisung fortgesetzt.

Beispiele: read Kunden record.
                  read Auftrag record into Rechen-Auftrag-Satz.
                  read Auftrag record into Anzeige at end move spaces to Anzeige.

Durch die READ-Anweisung wird der nächste Datensatz einer Datei in ihrem FD-Puffer für die weitere Verarbeitung zur Verfügung gestellt. Dieser Datensatz ist durch die aktuelle Position des Record Pointers bestimmt. Nach jeder erfolgreichen READ-Anweisung wird der Record Pointer auf den nächstfolgenden Datensatz positioniert. Das heißt, durch die OPEN-Anweisung wird der Pointer auf den ersten Datensatz einer Datei gestellt, nach der ersten READ-Anweisung steht der Pointer auf dem zweiten Datensatz usw. Nachdem der letzte Satz aus einer Datei erfolgreich gelesen wurde, zeigt der Pointer somit auf das Datei-Endezeichen (End Of File; EOF). In diesem Fall tritt die unbedingte Anweisung hinter AT END in Kraft.

```
            Beispiel 1: READ

File-Control.
   select Kunden
        assign to "sys$disk:KUNDEN"
   organization is sequential.
_____

 FD  Kunden label record standard.
 01  Kunden-Satz.
        02 Kundennr        pic x(4).
        02 Name            pic x(30).
_____

Working-Storage Section.
01  flag                   pic x.
```

```
PROCEDURE DIVISION.
******************************
Anfang.
   move spaces to flag.
   open input Kunden.
   perform Lesen until flag = "n".
   close Kunden.  stop run.


Lesen.
   read Kunden record
        at end display "Dateiende"
        move "n" to flag.
   if flag not = "n"
        display  Kundennr " " Name.
```

❑   *Beispiel 1: READ*

Zur Erläuterung des Beispiels 1 gehen wir davon aus, daß die Datei Kunden auf dem externen Speichermedium bereits vorhanden ist und einige Kundendatensätze enthält.

Die Anweisung "open input Kunden" positioniert zu Beginn des Programms den Record Pointer (Datensatz-Zeiger) auf den ersten Datensatz der Datei, so daß die erste READ-Anweisung beim ersten Durchlauf des Paragraphen Lesen den ersten Kunden-Satz in den FD-Puffer im Hauptspeicher einliest. Dadurch, daß die erste READ-Anweisung erfolgreich war, also einen Datensatz aus der Datei lesen konnte, werden die Anweisungen hinter der AT END-Klausel des READ ignoriert. Die IF-Bedingung trifft zu, da das Feld "flag" weiterhin ein Leerzeichen enthält, und die beiden DISPLAY-Anweisungen zeigen die Informationen Kundennummer und Kundenname aus dem FD-Puffer auf dem Bildschirm an.

Da der Inhalt des Feldes "flag" sich nicht verändert hat, wird gemäß der PER-FORM...UNTIL-Anweisung (aus dem Paragraphen Anfang) der Paragraph Lesen ein weiteres Mal abgearbeitet. Durch das erste erfolgreiche READ wurde der Record Pointer automatisch um einen Datensatz in der Datei nach vorne geschoben, so daß das zweite READ nun auf den zweiten Datensatz der Datei zugreifen kann. Vorausgesetzt, auch dieses zweite Lesen war erfolgreich, werden wiederum die DISPLAY-Anweisungen ausgeführt, und die Informationen zum zweiten Kunden am Bildschirm erscheinen.

In den nachfolgenden Durchläufen des Paragraphen Lesen werden alle in der Datei vorhandenen Datensätze in der Reihenfolge angezeigt, wie sie auf dem externen Speichermedium vorliegen (bestimmt durch die zeitliche Folge der Aufnahme in die Datei). Jedes READ verursacht dabei einen Vorschub des Record Pointers. Sobald der Record Pointer über den letzten Satz der Datei hinausgeschoben wurde und dadurch auf das Datei-Endezeichen zeigt, wird das nächstfolgende READ nicht mehr erfolgreich sein. In diesem Falle (und nur in diesem) treten die Anweisungen in Aktion, die hinter der AT END-Klausel des READ angegeben sind. Dort wird dem Programmbediener angezeigt, daß das Dateiende erreicht ist, und zusätzlich das Feld "flag" mit dem Buchstaben "n" gefüllt. Hinter der AT END-Klausel können beliebig viele, durch Leerzeichen oder Kommata getrennte, unbedingte (das heißt beliebige Anweisungen außer der IF...THEN...ELSE-Anweisung) Cobol-Anweisungen angegeben werden. Im Beispiel ist erst mit dem Punkt hinter der MOVE-Anweisung das READ...AT END abgeschlossen. Bei flag = "n" trifft die IF-Bedingung nun nicht mehr zu, was die Ausführung der DISPLAY-Anweisungen verhindert. Die UNTIL-Bedingung der PERFORM-Anweisung ist erfüllt, die Datei Kunden wird geschlossen und das Programm ordnungsgemäß beendet.

```
        Beispiel 2: READ INTO

File-Control.
  select Kunden
      assign to "sys$disk:KUNDEN"
  organization is sequential.


FD  Kunden label record standard.
01  Kunden-Satz.
      02 Kundennr        pic x(4).
      02 Name            pic x(30).


Working-Storage Section.
01 Zak.
      02 Nummer          pic x(4).
      02 Nachname        pic x(30).
01 flag                  pic x.
```

```
PROCEDURE DIVISION.
*****************************
Anfang.
    move spaces to flag.
    open input Kunden.
    perform Lesen until flag = "n".
    close Kunden.
    stop run.


Lesen.
    read Kunden record into Zak
      at end
      display "Dateiende"
      move "n" to flag.
    if flag not = "n"
      display Nummer  " "  Nachname.
```

☐   *Beispiel 2: READ INTO*

An der Verarbeitungslogik des Programms aus Beispiel 1 hat sich grundlegend nichts verändert. Die Lese-Schleife läuft genauso ab, wie oben geschildert. Im Unterschied zu Beispiel 1 wird hier aber die READ-Anweisung mit der INTO-Klausel verwendet, wodurch nur der technische Vorgang des Lesens modifiziert wird. Das READ...INTO bewirkt, daß der gelesene Datensatz nicht nur im FD-Puffer des Hauptspeichers zur weiteren Verwendung zur Verfügung steht, sondern auch in der Datengruppe, die hinter INTO angegeben wird. Diese Datengruppe muß natürlich in der Working-Storage Section definiert sein. In Beispiel 2 ist dies die Datengruppe Zak.

Um eine fehlerfreie Übertragung aller Daten zu erreichen, sollten Sie die Struktur dieser Datengruppe (Zak) mit dem FD-Puffer identisch gestalten. Wenn Sie die Reihenfolge und Länge der Elementarfelder von Zak den Elementarfeldern des FD-Puffers genau anpassen, ist sicher gewährleistet, daß beim Einlesen der Daten in Zak keine Informationen verfälscht oder Zeichen abgeschnitten werden. Wenn Sie Beispiel 2 auf Ihrem Rechner ablaufen lassen, werden Sie sehen, daß die unterschiedlichen Namen der Elementarfelder in Zak und dem FD-Puffer dabei keine Rolle spielen. Ein Datensatz wird immer in seiner gesamten festen Länge, in unserem Beispiel also mit 34 Zeichen (4 Kundennr + 30 Name), in die reservierten Hauptspeicherstellen eingelesen. Die Aufteilung dieser Ge-

samtlänge auf einzelne Datenfelder erfolgt erst durch die Feldeinteilung der reservierten Hauptspeicherstellen. Das erste vom externen Speichermedium gelesene Zeichen eines Datensatzes wird in der jeweils ersten reservierten Hauptspeicherstelle des FD-Puffers und der INTO-Datengruppe Zak abgelegt, das
zweite gelesene Zeichen in der jeweils zweiten reservierten Hauptspeicherstelle
usw. Da die ersten 4 gelesenen Zeichen eines Datensatzes die Kundennummer
beinhalten, sollten also FD-Puffer und Zak am Anfang ihrer Strukturdefinition
ein 4 Zeichen langes Feld aufweisen, das diese Kundennummer vollständig aufnehmen kann. Im Bereich ab dem 5. bis zum 34. vom Speichermedium gelesenen Zeichen wird der Name des Kunden zu finden sein. Die Strukturdefinitio-
nen des FD-Puffers und der Datengruppe Zak sollten dafür ein entsprechend
langes Feld ab der 5. reservierten Speicherstelle bereithalten.

Bei der Definition des FD-Puffers und einer INTO-Datengruppe sollten Sie zudem beachten, daß neben den Feldlängen auch die Feldtypen (numerisch, alphanumerisch) der reservierten Hauptspeicherstellen den einzulesenden Zeichen entsprechen. Würden Sie z.B. das Elementarfeld Nachname der Datengruppe Zak numerisch definieren, könnten in diesem Feld die alphanumerischen Zeichen des Kundennamens nicht aufgenommen werden. Zumindest
eine Fehlermeldung, wenn nicht ein Programmabsturz, wäre in diesem Fall die
Folge einer READ-Anweisung.

```
Beispiel 3: Suchen eines Kunden

File-Control.
 select Kunden
  assign to "sys$disk:KUNDEN"
  organization is sequential.

FD Kunden label record standard.
01  Kunden-Satz.
    02 Kundennr          pic x(4).
    02 Name              pic x(30).

Working-Storage Section.
01 Zak.
    02 Nummer            pic x(4).
    02 Nachname          pic x(30).
01 flag                  pic x.
```

```
PROCEDURE DIVISION.
*****************************

Eingabe.
  move 0 to flag.   display "Name ?".
  accept Nachname.


Anfang.
  open input Kunden.
  perform Lesen until flag = 1.
  close Kunden.   stop run.


Lesen.
  read Kunden record
   at end display "Fehlt"   move 1 to flag.
  if Nachname = Name then
     display Kundennr,  move 1 to flag.
```

☐ *Beispiel 3: Suchen eines Kunden*

In diesem Beispiel wird gezeigt, wie die Kundennummer zu einem bestimmten Kunden in einer Datei gefunden und am Bildschirm angezeigt werden kann. Der Programmbediener muß zunächst den Namen des Kunden eingeben, dessen Nummer er sehen will. Die Tastatureingabe wird im Feld "Nachname" der Datengruppe Zak abgelegt. Nach dem Öffnen der Datei (INPUT; es soll nur aus der Datei gelesen werden) stößt die PERFORM-Anweisung die Lese-Schleife an. Der erste Datensatz wird in den FD-Puffer eingelesen. Die IF-Anweisung prüft, ob der gesuchte Name ("Nachname" in Zak) mit dem gerade gelesenen Namen ("Name" im FD-Puffer) identisch ist. Ist dies nicht der Fall, werden die bedingten Anweisungen hinter THEN ignoriert. Da das Feld "flag" weiterhin die Null enthält, wird der Paragraph Lesen gemäß der PERFORM...UNTIL-Bedingung zum zweiten Mal von Beginn an durchlaufen. Erst wenn nach einem READ die IF-Bedingung zutrifft, also der gelesene gleich dem gesuchten Namen ist, wird die zugehörige Kundennummer angezeigt und das Feld "flag" auf 1 gesetzt. Die UNTIL-Bedingung der PERFORM-Anweisung trifft nun zu, und das Programm wird nach dem Schließen der Datei Kunden ordnungsgemäß beendet.

Konnte in keinem Datensatz der Datei der gesuchte Name festgestellt werden, wird dies bei Erreichen des Dateiendes gemeldet und flag mit 1 besetzt. Die folgende IF-Bedingung kann nun nicht zutreffen, und der Paragraph Lesen wird gemäß der PERFORM...UNTIL-Bedingung nicht mehr durchlaufen.

Wenn die Datei zwar existiert, aber leer ist (keine Datensätze enthält), wird bereits das erste READ das Ende der Datei erkennen. In diesem Fall wird das Programm, wie im vorherigen Absatz geschildert, beendet.

Ein häufig auftretendes Problem bei solchen Such-Vorgängen ist, daß das Suchkriterium in verschiedenen Datensätzen der Datei identisch vorkommen kann. In einer Kundendatei ist es z.B. sehr wahrscheinlich, daß mehrere Kunden mit gleichem Namen vorhanden sind. Da die Kundendatensätze in der zeitlichen Reihenfolge ihrer Aufnahme in eine sequentielle Datei geschrieben werden, können verschiedene Kunden mit Namen "Müller" z.B. als 2., 4. und 6. Datensatz auf dem externen Speichermedium verzeichnet sein. Der 1., 3., 5., 7. und alle weiteren Datensätze beinhalten Informationen zu Kunden mit anderen Namen. Ein Programm nach dem Muster von Beispiel 3 wird die Datei Kunden vom ersten Datensatz an lesen und den 2. Datensatz als "Müller-Treffer" erkennen. Der Programmbediener sieht die Informationen zu diesem Kunden (Kundennummer, Vorname, Adresse o.ä.) auf dem Bildschirm und stellt fest, daß dies nicht der "Müller" mit Vornamen "Peter" ist, den er eigentlich sucht, sondern ein "Müller" mit anderem Vornamen. Der Programmbediener hat nun nicht die Möglichkeit, die Datei weiter zu durchsuchen, bis der gewünschte "Müller" an 4. oder 6. Datensatzposition der Datei gefunden ist. Das Programm aus Beispiel 3 wird immer nur den ersten in der Datei verzeichneten "Müller" anzeigen und dann seinen Dienst quittieren. Im nachfolgenden Beispiel 4 wird dieses "Müller-Meier-Schmidt-Problem" gelöst.

```
Beispiel 4:   Das Müller-Meier-
              Schmidt-Problem

File-Control.
   select Kunden assign to
      "sys$disk:KUNDEN"
   organization is sequential.

FD Kunden label record standard.
01  Kunden-Satz.
       02 Kundennr        pic x(4).
       02 Nachname        pic x(20).
       02 Vorname         pic x(10).

Working-Storage Section.
01 Zak.
       02 Nummer          pic x(4).
       02 N-Name          pic x(20).
       02 V-Name          pic x(10).
01 flag                   pic x.
```

```
PROCEDURE DIVISION.
*******************************
Eingabe.
   display "Name ?". accept N-Name.

Anfang.
   open input Kunden.
   perform Lesen until flag = "j".
   close Kunden.   stop run.

Lesen.
   move spaces to Nachname.
   read Kunden record
        at end display "Dateiende"
        move "j" to flag.
   if flag not = "j" and
        Nachname = N-Name then
        display Kunden-Satz
        display "Korrekt ? (j/n)"
        accept flag.
```

□ *Beispiel 4: Das Müller-Meier-Schmidt-Problem*

Die erste IF-Anweisung bewirkt, daß von dem ersten gefundenen "Müller" der Vorname am Bildschirm angezeigt wird, und veranlaßt eine Ja/Nein-Abfrage, ob dies der gewünschte "Müller" ist. Abhängig von der nun folgenden Tastatureingabe des Programmbedieners wird der weitere Ablauf des Programms gesteuert. Durch die Eingabe eines "n" für Nein signalisiert der Programmbediener, daß der angezeigte "Müller" nicht der gesuchte ist. In diesem Fall wird gemäß der PERFORM...UNTIL-Bedingung der Paragraph Lesen ein weiteres Mal durchlaufen. Die nächste READ-Anweisung greift nun auf den Datensatz zu, der direkt auf den ersten "Müller" folgt, da jedes READ den Record Pointer um 1 Satz in der Datei nach vorne schiebt. Auf diese Weise wird die Datei Satz für Satz gelesen und jeder "Müller-Treffer" angezeigt. Erst wenn das Dateiende erreicht ist oder der Programmbediener bei einem angezeigten Treffer ein "j" eingibt und damit ausdrückt, daß dies der gewünschte "Müller" ist, trifft die UNTIL-Bedingung der PERFORM-Anweisung zu.

9.3.4   Die WRITE-Anweisung

Durch die WRITE-Anweisung wird bei sequentieller Verarbeitung einer im OUTPUT- oder EXTEND-Modus geöffneten Datei der Inhalt des in der FD-Klausel beschriebenen Datensatzpuffers in die bearbeitete Datei auf dem externen Speichermedium geschrieben. Das Format der WRITE-Anweisung sieht folgendermaßen aus:

WRITE   Datensatz-Name-1   [FROM Daten-Name-1]

Wurde die Datei vor der Ausführung der ersten WRITE-Anweisung im OUTPUT-Modus geöffnet, gilt die Datei als neu erzeugt und "leer". Der Record Pointer zeigt auf den Dateianfang, und die erste WRITE-Anweisung wird den zu schreibenden Datensatz immer als ersten und bis dahin einzigen Satz an den Beginn der Datei stellen. Wenn die betreffende Datei vor dem OPEN OUTPUT bereits auf dem Speichermedium mit Datensätzen gefüllt existierte, bedeutet dies, daß die "alten" Dateiinhalte vollständig verlorengehen. Wenn die Datei noch nicht auf dem Speichermedium vorhanden war, wird sie durch das OPEN OUTPUT als "leere" Datei erzeugt.

Vorausgesetzt, die Datei wird nach einem ersten WRITE nicht geschlossen, schreibt die nächste WRITE-Anweisung einen zweiten Datensatz hinter den ersten, da jede WRITE-Anweisung den Record Pointer um 1 Datensatzposition in der Datei weiter schiebt.

Wurde die Datei vor der Ausführung der ersten WRITE-Anweisung im EXTEND-Modus geöffnet, wird die Datei, falls sie bis dato noch nicht existierte, nicht neu angelegt. Die OPEN EXTEND-Anweisung bleibt in diesem Fall erfolglos und wird zumeist einen Programmabsturz verursachen. War die betreffende Datei vor dem OPEN EXTEND bereits auf dem Speichermedium mit Datensätzen gefüllt vorhanden, wird die erste WRITE-Anweisung den zu schreibenden Datensatz immer hinter den letzten in der Datei vorgefundenen Datensatz anfügen. Ein WRITE auf eine EX-

TEND-Datei ermöglicht es in diesem Falle also, eine Datei "fortzuschreiben". Ein bestehender Dateiinhalt wird nicht, wie bei einem OPEN OUTPUT geschildert, verlorengehen.

☐   *WRITE Datensatz-Name-1*
Bei der WRITE-Anweisung wird, im Gegensatz zu READ, nicht die betreffende Datei angegeben, sondern die im FD-Eintrag als Datensatzpuffer beschriebene Datengruppe mit der Stufe 01. Bevor WRITE sinnvoll ausgeführt werden kann, muß dieser Datensatzpuffer per MOVE-Anweisung aus der Procedure Division einen Inhalt erhalten. Nach einer erfolgreichen WRITE-Anweisung ist der Datensatzpuffer wieder leer und zur Aufnahme weiterer Daten bereit.

☐   *FROM Daten-Name-1*
Durch die optionale FROM-Klausel können Daten vor der Ausführung der WRITE-Anweisung von einer in der Working-Storage Section definierten Datengruppe in den Datensatzpuffer übertragen werden. Das Füllen des Aufnahmepuffers durch einzelne MOVE-Anweisungen kann dadurch umgangen werden.

Beispiele: write Kunden-Satz.
                  write Auftrag-Satz from Aufbereitung-Satz.

```
            Beispiel 1: WRITE

File-Control.
    select Kunden assign to
        "sys$disk:KUNDEN"
    organization is sequential.


FD Kunden label record standard.
01  Kunden-Satz.
        02 Kundennr        pic x(4).
        02 Nachname        pic x(30).


Working-Storage Section.
01  Zak.
        02 Nummer          pic x(4).
        02 Name            pic x(30).
01  flag                   pic x.
```

```
PROCEDURE DIVISION.
*******************************
Anfang.
    move spaces to flag.
    open output Kunden.
    perform Aufnahme
        until flag = "n".
    close Kunden.    stop run.


Aufnahme.
    move spaces to Kunden-Satz.
    display "Kundennummer: ".
    accept Kundennr.
    display "Kundenname: ".
    accept Nachname.
    write Kunden-Satz.
    display "Wiederholen ? (j/n)".
    accept flag.
```

❏   *Beispiel 1: WRITE*

Zur Erläuterung des Beispiels 1 gehen wir davon aus, daß die Datei Kunden auf
dem externen Speichermedium noch nicht vorhanden ist. Die Anweisung "open
output Kunden" erzeugt die Datei Kunden und positioniert zu Beginn des Programms den Record Pointer (Datensatz-Zeiger) auf den Dateianfang. Im Paragraphen Aufnahme werden zunächst eventuelle alte Inhalte der Felder "Kundennr" und "Nachname" mit Leerzeichen überschrieben. Daraufhin erfolgen in
diese Felder per Tastatur die Eingaben der Informationen, die auf dem externen
Speichermedium abgelegt werden sollen. Die WRITE-Anweisung schreibt die
so gefüllten Felder in Form der Datengruppe "Kunden-Satz" als ersten Datensatz in die Datei und schiebt den Record Pointer um 1 Satz weiter. Gibt der Programmbediener dann bei der Ja/Nein-Abfrage ein Zeichen ungleich "n" ein,
wird der Paragraph Aufnahme ein zweites Mal durchlaufen. Der in diesem
Durchlauf weggeschriebene Datensatz wird in der Datei hinter den ersten Datensatz angefügt (Record-Pointer-Position). Erst wenn der Programmbediener
bei der Ja/Nein-Abfrage mit "n" antwortet, wird die UNTIL-Bedingung der
PERFORM-Anweisung erfüllt und das Programm nach dem Schließen der Datei Kunden ordnungsgemäß beendet. Wenn das Programm nun ein zweites Mal
aufgerufen wird, gehen die bereits aufgenommenen Datensätze verloren, da die
Datei Kunden durch das erneute OPEN OUTPUT jetzt als "leer", das heißt ohne
Datensätze, neu angelegt wird.

```
Beispiel 2: WRITE FROM

File-Control.
    select Kunden assign to
        "sys$disk:KUNDEN"
    organization is sequential.

FD Kunden label record standard.
 01  Kunden-Satz.
        02 Kundennr        pic x(4).
        02 Nachname        pic x(30).

Working-Storage Section.
01  Zak.
        02 Kundennr        pic x(4).
        02 Nachname        pic x(30.
01 flag                    pic x.
```

```
PROCEDURE DIVISION.
*****************************

Anfang.
    move spaces to flag.
    open output Kunden.
    perform Aufnahme until flag = "n".
    close Kunden.   stop run.

Aufnahme.
    move spaces to Zak.
    display "Kundennummer: ".
    accept Kundennr of Zak.
    display "Kundenname: ".
    accept Nachname of Zak.
    write Kunden-Satz from Zak.
    display "Wiederholen ? (j/n)".
    accept flag.
```

❑ *Beispiel 2: WRITE FROM*

Beispiel 2 demonstriert, wie der FROM-Zusatz der WRITE-Anweisung funktio-
niert. Im Vergleich zu Beispiel 1 hat sich an der Verabeitungslogik nichts geändert. Dort wurden die Felder der Datengruppe "Kunden-Satz" direkt durch Tastatureingaben gefüllt und dann weggeschrieben. Demgegenüber erfolgen in
Beispiel 2 die Tastatureingaben in die Felder der Datengruppe Zak. Diese Datengruppe ist bis auf ihren Namen identisch mit dem FD-Puffer der Datei Kunden. Der FROM-Zusatz bewirkt nun, daß die Zeichen der Datengruppe Zak in
den FD-Puffer übertragen werden, bevor dieser durch die WRITE-Anweisung
auf das externe Speichermedium geschrieben wird. Um eine fehlerfreie Übertragung zwischen Zak und dem FD-Puffer zu erhalten, sollten Sie die Ausführungen in Kapitel 9.3.3 zu dem dortigen Beispiel 2 (READ INTO) beachten.

9.3.5 Die REWRITE-Anweisung

Mit Hilfe der REWRITE-Anweisung kann ein bereits existierender Datensatz, meist
nach einer Modifikation, an seine ursprüngliche Position in einer sequentiellen Datei
zurückgeschrieben werden. Voraussetzung dafür ist jedoch, daß die betreffende Datei zuvor im I-O-Modus geöffnet worden ist und sich die Datei auf einem Direktzu-
griffsspeicher (z.B. Magnetplatte) befindet. Das Format der REWRITE-Anweisung
sieht folgendermaßen aus:

<u>REWRITE</u>   Datensatz-Name-1   [<u>FROM</u> Daten-Name-1]

Soll der Inhalt eines bereits bestehenden Datensatzes geändert werden, so muß dieser zunächst in den FD-Datensatzpuffer des ändernden Programms eingelesen werden. Der Anwendung der REWRITE-Anweisung muß also ein erfolgreich ausgeführ-
tes READ vorausgegangen sein. Nach der Bearbeitung der Datensatzinhalte, z.B.
durch MOVE-Anweisungen, fügt die REWRITE-Anweisung den modifizierten Datensatz genau an der Stelle der Datei wieder ein, von der der ursprüngliche Datensatz gelesen wurde. Dieses paarweise Auftreten eines Lese- (READ) und Schreibvor-
gangs (REWRITE) begründet den OPEN I-O-Modus der betreffenden Datei. Nur in
diesem Modus kann während einer OPEN-Sitzung eine Datei sowohl gelesen als
auch beschrieben werden.

❑ *REWRITE Datensatz-Name-1*

Bei der REWRITE-Anweisung wird, wie bei der WRITE-Anweisung und im Gegensatz zu READ, nicht die betreffende Datei angegeben, sondern die im FD-
Eintrag als Datensatzpuffer beschriebene Datengruppe mit der Stufe 01. Nach ei-

ner erfolgreichen REWRITE-Anweisung ist der FD-Datensatzpuffer wieder leer (mit Leerzeichen gefüllt) und zur Aufnahme neuer Daten bereit.

❑ *FROM Daten-Name-1*

Durch die optionale FROM-Klausel können Daten vor der Ausführung der REWRITE-Anweisung von einer in der Working-Storage Section definierten Datengruppe in den Datensatzpuffer übertragen werden. Das Füllen des Aufnahmepuffers durch einzelne MOVE-Anweisungen kann dadurch umgangen werden (siehe auch die Ausführungen zur WRITE FROM-Anweisung aus Kapitel 9.3.4).

❑ *Beispiel REWRITE*

Nach dem Öffnen der Datei Kunden (I-O) wird der Programmbediener dazu aufgefordert, die Nummer desjenigen Kunden einzugeben, dessen Daten er modifizieren möchte. Im Paragraph Aendern wird die Datei vom ersten Datensatz an (Position des Record Pointers nach einem OPEN I-O) gelesen, bis die gelesene Kundennummer der Suchnummer entspricht (IF-Bedingung). In diesem Fall werden die bedingten Anweisungen hinter der IF-Anweisung ausgeführt. Dort werden ein neuer Nachname erfaßt, der modifizierte Datensatz per REWRITE in die Datei zurückgeschrieben und flag auf 1 gesetzt. Die Lese-Ändern-Schleife wird dadurch abgebrochen und das Programm nach dem Schließen der Datei ordnungsgemäß

```
Beispiel: REWRITE

File-Control.
   select Kunden assign to
      "sys$disk:KUNDEN"
   organization is sequential.

FD Kunden label record standard.
01 Kunden-Satz.
      02 Kundennr    pic x(4).
      02 Nachname    pic x(30).

Working-Storage Section.
01 flag              pic x.
01 suchnr            pic x(4).

PROCEDURE DIVISION.
*****************************
Anfang.
   open I-O Kunden.
   display "Kundennummer: "
   accept suchnr.
   perform  Aendern until flag = 1.
   close Kunden.   stop run.

Aendern.
   read Kunden record
      at end display "Fehlt"
      move 1 to flag.
   if Kundennr = suchnr then
      display "Neuer Nachname: "
      accept Nachname
      rewrite Kunden-Satz
      move 1 to flag.
```

beendet. Wird in der gesamten Datei kein Datensatz mit der gewünschten Nummer gefunden, tritt die Anweisung hinter der AT END-Klausel des READ in Aktion und setzt flag auf 1. Die Bedingung der folgenden IF-Anweisung kann nicht erfüllt sein, und die Lese-Ändern-Schleife wird abgebrochen. Das Programm wird nach dem Schließen der Datei ordnungsgemäß beendet.

9.3.6   Demonstrationsbeispiel

In diesem Demonstrationsbeispiel wird das in Kapitel 7.2.4 vorgestellte Menue-System nun um die Unterprogramme der Kundenverwaltung erweitert. Ein Unterprogramm K-Aufnahme (Auswahlpunkt 1 des Kundenverwaltungs-Menues) soll dem Programmbediener ermöglichen, neue Kunden zu erfassen und in einer Datei Kunden abzuspeichern. Mit einem zweiten Unterprogramm K-Anzeige (Auswahlpunkt 2 des Kundenverwaltungs-Menues) kann der Programmbediener einen Kunden über seinen Namen in der Datei suchen und sich dessen Daten am Bildschirm anzeigen lassen. Zur Erstellung des Struktogramms brauchen Sie nur die Vorgabe aus Kapitel 7.2.4 um die neuen Unterprogramm-Blöcke zu ergänzen (EOF = End of file; Datei-Ende).

Übersicht

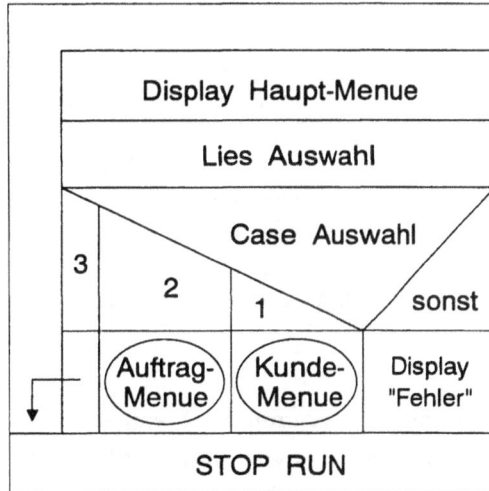

Kunde-Menue

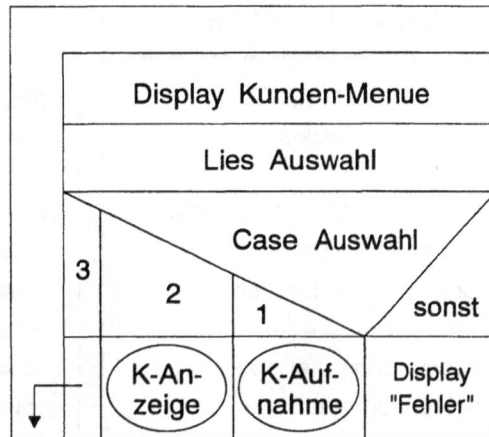

K-Anzeige

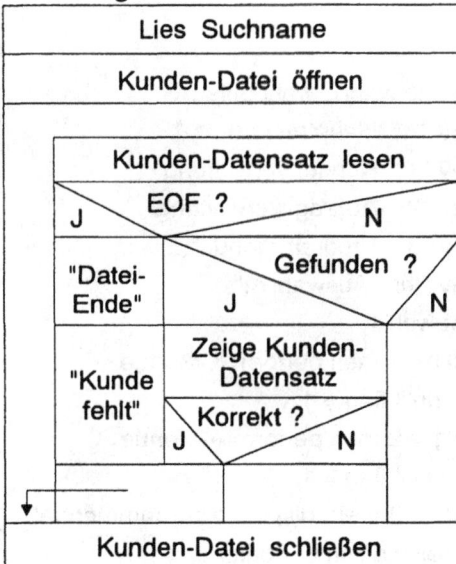

Blind

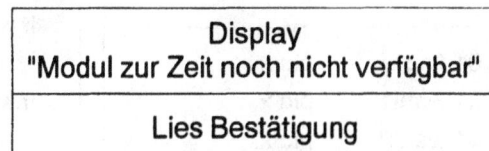

K-Aufnahme

| Kunden-Datei öffnen |
| Zeige Bildschirmmaske |

| Lies Eingaben |
| Korrekt ? |
| J   N |
| Datensatz schreiben |
| Kunden-Datei schließen |

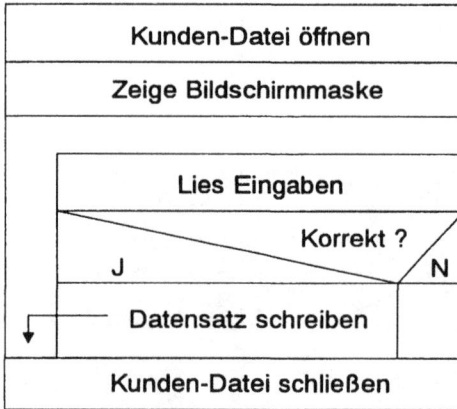

Auftrag-Menue

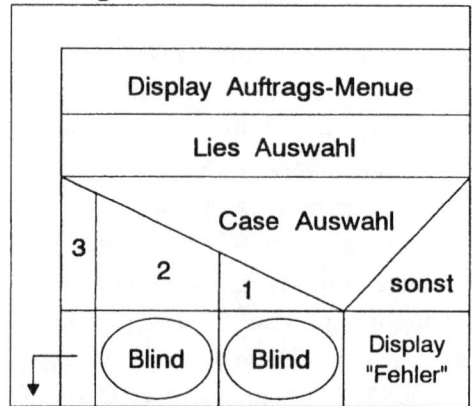

| Display Auftrags-Menue |
| Lies Auswahl |
| Case Auswahl |
| 3 | 2 | 1 | sonst |
| Blind | Blind | Display "Fehler" |

Das Hauptprogramm des Menue-Systems übernehmen wir aus Kapitel 7.2.4 und ersetzen im Kundenverwaltungs-Menue die CALLs der Blind-Blöcke durch die Aufrufe der entsprechenden Unterprogramme.

Hauptprogramm HAUPT

```
IDENTIFICATION DIVISION.
**********************************

program-id. HAUPT.
author. Schwickert.


ENVIRONMENT DIVISION.
**********************************

Configuration Section.
*----------------------------
source-computer. vax.
object-computer. vax.


DATA DIVISION.
*********************

Working-Storage Section.
*-----------------------------
01 flag        pic x.
01 wahl1       pic x.
01 wahl2       pic x.
```

```
PROCEDURE DIVISION.
*******************************

Steuerung.
    perform Menue until wahl1 = 3.  stop run.

Menue.
    move 0 to wahl1, wahl2, flag.
    display "*** Hauptmenue ***".
    display "1   Kundenverwaltung".
    display "2   Auftragsverwaltung".
    display "3   Programmende".
    display "Ihre Auswahl? :".
    accept wahl1.
    if wahl1 = 1 then perform K-Menue
        until flag = 1.
    if wahl1 = 2 then perform A-Menue
        until flag = 1.
    if wahl1 = 3 then  display "Programmende"
        else display "Fehler".
```

HAUPT - Fortsetzung	Unterprogramm BLIND

K-Menue.
   move 0 to wahl2.
   display "** Kundenverwaltung **".
   display "1   Kunden aufnehmen".
   display "2   Kunden anzeigen".
   display "3   Zum Hauptmenue".
   display "Wahl? :".   accept wahl2.
   if wahl2 = 1 then
         call "K-AUFNAHME".
   if wahl2 = 2 then
         call "K-ANZEIGE".
   if wahl2 = 3 then move 1 to flag
      else display "Fehler".
 	
A-Menue.
   move 0 to wahl2.
   display "** Auftragsverwaltung **".
   display "1   Auftrag aufnehmen".
   display "2   Auftrag anzeigen".
   display "3   Zum Hauptmenue".
   display "Wahl? :". accept wahl2.
   if wahl2 = 1 then call "BLIND".
   if wahl2 = 2 then call "BLIND".
   if wahl2 = 3 then move 1 to flag
      else display "Fehler".
	IDENTIFICATION DIVISION.
	**************************************
	program-id. BLIND.
	
	ENVIRONMENT DIVISION.
	*********************************
	Configuration Section.
	*----------------------------
	source-computer. vax.
	object-computer. vax.
	
	DATA DIVISION.
	**********************
	Working-Storage Section.
	*-------------------------------
	01 bestaet pic x.
	01 text pic x(35) value
	   "Modul z. Z. noch nicht verfügbar".
	
	PROCEDURE DIVISION.
	******************************
	Fehlanzeige.
	   display text.
	   display "Mit <Return> bestaetigen".
	   accept bestaet. exit program.

Unterprogramm K-AUFNAHME	

IDENTIFICATION DIVISION.
****
program-id. K-AUFNAHME.
 	
ENVIRONMENT DIVISION.
****
Configuration Section.
*--------------------------
source-computer. vax.
object-computer. vax.
	Input-Output Section.
	*-------------------------
	 File-Control.
	    select Kunden assign to
	      "sys\$disk:KUNDEN"
	    organization is sequential.
	
	DATA DIVISION.
	**********************
	File Section.

K-AUFNAHME - Fortsetzung

```
FD Kunden label record standard.
01  Kunden-Satz.
        02 Kundennr    pic x(4).
        02 Nachname    pic x(30).
        02 Vorname     pic x(20).
        02 Anschrift.
            05 Strasse     pic x(30).
            05 PLZ         pic x(5).
            05 Ort         pic x(20).
            05 Telefon     pic x(15).


Working-Storage Section.
*-------------------------------

01 flag         pic x.

PROCEDURE DIVISION.
*******************************
Steuerung.
    move spaces to flag.
    open output Kunden.
    perform Aufnahme until flag = "j".
    close Kunden.
    exit program.


Aufnahme.
    display "Kundennummer:".
    accept Kundennr.
    display "Nachname:".
    accept Nachname.
    display "Vorname:".
    accept Vorname.
    display "Strasse:".
    accept Strasse.
    display "Postleitzahl:".  accept PLZ.
    display "Ort:".  accept Ort.
    display "Telefon:".
    accept Telefon.
    display "Korrekt? (j/n)".  accept flag.
    if flag = "j" then write Kunden-Satz.
```

Unterprogramm K-ANZEIGE

```
IDENTIFICATION DIVISION.
*************************************
program-id. K-ANZEIGE.

ENVIRONMENT DIVISION.
*************************************
Configuration Section.
*-------------------------
source-computer. vax.
object-computer. vax.


Input-Output Section.
*-------------------------
File-Control.
    select Kunden assign to
        "sys$disk:KUNDEN"
    organization is sequential.


DATA DIVISION.
***********************
File Section.
*----------------
FD Kunden label record standard.
01 Kunden-Satz.
        02 Kundennr    pic x(4).
        02 Nachname    pic x(30).
        02 Vorname     pic x(20).
        02 Anschrift.
            05 Strasse     pic x(30).
            05 PLZ         pic x(5).
            05 Ort         pic x(20).
            05 Telefon     pic x(15).


Working-Storage Section.
*-------------------------------

01 flag             pic x.
01 suchname         pic x(30).
```

```
              K-ANZEIGE - Fortsetzung

PROCEDURE DIVISION.
******************************
Steuerung.
   move spaces to flag.
   perform Eingabe.
   open input Kunden.
   perform Suche until flag = "n".
   close Kunden.  exit program.


Eingabe.
   display "Suchname ?".
   accept suchname.


Suche.
   read Kunden record at end display
      "Datei-Ende"   move "n" to flag.
   if flag not = "n" and
      Nachname = suchname then
      display "Kundennr.: " Kundennr
      display "Nachname : " Nachname
      display "Vorname  : " Vorname
      display "Strasse  : " Strasse
      display "PLZ      : " PLZ
      display "Ort      : " Ort
      display "Telefon  : " Telefon
      display "Weitersuchen (j/n)?"
      accept flag.
```

❑   *Unterprogramm K-AUFNAHME*

Die programminterne Datei Kunden wird in der SELECT-Klausel sequentiell organisiert und mit dem externen Namen KUNDEN für VMS bezeichnet. Im Paragraph Steuerung wird die Datei Kunden zum Beschreiben (OUTPUT) geöffnet und der Paragraph Aufnahme aufgerufen. Die nun folgenden DISPLAY-ACCEPT-Paare ermöglichen die Tastatureingabe von Kundendaten in die Elementarfelder des FD-Puffers. Nach Erfassung des letzten Feldes (Telefon) muß der Programmbediener mit "j" bestätigen, daß der neue Datensatz nun per WRITE weggeschrieben werden soll. Der Paragraph Aufnahme ist fertig abgearbeitet, und die Datei Kunden wird wieder geschlossen. Die EXIT PROGRAM-Anweisung gibt die Kontrollflußsteuerung an die nächste auf das CALL folgende Anweisung des aufrufenden Hauptprogramms zurück.

❑   *Unterprogramm K-ANZEIGE*

Die programminterne Datei Kunden wird in der SELECT-Anweisung sequentiell organisiert und mit dem externen Namen KUNDEN für VMS bezeichnet. Im Paragraph Steuerung wird der Paragraph Eingabe aufgerufen. Dort gibt der Programmbediener den Nachnamen des Kunden ein (Suchname), dessen Daten er am Bildschirm sehen möchte. Daraufhin wird die Datei Kunden zum Lesen (INPUT) geöffnet und der Paragraph Suche ausgeführt. Dieser wird so lange in einer Schleife durchlaufen, bis nach einem READ entweder das Dateiende erreicht wird oder der Nachname des gelesenen Kunden-Satzes dem Suchnamen entspricht. In diesem Fall werden die Kundeninformationen am Bildschirm angezeigt und die Frage "Weitersuchen?" gestellt ("Müller-Meier-Schmidt-Problem"). Antwortet der Programmbediener mit "n" für

Nein, wird die Datei Kunden geschlossen und in das Hauptprogramm zur Anweisung nach dem aufrufenden CALL zurückgesprungen.

Wird bei einem READ das Dateiende erreicht, erscheint eine dementsprechende Meldung, und flag wird mit "n" besetzt. Die folgende IF-Bedingung kann nun nicht zutreffen, da kein Datensatz mehr gelesen werden konnte. Die Datei Kunden wird geschlossen und in das Hauptprogramm zur Anweisung nach dem aufrufenden CALL zurückgesprungen.

☐ *Hauptprogramm HAUPT*

Nach dem Rücksprung von K-AUFNAHME oder K-ANZEIGE in das Hauptprogramm wird (werden) die auf das jeweilige CALL folgende(n) IF-Anweisung(en) bis zum Ende des Paragraphen K-Menue ignoriert, da wahl2 seinen alten Inhalt bewahrt hat. Gemäß der Anweisung "perform K-Menue until flag = 1" aus dem Paragraphen Steuerung des Hauptprogramms wird das Kundenverwaltungs-Menue erneut zur Auswahl angezeigt.

9.3.7 Übungsaufgaben

Übung 1

Bringen Sie das Demonstrationsbeispiel aus Kapitel 9.3.6 zum Ablauf und nehmen Sie 2 Kundendatensätze mit dem Kundennummern 1 und 2 auf. Erweitern Sie dann das Kundenverwaltungs-Menue um den Auswahlpunkt "Kundendaten ändern" (Unterprogramm K-MODIFIZ). Integrieren Sie zusätzlich im Hauptprogramm HAUPT einen Algorithmus, der gewährleistet, daß im Unterprogramm K-AUFNAHME jeder Kunde eine eindeutige Kundennummer erhält. Wie Sie sich sicher vorstellen können, würden Sie in einem Unternehmen jede Menge Trouble verursachen, wenn mehrere Kunden die gleiche Kundennummer hätten. Es darf also keine Kundennummer in der Datei Kunde mehrfach vorkommen. Sie erreichen dies z.B. dadurch, daß Sie vor jedem Aufruf von K-AUFNAHME die Datei Kunden nach der höchsten bereits existierenden Kundennummer durchsuchen und jedem neu aufzunehmendem Kunden eine höhere Nummer vom Programm zuteilen lassen. Der Programmbediener darf dabei nicht mehr die Möglichkeit bekommen, die Kundennummer per Tastatureingabe zu verändern. Um die Eindeutigkeit der Kundennummern in der Datei Kunden zu wahren, muß auch im Unterprogramm K-MODIFIZ die Veränderung der Kundennummern durch eine Tastatureingabe des Programmbedieners verhindert werden. Vergessen Sie nicht, vor der Codierung die entsprechenden Struktogramm-Blöcke zu erstellen.

Übung 2:

Ersetzen Sie im Unterprogramm K-AUFNAHME die Anweisung "open output Kunden" durch "open extend Kunden", damit die Datei fortgeschrieben werden kann. Erfassen Sie dann etwa 5 bis 10 (sinnvolle) Kundendatensätze mit eindeutigen und fortlaufenden Kundennummern.

Übung 3:

Realisieren Sie die Auswahlpunkte des Auftragsverwaltungs-Menues ("Auftrag aufnehmen" durch das Unterprogramm A-AUFNAHME, "Auftrag anzeigen" durch das Unterprogramm A-ANZEIGE). Bringen Sie das Programm zum Ablauf, und nehmen Sie 2 Aufträge für jeden Kunden mit jeweils den Auftragsnummern 1 und 2 auf. Ersetzen Sie dann im Unterprogramm A-AUFNAHME die Anweisung "open output Auftrag" durch "open extend Auftrag", damit die Datei fortgeschrieben werden kann. Erweitern Sie im gleichen Arbeitsschritt das Auftragsverwaltungs-Menue um den Auswahlpunkt "Auftragsdaten ändern" (A-MODIFIZ). Die Datensatzdefinition der Datei Auftrag sieht wie folgt aus (siehe Kasten):

Zu jedem Auftrag gehört natürlich ein Auftraggeber. Ein Auftrag kann also nur dann aufgenommen werden, wenn der zugehörige Auftraggeber, sprich Kunde, in der Datei Kunde bereits existiert. Der Programmbediener muß daher vor der Erfassung eines Auftrags die Nummer des auf-

```
01 Auftrag-Satz.
   02 Kundennr      pic x(4).
   02 Auftragnr     pic x(4).
   02 Artikelnr     pic x(4).
   02 Menge         pic x(4).
   02 Preis         pic x(4).
```

tragerteilenden Kunden eingeben, woraufhin die Datei Kunden auf die Existenz dieser Nummer durchsucht wird. Nur wenn die Nummer in der Datei Kunden gefunden werden kann, darf der Programmbediener die Auftragsdaten aufnehmen. Auch hier ist einsichtig, daß jeder Auftrag anhand einer eindeutigen Nummer identifizierbar sein muß. Lassen Sie also auch im Unterprogramm A-AUFNAHME die Auftragsnummern nach dem Prinzip aus Übung 1 automatisch zuteilen, und unterbinden Sie deren Veränderung in A-MODIFIZ. Es versteht sich von selbst, daß in den Unterprogrammen des Auftragsverwaltungs-Menues die Kundennummern nicht modifiziert werden dürfen. Vergessen Sie nicht, vor der Codierung die entsprechenden Struktogramm-Blöcke zu erstellen.

Übung 4:

Erfassen Sie zu jedem Kunden 2 - 3 Auftragsdatensätze mit eindeutigen und fortlaufenden Auftragsnummern.

Die Lösungen zu den Übungsaufgaben finden Sie in Anhang B.

9.4   Drucklistenerstellung

9.4.1   Aufbau einer Druckliste

Im Demonstrationsbeispiel von Kapitel 9.3.6 und den Übungen in Kapitel 9.3.7 wurden Programme erstellt, die interaktiv am Bildschirm Datensätze aufnehmen, verändern und zur Anzeige am Bildschirm bereitstellen. In praxi werden jedoch oft auch auf Papier ausgegebene Übersichtslisten von ganzen Dateien verlangt. Unter solchen Listen werden in Cobol Ausgabe-Dateien (Output-Dateien) verstanden, die nach ihrer Erzeugung mit dem Druck-Befehl des jeweils verwendeten Betriebssystems auf einem Drucker ausgegeben werden können. Im Betriebssystem VMS heißt dieser Druck-Befehl "$print /NOTE=Titel Datei-Name". Der Ausdruck der Ausgabe-Datei wird hier außerhalb des erzeugenden Cobol-Programms auf der Bediener-Ebene des Betriebssystems veranlaßt. Informieren Sie sich im Manual Ihres Betriebssystems, wie der entsprechende Druck-Befehl in Ihrer Systemumgebung lautet.

Der Ausdruck einer generierten Ausgabe-Datei kann auch über eine Funktion innerhalb des erzeugenden Cobol-Programms erfolgen, indem Sie den gültigen Druck-Befehl Ihres Betriebssystems per CALL z.B. in ein Menue Ihres Cobol-Programms einbinden. Der Druck-Befehl wird vom aktiven Cobol-Programm dann in der in Kapitel 7 geschilderten Form als Unterprogramm aufgerufen.

Moderne Cobol-Compiler, besonders für Personal Computer, bieten häufig auch Cobol-Anweisungen an, die einen angeschlossenen Drucker direkt, ohne Umweg über einen Betriebssystem-Befehl, ansprechen können. Da diese Cobol-Anweisungen jedoch von Compiler zu Compiler verschieden ausgestaltet sind, kann an dieser Stelle nicht näher auf sie eingegangen werden. Ebenso ist der cobol-programminterne Aufruf des Betriebssystem-Druck-Befehls per CALL nicht standardisiert. Wir werden uns daher im Rahmen dieses Buches darauf beschränken, den Ausdruck von Ausgabe-Dateien wie oben beschrieben auf der Bediener-Ebene des Betriebssystems durchzuführen.

Eine Liste ist prinzipiell folgendermaßen aufgebaut:

❑   *Liste*
     Eine Liste besteht aus den drei Hauptkomponenten Listenkopf, Listenrumpf und Listenfuß. Der Listenkopf beinhaltet dabei Zeilen, die nur am Anfang eines Listenausdrucks ausgegeben werden, z.B. Listenüberschrift und Listenbezeichnung. Der Listenfuß enthält analog Zeilen, die nur am Ende einer Liste gedruckt werden, z.B. Listenendeanzeige und/oder Summenfelder. Der Listenrumpf besteht aus den einzelnen Seiten einer ausgedruckten Liste.

☐   *Seite*

Eine Seite einer Liste besteht aus den Komponenten Seitenkopf, Seitenrumpf
und Seitenfuß. Der Seitenkopf beinhaltet Zeilen, die am Beginn einer jeden Seite
ausgegeben werden, z.B. eine Seitenüberschrift. Ein Seitenfuß enthält Zeilen,
die am Ende einer jeden Seite gedruckt werden, z.B. eine Zeile mit der Seiten-
nummer. Der Seitenrumpf besteht aus den einzelnen, in der Liste aufzuführen-
den Datensätzen in Zeilenform.

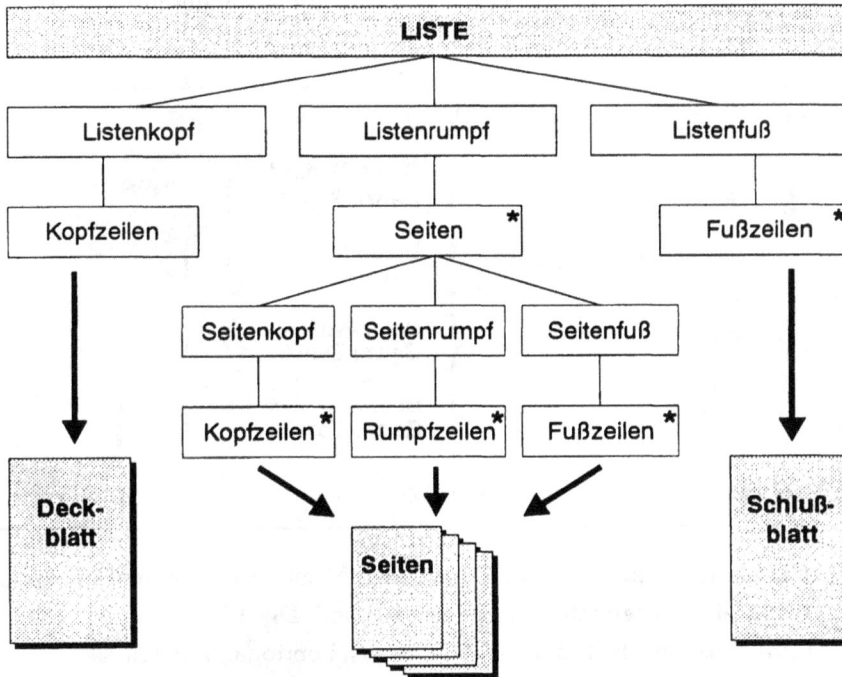

Abb. 46: Aufbau einer Listendatei

Das Erstellen von Ausgabe-Dateien (Listen) wird durch Erweiterungen der WRITE-
und der FD-Anweisung erheblich erleichtert. In der FD-Anweisung wird die äußere
Erscheinungsform einer Listenseite gestaltet, mit der erweiterten WRITE-Anweisung
kann die Positionierung einzelner Zeilen auf einer Seite gesteuert werden.

Häufig ist im Lieferumfang von Cobol-Compilern auch ein sogenannter "Report-Ge-
nerator" enthalten. Ein solches Compiler-Modul ersetzt die WRITE- und FD-Erweite-
rungen durch noch komfortablere Listengestaltungsfunktionen. Je nach verwendetem Compiler sind diese Report-Generatoren jedoch sehr unterschiedlich ausgestaltet, so daß hier keine allgemeingültigen Beschreibungen erfolgen können.

9.4.2   Die erweiterte FILE DESCRIPTION-Anweisung

Jede Ausgabe-Datei (Listendatei) muß, wie jede andere Datei auch, in der SELECT-Anweisung mit ihren physischen Kenndaten und durch die FD-Anweisung mit ihren logischen Kenndaten definiert werden. Die Angaben in der SELECT-Anweisung unterscheiden sich dabei nicht von denen einer "normalen", nicht zur Listenausgabe benutzten Datei (siehe Kapitel 9.1). Zur Definition einer Listendatei existieren jedoch Erweiterungen zu dem in Kapitel 9.2 dargestellten Format einer FD-Anweisung. Die erweiterte Format-Darstellung der FD-Anweisung zur Listendefinition sieht folgendermaßen aus:

FD Datei-Name LABEL RECORD STANDARD

$$
\begin{bmatrix}
\text{LINAGE IS} & \begin{Bmatrix} \text{Daten-Name-1} \\ \text{Ganze-Zahl-1} \end{Bmatrix} \text{LINES} \\
\\
[\text{ WITH FOOTING AT} & \begin{Bmatrix} \text{Daten-Name-2} \\ \text{Ganze-Zahl-2} \end{Bmatrix}] \\
\\
[\text{ LINES AT TOP} & \begin{Bmatrix} \text{Daten-Name-3} \\ \text{Ganze-Zahl-3} \end{Bmatrix}] \\
\\
[\text{ LINES AT BOTTOM} & \begin{Bmatrix} \text{Daten-Name-4} \\ \text{Ganze-Zahl-4} \end{Bmatrix}]
\end{bmatrix} .
$$

01 Rumpf-Zeile   pic x(80).

Die LINAGE-Klausel (von LINAGE IS bis Daten-Name-4) ist optional nur dann anzugeben, wenn eine Listendatei erstellt werden soll. Die Klauseln FOOTING, TOP und BOTTOM sind innerhalb der LINAGE-Klausel optional, können also weggelassen werden, wenn keine oberen/unteren Seitenabstände definiert werden sollen.

❏   *FD Datei-Name LABEL RECORD STANDARD*
     Die Angabe des programminternen Dateinamens erfolgt, wie für andere Dateien auch, identisch mit dem in der SELECT-Anweisung verwendeten programminternen Namen.

❏   *LINAGE IS Daten-Name-1 / Ganze-Zahl-1*
     Der Inhalt des in der Working-Storage Section zu definierenden Datenfeldes Daten-Name-1 oder der ganzen Zahl Ganze-Zahl-1 legt die Länge einer Listenseite in zu bedruckenden Zeilen fest und muß größer als Null sein. (Hinweis: Eine Seite sollte nicht länger als 66 Zeilen sein, da bei herkömmlichen Druckern drucktechnisch bedingt nicht mehr Zeilen auf einer Seite unterzubringen sind.)

❑   *WITH FOOTING AT Daten-Name-2 / Ganze-Zahl-2*
Der Inhalt des in der Working-Storage Section zu definierenden Datenfeldes Daten-Name-2 oder der ganzen Zahl Ganze-Zahl-2 gibt die Zeilennummer einer Seite bezüglich der LINAGE-Zahl an, ab der die erste Zeile eines Seitenfußtextes ausgegegeben wird. Die FOOTING-Zahl muß daher kleiner oder gleich der LINAGE-Zahl sein.

❑   *LINES AT TOP Daten-Name-3 / Ganze-Zahl-3*
Der Inhalt des in der Working-Storage Section zu definierenden Datenfeldes Daten-Name-3 oder die ganze Zahl Ganze-Zahl-3 legt die Anzahl der *Leerzeilen* fest, die am Anfang einer jeden Seite ausgegeben werden. Sie darf gleich Null sein. Die TOP-Zahl ist nicht in der LINAGE-Zahl enthalten, da dort nur die zu bedruckende Zeilenzahl spezifiziert wird.

❑   *LINES AT BOTTOM Daten-Name-4 / Ganze-Zahl-4*
Der Inhalt des in der Working-Storage Section zu definierenden Datenfeldes Daten-Name-4 oder die ganze Zahl Ganze-Zahl-4 legt die Anzahl der *Leerzeilen* fest, die am Ende einer jeden Seite ausgegeben werden. Sie darf gleich Null sein. Die BOTTOM-Zahl ist nicht in der LINAGE-Zahl enthalten, da dort nur die zu bedruckende Zeilenzahl spezifiziert wird.

Prinzipiell läßt sich der Aufbau einer durch die FD-Anweisung definierten logischen Listenseite wie folgt veranschaulichen:

Die Seite hat eine Gesamtlänge von $Z1 + Z2 + Z3 + Z4$ Zeilen. Darin sind die zu bedruckenden Zeilen der LINAGE-Klausel (inkl. der FOOTING-Zeilen) sowie die Leerzeilen für TOP und BOTTOM enthalten. Diese Gesamtlänge sollte aus drucktechnischen Gründen 66 Zeilen nicht überschreiten. Bei fehlender Angabe von TOP- oder BOTTOM-Zahl wird diesbezüglich jeweils Null angenommen. Die LINAGE-Zahl $Z5$ setzt sich aus den einzelnen Datensatz-Zeilen und

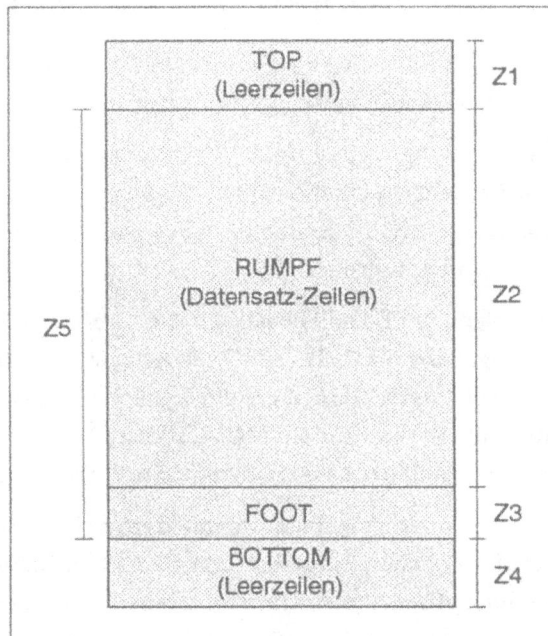

Abb. 47: Aufbau einer Listenseite

den FOOTING-Zeilen zusammen und definiert den bedruckbaren Teil einer logischen Seite. Wird keine FOOTING-Zahl angegeben, ist der dafür angenommene Wert gleich dem Inhalt von Daten-Name-1 oder der ganzen Zahl Ganze-Zahl-1.

Beispiel: Die zu beschreibende Zeilenlänge beträgt laut LINAGE-Zahl maximal 56 Zeilen. Ab der 51. Zeile (inkl.) bezüglich der LINAGE-Zahl kann Fußtext ausgegeben werden (also maximal 6 Zeilen; 51 - 56). Die Gesamtlänge der logischen Seite ist 56 + 5 + 5 = 66 Zeilen (LINAGE + TOP + BOTTOM).

```
FD Liste label record standard
    linage is 56 lines
    with footing at 51
    lines at top 5
    lines at bottom 5.
01 Ausgabe-Satz   pic x(80).
```

Der Ausgabe-Satz, das heißt der Aufnahme-Puffer für in die Datei zu schreibende (WRITE) Datensätze, wird im allgemeinen mit einer Maskenlänge von 80 bis 132 alphanumerischen Zeichen definiert. Ein 80-Zeichen-Feld gewährleistet, daß eine Listendatei auf einem Drucker und auch auf dem Bildschirm ohne störende Zeilenumbrüche angezeigt werden kann (eine Bildschirmzeile faßt bekanntlich maximal 80 Zeichen). Je nach angeschlossenem Drucker können jedoch bis zu 132 Zeichen pro Zeile auf Papier ausgeben werden.

9.4.3   Datenfeldbeschreibung für Drucklistendateien

In der Working-Storage Section sind die zu druckenden Datengruppen auf der Stufe 01 für die Kopf-, Fuß- und Rumpfzeilen einer Liste zu deklarieren.

Diese Datengruppen sollten in ihrer jeweiligen Gesamtlänge (Addition aller Picture-Maskenzeichen einer Gruppe) die Länge des Ausgabe-Satzes nicht überschreiten, da das fällige MOVE in den Ausgabe-Satz die überstehenden Zeichen der Sendefelder abschneiden würde.

Im folgenden Beispiel bestehen die Kopf- und Fußzeilen größtenteils aus Fillern mit vorgegebenem Inhalt. Jede Zeile kann jedoch auch beliebige, in der Procedure Division mit Informationen gefüllte Datenfelder beinhalten. Die einzelnen Datengruppen auf Stufe 01 sind für ein MOVE in den Ausgabe-Satz der FD-Anweisung vorgesehen und haben daher eine maximale Länge von 80 Zeichen.

Zwischen den einzelnen Datenfeldern einer Datengruppe sind jeweils Filler mit einigen Leerzeichen eingefügt, um bei der zeilenweisen Darstellung der Gruppen die Felder optisch voneinander zu trennen. Schematisch läßt sich die aus dem FD-Beispiel des vorigen Kapitels und der nachstehenden Working-Storage Section generierte Liste wie in der folgenden Abbildung 48 darstellen.

```
Working-Storage Section
*-------------------------------
01 Titelzeile.
     02 filler    pic x(60) value "Gehalt".
     02 datum  pic 99.99.99.
01 Kopfzeile.
     02 filler    pic x(30) value "Name".
     02 filler    pic x(6) value "DM".
01 Fusszeile.
     02 filler    pic x(7) value "Seite: ".
     02 zahl     pic 99.
01 Rumpfzeile.
     02 Name       pic x(27).
     02 filler      pic x(3).
     02 Geld       pic 9(5).
01 Endezeile.
     02 filler    pic x(10) value "Ende".
     02 filler    pic x(7) value "Summe:".
     02 summe      pic 9(9).
```

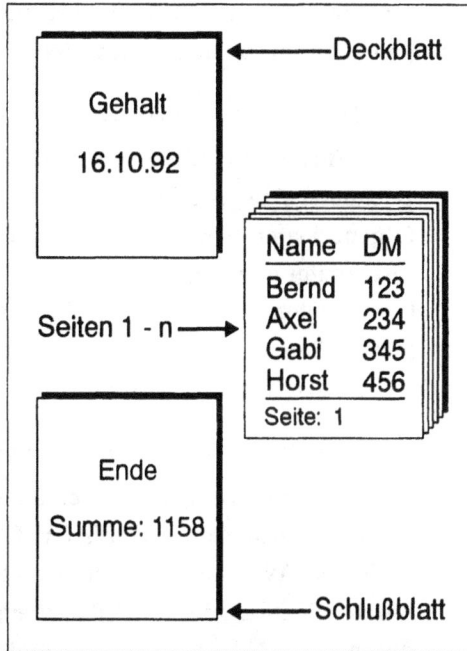

Abb. 48: Beispiel-Liste

9.4.4 Die erweiterte WRITE-Anweisung

Zur Definition einer Listendatei existieren optionale Erweiterungen zu dem in Kapitel 9.3.4 dargestellten Format einer WRITE-Anweisung.

WRITE   Datensatz-Name-1   [FROM Daten-Name-1]

$$\left[\left\{ \begin{array}{c} \underline{\text{BEFORE}} \\ \underline{\text{AFTER}} \end{array} \right\} \text{ADVANCING} \left\{ \begin{array}{c} \underline{\text{PAGE}} \\ \left\{ \begin{array}{c} \text{Daten-Name-2} \\ \text{Ganze-Zahl-1} \end{array} \right\} \text{[LINES]} \end{array} \right\} \right]$$

[AT END-OF-PAGE Unbedingte-Anweisung]

Zur Anwendung dieses WRITE-Formates muß die über den Datensatz Datensatz-Name-1 angesprochene Datei im OUTPUT- oder EXTEND-Modus geöffnet sein. Die obige WRITE-Anweisung erlaubt zum einen, mit Informationen gefüllte Datensätze in die Listendatei zu schreiben, kann aber zum anderen auch zum Einfügen von Leerzeilen und Seitenvorschüben in die Datei genutzt werden, die das optische Erscheinungsbild der ausgedruckten Liste verbessern helfen. Die Erweiterungsklauseln gelten nur in bezug auf Listendateien und werden vom ausführenden Rechner zum Einfügen von Druckersteuerungszeichen in die Listendatei verwendet.

❑   *WRITE Daten-Name-1 BEFORE / AFTER Ganze-Zahl-1 / Daten-Name-2 / PAGE*

Die WRITE BEFORE-Klausel bewirkt, daß ein durch Datensatz-Name-1 bezeichneter Ausgabe-Datensatz in die Listendatei geschrieben wird und darauf folgend Daten-Name-2 oder Ganze-Zahl-1 leere Datensätze (Leerzeilen) in die Listendatei eingefügt werden. WRITE...AFTER veranlaßt die Zeilenvorschübe, bevor Datensatz-Name-1 in die Listendatei geschrieben wird. Die alternative PAGE-Klausel erzeugt einen Seitenvorschub vor/nach dem Wegschreiben des Datensatzes Datensatz-Name-1.

❑   *AT END-OF-PAGE Unbedingte-Anweisung*

Bei der Generierung von Listen durch die WRITE-Anweisung wird intern ständig ein Zeilen-Zähler (LINAGE COUNTER) mitgeführt. Dieser Zähler wird nach dem Wegschreiben eines Datensatzes in die Datei (auch bei Leerzeilen durch BEFORE oder AFTER) jeweils um 1 hochgesetzt. Erreicht der Zähler die durch die LINAGE-Klausel festgelegte Zeilenzahl minus der FOOTING-Zahl, ist das Ende einer Seite (END-OF-PAGE, Kurzform: EOP) erreicht. Falls FOOTING-Zeilen in der LINAGE-Klausel der FD-Anweisung definiert sind, werden die nachfolgenden Datensätze (auch Leerzeilen) als FOOTING-Zeilen in die Datei eingefügt. Es ist daher sinnvoll, als Unbedingte-Anweisung WRITE-Anweisungen anzugeben, die die Fußzeile(n) für jede Seite schreiben.

Beispiele: write zeile after 5.
                write zeile before page.
                write ausgabe-satz after 1 at eop write fusszeile after 2.

9.4.5   Demonstrationsbeispiel

Für eine Telefonaktion des Vertriebsbeauftragten unserer Beispiel-Firma soll aus der in den Kapiteln 9.3.6 und 9.3.7 erstellten und mit Daten gefüllten Kunden-Datei eine Liste generiert werden, die von jedem Kunden den Nachnamen, den Vornamen und die Telefonnummer enthält. Am Ende der Liste wird die Anzahl der Kunden (der in der Liste aufgeführten Kunden-Datensätze) ausgegeben.

Zur Realisierung dieser Funktion bauen wir das Kunden-Menue um den Auswahlpunkt "Telefonliste" (Unterprogramm T-LISTE) aus. Am Anfang steht natürlich die Problemdarstellung mit Hilfe eines Struktogramms.

Im Block T-Titel werden zunächst die (bestehende) Kunden- und die (zu erstellende) Listen-Datei geöffnet. Die Variablen für die Seitenzahl und die Anzahl der Kunden erhalten die Null als Vorbelegung. Die Informationen für das Titelblatt werden in die Listen-Datei geschrieben und ein Seitenvorschub veranlaßt.

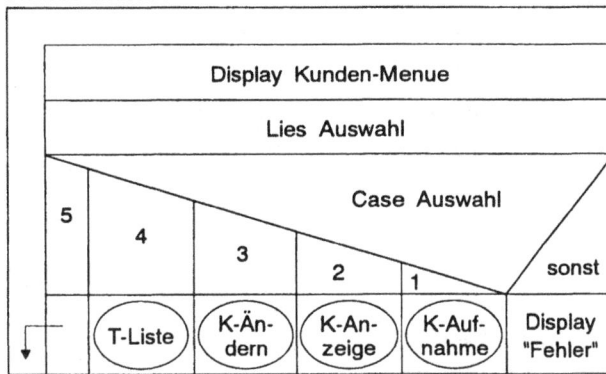

Kunde-Menue

Die nun folgende erste Seite des Listenrumpfs erhält als Seitenkopf die Spaltenüberschriften Nachname, Vorname und Telefonnummer. Im Block T-Schleife werden die Listenrumpfseiten mit den Kundendatensätzen gefüllt, bis das jeweilige Seitenende erreicht ist. In diesen Fällen wird der Seitenfuß (mit der Seitenzahl) geschrieben, auf die nächste Seite vorgeschoben und dort im Seitenkopf wieder die Spaltenüberschriften eingesetzt. Ist der letzte Kunden-Datensatz in der Listen-Datei erfaßt, erfolgt der Seitenvorschub auf das Schlußblatt (Block T-Schluss), wo die Anzahl der gedruckten Kunden vermerkt wird. Das Programm wird dann mit einer Meldung ordnungsgemäß beendet.

T-Liste

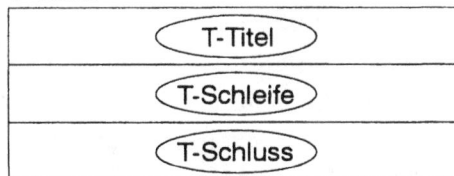

T-Titel

Dateien öffnen
Variablen initialisieren
Titelblatt schreiben
Seitenvorschub
Seitenkopf schreiben

T-Schluss

Seitenvorschub
Schlußblatt schreiben
Ende-Meldung
Dateien schließen
STOP RUN

T-Schleife

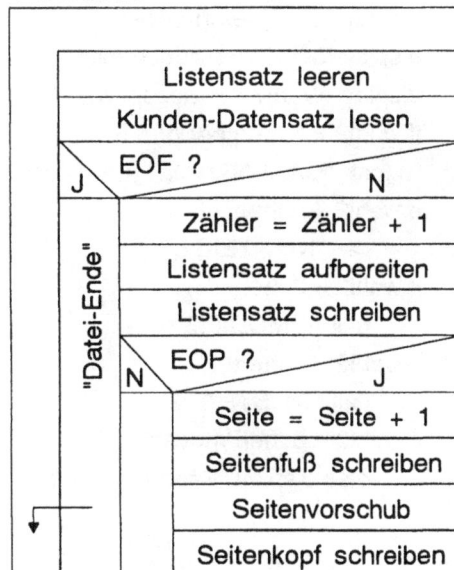

Im Hauptprogramm HAUPT muß nur der Paragraph K-Menue um den Auswahlpunkt "Telefon-Liste" erweitert werden. Ausgehend von der Musterlösung zu Übung 2 aus Kapitel 9.3.7, wird hier daher nur der zu verändernde Quellcode des Listings von HAUPT gezeigt. Durch ein weiteres CALL wird das Modul T-LISTE eingebunden. Das Kunden-Menue hat somit jetzt fünf verschiedene Auswahl-Optionen, die wie folgt im Paragraphen K-Menue selektiert werden.

Auszug Hauptprogramm HAUPT

```
...
...
K-Menue.
    move 0 to wahl2.
    display "** Kundenverwaltung **".
    display "1    Kunden aufnehmen".
    display "2    Kunden anzeigen".
    display "3    Kundendaten aendern".
    display "4    Telefon-Liste".
    display "5    Zum Hauptmenue".
    display "Wahl? :".   accept wahl2.
    if wahl2 = 1 then perform KNr1
        call "K-AUFNAHME" using hoch.
    if wahl2 = 2 then
        call "K-ANZEIGE".
    if wahl2 = 3 then
        call "K-MODIFIZ".
    if wahl2 = 4 then
        call "T-LISTE".
    if wahl2 = 5 then move 1 to flag
        else display "Wiederholung".
...
...
```

Unterprogramm T-LISTE

```
IDENTIFICATION DIVISION.
***********************************
program-id. T-LISTE.
author. Schwickert.

ENVIRONMENT DIVISION.
***********************************
Configuration Section.
*--------------------------
source-computer. vax.
object-computer. vax.

Input-Output Section.
*--------------------------
File-Control.
select Kunden assign to
    "sys$disk:KUNDEN"
    organization is sequential.
select Tel-List assign to
    "sys$disk:TEL-LISTE"
    organization is sequential.

DATA DIVISION.
********************
File Section.
*----------------
FD Kunden label record standard.
01 Kunden-Satz.
    02 Kundennr    pic x(4).
    02 Nachname    pic x(30).
    02 Vorname     pic x(20).
    02 Anschrift.
        05 Strasse          pic x(30).
        05 PLZ              pic x(5).
        05 Ort              pic x(20).
        05 Telefon          pic x(15).
```

T-LISTE - Fortsetzung

```
FD Tel-List label record standard
    linage is 50 lines
    with footing at 48
    lines at top 5
    lines at bottom 11.
01 T-Satz.
    02 Nach        pic x(30).
    02 filler      pic x(7).
    02 Vor         pic x(20).
    02 filler      pic x(8).
    02 Tel         pic x(15).


Working-Storage Section.
*-------------------------------
01 titzeile.
    02 filler    pic x(34) value spaces.
    02 filler    pic x(7) value "Telefon".
    02 filler    pic x(6) value "-Liste".
    02 filler    pic x(33) value spaces.
01 kopf.
    02 filler    pic x(6) value "NName".
    02 filler    pic x(31) value spaces.
    02 filler    pic x(6) value "VName".
    02 filler    pic x(22) value spaces.
    02 filler    pic x(7) value "Telefon".
    02 filler    pic x(8) value spaces.
 01 fuss.
    02 filler    pic x(39) value spaces.
    02 seite     pic 9(2).
    02 filler    pic x(39) value spaces.
 01 endzeile.
    02 filler    pic x(7) value "Anzahl:".
    02 zaehl     pic 9(3).
    02 filler    pic x(70) value spaces.
01 strich        pic x(80) value all "=".
01 flag          pic x.
```

```
PROCEDURE DIVISION.
*****************************
Steuerung.
    open input Kunden, output Tel-List.
    move 0 to flag, seite, zaehl.
    perform Titel.
    perform Schleife until flag = 1.
    perform Schluss.  display "Fertig".
    close Kunden, Tel-List.
    exit program.


Titel.
    write T-Satz from titzeile after 20.
    write T-Satz from kopf after page.
    write T-Satz from strich after 1.


Schleife.
    move spaces to T-Satz.
    move spaces to Kunden-Satz.
    read Kunden record at end
         move 1 to flag.
    if flag = 0 then perform Schreiben.


Schreiben.
    add 1 to zaehl.
    move Nachname to Nach.
    move Vorname to Vor.
    move Telefon to Tel.
    write T-Satz at end-of-page
         add 1 to seite
         write T-Satz from fuss after 2
         write T-Satz from kopf after page
         write T-Satz from strich after 1.


Schluss.
    write T-Satz from strich after page.
    write T-Satz from endzeile after 5.
```

Im Paragraph Steuerung werden die Dateien ihrer Verwendung gemäß geöffnet. Die Datei Kunden wird nur gelesen und daher als Input-Datei deklariert. Die Datei T-Liste wird als Output-Datei nur beschrieben. Im Paragraphen Titel wird das Deckblatt der Liste erstellt, ein Seitenvorschub erzeugt und auf dem nächsten Blatt die Kopfzeile der ersten Listenseite geschrieben.

Die READ-Anweisung im Paragraphen Schleife liest den ersten Kunden-Datensatz und bricht die Schleife ab, wenn das Ende der Datei Kunden erreicht ist. Konnte ein Datensatz gelesen werden, erfolgt im Paragraph Schreiben das Hochsetzen des Zählers, die Aufbereitung und das Wegschreiben des Ausgabesatzes. Sobald beim Schreiben eines Datensatzes der intern mitgeführte LINAGE COUNTER ein End-Of-Page (Zeile 48 erreicht; siehe LINAGE- und FOOTING-Klausel in der FD-Anweisung) anzeigt, erhöht sich die Seitenzahl um 1, und der Seitenfuß wird erzeugt. Zusätzlich wird zur nächsten Seite umgebrochen und dort der Seitenkopf geschrieben.

Beim Erreichen des Dateiendes verzweigt das Programm zum Paragraphen Schluss, in dem nach einem Seitenumbruch das Schlußblatt der Liste erstellt wird. Eine Meldung zeigt an, daß die Liste erstellt wurde und das Programm wird ordnungsgemäß beendet, nachdem die Dateien geschlossen wurden.

Die erzeugte Telefonliste liegt nun in Form der Datei TEL-LISTE auf dem von Ihnen per ASSIGN angesprochenen externen Speichermedium vor. Sie können Sie jetzt mit dem Druck-Befehl Ihres Betriebssystems auf einem Drucker ausgeben lassen (in VMS lautet dieser Befehl "$print / NOTE = MeinName TEL-LISTE").

9.4.6   Übungsaufgaben

Erweitern Sie das Auftragsmenue um einen Auswahlpunkt "Auftragsliste" (Unterprogramm A-LISTE). In diesem Unterprogramm soll eine Druck-Liste aller Aufträge mit den Informationen Auftragsnummer, Artikelnummer und Menge erzeugt werden (Spaltenüberschriften in den Seitenköpfen). Am Ende der Liste wird die Anzahl der Aufträge (der in der Liste aufgeführten Auftrags-Datensätze) ausgegeben. Gehen Sie bei der Lösung dieser Aufgabe genau in der gleichen Form wie im vorigen Demonstrationsbeispiel vor. Vergessen Sie nicht, vor der Codierung die zugehörigen Struktogramme zu erstellen.

Da diese Übung anhand des Demonstrationsbeispiels sehr einfach nachzuvollziehen ist, werden Sie im Anhang B hierzu keine Musterlösung finden.

9.5   Verarbeitung sequentieller Dateien mit Gruppenwechsel

9.5.1   Zum Begriff Gruppenwechsel

Im vorigen Demonstrationsbeispiel (Kap. 9.4.5) wurde eine inhaltlich unstrukturierte Liste aus einer vorgegebenen Datei erstellt. Die in der Liste ausgegebenen Datensätze erscheinen genau in der Reihenfolge, wie sie in der Datei aufgeführt sind. Im folgenden sollen jedoch Listen erzeugt werden, in denen Datensätze mit einem bestimmten identischen Merkmal zu Gruppen zusammengefaßt werden. Zum Beispiel soll die Telefonliste aus Kapitel 9.4.5 so gestaltet werden, daß Kunden aus bestimmten Postleitzahlbereichen gruppiert ausgedruckt werden. Jeder Mitarbeiter unserer Vertriebsabteilung erhält dann nur die Seiten der Gesamtliste, die die Kundeninformationen zu seinem zu bearbeitendem Postleitzahlbereich enthalten. Als Gruppiermerkmal fungiert in diesem Fall das Feld PLZ (Postleitzahl), das im Datensatz eines jeden Kunden vorgesehen ist. Voraussetzung für eine derartige Gruppierung bei sequentiellen Dateien ist, daß die Datensätze nach dem Gruppiermerkmal sortiert in der zu bearbeitenden Datei hintereinander abgelegt sind.

Da sequentielle Dateien von Beginn an nur Satz für Satz nacheinander bearbeitet werden können, benötigt ein Gruppenwechselprogramm (Programm, das gruppierte Listen ausgibt) zur Erkennung von Gruppenanfang und -ende (z.B. Postleitzahlen des Bereiches 5000 bis 6000) eine Datei, in der alle Datensätze nach Gruppiermerkmal sortiert aufeinander folgen. Im vorgenannten Beispiel der gruppierten Telefonliste bedeutet dies für unsere Kunden-Datei, daß die Reihenfolge der in der ursprünglichen Datei vorliegenden Kunden-Datensätze (unsortierte Eingabereihenfolge) so umgestellt werden muß, daß als erster Datensatz der Kunde mit der niedrigsten Postleitzahl in der Datei steht und der letzte Satz der Datei den Kunden mit der höchsten Postleitzahl enthält. Die Kunden-Datensätze dazwischen müssen in aufsteigender Reihenfolge nach der jeweiligen Postleitzahl geordnet sein. Eine solche Umstellung erhält man durch eine Sortierung der ursprünglichen Kunden-Datei nach dem jeweiligen Feldinhalt von PLZ. Datensätze mit gleichlautendem Gruppiermerkmal liegen nach einer solchen Sortierung dann en bloc hintereinander in der Datei vor. Durch die Sortierung wird eine neue Datei angelegt, die durch ein "normales" Listenerstellungsprogramm (siehe letztes Demonstrationsbeispiel) ausgegeben werden kann. Ein Gruppenwechselprogramm soll jedoch mehr bewirken als nur die sortierte Ausgabe von Datensätzen. Soll z.B. nach jedem (frei definierbaren) Postleitzahlbereich die Anzahl der dort ansässigen Kunden festgestellt und ein Seitenvorschub erfolgen, muß das "normale" Listenerstellungsprogramm um den Algorithmus eines Gruppenwechsels erweitert werden. Ein Gruppenwechselprogramm erlaubt somit, bestimmte Funktionen auf die Datensätze einer jeden Gruppe anzuwenden.

9.5.2   Sortieren von sequentiellen Dateien

Die sinnvolle Anwendung von Gruppenwechselfunktionen erfordert also, daß die betreffende Datei gemäß dem gewünschten Gruppenmerkmal geordnet vorliegt. In diesem Kapitel wird daher zunächst der Vorgang der Sortierung erläutert, um dann in Kapitel 9.5.3 zu demonstrieren, wie die sortierte Datei mit Gruppenwechselfunktionen genutzt werden kann. Als Beispiel für die folgenden Ausführungen verwenden wir die bereits vorhandene Kunden-Datei.

Die existierende, unsortierte Kunden-Datei sehe beispielhaft folgendermaßen aus:

K-Nr.	Nachname	Vorname	Strasse	PLZ	Ort	Telefon
0001	Meier	Bernd	A-Str. 1	5400	Ems	12345
0002	Bicker	Gabi	D-Str. 5	1000	Berlin	23456
0003	Zock	Horst	B-Str. 3	6500	Mainz	34567
0004	Ahl	Werner	G-Str. 4	4567	Dorf	45678
0005	Brand	Kai	E-Str. 9	3210	Rom	56789

Die durch eine Sortierung erzeugte, zweite Kunden-Datei soll die Datensätze nach Postleitzahlen aufsteigend geordnet enthalten:

K-Nr.	Nachname	Vorname	Strasse	PLZ	Ort	Telefon
0002	Bicker	Gabi	D-Str. 5	1000	Berlin	23456
0005	Brand	Kai	E-Str. 9	3210	Rom	56789
0004	Ahl	Werner	G-Str. 4	4567	Dorf	45678
0001	Meier	Bernd	A-Str. 1	5400	Ems	12345
0003	Zock	Horst	B-Str. 3	6500	Mainz	34567

Sie können eine vorliegende, sequentiell organisierte Datei in aller Regel durch ein Dienstprogramm Ihres Betriebssystems sortieren und in eine neue Datei schreiben lassen. Die Syntax der dazu notwendigen Befehle ist jedoch von Betriebssystem zu Betriebssystem unterschiedlich. Aus diesem Grunde zeigen wir Ihnen an dieser Stelle den standardisierten "Cobol-Sort", der bei jedem Cobol-Compiler nach der gültigen ANS-Norm in der nachfolgenden Form angewendet werden kann.

```
SORT      Sort-Datei-Name  ON   { ASCENDING  }  KEY { Sort-Schlüssel-1 } ...
                                 { DESCENDING }

          USING    Input-Datei-Name

          GIVING   Output-Datei-Name
```

Die SORT-Anweisung öffnet die durch Input-Datei-Name beschriebene, bereits (unsortiert) existierende Datei. Die Input-Datei wird von Beginn bis Ende gelesen, und alle Datensätze werden in sortierter Reihenfolge über die Sort-Datei in die Output-Datei geschrieben. Ist die Output-Datei bereits vorhanden, werden deren Inhalte überschrieben. Andernfalls wird die Output-Datei automatisch erzeugt.

Input-Datei	Output-Datei

select Kunden assign to
   "sys$disk:KUNDEN"
   organization is sequential.
 	
FD Kunden label record standard.
01 Kunden-Satz.
   02 Kundennr   pic x(4).
   02 Nachname   pic x(30).
   02 Vorname   pic x(20).
   02 Anschrift.
      05 Strasse   pic x(30).
      05 PLZ   pic x(5).
      05 Ort   pic x(20).
      05 Telefon   pic x(15).
	select K-Out assign to
	   "sys$disk:K-OUT"
	   organization is sequential.
	
	FD K-Out label record standard.
	01 K-Out-Satz.
	   02 O-Kundennr pic x(4).
	   02 O-Nachname pic x(30).
	   02 O-Vorname pic x(20).
	   02 O-Anschrift.
	      05 O-Strasse pic x(30).
	      05 O-PLZ pic x(5).
	      05 O-Ort pic x(20).
	      05 O-Telefon pic x(15).

Die Input- und Output-Datei müssen im Programm logisch und physisch korrekt definiert werden. Die Definitionen erfolgen in der bekannten Form über die SELECT- und FD-Klausel. Im betrachteten Beispiel stellt die originäre Kunden-Datei die zu sortierende Input-Datei dar. Die Output-Datei soll neu erzeugt werden und die gleichen, jedoch nach Postleitzahlen sortierten Datensätze wie die Input-Datei enthalten. Die Output-Datei wird daher mit der gleichen Struktur wie die Kunden-Datei definiert und erhält nur andere, intern und extern eindeutige Namen (K-Out, K-OUT).

Die Reihenfolge der Datensätze in der Output-Datei wird durch die Ausgestaltung der SORT-Anweisung und die zwischen Input- und Output-Datei geschaltete Sort-Datei (Sort-Datei-Name) festgelegt. Die Sort-Datei muß neben der Input- und der Output-Datei ebenfalls logisch und physisch im Programm definiert werden. Die physische Definition der Sort-Datei erfolgt über die herkömmliche SELECT-Anweisung. Die Bezeichnungen "K-Sort" und "K-SORT" (siehe Sort-Datei auf der nächsten Seite) können frei gewählt werden; sie müssen nur eindeutig sein und den Namenskonventionen der Cobol-Norm entsprechen. Die Angabe der Organisationsform ist nicht erforderlich.

```
                    Sort-Datei

select K-Sort assign to
    "sys$disk:K-SORT".


SD K-Sort.
01 K-Sort-Satz.
    02 S-Kundennr          pic x(4).
    02 S-Nachname          pic x(30).
    02 S-Vorname           pic x(20).
    02 S-Anschrift.
        05 S-Strasse       pic x(30).
        05 S-PLZ           pic x(5).
        05 S-Ort           pic x(20).
        05 S-Telefon       pic x(15).
```

Die logische Struktur der Sort-Datei K-Sort wird nun nicht in einer FILE DE-SCRIPTION-Klausel (FD), sondern in einer SORT DESCRIPTION-Klausel (SD) beschrieben. Sie wird, wie die FD-Klausel auch, in der File Section der Data Division angegeben, wobei die gleichen Syntaxregeln beachtet werden müssen (jedoch ohne "label record standard").

Da die Datensätze der Input-Datei beim Sortiervorgang zunächst in der Sort-Datei zwischengespeichert werden, sollte die Struktur (Feldlängen und Feldtypen, nicht Feldnamen) des Sort-Datensatzes mit derjenigen der Input- und der Out-put-Datei identisch sein. Eine Verfälschung der Datensatzinhalte bei der Übertragung in die Output-Datei kann auf diese Weise vermieden werden.

Die alternativen Cobol-Wörter ASCENDING und DESCENDING in der SORT-Anweisung legen grundsätzlich fest, ob die Sortierung der Datensätze aufsteigend oder absteigend durchgeführt werden soll. Nach welchem Merkmal sortiert wird, beschreibt Sort-Schlüssel-1. Sort-Schlüssel-1 muß ein elementares Datenfeld aus der logischen Sort-Datei-Struktur sein. Wir wählen hier S-PLZ - dasjenige Feld, das dem Datenfeld PLZ in der Kunden-Datei (Input-Datei) entspricht.

Es ist sehr wahrscheinlich, daß in der Datei mehrere Kunden vorhanden sind, die die gleiche Postleitzahl haben. Datensätze mit der gleichen Postleitzahl werden nach der Sortierung immer hintereinander in der Datei vorliegen. Innerhalb dieser Gruppen von Datensätzen mit gleicher Postleitzahl sollen die Kunden nach ihrem Nachnamen sortiert werden. Der Vertriebsmitarbeiter, der von Ihnen seine Telefonliste erhält, wird Ihnen dankbar sein. Zusätzlich zu der primären Sortierung nach Postleitzahlen wird also eine weitere, sekundäre Sortierung notwendig. Die SORT-Anweisung ermöglicht dies durch die Angabe eines zweiten Sort-Schlüssels hinter Sort-Schlüssel-1. Gemäß der Anforderung wählen wir hier S-Nachname - dasjenige Feld, das dem Datenfeld Nachname in der Kunden-Datei (Input-Datei) entspricht.

Das nachfolgende Quellcode-Listing zeigt das vollständige Programm zur Erzeugung der sortierten Kunden-Datei, die in Kapitel 9.5.3 durch Gruppenwechselalgorithmen weiterverarbeitet wird. Um die dortigen Ausführungen nachvollziehen zu können, sollten Sie das Sortierprogramm auf Ihrem Rechner zum Ablauf bringen.

Sortierprogramm KUNDEN-SORT

```
IDENTIFICATION DIVISION.
**********************************
program-id. KUNDEN-SORT.


ENVIRONMENT DIVISION.
******************************
Configuration Section.
*--------------------------
source-computer. vax.
object-computer. vax.


Input-Output Section.
*--------------------------
File-Control.
select Kunden assign to
    "sys$disk:KUNDEN"
    organization is sequential.


select K-Out assign to
    "sys$disk:K-OUT"
    organization is sequential.


Select K-Sort assign to
    "sys$disk:K-SORT".


DATA DIVISION.
*********************
File Section.
*---------------
FD Kunden label record standard.
01 Kunden-Satz.
    02 Kundennr        pic x(4).
    02 Nachname        pic x(30).
    02 Vorname         pic x(20).
    02 Anschrift.
        05 Strasse     pic x(30).
```

```
        05 PLZ         pic x(5).
        05 Ort         pic x(20).
        05 Telefon     pic x(15).


FD K-Out label record standard.
01 K-Out-Satz.
    02 O-Kundennr      pic x(4).
    02 O-Nachname      pic x(30).
    02 O-Vorname       pic x(20).
    02 O-Anschrift.
        05 O-Strasse   pic x(30).
        05 O-PLZ       pic x(5).
        05 O-Ort       pic x(20).
        05 O-Telefon   pic x(15).


SD K-Sort.
01 K-Sort-Satz.
    02 S-Kundennr      pic x(4).
    02 S-Nachname      pic x(30).
    02 S-Vorname       pic x(20).
    02 S-Anschrift.
        05 S-Strasse   pic x(30).
        05 S-PLZ       pic x(5).
        05 S-Ort       pic x(20).
        05 S-Telefon   pic x(15).


PROCEDURE DIVISION.
********************************
Steuerung.
    display "Es geht los".
    sort K-Sort on ascending key
        S-PLZ  S-Nachname
        using  Kunden
        giving  K-Out.
    display "Sortierung fertig".
    stop run.
```

9.5.3   Aufbau eines Gruppenwechselprogramms

Um die prinzipielle Ablaufstruktur eines Gruppenwechselprogramms zu verdeutlichen, wird vor dessen praktischer Anwendung aufgezeigt, wie der typische Aufbau eines solchen Programmes aussieht. Nach der folgenden Rahmenvorgabe kann für jedes Gruppenwechselprogramm ein Struktogramm erstellt werden.

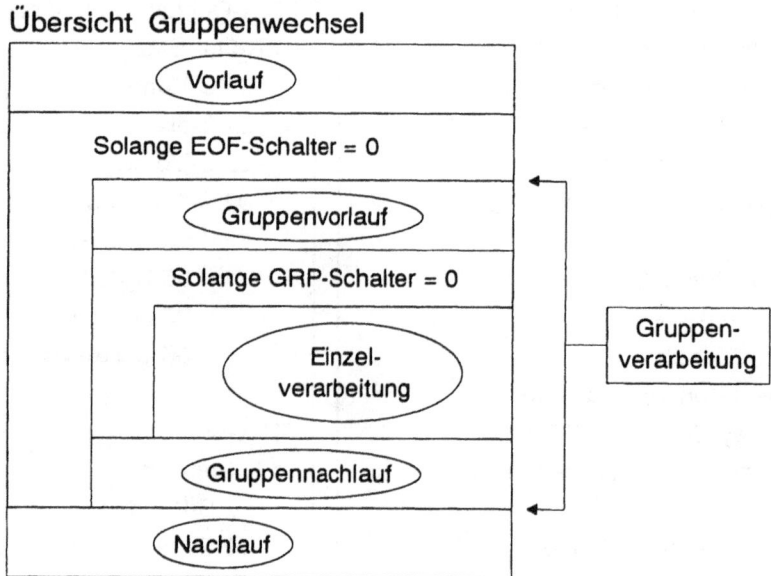

Übersicht Gruppenwechsel

```
┌─────────────────────────────────────────────┐
│            (      Vorlauf      )             │
│ ┌───────────────────────────────────────┐   │
│ │ Solange EOF-Schalter = 0               │   │
│ │  ┌─────────────────────────────────┐  │ ◄─┐
│ │  │   (    Gruppenvorlauf    )      │  │   │
│ │  │ Solange GRP-Schalter = 0        │  │   │
│ │  │  ┌──────────────────────────┐   │  │   ├── Gruppen-
│ │  │  │        Einzel-           │   │  │   │   verarbeitung
│ │  │  │      verarbeitung        │   │  │   │
│ │  │  └──────────────────────────┘   │  │   │
│ │  │   (   Gruppennachlauf   )       │  │ ◄─┘
│ │  └─────────────────────────────────┘  │   │
│ │            (   Nachlauf   )            │   │
│ └───────────────────────────────────────┘   │
└─────────────────────────────────────────────┘
```

Ein Gruppenwechselprogramm hat eine schalenartige Ablaufstruktur, die nachfolgend von außen nach innen anhand der bereits beschriebenen gruppierten Telefonliste im Überblick erläutert wird. Das Demonstrationsbeispiel in Kapitel 9.5.4 zeigt detailliert, wie der geschilderte Algorithmus in einem Cobol-Programm realisiert wird.

❑   *Vorlauf*
    Hier erfolgen die obligate Begrüßung und das Initialisieren der im Programm
    benötigten Variablen mit ihren Anfangswerten. Insbesondere wird der End-Of-
    File/EOF-Schalter auf 0 gesetzt. Die beteiligten Dateien werden geöffnet, und
    das Listendeckblatt wird geschrieben. Per READ wird der erste Datensatz der
    Quell-Datei, aus der eine Liste erzeugt werden soll, bereitgestellt. Für unsere
    gruppierte Telefonliste bedeutet dies das OPEN INPUT der sortierten Kunden-
    Datei (Quell-Datei) und das READ des ersten Kunden-Datensatzes. Weiterhin
    werden die zu generierende Ausgabe-Datei (gruppierte Telefonliste) per OPEN
    OUTPUT geöffnet und das Listendeckblatt mit einem anschließenden Vorschub
    auf die erste Listenseite durch WRITE erzeugt.

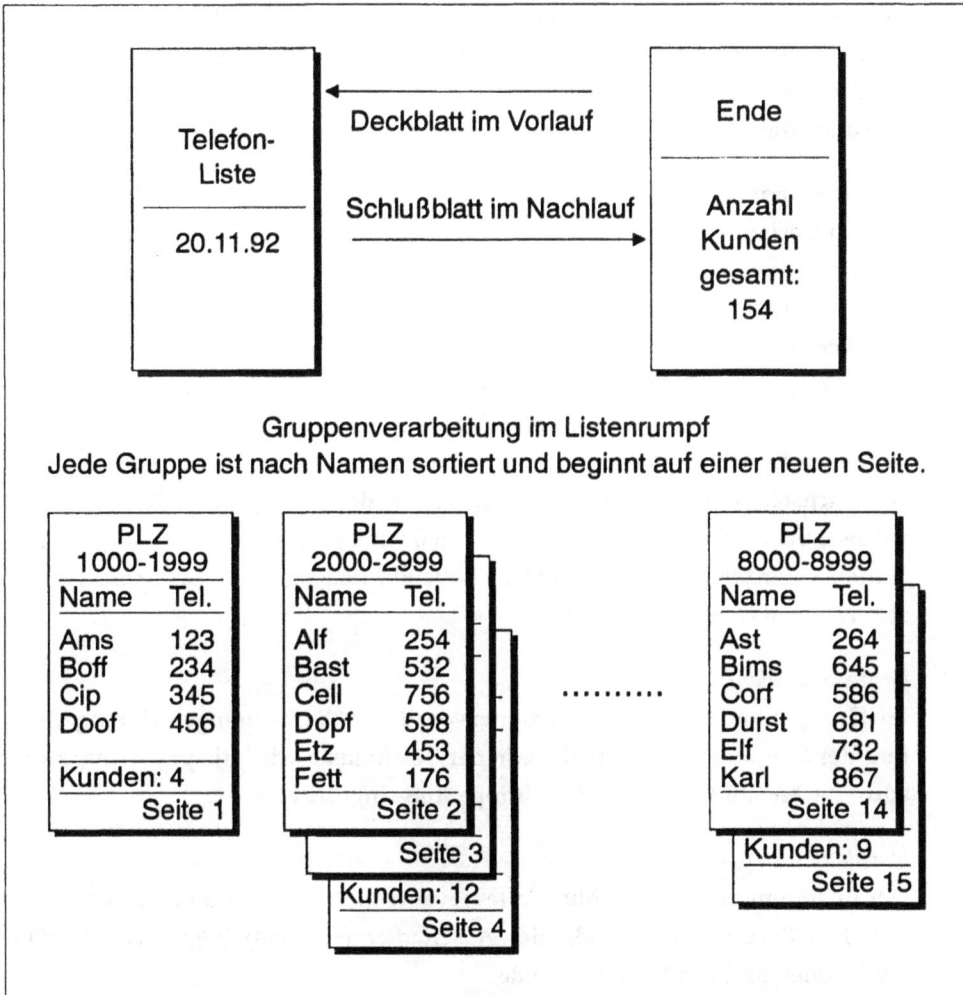

Abb. 49: Die gruppierte Telefonliste

☐ *Gruppenverarbeitung*

Diese Schleife gewährleistet, daß alle Sätze der sortierten Quell-Datei gelesen und in aufbereiteter Form in die Listendatei geschrieben werden.

☐ *Gruppenvorlauf*

Im Gruppenvorlauf werden die für jede Gruppe von Datensätzen unterschiedliche Ausprägung des Gruppenmerkmals und der zugehörige Gruppenkopf definiert. Für die Telefonliste wird hier festgelegt, daß Datensatzgruppen in 1000er-Schritten der Postleitzahl zu bilden sind. Jede 1000er-Gruppe soll auf einer neuen Seite beginnen. Dazu muß hier im Gruppenvorlauf (zu Beginn einer jeden Gruppe) der Gruppenwechsel-Schalter auf Null gestellt werden. Des weiteren werden gruppenspezifische Variablen auf ihre Anfangswerte gesetzt. Bezüglich einer Ermittlung der Anzahl Kunden pro Gruppe muß im Gruppenvorlauf auch die Besetzung des betreffenden Summenfeldes mit 0 erfolgen.

❑ *Einzelverarbeitung*
Der im Vorlauf gelesene erste Quell-Datensatz wird in die Listendatei geschrieben. Durch ein READ wird der nächste Datensatz bereitgestellt und auf einen Gruppenwechsel überprüft (Postleitzahl im nächsthöheren 1000er-Bereich?). Das Schreiben der einzelnen Gruppen-Datensätze erfolgt in einer Schleife so lange, bis durch einen Vergleich festgestellt wird, daß das Gruppiermerkmal des zuletzt gelesenen Datensatzes nicht mehr dem Gruppiermerkmal des davor gelesenen Datensatzes entspricht. Dies bedeutet, daß der zuletzt gelesene Satz zur nächsten Gruppe (nächsthöherer 1000er-Bereich) gehört. Der Gruppenwechsel-Schalter wird in diesem Falle von 0 auf 1 gesetzt, was den Abbruch der aktuellen Einzelverarbeitungsschleife bedeutet und mit dem Gruppennachlauf zur nächsten Gruppe überleitet.

❑ *Gruppennachlauf*
Im Gruppennachlauf werden gruppenspezifische Berechnungen durchgeführt und der Gruppenfuß geschrieben. In der Telefonliste wird die pro Gruppe aufaddierte Anzahl Kunden in den Gruppenfuß eingearbeitet.

❑ *Nachlauf*
Der Erstellung des Listenschlußblattes (eventuell versehen mit gesamtlistenspezifischen Berechnungen und/oder Abschlußergebnissen) folgt das Schließen der Dateien und das Programmende.

9.5.4 Demonstrationsbeispiel

Jeder Mitarbeiter der Vertriebsabteilung ist für die Betreuung eines vollen 1000er-Bereichs von Postleitzahlen zuständig und soll von Ihnen einen nach Namen sortierten Ausdruck aller "seiner" Kunden mit Telefonnummern erhalten. Sie erzeugen dazu eine dementsprechende umfassende Liste aller Kunden (Gesamtanzahl aller Kunden auf dem Listenschlußblatt), wobei jeder 1000er-Bereich von Postleitzahlen auf einer neuen Seite beginnt und am Gruppenende die Anzahl der aufgeführten Kunden ausgewiesen wird (siehe Abbildung 49).

Es ist Ihnen bereits in Fleisch und Blut übergegangen, daß Sie zunächst das Problem in Form eines Struktogramms darstellen.

Übersicht

Kunden-Datei sortieren
EOF-Schalter, GRP-Schalter = 0
Summen, PlzAnf, PlzEnd = 0
Seite = 1
Öffne Kunden-Datei, Listen-Datei
Titelblatt schreiben
1. Kunden-Datensatz lesen

EOF ? J / N

J (EOF-Schalter = 1)	N
	Solange EOF-Schalter = 0
EOF-Schalter = 1	(Gruppenvorlauf)
	Solange GRP-Schalter = 0
"Datei leer"	(Einzel-verarbeitung)
	GRP-Fuß schreiben
(Nachlauf)	

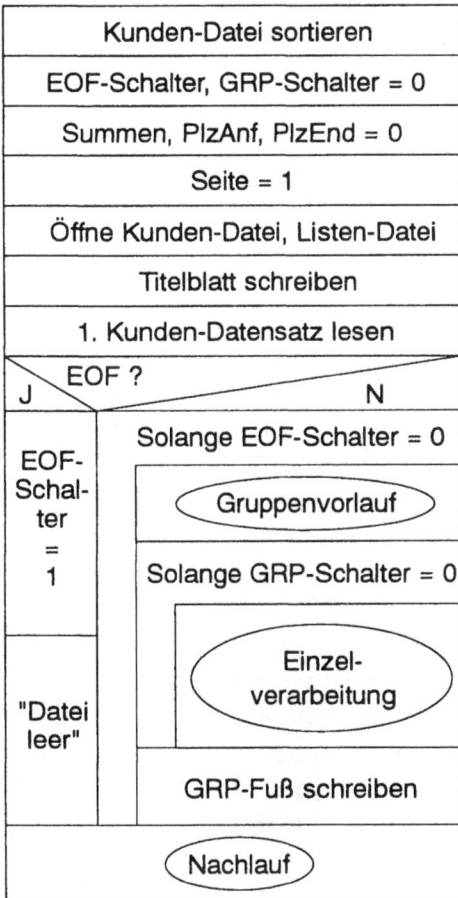

Gruppenvorlauf

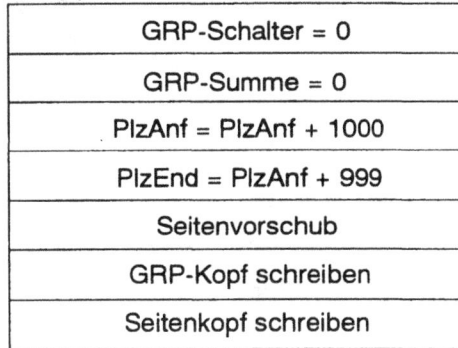

GRP-Schalter = 0
GRP-Summe = 0
PlzAnf = PlzAnf + 1000
PlzEnd = PlzAnf + 999
Seitenvorschub
GRP-Kopf schreiben
Seitenkopf schreiben

Einzelverarbeitung

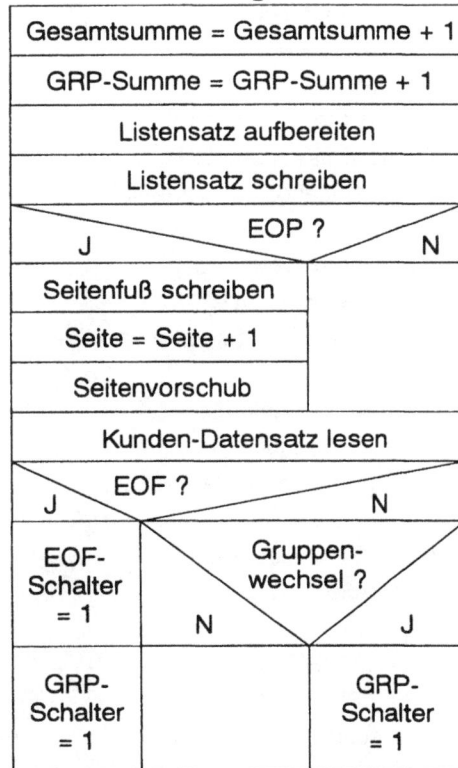

Gesamtsumme = Gesamtsumme + 1
GRP-Summe = GRP-Summe + 1
Listensatz aufbereiten
Listensatz schreiben

EOP ? J / N

J	N
Seitenfuß schreiben	
Seite = Seite + 1	
Seitenvorschub	

Kunden-Datensatz lesen

EOF ? J / N

J (EOF-Schalter = 1)	N (Gruppen-wechsel ?)
EOF-Schalter = 1	N / J

| GRP-Schalter = 1 | | GRP-Schalter = 1 |

Nachlauf

Seitenvorschub
Schlußblatt schreiben
Dateien schließen
STOP RUN

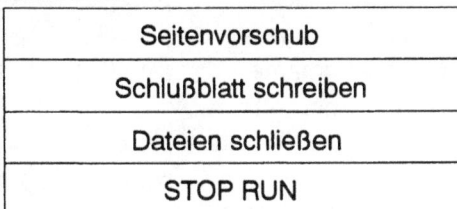

Das Struktogramm ist grundsätzlich nach der Rahmenvorgabe aus Kapitel 9.5.3 aufgebaut. Die Erläuterungen zum nachfolgenden Programm-Listing werden Ihnen helfen, die Detail-Abweichungen zu verstehen.

TELEFON-LISTE

```
IDENTIFICATION DIVISION.                     02 Anschrift.
************************************              05 Strasse      pic x(30).
program-id. TELEFON-LISTE.                       05 PLZ          pic x(5).
                                                 05 Ort          pic x(20).
ENVIRONMENT DIVISION.                            05 Telefon      pic x(15).
*******************************
Configuration Section.                       FD K-Out label record standard.
*---------------------------                  01 K-Out-Satz.
source-computer. vax.                            02 O-Kundennr   pic x(4).
object-computer. vax.                            02 O-Nachname   pic x(30).
                                                 02 O-Vorname    pic x(20).
Input-Output Section.                            02 O-Anschrift.
*--------------------------                           05 O-Strasse   pic x(30).
File-Control.                                        05 O-PLZ       pic x(5).
select Kunden assign to                              05 O-Ort       pic x(20).
    "sys$disk:KUNDEN"                                05 O-Telefon   pic x(15).
    organization is sequential.
                                             FD K-List label record standard
select K-Out assign to                           linage is 56 lines
    "sys$disk:K-OUT"                             with footing at 55
    organization is sequential.                  lines at top 5
                                                 lines at bottom 5.
select K-List assign to                      01 aus              pic x(80).
    "sys$disk:K-LIST"
    organization is sequential.              SD K-Sort.
                                             01 K-Sort-Satz.
select K-Sort assign to                          02 S-Kundennr   pic x(4).
    "sys$disk:K-SORT".                           02 S-Nachname   pic x(30).
                                                 02 S-Vorname    pic x(20).
DATA DIVISION.                                   02 S-Anschrift.
********************                                  05 S-Strasse   pic x(30).
File Section.                                        05 S-PLZ       pic x(5).
*---------------                                     05 S-Ort       pic x(20).
FD Kunden label record standard.                     05 S-Telefon   pic x(15).
01 Kunden-Satz.
    02 Kundennr     pic x(4).                Working-Storage Section.
    02 Nachname     pic x(30).               ******************************
    02 Vorname      pic x(20).               01 eofflag    pic x.
```

TELEFON-LISTE - Fortsetzung

```
01 grpflag     pic x.                      01 sfuss.
01 strich      pic x(80) value all "-".      02 filler     pic x(10) value spaces.
                                             02 filler     pic x(6) value "Seite ".
01 listkopf.                                 02 seite      pic 99.
   02 filler    pic x(20) value spaces.      02 filler     pic x(62) value spaces.
   02 filler    pic x(21) value spaces.
   02 filler    pic x(9) value " Telefon ". 01 K-List-Satz.
   02 filler    pic x(9) value "20.11.92 ".  02 filler     pic x(10) value spaces.
   02 filler    pic x(21) value spaces.      02 ausname    pic x(30).
                                             02 filler     pic x(4) value spaces.
01 listfuss.                                 02 austel     pic x(15).
   02 filler    pic x(10) value spaces.      02 filler     pic x(21).
   02 filler    pic x(20) value all "-".
   02 filler    pic x(8) value "Kunden: ".
   02 gessumme  pic 9(4).                   PROCEDURE DIVISION.
   02 filler    pic x(10) value all "-".    *******************************
   02 filler    pic x(28) value spaces.     Haupt Section.
                                            *-------------------
01 grpkopf.                                 Steuerung.
   02 filler    pic x(10) value spaces.        perform Sortieren.
   02 filler    pic x(5) value "PLZ: ".        perform Vorlauf.
   02 plzanf    pic 9(5).                       read K-Out at end move 1 to eofflag.
   02 filler    pic x(3) value all " - ".       perform Gruppe until eofflag = 1.
   02 plzend    pic 9(5).                       perform Nachlauf.
   02 filler    pic x(52) value spaces.         exit program.

01 grpfuss.
   02 filler    pic x(10) value spaces.     Sortieren.
   02 filler    pic x(8) value "Kunden: ".     display "Sortierung beginnt".
   02 grpsumme  pic 9(4).                      sort K-Sort on ascending key
   02 filler    pic x(58) value spaces.             S-PLZ  S-Nachname
                                                    using  Kunden
01 skopf.                                           giving  K-Out.
   02 filler    pic x(10) value spaces.         display "Sortierung fertig".
   02 filler    pic x(4) value "Name".
   02 filler    pic x(30) value spaces.      Vorlauf.
   02 filler    pic x(7) value "Telefon".       move 1 to seite.
   02 filler    pic x(29) value spaces.         move 0 to eofflag, grpflag.
                                                move 0 to gessumme, grpsumme.
                                                move 0 to plzanf, plzend.
```

TELEFON-LISTE - Fortsetzung

```
open input K-Out.                    Grp-Nachlauf.
open output K-List.                    write aus from strich after1.
write aus from strich after page.      write aus from grpfuss after 1.
write aus from listkopf after 2.       write aus from strich after 1.
                                       write aus from sfuss after 1.
                                       add 1 to seite.
Nachlauf.
  write aus from strich after page.
  write aus from listfuss after 5.    Einzel Section.
  write aus from strich before page.  *-------------------
  close K-Out.                        Addieren.
  close K-List.                         add 1 to gessumme, grpsumme.


Gruppe Section.                       Satz-Schreiben.
*--------------------                   move O-Nachname to ausname.
Grp-Vorlauf.                           move O-Telefon to austel.
  move 0 to grpflag.                   write aus from K-List-Satz at eop
  move 0 to grpsumme.                    write aus from strich
  compute plzanf = plzanf + 1000.        write aus from sfuss
  compute plzend = plzanf + 999.         write aus from skopf after page
  write aus from grpkopf after page.     add 1 to seite.
  write aus from strich.              Lesen.
  write aus from skopf after 1.         read K-Out at end
  write aus from strich after 1.          move 1 to eofflag, grpflag.
                                       Pruefen.
                                         if O-PLZ not <= plzend
Grp-Rumpf.                                 then move 1 to grpflag.
  perform Einzel until grpflag = 1.
```

☐   *Data Division*

In der Input-Output und der File Section werden vier Dateien definiert. Die Datei Kunden ist die originäre Kunden-Datei, wie sie aus den bisherigen Demonstrationsbeispielen und Übungsaufgaben vorliegt. Die Datei K-Out wird die gleichen, jedoch nach Postleitzahl und Nachnamen sortierten Datensätze wie Kunden beinhalten und damit die Quell-Datei für die gruppierte Liste sein. Diese Liste wird in die Datei K-List ausgegeben und dann auf der Bedienerebene Ihres Betriebssystems mit dem entsprechenden Druckbefehl zu Papier gebracht. Die Datei K-Sort dient als Zwischenspeicher für den Sortiervorgang (siehe Kapitel 9.5.2). Die logischen Kenngrößen von K-List in der FD-Klausel be-

schreiben eine Listenseite mit 56 bedruckbaren Zeilen und jeweils fünf Leerzeilen am Seitenanfang und -ende. Ein Seitenfuß kann auf der 55. und 56. Zeile
ausgegeben werden. Ein Datensatz der Listdatei besteht aus einem einzigen
Datenfeld mit Namen "aus". Dieses Feld ist mit 80 Zeichen Länge definiert und
kann somit von jedem Drucker vollständig in einer Zeile gedruckt werden.
Wenn Sie sich die Datengruppen listkopf, listfuss, grpkopf, grpfuss, skopf, sfuss
und K-List-Satz in der Working-Storage Section ansehen, wird Ihnen auffallen,
daß die Summe aller Elementarfeldzeichen dieser Datengruppen ebenfalls jeweils genau 80 Zeichen beträgt. Welchem Zweck diese Feldlängen dienen, wird
Ihnen klar werden, wenn wir anschließend die verwendeten WRITE-Anweisungen besprechen.

☐   *Paragraph Steuerung*

Doch zunächst zum Paragraphen Steuerung in der Procedure Division: Der
Sortiervorgang, wie Sie ihn bereits kennen, wird durchgeführt und generiert
die Datei K-Out als Quell-Datei für unsere gruppierte Liste. Im Paragraphen
Vorlauf werden alle notwendigen Datenfelder mit ihren Anfangswerten besetzt, die beteiligten Dateien (K-Out als Input; K-List als Output) geöffnet und
das Titelblatt in die Listen-Datei geschrieben. Hier sehen Sie, daß die verwendeten WRITE-Anweisungen mit dem FROM-Zusatz versehen sind. Die Anweisung "write aus from strich after page" bedeutet, daß nach einem Seitenvorschub das Feld aus zunächst den Inhalt des Feldes strich erhält und das Feld
aus dann in die Datei (K-List) geschrieben wird. Das Feld strich ist in der Working-Storage Section durch die VALUE-Klausel mit 80 Bindestrichen vorbesetzt
worden, so daß bei einem Ausdruck des ersten Datensatzes der Datei K-List
nun 80 Bindestriche auf dem Papier erscheinen werden.
Die zweite WRITE-Anweisung "write aus from listkopf after 2" bewegt nach
zwei Zeilenvorschüben den gesamten Inhalt der Datengruppe listkopf in das
Feld aus und schreibt dieses dann in die Datei K-List. listkopf besteht nur aus
Fillern mit fest vorgegebenen VALUE-Werten. Die Feldlänge von genau 80 Zeichen bewirkt, daß der noch vorhandene Inhalt des Feldes aus, der von der ersten WRITE-Anweisung (80 Bindestriche) stammt, vollständig überschrieben
wird. Wäre listkopf nur mit z.B. 70 Zeichen Gesamtlänge definiert, würden bei
einem Ausdruck dieses zweiten Datensatzes hinter dem Datum zehn Bindestriche auf dem Papier als Hinterlassenschaft des ersten Datensatzes ausgegeben
werden. Die Definition der oben genannten, zum Ausdruck bestimmten Datenfelder mit einer Länge von jeweils genau 80 Zeichen verhindert also, daß "Alt"-
Inhalte des zu schreibenden Datensatzes in die Listen-Datei gelangen. Diese

Vorgehensweise ist insbesondere bei den zu druckenden Kundeninformationen in den Seitenrümpfen wichtig, um den Aussagegehalt der Druckliste für die Zielgruppe Vertriebsmitarbeiter nicht zu verfälschen. Zur Ausgabe der Kundennamen und -telefonnummern ist daher auch die Datengruppe K-List-Satz mit einer Länge von genau 80 Zeichen zu definieren. Einem jeden gelesenen Datensatz der sortierten Quell-Datei K-Out werden die Informationen Nachname und Telefon entnommen und in die Felder ausname (move O-Nachname to ausname) und austel (move O-Telefon to austel) bewegt. Beachten Sie, daß Sie die Felder ausname und austel nicht kleiner definieren als die Felder O-Nachname und O-Telefon, um ein Abschneiden von Feldinhalten zu vermeiden. Beachten Sie auch, wie die Elementarfeldstruktur der Datengruppe skopf an diejenige von K-List-Satz angepaßt ist. skopf dient als Kopf einer jeden Listenrumpfseite und enthält als Spaltenüberschriften die Texte "Name" und "Telefon" für die darunter in der Liste gedruckten Kundeninformationen (siehe Abb. 49). Sowohl die Gruppe skopf als auch K-List-Satz beginnen jeweils mit einem Filler von 10 Leerzeichen Länge. Ein Kundenname wird also ab der 11. Spalte einer Listenseite genau unter der Spaltenüberschrift "Name" gedruckt werden. Genauso werden die Telefonnummern erst ab der 45. Spalte einer Zeile genau unter der Spaltenüberschrift "Telefon" gedruckt werden. Das im Programmlisting gezeigte äußere Format der Liste ist aus Platzgründen recht einfach gehalten. Es werden Ihnen sicherlich einige Ideen kommen, wie man das Aussehen des Papierausdrucks benutzerfreundlicher gestalten kann. Sie sollten sich dabei allerdings vor Augen halten, daß derartige Listen vor allem übersichtlich sein sollen.

❑ *Paragraph Vorlauf*

Nach diesem Exkurs in die Listengestaltung fahren wir nun fort mit dem Vorgang der Listenerstellung in der Procedure Division. Der Paragraph Vorlauf hat das Listendeckblatt in die Datei K-List geschrieben, und es folgt das Lesen des ersten Kunden-Datensatzes aus der sortierten Quell-Datei K-Out. Die erste READ-Anweisung erfolgt bereits an dieser Stelle vor der eigentlichen Gruppenverarbeitung, um eine sofortige Programmbeendigung zu veranlassen, falls die Quell-Datei keinen Datensatz enthält (leer ist). In diesem Falle tritt die AT END-Klausel in Kraft und belegt eofflag mit 1. Die nächste PERFORM-Anweisung (Gruppenverarbeitungsschleife) wird somit nicht ausgeführt und das Programm via Nachlauf ordnungsgemäß beendet. Konnte der FD-Puffer von K-Out jedoch erfolgreich mit einem Datensatz gefüllt werden, läuft die Gruppe Section so lange ab, bis eofflag innerhalb dieser Section mit einer 1 belegt wird.

❑   *Gruppe Section*

Die Gruppe Section besteht aus den Paragraphen Grp-Vorlauf, Grp-Rumpf und Grp-Nachlauf. In Grp-Vorlauf werden die gruppenspezifischen Datenfelder mit ihren Anfangswerten besetzt. Das Feld grpflag erhält zu Beginn einer jeden Gruppe eine 0. Eine Änderung des grpflag-Inhaltes in der Einzelverarbeitung wird einen Gruppenwechsel signalisieren. Das Feld grpsumme soll die Anzahl der Kunden einer jeden Gruppe aufnehmen und muß demnach bei jedem Gruppenbeginn ebenfalls auf 0 gestellt werden. Die beiden folgenden COMPU-TE-Anweisungen legen fest, welche Gruppen gebildet werden sollen. Der Anfangswert 0 des Feldes plzanf aus dem Paragraphen Vorlauf der Haupt Section wird hier beim ersten Durchlauf des Paragraphen Grp-Vorlauf um 1000 hochgesetzt. Das Feld plzend erhält darauffolgend den so festgelegten plzanf-Wert plus 999. Die erste Gruppe ist auf diese Weise durch den Postleitzahlenbereich 1000 bis 1999 bestimmt. Nach einem Seitenvorschub werden der Gruppenkopf (aktueller Postleitzahlenbereich) und der Kopf der ersten Listenrumpfseite (Spaltenüberschriften "Name" und "Telefon") in die Datei K-List geschrieben. Der Paragraph Grp-Rumpf stößt die Verarbeitung der einzelnen Datensätze aus der sortierten Quell-Datei an. Die Einzel Section wird so lange ausgeführt, bis ein Kunden-Datensatz aus dem nächsthöheren Postleitzahlenbereich gelesen oder das Dateiende erreicht wird. Der Gruppennachlauf erklärt sich von selbst.

❑   *Einzel Section*

Die Additionsanweisungen im Paragraph Addieren erhöhen für jeden gelesenen Datensatz die Anzahl der Kunden pro Gruppe und die Gesamtanzahl aller vorhandener Kunden. Das Feld grpsumme wird, wie bereits erwähnt, zu Beginn jeder Gruppe wieder auf 0 gesetzt, das Feld gessumme jedoch nicht. Im Paragraphen Satz-Schreiben werden aus dem FD-Puffer von K-Out die gewünschten Kundeninformationen "herausgepickt" (O-Nachname, O-Telefon) und in die entsprechenden Elementarfelder von K-List-Satz bewegt. Wir erinnern uns: Das Programm kann bis zu dieser Stelle überhaupt nur ausgeführt werden, wenn im Paragraphen Steuerung der Haupt Section ein Datensatz aus K-Out erfolgreich gelesen wurde. Der FD-Puffer von K-Out ist also bereits mit den Datenfeldinhalten des ersten Kunden aus dem niedrigsten Postleitzahlenbereich (Sortierung!) gefüllt, wenn der Paragraph Satz-Schreiben zum allerersten Mal durchlaufen wird. Die WRITE-Anweisung wird also den ersten Datensatz über das Feld aus in die Datei K-List schreiben. Das folgende READ wird den zweiten Kunden-Datensatz in den FD-Puffer von K-Out holen. Im Paragraph Pruefen wird nun geprüft, ob die gerade gelesene Postleitzahl noch in den für die aktuelle Gruppe gültigen Postleitzahlenbereich 1000 bis 1999 fällt. Wohnt der zweite Kunde in der (aufsteigend nach Postleitzahlen sortierten) Datei z.B. in 1234 Buxtehude, trifft die IF-Anweisung nicht zu, und die Einzel Section wird zum zweiten Mal ausgeführt. Der zuletzt gelesene Datensatz wird weggeschrieben, der nächste gelesen und wieder auf seine Gruppenzugehörigkeit geprüft. Sobald nun ein Kunde mit einer Postleitzahl größer als 1999 auftaucht, wird grpflag auf 1 gesetzt und die PERFORM-Anweisung aus Paragraph Grp-Rumpf abgebrochen. Es folgt der Gruppennachlauf, in dem der Gruppenfuß mit der Anzahl der Kunden im Postleitzahlenbereich 1000 bis 1999 ausgegeben wird. Die Gruppe Section ist fertig abgearbeitet, und die UNTIL-Bedingung der aufrufenden PERFORM-Anweisung aus dem Paragraphen Steuerung wird abgeprüft. eofflag steht weiterhin auf seinem Anfangswert 0, so daß Gruppe Section ein zweites Mal ausgeführt wird. Die COMPUTE-Anweisungen verändern nun die Gruppengrenzen von 1000 bis 1999 auf 2000 bis 2999. Nach einem Seitenvorschub (jede Gruppe soll auf einer neuen Seite beginnen) wird der neue Gruppenkopf geschrieben und mit der Verarbeitung der zugehörigen Datensätze begonnen. Sind in der Quell-Datei mehr Kunden aus ein- und demselben Postleitzahlenbereich vorhanden, als bedruckbare Zeilen auf einer Seite vorgesehen sind, tritt die AT EOP-Klausel der WRITE-Anweisung in Kraft. Ein interner Zeilenzähler (LINAGE COUNTER; wird durch jedes WRITE um 1 erhöht) zeigt dem Programm an, wenn ein gerade erfolgtes WRITE die LINAGE-Zahl minus der FOOTING-Zahl erreicht hat. Der Seitenfuß wird geschrieben, die Seitenzahl um 1 hochgezählt, ein Seitenvorschub durchgeführt und dort der Seitenkopf (Spaltenüberschriften) plaziert. Die Einzelverarbeitung läuft auf der neuen Seite weiter, bis entweder die nächste Gruppe erkannt oder das Dateiende erreicht wird. Im letzteren Fall tritt die AT END-Klausel der READ-Anweisung in Kraft und setzt sowohl grpflag als auch eofflag auf 1. Der Durchlauf der Einzel Section wird abgebrochen und der Fuß der letzten Gruppe geschrieben. Die Gruppe Section ist fertig abgearbeitet, und die UNTIL-Bedingung der aufrufenden PERFORM-Anweisung aus dem Paragraphen Steuerung wird erneut abgeprüft. eofflag hat nun den Inhalt 1, was zur Anweisung "perform Nachlauf" überleitet.

❑ *Paragraph Nachlauf*

Nachdem im Nachlauf das Schlußblatt der Liste geschrieben und die beteiligten Dateien geschlossen wurden, erfolgt per STOP RUN die ordnungsgemäße Beendigung des Programms. Sie befinden sich wieder auf Ihrer Betriebssystemebene und können die Liste nun auf einem Drucker ausgeben.

9.5.5   Übungsaufgaben

Binden Sie das Demonstrationsbeispiel aus Kapitel 9.5.4 als Unterprogramm T-LISTE in das Kunden- und Auftragsverwaltungssystem ein. Das Programm aus Kapitel 9.5.4 ersetzt dabei das bereits in Kapitel 9.4.5 realisierte Modul T-LISTE im Kundenverwaltungsmenue. Da Sie dazu im vorigen Listing nur die Program-Id verändern und STOP RUN durch EXIT PROGRAM ersetzen müssen, ist es nicht notwendig, in Anhang B eine Musterlösung anzugeben.

```
              Hauptmenue

   1   Kundenverwaltung
   2   Auftragsverwaltung
   3   Programmende
```

```
            Kundenverwaltung

   1   Kunden aufnehmen
   2   Kunden anzeigen
   3   Kundendaten aendern
   4   Telefon-Liste
   5   Zum Hauptmenue
```

Nach der Durchführung dieser Übungsaufgabe sollten Ihnen zu nebenstehendem Menue-System alle Struktogramme und die zugehörigen ablauffähigen Programm-Moduln vorliegen. Verbessern Sie das optische Erscheinungsbild des Programms am Bildschirm. Veranlassen Sie z.B. vor jeder eigenständigen Bildschirmanzeige die Ausgabe von 25 Leerzeilen (i.d.R. das maximale Fassungsvermögen eines Bildschirms), so daß jedes Menue und jeder aufgerufene Funktionszweig immer auf einer leeren Bildschirmseite erscheint. Wenn Sie in Ihrem Compiler-Manual nachschlagen, werden

```
            Auftragsverwaltung

   1   Auftrag aufnehmen
   2   Auftrag anzeigen
   3   Auftragsdaten aendern
   4   Auftragsliste
   5   Zum Hauptmenue
```

Sie vielleicht eine solche "Clear Screen"-Funktion vorgefertigt finden. Derartige Cobol-Spracherweiterungen sind jedoch in den allermeisten Fällen Compiler-spezifisch, das heißt nicht standardisiert, so daß wir hier eine zwar einfache Routine zeigen möchten, die aber in jeder Compiler-Umgebung verwendet werden kann. Ein "Clear Screen" erreichen Sie, indem Sie in jedem Programm-Modul einen Paragraphen z.B. mit Namen "Leer" codieren, der nur die Anweisung "display spaces" enthält und an den erwünschten Stellen im Programmablauf mit "perform Leer 25 times" aufgerufen wird.

Der Auswahlpunkt 4 im Auftragsverwaltungs-Menue produziert eine unsortierte Liste (siehe Kap. 9.4.6). Als vertiefende Übung können Sie das betreffende Programm um einen Sortiervorgang erweitern. Es bietet sich an, die Auftragsdatensätze nach Auftragsnummern in aufsteigender Reihenfolge zu ordnen, um dem Listenleser das Suchen eines Auftrags zu erleichtern. Orientieren Sie sich bei der Realisierung dieser Aufgabe an dem Sortierprogramm KUNDEN-SORT aus Kapitel 9.5.2.

10. Indexsequentiell organisierte Dateien in Cobol

10.1 Arten des Zugriffs auf nicht-sequentiell organisierte Dateien

Die verschiedenen Organisationsformen von Dateien wurden bereits in Kapitel 8.2 besprochen; Sie sollten sie sich jetzt wieder in Erinnerung rufen. Es gibt sequentiell und random organisierte Dateien, wobei letztere in Relativ- und indexsequentielle Dateien zu unterscheiden sind. Der Schwerpunkt des Kapitels 10 liegt auf der indexsequentiellen Dateiorganisation. Relativ-Dateien werden im Rahmen dieses Buches nicht benötigt und können bei Bedarf in Eigeninitiative nachgearbeitet werden (siehe Literaturverzeichnis im Anhang C).

Für indizierte Dateien wird auf der Magnetplatte ein Dateibereich angelegt und in einzelne Teilbereiche unterteilt, in denen jeweils ein Datensatz gespeichert werden kann (analog zu einem Stück Magnetband mit bestimmter Länge zu verstehen). Ein bestimmter Teil eines jeden Datensatzes (sprich: ein bestimmtes Feld) wird dabei als Satzschlüssel (Record Key, Schlüsselfeld) vereinbart. Die Satzschlüssel aller Datensätze werden in einer zusätzlichen, automatisch generierten Index-Datei mitgeführt. Jedem Satzschlüssel wird dabei in der Index-Datei ein Zeiger (physikalische Adresse) auf die Position des zugehörigen Datensatzes in der "eigentlichen" Datei zugeordnet. Die Index-Datei stellt somit eine Art Stichwortverzeichnis der zugehörigen, mit Informationen gefüllten "eigentlichen" Datei (Haupt-Datei) dar. Ein Stichwortverzeichnis liegt im allgemeinen sortiert vor. So auch die Index-Datei: Die in der Index-Datei eingetragenen Satzschlüssel liegen automatisch immer in alphanumerisch aufsteigender Reihenfolge sortiert vor. Um die genaue Identifizierung eines jeden Datensatzes zu gewährleisten, sollte der Inhalt eines jeden Schlüsselfeldes eindeutig sein, also nur ein einziges Mal in der gesamten Haupt-Datei (also auch in der Index-Datei) vorkommen. Daher bieten sich als Schlüsselfelder meist Nummern-Felder in Datensätzen an (Kundennummer in der Datei Kunden, Auftragsnummer in der Datei Auftrag, Personalnummer in einer Datei Personal etc.). Solche Felder werden aus evidenten praktischen Gründen immer mit eindeutigen, laufenden Nummern gefüllt. Die gleiche Personalnummer z.B. für zwei oder mehr Mitarbeiter führt garantiert zu Trouble. Soll ein Programm nun z.B. in einer indexsequentiellen Personal-Datei einen Mitarbeiter anhand seiner Personalnummer (Schlüsselfeld) suchen (und anzeigen), wird zunächst auf diese Personalnummer in der Index-Datei zugegriffen und mit Hilfe des Zeigers auf die Position in der Haupt-Datei dann der vollständige Datensatz im FD-Puffer des Hauptspeichers zur Verfügung gestellt.

Während sequentiell organisierte Dateien ausschließlich in sequentiellem Zugriff (ACCESS SEQUENTIAL) verarbeitet werden können, gibt es bei nicht-sequentiellen Dateien (Random-Dateien: Relativ- und indexsequentielle Dateien) drei mögliche Zugriffsmethoden (ACCESS MODES):

Kombinationen von Organisations- und Zugriffsformen			
Organisation	Zugriff		
Organisation	sequential	random	dynamic
sequential	X	O	O
relative	X	X	X
indexed	X	X	X

Abb. 50: Organisations- und Zugriffsformen

❏ *Sequentieller Zugriff*
Hier erfolgt die Verarbeitung der Datensätze in der in der Index-Datei aufgeführten Reihenfolge (ACCESS SEQUENTIAL).

❏ *Wahlfreier Zugriff*
Die Verarbeitung der Datensätze einer Datei kann in beliebiger Reihenfolge durchgeführt werden (ACCESS RANDOM).

❏ *Dynamischer Zugriff*
Auf die Datensätze einer Datei kann sequentiell und wahlfrei zugegriffen werden (ACCESS DYNAMIC).

Wie bereits bekannt, werden Organisations- und Zugriffsform (ACCESS MODE) von Dateien grundsätzlich im Paragraphen File-Control der Input-Output Section definiert (siehe Kap. 8.3). Die in der oben abgebildeten Matrix mit X gekennzeichneten Organisations- und Zugriffsformen sind in Cobol einsetzbar. Mit O markierte Kombinationen führen zu einer Fehlermeldung des Compilers.

10.2 Definition der physikalischen Kenngrößen

Das in Kapitel 9.1 für sequentielle Dateien angegebene Format der SELECT-Anweisung muß zur Definition von indexsequentiellen Dateien (Relativ-Dateien bleiben hier außen vor) folgendermaßen modifiziert werden:

SELECT   Datei-Name-1   ASSIGN TO   Literal-1

    [ORGANIZATION IS INDEXED]

    [RECORD KEY IS Daten-Name-1]

    [ACCESS MODE IS $\left\{ \begin{array}{l} \text{SEQUENTIAL} \\ \text{RANDOM} \\ \text{DYNAMIC} \end{array} \right\}$

```
ENVIRONMENT DIVISION.
*******************************
Configuration Section.
*----------------------------
source-computer. vax.
object-computer. vax.

Input-Output Section.
*----------------------------
File-Control.
select Kunden assign to
    "sys$disk:KUNDEN"
    organization is sequential.
select Auftrag1 assign to
    "sys$disk:AUFTRAG1"
    organization is indexed
    record key is Auftragnr
    access mode is dynamic.
```

❏ *ORGANIZATION IS INDEXED*

Die Organisationsform wird im Unterschied zu sequentiellen Dateien (SEQUENTIAL) bei indexsequentiellen Dateien mit dem Begriff INDEXED definiert (nebenbei: für Relativ-Dateien wird RELATIVE benutzt).

❏ *RECORD KEY IS Daten-Name-1*

Diese Klausel ist nur bei indexsequentiell (oder relativ) organisierten Dateien erlaubt. Das Feld Daten-Name-1 muß in der Datensatz-Definition der betreffenden Datei (FD-Anweisung) enthalten sein und muß innerhalb der Datei einen eindeutigen Inhalt besitzen (Nummern bieten sich hier an; s.o.). Wird das Feld mit gleicher Benennung in einer weiteren Dateidefinition benutzt, muß es nach Daten-Name-1 mit dem Zusatz "OF Datei-Name-1" in seiner SELECT-Anweisung spezifiziert werden. Aufgrund des in diesem Feld eines jeden Datensatzes gespeicherten Wertes erfolgt der direkte Zugriff auf einen bestimmten Satz der Haupt-Datei.

❏ *ACCESS MODE IS ...*

In Kapitel 10.1 (siehe Abb. 50) sind die Einsatzmöglichkeiten von SEQUENTIAL, RANDOM und DYNAMIC beschrieben. Die Dateiverarbeitungsbefehle READ, WRITE etc. in einem Cobol-Programm werden abhängig von der hier definierten Zugriffsform für eine Datei parametrisiert.

Im abgebildeten Beispiel einer Input-Output Section wird sowohl eine sequentiell organisierte Datei (Kunden) als auch eine indexsequentielle Datei (Auftrag1) beschrieben. Als Record Key wurde hier die in der Auftragsdatei abgelegte Auftragsnummer gewählt, da i.a. Aufträge mit einer *eindeutigen* Nummer versehen werden. Da wir in unserem Kunden- und Auftragsverwaltungssystem alle Dateien bisher sequentiell angelegt und bearbeitet haben, deren Inhalte aber weiterhin benutzen wollen, wird es notwendig werden, die Inhalte dieser Dateien in indexsequentielle Dateien umzusetzen (sequentielle Datei lesen und satzweise in eine andere, indexsequentielle Datei wegschreiben; siehe Kapitel 10.4.5 Demonstrationsbeispiel).

10.3 Definition der logischen Kenngrößen

Das in Kapitel 9.2 für sequentielle Dateien angegebene Format der FD-Anweisung kann ohne Änderungen für indexsequentielle Dateien übernommen werden. Beginnend mit der Stufennummer 01 wird die Satzstruktur der Datei beschrieben. Die VALUE-Klausel darf auch hier nicht verwendet werden.

<u>FD</u> Datei-Name-1   <u>LABEL RECORD STANDARD</u>.
    01 Datensatz.
        .
        .
        .

Zur Vorbereitung unseres Kunden- und Auftragsverwaltungssystems auf indexsequentielle Dateien haben wir im nebenstehenden Beispiel zur File Section eindeutige Namen für die zu erstellenden indexsequentiellen Dateien gewählt. Kunden1 wird die indexsequentielle Kundendatei sein, Auftrag1 wird die indexsequentielle Auftragsdatei sein. Bei beiden Datei-Definitionen haben wir die Feldstrukturen so belassen, wie sie auch bei den sequentiellen Dateien Kunden und Auftrag vorliegen.

```
DATA DIVISION.
*********************
File Section.
*----------------
FD Kunden1
    label record standard.
01 Kunden1-Satz.
    02 Kundennr      pic x(4).
    02 Nachname      pic x(30).
    02 Vorname       pic x(20).
    02 Anschrift.
        05 Strasse   pic x(30).
        05 PLZ       pic x(5).
        05 Ort       pic x(20).
        05 Telefon   pic x(15).


FD Auftrag1
    label record standard.
01 Auftrag1-Satz.
    02 Kundennr      pic x(4).
    02 Auftragnr     pic x(4).
    02 Artikelnr     pic x(4).
    02 Menge         pic x(4).
    02 Preis         pic x(4).
```

10.4   Anweisungen zur Verarbeitung indexsequentieller Dateien

10.4.1   Die OPEN-Anweisung

Eine OPEN-Anweisung (in der Procedure Division) dient dazu, eine Datei vor der eigentlichen Bearbeitung durch die Anweisungen READ oder WRITE einem Cobol-
Programm zugänglich zu machen. Grundsätzlich können nur geschlossene oder
noch nicht existierende Dateien geöffnet werden. Die mehrmalige Anwendung der
OPEN-Anweisung auf eine Datei ohne dazwischenliegende CLOSE-Anweisungen
führt unweigerlich zu Programmabstürzen. Wird ein Programm auf diese nicht sehr
elegante Art beendet und sind Dateien dabei offen geblieben, wird die nächste
OPEN-Anweisung für eine dieser Dateien bei einem Programm-Neustart sofort wieder zu einem Absturz führen. Die geöffneten Dateien müssen daher vor einer erneuten Programmausführung durch ein eigenes kleines Programm, das im Prinzip nur
CLOSE-Anweisungen ausführt, geschlossen werden. Das Format der OPEN-Anweisung für indexsequentielle Dateien sieht folgendermaßen aus:

$$
\text{OPEN} \quad
\left\{
\begin{array}{ll}
\underline{\text{INPUT}} & \{\ \text{Datei-Name-1}\ \}\ \ldots \\
\underline{\text{OUTPUT}} & \{\ \text{Datei-Name-2}\ \}\ \ldots \\
\underline{\text{EXTEND}} & \{\ \text{Datei-Name-3}\ \}\ \ldots \\
\underline{\text{I-O}} & \{\ \text{Datei-Name-4}\ \}\ \ldots
\end{array}
\right\}
\quad \ldots
$$

Die Alternativen INPUT, OUTPUT, EXTEND und I-O stellen die verschiedenen
Open Modes einer indexsequentiellen Datei dar. Eine Datei kann immer nur mit einer dieser Bearbeitungsformen im geöffneten Zustand vorliegen. Eine OPEN-Anweisung kann aber auf mehrere verschiedene Dateien angewendet werden, wenn deren
Namen hinter der Modus-Angabe durch Leerzeichen oder Kommata getrennt aufgeführt werden.

❑   *OPEN OUTPUT*

   OPEN OUTPUT eröffnet eine Ausgabedatei (Output-Datei). In eine Ausgabedatei können Datensätze nur geschrieben werden (WRITE). Die Anwendung der
   READ-Anweisung führt zu einem Programmabsturz. Falls die hinter OUTPUT
   aufgeführte(n) Datei(en) noch nicht existiert(en), wird (werden) diese inclusive
   der zugehörigen Index-Datei(en) physisch neu (= leer) angelegt. Bei der Anwendung einer WRITE-Anweisung auf eine neu angelegte Ausgabedatei wird
   zunächst der Inhalt des Record-Key-Feldes als erster Eintrag in die Index-Datei

geschrieben und diesem Eintrag ein Zeiger auf einen freien Speicherplatz in der Haupt-Datei auf dem externen Speichermedium zugeordnet. Dort wird der zu schreibende Datensatz dann als erster und einziger Datensatz in diese Datei eingefügt. Jede folgende WRITE-Anweisung in der gleichen OPEN OUTPUT-Sitzung (das heißt, vor dem nächsten CLOSE) fügt der Index-Datei einen weiteren (eindeutigen) Schlüsselfeld-Eintrag hinzu und schreibt den zugehörigen Datensatz gemäß dem zugeordneten Zeiger in die Haupt-Datei. Jeder neue Index-Eintrag wird dabei automatisch alphanumerisch aufsteigend in die bereits vorhandenen Index-Einträge einsortiert. An welcher physischen Position der Datensatz in die Haupt-Datei eingefügt wird, ist nur von nachgeordneter Bedeutung. Die logische Reihenfolge, z.B. für sequentielle Lese-Vorgänge in der Haupt-Datei, wird durch die Reihenfolge der Index-Einträge bestimmt.

Falls die hinter OPEN OUTPUT aufgeführte(n) Datei(en) bereits auf dem externen Speichermedium vorhanden war(en), wird deren Inhalt komplett gelöscht. Eine WRITE-Anweisung wird in diesem Fall eine solche Datei (Index- und Haupt-Datei) immer von Beginn an neu beschreiben, so daß "Alt"-Inhalte verlorengehen (Achtung!).

❑   *OPEN INPUT*

Die OPEN INPUT-Anweisung öffnet eine Datei als Eingabedatei (Input-Datei). Aus einer Eingabedatei können nur Datensätze gelesen werden (READ). Die Anwendung einer WRITE-Anweisung führt zu einem Programmabsturz. OPEN INPUT setzt voraus, daß die als Datei-Name-1 angegebene Datei bereits existiert, und positioniert den Datensatz-Zeiger (Record Pointer) auf den ersten Eintrag der Index-Datei. Der logisch erste Datensatz einer Haupt-Datei ist somit derjenige, auf den der physische Zeiger des ersten Satzschlüssels der Index-Datei zeigt. Das heißt, daß bei Anwendung einer *sequentiellen* READ-Anweisung auf eine "frisch" geöffnete Eingabedatei zunächst der in der alphanumerischen Sortierung erste Eintrag der Index-Datei gelesen wird. Dieser Eintrag "zeigt" auf den zugehörigen Datensatz in der Haupt-Datei (es spielt keine Rolle, an welcher Position dort), der dann in den Hauptspeicher (FD-Puffer) gelesen und dort zur Verarbeitung durch weitere Cobol-Anweisungen bereitgestellt wird. Genau wie bei sequentiellen Dateien wird hier durch ein READ der Record Pointer um eine Stelle nach vorne geschoben. Der Record Pointer befindet sich bei indexsequentiellen Dateien jedoch nicht in der Haupt-Datei, sondern in der Index-Datei. Bei einem *sequentiellen* Lesen einer indexsequentiell organisierten Datei werden die Datensätze somit immer in der Reihenfolge ihrer sortierten Index-Einträge verfügbar sein.

☐ *OPEN EXTEND*

Die Anweisung OPEN EXTEND öffnet eine bereits existierende indexsequentielle Datei. Der Extend-Modus ist jedoch nur bei indexsequentiell organisierten
Dateien zulässig, die mit sequentiellem Zugriff (ACCESS SEQUENTIAL) deklariert sind. Der Extend-Modus dient dazu, einer bereits existierenden Datei weitere Datensätze zuzufügen. In eine Extend-Datei können somit nur Datensätze
geschrieben werden (WRITE). Die Anwendung einer READ-Anweisung führt
zu einem Programmabsturz. Bei der Anwendung einer WRITE-Anweisung auf
eine Extend-Datei wird der Schlüsselfeld-Inhalt des zu schreibenden Datensatzes zunächst alphanumerisch aufsteigend in die bereits vorhandenen Einträge
der Index-Datei einsortiert (geschieht automatisch). Der einsortierte Eintrag erhält dann einen Zeiger auf einen freien Speicherplatz in der Haupt-Datei auf
dem externen Speichermedium. Dort wird der Datensatz dann in diese Datei
geschrieben.

☐ *OPEN I-O*

Die Anweisung OPEN I-O eröffnet eine bereits existierende Datei, in die während einer einzigen OPEN-Sitzung Datensätze geschrieben (WRITE) und aus
der Datensätze gelesen (READ) werden können (OPEN INPUT läßt nur Lesen
zu, OPEN OUTPUT nur Schreiben). Beim Öffnen einer indexsequentiell organisierten I-O-Datei wird der Record Pointer auf den ersten Eintrag der Index-Datei positioniert. Bei der Anwendung einer READ-Anweisung auf eine "frisch"
geöffnete I-O-Datei wird der durch den physischen Zeiger des Index-Eintrags
identifizierte Datensatz der Haupt-Datei in den Hauptspeicher (FD-Puffer) gelesen und dort zur Verarbeitung durch weitere Cobol-Anweisungen zur Verfügung stehen. Bei der Anwendung einer WRITE-Anweisung auf eine "frisch" geöffnete I-O-Datei wird der zu schreibende Datensatz nach Maßgabe seines
Schlüsselfeld-Inhaltes in die Datei eingereiht. Das Öffnen einer Datei im I-O-
Modus löscht also nicht wie OPEN OUTPUT bereits existierende Datei-Inhalte,
sondern erlaubt, die Haupt-Datei "fortzuschreiben". Wird versucht, eine physikalisch nicht vorhandene Datei als I-O-Datei zu öffnen, so bleibt die OPEN-
Anweisung erfolglos.

Beispiele: open input Kunden.
                 open output Auftrag, Kunden.
                 open I-O Auftrag, output Kunden.
                 open I-O Kunden, Auftrag, input Personal.
                 open input Kunden, output Auftrag, I-O Personal.

10.4.2 Die CLOSE-Anweisung

Eine CLOSE-Anweisung dient dazu, eine Datei nach einem OPEN wieder zu schließen. Grundsätzlich können nur existierende, geöffnete Dateien geschlossen werden.
Die mehrmalige Anwendung der CLOSE-Anweisung auf eine Datei ohne dazwischenliegende OPEN-Anweisungen führt unweigerlich zum Programmabsturz. Das
Format der CLOSE-Anweisung bei indexsequentiellen Dateien entspricht dem bei sequentiellen Dateien.

CLOSE   { Datei-Name-1 } ...

Hinter dem Wort CLOSE können ein oder mehrere Namen von geöffneten Dateien
aufgeführt werden. Dabei spielt es keine Rolle, in welchem OPEN-Modus sich diese
Dateien befinden. Ein weiterer Zugriff auf die mit CLOSE bearbeiteten Dateien ist im
selben Programm erst dann wieder möglich, wenn die Dateien neuerlich durch eine
OPEN-Anweisung bereitgestellt werden.

Beispiele: close Kunden.
               close Kunden, Auftrag.

10.4.3 Die READ-Anweisung

10.4.3.1 Sequentielles READ bei Access Sequential

Die Anweisung READ bewirkt ein MOVE eines Datensatzes vom Datenträger (Speichermedium) in den Puffer, der für die betreffende Datei in ihrer FD-Anweisung definiert wurde. Das Format der READ-Anweisung zum sequentiellen Lesen indexsequentieller Dateien sieht folgendermaßen aus:

READ   Datei-Name-1   RECORD [INTO Daten-Name-1]
         [AT END Unbedingte-Anweisung]

Das sequentielle READ einer indexsequentiell organisierten Datei ist zulässig, wenn
diese Datei physisch mit ACCESS SEQUENTIAL definiert wurde. Durch die READ-
Anweisung wird ein Datensatz einer Datei im Aufnahmepuffer ihres FD-Eintrages
für die weitere Verarbeitung zur Verfügung gestellt. Der zu lesende Datensatz ist bei
sequentiellem Zugriff durch die aktuelle Position des Record Pointers in der Index-
Datei bestimmt (siehe die Erläuterungen zu den OPEN-Modes in Kapitel 10.4.1).
Nach jeder erfolgreichen sequentiellen READ-Anweisung wird der Record Pointer
auf den nächstfolgenden Index-Eintrag positioniert. Durch ein OPEN INPUT wird

der Pointer auf den ersten Eintrag der Index-Datei gestellt, nach der ersten READ-Anweisung steht der Record Pointer auf dem zweiten Eintrag der Index-Datei usw. Nachdem der letzte Satz aus einer Datei erfolgreich gelesen wurde, zeigt der Pointer auf das Datei-Endezeichen. In diesem Fall tritt die hinter der AT END-Klausel codierte, unbedingte Anweisung in Kraft. Die IF-Anweisung ist hier nicht erlaubt, da dadurch eine *bedingte* Anweisung eingeleitet wird.

❏   *READ Datei-Name-1 RECORD*
    Datei-Name-1 muß eine korrekt definierte und im Input- oder I-O-Modus geöffnete Datei bezeichnen. Ein erfolgreich gelesener Datensatz wird in dem FD-Puffer der betreffenden Datei zur weiteren Verarbeitung bereitgestellt.

❏   *INTO Daten-Name-1*
    Die optionale INTO-Klausel bewirkt, daß der erfolgreich gelesene Datensatz nicht nur in den FD-Puffer eingelesen, sondern zusätzlich auch in einer durch Daten-Name-1 gekennzeichneten Datengruppe zur Verfügung gestellt wird. Diese Datengruppe muß in der Working-Storage Section definiert sein und, wenn INTO sinnvoll angewendet werden soll, die eingelesenen Daten strukturell fehlerfrei aufnehmen können.

❏   *AT END Unbedingte-Anweisung*
    Kann eine READ-Anweisung nicht erfolgreich ausgeführt werden, weil z.B. kein nächster Satz mehr in der Datei vorhanden ist, so tritt die angegebene unbedingte Anweisung in Kraft (und nur dann). Hier können beliebige Cobol-Anweisungen, außer IF (bedingte Anweisung), codiert werden. Nach Ausführung dieser Anweisungen wird der Programmablauf mit der nächsten auf READ folgenden Anweisung fortgesetzt.

```
        Sequentielles READ
        Access Sequential

File-Control.
  select Kunden1
  assign to "sys$disk:KUNDEN1"
    organization is indexed
    record key is Kundennr
    access mode sequential.


FD Kunden1 label record standard.
01  Kunden1-Satz.
      02 Kundennr    pic x(4).
      02 Nachname    pic x(30).


Working-Storage Section.
01  flag              pic x.

PROCEDURE DIVISION.
****************************
Anfang.
  move spaces to flag.
  open input Kunden1.
  perform Lesen until flag = "n".
  close Kunden1.  stop run.


Lesen.
  read Kunden1 record
    at end display "Dateiende"
    move "n" to flag.
  if flag not = "n" then
      display "Kd.Nr.:" Kundennr
      display "Name:" Nachname.
```

Die Anwendung der sequentiellen READ-Anweisung im Beispiel auf der vorigen Seite ist mit der bei sequentiellen Dateien vollkommen identisch. Die Benutzung einer indexsequentiell organisierten Datei hat jedoch die Auswirkung, daß die Datensätze in der Reihenfolge gelesen werden, die durch die Sortierung der Index-Einträge festgelegt ist. Bei einer sequentiellen Datei hingegen werden die Datensätze in der Reihenfolge zur Verfügung gestellt, wie sie in der "eigentlichen" Datei vorliegen.

10.4.3.2   Sequentielles READ bei Access Dynamic

Die Anweisung READ bewirkt ein MOVE eines Datensatzes vom Datenträger (Speichermedium) in den Puffer, der für die betreffende Datei in ihrer FD-Anweisung definiert wurde. Die Wirkung dieses READ-Formates entspricht der bei sequentiellem Lesen indexsequentieller Dateien mit ACCESS SEQUENTIAL. Das Format der READ-Anweisung zum sequentiellen Lesen indexsequentieller Dateien mit ACCESS DYNAMIC sieht folgendermaßen aus:

READ   Datei-Name-1   NEXT RECORD   [INTO Daten-Name-1]

        [AT END Unbedingte-Anweisung]

Wenn Sie im Beispiel zum sequentiellen READ auf der vorigen Seite den Access Mode von SEQUENTIAL auf DYNAMIC ändern, müssen Sie in der READ-Anweisung des Paragraphen Lesen das Wort NEXT einfügen. Da Sie durch ACCESS DYNAMIC sowohl sequentielle als auch wahlfreie Zugriffe auf die indexsequentiell organisierte Datei im Programm zulassen möchten, geben Sie dem Compiler anhand des NEXT-Zusatzes an, daß in diesem Fall sequentiell zugegriffen werden soll. (Kapitel 10.4.3.3 beschreibt, wie bei ACCESS DYNAMIC wahlfrei zugegriffen wird.)

10.4.3.3   Wahlfreies READ bei Access Random

Durch die READ-Anweisung wird bei wahlfreiem (direktem, Random-) Zugriff auf eine indexsequentiell organisierte Datei der durch den aktuellen Inhalt des RECORD KEY-Feldes spezifizierte Datensatz in den Puffer der betreffenden FD-Anweisung eingelesen. Das Format der READ-Anweisung für wahlfreien Zugriff bei ACCESS RANDOM oder ACCESS DYNAMIC sieht folgendermaßen aus:

READ   Datei-Name-1   RECORD   [INTO Daten-Name-1]

        [INVALID KEY Unbedingte-Anweisung]

Vor der erfolgreichen Anwendung dieses READ-Formates in einem Cobol-Programm muß das in der SELECT-Klausel definierte RECORD KEY-Feld (im nebenstehenden Beispiel: Kundennr; muß in der FD-Klausel der betreffenden Datei enthalten sein) mit einem gültigen Inhalt versehen werden. Im nebenstehenden Beispiel geschieht dies durch die Tastatureingabe einer Kundennummer. Anhand des Feldinhaltes von Kundennr wird durch die READ-Anweisung die zur "eigentlichen" Datei gehörige Index-Datei durchsucht. Der Suchvorgang in der Index-Datei beginnt immer beim ersten Eintrag der Index-Datei und findet immer den ersten Eintrag, der mit dem aktuellen RECORD KEY-Inhalt identisch ist. Wird ein identischer Index-Eintrag gefunden (im Beispiel: ein Index-Eintrag, der mit der Tastatureingabe übereinstimmt), greift das Programm über den physischen Zeiger dieses Eintrages auf den entsprechenden Datensatz der Haupt-Datei zu und liest ihn vollständig in den FD-Puffer der bearbeiteten Datei. Bei Angabe der optionalen INTO-Klausel wird der gelesene Datensatz zusätzlich in das Feld Daten-Name-1 (muß in der Working-Storage Section definiert sein) bewegt. Die der optionalen INVALID KEY-Klausel folgende unbedingte Anweisung wird nur dann ausgeführt, wenn beim Suchvorgang in der Index-Datei kein Eintrag gefunden wird, der dem aktuellen Inhalt des RECORD KEY-Feldes entspricht. Es ist sehr zu empfehlen, die INVALID KEY-Klausel immer anzugeben und zumindest mit einer Fehlermeldung per DISPLAY zu versehen, um Fehlfunktionen des Programms zu vermeiden.

```
Random READ bei Access
Random oder Dynamic

File-Control.
  select Kunden1
  assign to "sys$disk:KUNDEN1"
  organization is indexed
  record key is Kundennr
  access is random.


FD Kunden1 label record standard.
01  Kunden1-Satz.
    02 Kundennr        pic x(4).
    02 Nachname        pic x(30).


Working-Storage Section.
01  flag              pic x.

PROCEDURE DIVISION.
*****************************
Eingabe.
  display "Geben Sie eine".
  display "Kundennummer ein: ".
  accept Kundennr.
Anfang.
  open input Kunden1.
  move 0 to flag.
  perform Lesen.
  close Kunden1.
  if flag = 0
        then display "Positiv"
        else display "Negativ".
  display "Programmende".
  stop run.
Lesen.
  read Kunden1 record
     invalid key  move 1 to flag.
```

10.4.3.4 Wahlfreies READ bei Sekundärschlüsseln

Das in der SELECT-Anweisung mit RECORD KEY gekennzeichnete Schlüsselfeld einer indexsequentiellen Datei (z.B. Datei "Kunden1" mit dem RECORD KEY "Kundennr") wird als Primärschlüssel bezeichnet. Es erlaubt für die betreffende Datei nur eindeutige Feldinhalte. Jeder Kunden-Datensatz muß somit eine Kundennummer erhalten, die mit keiner anderen Kundennummer identisch sein darf. Der Versuch, einen Datensatz in die Datei zu schreiben, der eine bereits vorhandene Kundennummer enthält, wird beim Ablauf des Programms automatisch mit einer entsprechenden Fehlermeldung kommentiert. Der Direktzugriff auf einen bestimmten Kunden-Datensatz ist also gewährleistet, wenn die eindeutige Kundennummer dieses Kunden bekannt ist. In der Praxis stellt sich aber häufig die Aufgabe, einen Kunden zu suchen, von dem (nur) der Name bekannt ist (nicht die Kundennummer). Zur Lösung dieser Aufgabe hat der Programmierer die Möglichkeit, die Kunden-Datei sequentiell von Anfang an zu lesen und jeden gelesenen Datensatz daraufhin abzuprüfen, ob dieser den zu suchenden Kundennamen enthält. Dies wird jedoch zu einer äußerst langwierigen Prozedur, wenn man bedenkt, daß die Kunden-Dateien von Unternehmen mehrere tausend Datensätze enthalten können. Weitaus schneller läßt sich ein Kunde über seinen Namen finden, wenn neben dem Primärschlüssel "Kundennr" das Feld "Nachname" in der FD-Struktur der Kunden-Datei als Sekundärschlüssel deklariert wird. Der Haupt-Datei "Kunde" werden damit *zwei* Index-Dateien zugeordnet: die primäre Index-Datei mit zwingend eindeutigen Kundennummern und die sekundäre Index-Datei mit den Nachnamen, wobei hier optional mehrere identische Feldinhalte zulässig sind. Jede Index-Datei beinhaltet eine sortierte Liste der jeweiligen Schlüsselfeldinhalte mit ihren Zeigern auf die physischen Speicherstellen der zugehörigen Datensätze in der Haupt-Datei. Die erweiterte SELECT-Anweisung erlaubt die Definition eines oder mehrerer sekundärer Schlüsselfelder, die auch identische Inhalte haben können.

```
SELECT   Datei-Name-1   ASSIGN TO   Literal-1
            [ ORGANIZATION IS INDEXED ]
            [ RECORD KEY IS Daten-Name-1 [ of Datei-Name-1 ] ]
            [ ALTERNATE RECORD KEY IS Daten-Name-2 [ of Datei-Name-1 ]
                          [ WITH DUPLICATES ] ]   ...
                                    ┌ SEQUENTIAL ┐
            [ ACCESS MODE IS        │ RANDOM     │        ]
                                    └ DYNAMIC    ┘
```

In der Primärindex-Datei werden demnach alle (eindeutigen) Kundennummern in aufsteigender Reihenfolge gehalten, während sich in der Sekundärindex-Datei alle Nachnamen in aufsteigender Reihenfolge sortiert befinden. Daten-Name-1 bezeichnet den Primärschlüssel mit zwingend eindeutigen Inhalten. "Alternate Record Key is Daten-Name-2" legt das sekundäre Schlüsselfeld fest. Beachten Sie, daß auch bei diesem zweiten Schlüsselfeld der Zusatz "OF Datei-Name-1" in der SELECT-Anweisung angegeben werden muß, wenn dieses Feld mit der gleichen Benennung mehrfach im Programm Verwendung findet. Die optionale Angabe von DUPLICATES läßt identische Schlüsselinhalte mehrfach zu. Um nun einen Kunden über seinen Nachnamen im Direktzugriff zu finden, wird der Programmierer die Kundendatei prinzipiell wie untenstehend konzipieren, bevor Datensätze aufgenommen werden. Soll über den (einen) Sekundärschlüssel direkt auf einen Datensatz zugegriffen werden, so muß die READ-Anweisung um die KEY IS-Klausel erweitert werden.

READ   Datei-Name-1 RECORD [INTO Daten-Name-1]
          [KEY IS Daten-Name-2]
          [INVALID KEY Unbedingte-Anweisung]

Random READ bei Sekundärschlüssel	

File-Control.
select Kunden1
   assign to "sys$disk KUNDEN1"
   organization is indexed
   record key is Kundennr
   alternate record key is Nachname
      with duplicates
   access mode is dynamic.
	PROCEDURE DIVISION.
	********************************
	Eingabe.
	  move 0 to flag.
	  display "Nachname ?".
	  accept Nachname.
	  perform Lesen.
	  close Kunden1. stop run.

FD Kunden1 label record standard.
01 Kunden1-Satz.
    02 Kundennr   pic x(4).
    02 Nachname   pic x(20).
	Lesen.
	  open input Kunden1.
	  read Kunden1 record
	    key is Nachname
	    invalid key display "Fehlt"
	    move 1 to flag.

Working-Storage Section. 01 flag pic x.	if flag = 0 display Kunden1-Satz.

Durch die Angabe von "key is Nachname" benutzt die READ-Anweisung nicht standardmäßig den Primärschlüssel "Kundennr", sondern den Inhalt des Schlüsselfeldes "Nachname" zum direkten Zugriff auf einen Datensatz über die sekundäre Index-Datei. Im vorigen Beispiel wird somit in der (sortierten) sekundären Index-Datei von Beginn an nach einem Nachnamen gesucht, der genau der Tastatureingabe entspricht. Im Erfolgsfall wird der zugehörige Datensatz via physischem Zeiger auf die Haupt-Datei in den FD-Puffer geladen und am Bildschirm angezeigt.

Sie können grundsätzlich jedes Elementarfeld einer Datensatzdefinition als Sekundärschlüssel verwenden. Sie müssen dazu nur für jedes gewünschte Feld der SELECT-Klausel ein weiteres ALTERNATE KEY zufügen und bei einem READ per KEY IS festlegen, welcher Index in der aktuellen Situation für den Lesezugriff benutzt werden soll. Wenn Sie für ein READ den Primärschlüssel benötigen, entfällt die KEY IS-Klausel. Es wird dann standardmäßig auf das nach RECORD KEY angegebene Index-Feld zugegriffen.

10.4.4 Die WRITE-Anweisung

Die WRITE-Anweisung ermöglicht die Ausgabe eines Datensatzes in eine indexsequentiell organisierte Datei, die durch eine OPEN-Anweisung als OUTPUT- (Datei wird neu angelegt, d.h., alle eventuell bereits vorhandenen Datensätze gehen verloren) oder I-O-Datei (eine bereits vorhandene Datei wird fortgeschrieben) geöffnet wurde. Bei sequentieller Dateiorganisation (siehe Kapitel 9.3.4) wird der Inhalt des FD-Puffers an das Ende der (Haupt-)Datei angehängt. Bei indexsequentieller Organisation wird der Datensatz hingegen *logisch* an jener Stelle innerhalb der Haupt-Datei eingefügt, die dem zum Zeitpunkt des Schreibzugriffs aktuellen Inhalt des RECORD KEY-Feldes entspricht. Das Einfügen geschieht jedoch nicht in der Weise, daß der Datensatz physisch in die "eigentliche" Datei eingereiht wird (er wird weiterhin an das Ende der Datei angefügt), sondern durch die Einsortierung des RECORD KEY-Feldinhaltes in die primäre Index-Datei. Die Index-Datei liegt also jederzeit nach den Inhalten der RECORD KEY-Felder sortiert vor, wobei die physischen Zeiger jedes Index-Eintrages auf die Position der zugehörigen Datensätze in der Haupt-Datei verweisen. Das Format der WRITE-Anweisung für indexsequentielle Dateien sieht wie folgt aus:

WRITE   Datensatz-Name-1   [FROM Daten-Name-1]

     [INVALID KEY Unbedingte-Anweisung]

Eine indexsequentielle Datei, die durch Datensatz-Name-1 spezifiziert wird, muß zum Zeitpunkt der Ausführung einer WRITE-Anweisung als OUTPUT- oder I-O-Datei geöffnet sein. Um einen Datensatz in wahlfreiem Zugriff in eine indizierte Datei schreiben zu können, muß vor dem Ausführen des Schreibbefehls das RECORD KEY-Feld mit einem gültigen (eindeutigen) Wert versehen werden. Nach erfolgreicher Ausführung der WRITE-Anweisung sind die Daten des FD-Puffers nicht mehr verfügbar.

❏ *WRITE Datensatz-Name-1*
    Bei der WRITE-Anweisung wird, im Gegensatz zu READ, nicht die betreffende Datei angegeben, sondern die im FD-Eintrag als Datensatzpuffer beschriebene Datengruppe mit der Stufe 01. Bevor WRITE erfolgreich ausgeführt werden kann, muß dieser Datensatzpuffer (z.B. per MOVE-Anweisungen) aus der Procedure Division einen Inhalt erhalten. Der Inhalt des RECORD KEY-Feldes muß immer eindeutig sein, das heißt, er darf in der gegebenen Form noch nicht in der primären Index-Datei vorkommen. Wenn Sie die durch WRITE betroffene Datei in ihrer SELECT-Anweisung mit Sekundärschlüsseln ohne den WITH DUPLICATES-Zusatz definiert haben, müssen Sie bei diesen Schlüsselfeld-Inhalten ebenfalls auf Eindeutigkeit in den entsprechenden Index-Dateien achten. Nach einer erfolgreichen WRITE-Anweisung ist der Datensatzpuffer wieder leer und zur Aufnahme weiterer Daten bereit.

❏ *FROM Daten-Name-1*
    Durch die optionale FROM-Klausel können Daten vor der Ausführung der WRITE-Anweisung von einer in der Working-Storage Section definierten Datengruppe in den Datensatzpuffer übertragen werden. Das Füllen des FD-Puffers durch einzelne MOVE-Anweisungen kann dadurch umgangen werden.

❏ *INVALID KEY Unbedingte-Anweisung*
    Die der optionalen INVALID KEY-Klausel folgende unbedingte Anweisung wird nur dann ausgeführt, wenn versucht wird, einen Datensatz mit einem in der primären Index-Datei bereits vorhandenen Schlüsselwert zu schreiben.

Beispiele: write Kunden1-Satz invalid key display "Fehler".
               write Auftrag1-Satz from Auftrag-Aufbereitung-Satz.

Im Programm-Beispiel zur WRITE-Anweisung auf der folgenden Seite wird gezeigt, wie unter Verwendung des bereits in Kapitel 9 verwendeten Algorithmus gewährleistet werden kann, daß Datensätze nur mit eindeutigen Primärschlüsseln geschrieben werden.

```
                    WRITE mit Nummernvergabe

File-Control.                      │  PROCEDURE DIVISION.
select Kunden1                     │  ****************************
  assign to "sys$disk:KUNDEN1"     │  Anfang.
  organization is indexed          │    move spaces to flag.
  record key is Kundennr           │    move spaces to wiederholung.
  access mode is dynamic.          │    open I-O Kunden1.
                                   │    move 0 to hoechst.
                                   │    perform Pruefen
  FD Kunden1 label record standard.│        until flag = 1.
  01 Kunden1-Satz.                 │    move hoechst to Kundennr.
     02 Kundennr      pic 9(4).    │    perform Aufnahme
     02 Nachname      pic x(30).   │        until wiederholung = "n".
                                   │    close Kunden1.
                                   │    stop run.
  Working-Storage Section.         │
  *------------------------------- │  Aufnahme.
                                   │    add 1 to Kundennr.
  01 flag           pic x.         │    display Kundennr.
  01 wiederholung   pic x.         │    display "Kundenname: ".
  01 hoechst        pic 9(4).      │    accept Nachname.
                                   │    write Kunden1-Satz
                                   │        invalid key display "Fehler".
                                   │    display "Wiederholen ? (j/n)".
                                   │    accept wiederholung.
                                   │
                                   │  Pruefen.
                                   │  read Kunden1 next record
                                   │        at end move 1 to flag.
                                   │  if Kundennr > hoechst then
                                   │        move Kundennr to hoechst.
```

Als primärer RECORD KEY für die Beispiel-Datei Kunden1 wird das Feld Kundennr definiert. Auf die Datei kann sowohl sequentiell als auch wahlfrei (ACCESS DYNAMIC) und sowohl schreibend als auch lesend (OPEN I-O) zugegriffen werden. Den sequentiellen Lese-Zugriff benötigen wir, um am Programmbeginn im Paragraphen Pruefen die höchste bereits vorhandene Kundennummer in der Datei feststellen zu können. Der dazu verwendete Algorithmus sollte Ihnen aus Kapitel 9 bekannt sein.

Diese höchste Nummer wird dem RECORD KEY-Feld Kundennr zugewiesen und dann erst die Aufnahme-Schleife angestoßen. Zu Beginn des Paragraphen Aufnahme wird der Wert im Feld Kundennr um 1 hochgezählt, um dem zu schreibenden Datensatz einen eindeutigen Schlüssel mitzugeben. Der Programmbediener kann den Inhalt des Feldes Kundennr nicht verändern; er kann lediglich im zweiten Feld der

FD-Struktur den Nachnamen des Kunden per Tastatur erfassen. Der so gefüllte FD-Puffer wird dann per WRITE in die Datei geschrieben (wahlfreier Schreib-Zugriff); das Inkrafttreten der INVALID KEY-Klausel ist dabei ausgeschlossen. (Geben Sie sie trotzdem an, um bei eventuell auftretenden Hardware-Unstimmigkeiten die Datei ordnungsgemäß schließen zu können.) Die Wiederholungsfunktion erlaubt dem Programmbediener, weitere Datensätze zu erfassen, wobei jedem einzelnen davon durch die Anweisung "add 1 to Kundennr" automatisch ein eindeutiger Schlüsselwert zugeordnet wird.

10.4.5   Demonstrationsbeispiel

Für die Vertriebsabteilung unserer Firma soll ein Programm erstellt werden, das nach der Eingabe einer Kundennummer alle erteilten Aufträge des betreffenden Kunden am Bildschirm anzeigt. Um die Inhalte der Dateien Kunden und Auftrag, die sequentiell erzeugt wurden, weiterhin nutzen zu können, werden in einem eigenen Programm diese Dateien in die indexsequentiell organisierten Dateien Kunden1 und Auftrag1 umgesetzt. Dazu werden die sequentiellen Dateien Satz für Satz ausgelesen und in die indexsequentiellen Dateien weggeschrieben.

Übersicht

Umsetz 1

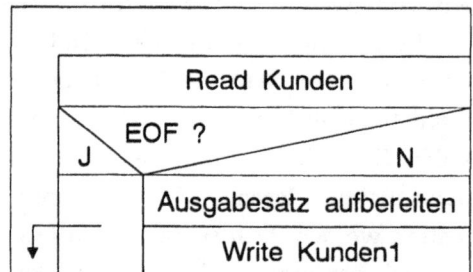

Dieses Umsetz-Programm sollte einmal vor der Nutzung des Programmsystems durchgeführt werden, das im Demonstrationsbeispiel des Kapitels 10.5 gezeigt wird. Dort werden dann nur die indexsequentiell organisierten Dateien genutzt. Die neue Datei Kunden1 erhält den Primärindex auf das Feld Kundennr und einen Sekundärindex

Umsetz 2

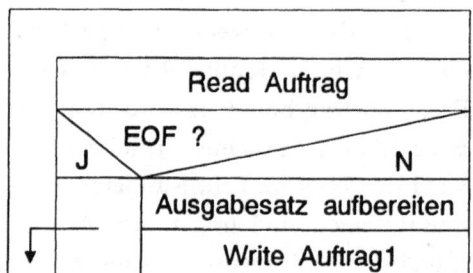

(WITH DUPLICATES) auf das Feld Nachname (um Datensätze schnell über den Nachnamen suchen zu können). Die neue Datei Auftrag1 erhält den Primärindex auf das Feld Auftragnr und einen Sekundärindex (WITH DUPLICATES) auf das Feld Kundennr (da jeder Kunde mehrere Aufträge erteilt haben kann). Zunächst werden Struktogramm und Programm zum Umsetzen der Dateiinhalte erstellt. Das Programm wird hier nur mit seinen absolut notwendigen Grundfunktionen dargestellt. Fehlerroutinen sollten bei Ihrer Realisierung sinnvoll hinzugefügt werden, um Fehlfunktionen des Programms abzufangen.

```
                              UMSETZ

IDENTIFICATION DIVISION.                 select Auftrag assign to
*********************************         "sys$disk:AUFTRAG"
program-id. UMSETZ.                      organization is sequential.
author. Schwickert.
                                         select Auftrag1 assign to
ENVIRONMENT DIVISION.                    "sys$disk:AUFTRAG1"
*********************************         organization is indexed
Configuration Section.                   record key is Auftragnr of Auftrag1
*---------------------------             alternate record key
source-computer. vax.                            Kundennr of Auftrag1
object-computer. vax.                            with duplicates
                                         access mode dynamic.
Input-Output Section.
*---------------------------             DATA DIVISION.
File-Control.                            *********************
select Kunden assign to                  File Section.
"sys$disk:KUNDEN"                        *---------------
organization is sequential.              FD Kunden label record standard.
                                         01 Kunden-Satz.
select Kunden1 assign to                      02 Kundennr     pic x(4).
"sys$disk:KUNDEN1"                            02 Nachname     pic x(30).
organization is indexed                       02 Vorname      pic x(20).
record key is Kundennr of Kunden1             02 Anschrift.
alternate record key                             05 Strasse    pic x(30).
        Nachname of Kunden1                      05 PLZ        pic x(5).
        with duplicates                          05 Ort        pic x(20).
access mode dynamic.                             05 Telefon    pic x(15).
```

```
                              UMSETZ - Fortsetzung

FD Kunden1 label record standard.      PROCEDURE DIVISION.
01 Kunden1-Satz.                       *****************************
     02 Kundennr    pic x(4).          Steuerung.
     02 Nachname    pic x(30).            open input Kunden.
     02 Vorname     pic x(20).            open input Auftrag.
     02 Anschrift.                        open output Kunden1.
          05 Strasse      pic x(30).      open output Auftrag1.
          05 PLZ          pic x(5).       move 0 to flag.
          05 Ort          pic x(20).      perform Umsetz1 until flag = 1.
          05 Telefon      pic x(15).      move 0 to flag.
                                          perform Umsetz2 until flag = 1.
                                          close Kunden, Kunden1.
FD Auftrag label record standard.         close Auftrag, Auftrag1.
01 Auftrag-Satz.                          stop run.
     02 Kundennr    pic x(4).
     02 Auftragnr   pic x(4).          Umsetz1.
     02 Artikelnr   pic x(4).            read Kunden record
     02 Menge       pic x(4).                at end move 1 to flag.
     02 Preis       pic x(4).            if flag = 0 then
                                             write Kunden1-Satz
                                                 from Kunden-Satz
FD Auftrag1 label record standard.               invalid key display "Fehler".
01 Auftrag1-Satz.
     02 Kundennr    pic x(4).
     02 Auftragnr   pic x(4).          Umsetz2.
     02 Artikelnr   pic x(4).            read Auftrag record
     02 Menge       pic x(4).                at end move 1 to flag.
     02 Preis       pic x(4).            if flag = 0 then
                                             write Auftrag1-Satz
                                                 from Auftrag-Satz
Working-Storage Section.                         invalid key display "Fehler".
*------------------------------
01 flag          pic x.
```

Nach dem Öffnen der beteiligten Dateien im Paragraphen Steuerung folgt in der Pro-
grammsequenz der Paragraph Umsetz1. Hier wird die sequentiell organisierte Datei
Kunden in einer Schleife Satz für Satz ausgelesen, und die Datensätze per WRITE
FROM in die indexsequentielle Datei Kunden1 weggeschrieben. Bei Erreichen des
Dateiendes von Kunden wird zum Paragraphen Umsetz2 verzweigt, in dem die glei-

che Prozedur für die Dateien Auftrag und Auftrag1 abläuft, bis die Datei Auftrag zu Ende gelesen ist. Die indexsequentiell organisierten Dateien stehen nun für die Nutzung des Programmsystems in Kapitel 10.5 bereit. In den Kapiteln 10.4.6 bis 10.4.8 werden zunächst jedoch noch drei weitere Cobol-Anweisungen zur Dateiverarbeitung besprochen, die wir in unserem Menue-System sehr gut gebrauchen können.

10.4.6   Die START-Anweisung

Die automatische Sortierung der Einträge in den sekundären Index-Dateien aus dem Programm UMSETZ bewirkt zwar, daß alle Kunden mit Nachnamen "Müller" (sortiert; WITH DUPLICATES) dort hintereinander geführt werden, ein "READ Kunden KEY IS Nachname" wird aber immer nur auf den ersten "Müller" zugreifen. Da ein wahlfreier Zugriff immer am Beginn einer Index-Datei ansetzt und nur den ersten auf (den Primärschlüssel oder) einen ALTERNATE RECORD KEY zutreffenden Index-Eintrag findet, können auf diese Weise weitere Datensätze mit identischem ALTERNATE RECORD KEY-Inhalt, die hinter dem ersten gefundenen Eintrag liegen, nicht direkt gelesen werden (bei Primärschlüsseln kann dies nicht passieren, da diese alle eindeutig sind). Cobol bietet daher die START-Anweisung an, um den dateiinternen Record Pointer auf dem ersten Index-Eintrag zu positionieren, der dem aktuellen Inhalt des (primären oder des) ALTERNATE RECORD KEY-Feldes entspricht. Ab dieser Record-Pointer-Position kann dann sequentiell weitergelesen werden.

Da der Compiler das Positionieren des Record Pointers als eine Art Lesen interpretiert, kann die START-Anweisung nur bei indexsequentiellen Dateien genutzt werden, die im INPUT- oder im I-O-Modus geöffnet vorliegen. Die START-Anweisung erfordert zudem, daß auf die betreffende Datei wahlfrei (direkt) zugegriffen werden kann. Um nach einer wahlfreien Pointer-Positionierung dann ein sequentielles Lesen der hintereinanderliegenden Duplikate in der gleichen Datei realisieren zu können, muß somit die betreffende Datei mit ACCESS DYNAMIC definiert werden.

Das Format der START-Anweisung sieht folgendermaßen aus:

START   Datei-Name-1 [KEY IS = Daten-Name-2]

    [INVALID KEY Unbedingte-Anweisung]

Wird die KEY IS-Klausel der START-Anweisung nicht angegeben, benutzt START standardmäßig den Primärschlüssel der angegebenen Datei. Soll über einen Sekundärschlüssel positioniert werden, muß dieser mit dem Zusatz "KEY IS = Daten-Name-2" spezifiziert werden. START bewirkt also kein Lesen aus einer Datei, sondern stellt nur den Record Pointer auf einen bestimmten Datensatz für anschließende sequentielle Zugriffe.

START - Das Müller-Meier-Schmidt-Problem auf indexsequentiell

```
File-Control.
    select Kunden1
    assign to "sys$disk:KUNDEN1"
    organization is indexed
    record key is Kundennr
    alternate record key Nachname
        with duplicates
    access mode dynamic.
```

```
FD Kunden1 label record standard.
01  Kunden1-Satz.
    02 Kundennr    pic x(4).
    02 Nachname    pic x(30).
```

```
Working-Storage Section.
01 suchfeld        pic x(30).
01 antwort         pic x.
```

```
PROCEDURE DIVISION.
*******************************
Eingabe.
    display "Nachname ?".
    accept suchfeld.
    move suchfeld to Nachname.

Anfang.
    open input Kunden1.
    start Kunden1 key is = Nachname
        invalid key move "j" to antwort
                display "Kunde fehlt".
    perform Lesen until antwort = "j".
    close Kunden1.   stop run.

Lesen.
    read Kunden1 next record at end
        move spaces to Nachname
        move "j" to antwort
        display "Fehlt".
    if Nachname = suchfeld then
        display Nachname " " Vorname
        display "Richtiger Kunde (j/n)?"
        accept antwort
    else move "j" to antwort.
```

Im obigen Programmlisting zu START gibt der Programmbediener zunächst den Kundennamen, z.B. "Meier", in ein Suchfeld ein. Der Inhalt von suchfeld wird in das ALTERNATE RECORD KEY-Feld Nachname bewegt, so daß beide Felder nun den gleichen Inhalt "Meier" haben. Die Datei Kunden1 (ACCESS DYNAMIC) wird zum Lesen (INPUT) geöffnet, und START benutzt den Inhalt von Nachname, um den Record Pointer auf den ersten Eintrag "Meier" in der (nach Nachnamen sortierten) sekundären Index-Datei zu positionieren.

Wenn dort kein "Meier" gefunden werden kann, tritt die unbedingte Anweisung nach der INVALID KEY-Klausel der START-Anweisung in Aktion. Es wird eine dementsprechende Fehlermeldung ausgegeben und das Feld antwort mit "j" besetzt.

Da START bereits festgestellt hat, daß der gewünschte Kunde nicht in der Datei vorhanden ist, wird die nun folgende Lese-Schleife nicht mehr ausgeführt und das Programm ordnungsgemäß beendet.

Wenn START einen "Meier" in der sekundären Index-Datei findet, wird der Record Pointer auf dessen Position in dieser Index-Datei gestellt. Das Lesen der zugehörigen Kundendaten erfolgt nun im Paragraphen Lesen. Die Ausgestaltung der dortigen READ-Anweisung mit dem NEXT-Zusatz bewirkt, daß in der indexsequentiell organisierten Datei nun ab der Record-Pointer-Position sequentiell gelesen wird (deshalb ist ACCESS DYNAMIC notwendig). Der erste "Meier"-Satz wird im FD-Puffer zur Verfügung gestellt, und per IF-Anweisung wird geprüft, ob der gelesene Datensatz den Nachnamen des Suchfeldes enthält. Bei dem ersten gelesenen Datensatz wird dies immer der Fall sein, da START diese Übereinstimmung bereits festgestellt hat. Die Kundeninformationen aus dem FD-Puffer werden daraufhin angezeigt (im Beispiel nur der Nach- und Vorname, z.B. "Hans Meier"; in unserem Firmen-Menue-System werden wir hier die gesamte Adresse des Kunden einblenden), und der Programmbediener wird gefragt, ob der am Bildschirm zu sehende "Meier" derjenige ist, den er sucht. Wenn der Programmbediener genau diesen "Meier" sehen wollte, wird er jetzt mit "j" für Ja antworten, und das Programm wird beendet. Suchte der Programmbediener jedoch einen anderen "Meier", wird er "n" für Nein eintippen, und der Paragraph Lesen wird ein zweites Mal durchlaufen. Das erste sequentielle READ hat, wie Sie sich erinnern werden, den Record Pointer um einen Eintrag in der Index-Datei nach vorne geschoben, so daß das zweite sequentielle READ nun den Datensatz aus der Haupt-Datei liest, auf den der physische Zeiger des nächsten Index-Eintrages verweist. Die IF-Anweisung prüft nun, ob dieser Datensatz den Nachnamen "Meier" enthält, und zeigt im positiven Fall dessen Vornamen (z.B. "Bernd") zur Identifizierung an. Wenn auch dies nicht der gewünschte Kunde ist, wird die Lese-Schleife ein weiteres Mal ausgeführt. Dieser Zyklus wird so lange durchlaufen, bis entweder das Datei-Ende erreicht wird oder der gewünschte Kunde mit "j" quittiert wird oder ein zuletzt gelesener Datensatz nicht mehr den Nachnamen "Meier" beinhaltet. Im letzteren Fall konnten dann vielleicht einige "Meiers" im Bestand der Kunden-Datei gefunden werden, der gesuchte war jedoch nicht darunter.

Es ist einsichtig, daß die Anwendung der START-Anweisung nur im Zusammenhang mit sekundären Index-Dateien und darin enthaltenen Duplikaten im sequentiellen Zugriff sinnvoll ist. START führt selbst keinen Lese-Vorgang durch, sondern positioniert nur den Record Pointer auf einen bestimmten Eintrag der Index-Datei, um ab dieser Position dann eigenständige, sequentielle READ-Anweisungen zu ermöglichen.

10.4.7   Die REWRITE-Anweisung

Die REWRITE-Anweisung ersetzt einen bereits bestehenden Datensatz einer im I-O-
Modus geöffneten indexsequentiellen Datei. Bei ausschließlich sequentieller Verarbeitung (ACCESS SEQUENTIAL) der indizierten Datei wird der jeweils zuletzt gelesene Datensatz ersetzt. Das heißt, ein eventuell modifizierter Inhalt wird an die Stelle
des gelesenen Datensatzes in die Haupt-Datei zurückgeschrieben. Der REWRITE-
Anweisung (Schreiben) muß also bei sequentieller Verarbeitung in der gleichen
OPEN-Sitzung eine erfolgreich ausgeführte READ-Anweisung (Lesen) vorausgegangen sein (daher die Pflicht zum OPEN I-O der betreffenden Datei; siehe auch Kapitel
9.3.5). Der Inhalt des primären Schlüsselfeldes darf nicht verändert werden, da RE-
WRITE bei sequentieller Verarbeitung nur eine Modifikation der Haupt-Datei bewirkt. Ein veränderter Primärschlüssel dort würde zu einer Inkonsistenz mit dem
verbundenen Index-Eintrag führen.

Bei wahlfreier Verarbeitung (ACCESS RANDOM oder ACCESS DYNAMIC) der indizierten Datei wird durch REWRITE in der Haupt-Datei jener Datensatz ersetzt, der
im Augenblick des Schreibzugriffs (REWRITE) dem aktuellen Inhalt des (primären)
RECORD KEY-Feldes entspricht. Nach erfolgreicher Ausführung der REWRITE-Anweisung sind die Daten des FD-Puffers nicht mehr verfügbar. Das Format der RE-
WRITE-Anweisung sieht folgendermaßen aus:

REWRITE   Datensatz-Name-1   [FROM Daten-Name-1]

                    [INVALID KEY Unbedingte-Anweisung]

❑   *REWRITE Datensatz-Name-1*
   Bei der REWRITE-Anweisung wird, wie bei WRITE und im Gegensatz zu
   READ, nicht die betreffende Datei angegeben, sondern die im FD-Eintrag als
   Datensatzpuffer beschriebene Datengruppe mit der Stufe 01. Bevor REWRITE
   erfolgreich ausgeführt werden kann, muß der FD-Puffer (z.B. per MOVE-An-
   weisungen) aus der Procedure Division einen Inhalt erhalten. Nach einer er-
   folgreichen REWRITE-Anweisung ist der Datensatzpuffer wieder leer und zur
   Aufnahme weiterer Daten bereit.

❑   *FROM Daten-Name-1*
   Durch die optionale FROM-Klausel können Daten vor der Ausführung der RE-
   WRITE-Anweisung von einer in der Working-Storage Section definierten Datengruppe in den FD-Puffer übertragen werden. Das Füllen des FD-Puffers
   durch einzelne MOVE-Anweisungen kann dadurch umgangen werden.

❑ *INVALID KEY Unbedingte-Anweisung*

Die der optionalen INVALID KEY-Klausel folgende unbedingte Anweisung wird nur dann ausgeführt, wenn versucht wird, einen Datensatz mit einem in der Index-Datei noch nicht vorhandenen Schlüsselwert zu schreiben, oder versucht wird, einen Datensatz mit einem veränderten Primärschlüssel zu schreiben. Die IF-Anweisung als Einleitung einer bedingten Anweisung kann hier nicht verwendet werden.

Beispiele: rewrite Kunden1-Satz invalid key display "Fehler".
rewrite Auftrag1-Satz from Auftrag-Aufbereitung-Satz.

REWRITE	
File-Control.	PROCEDURE DIVISION.
select Kunden1	*******************************
assign to "sys$disk:KUNDEN1"	Anfang.
organization is indexed	open I-O Kunden1.
record key is Kundennr	perform Lesen.
alternate record key Nachname	perform Aendern until flag = 1.
with duplicates	close Kunden1.
access mode dynamic.	stop run.
FD Kunden1 label record standard.	Aendern.
01 Kunden1-Satz.	display "Neuer Nachname: ".
02 Kundennr pic x(4).	accept Nachname.
02 Nachname pic x(30).	rewrite Kunden1-Satz
	invalid key display "Fehler".
Working-Storage Section.	move 1 to flag.
01 flag pic x.	
	Lesen.
	display "Kundennummer: ".
	accept Kundennr.
	read Kunden1 record
	invalid key move 1 to flag
	display "Fehlt".

Der Programmbediener gibt zunächst die Nummer des Kunden ein, dessen Daten geändert und wieder an die gleiche Stelle in die Datei zurückgeschrieben werden sollen. Im Paragraph Lesen wird mit der READ-Anweisung festgestellt, ob diese Kundennummer (eindeutig) in der Datei vorhanden ist. Wenn ja, müssen alle Felder des Datensatzes außer Kundennr neu (verändert) über Tastatur erfaßt werden. Durch das Belassen des gelesenen (eindeutigen und somit gültigen) Primärschlüssels ist zum einen gewährleistet, daß beim nachfolgenden REWRITE die IN-VALID KEY-Klausel nicht wegen eines eventuellen Duplikates in Aktion tritt. Zum anderen ist es nicht zulässig, dem Primärschlüssel einen in der Index-Datei bereits vorhandenen eindeutigen Eintrag zuzuweisen, der nicht dem gelesenen entspricht.

10.4.8   Die DELETE-Anweisung

Die DELETE-Anweisung löscht einen bereits bestehenden Datensatz einer im I-O-Modus geöffneten indexsequentiell organisierten Datei. Bei ausschließlich sequentiel-ler Verarbeitung (ACCESS SEQUENTIAL) wird der jeweils zuletzt gelesene Daten-satz gelöscht. Der DELETE-Anweisung muß also bei sequentieller Verarbeitung eine erfolgreich ausgeführte READ-Anweisung vorausgegangen sein (daher die Pflicht zum OPEN I-O der betreffenden Datei). Bei wahlfreier Verarbeitung (ACCESS RAN-DOM oder DYNAMIC) wird jener Satz gelöscht, der durch den aktuellen Inhalt des RECORD KEY-Feldes gekennzeichnet ist. Das Format der DELETE-Anweisung sieht folgendermaßen aus:

<u>DELETE</u>   Datei-Name-1   RECORD

     [<u>INVALID</u> <u>KEY</u> Unbedingte-Anweisung]

Die DELETE-Anweisung kann nur bei einer indexsequentiellen Datei verwendet werden, die zuvor als I-O-Datei geöffnet wurde. Die der optionalen INVALID KEY-Klausel folgende unbedingte Anweisung wird nur dann ausgeführt, wenn versucht wird, einen Datensatz mit einem nicht existierenden Schlüsselwert zu löschen.

Beispiele: delete Kunden.
            delete Auftrag invalid key perform fehler.

Im folgenden Beispiel-Listing zu DELETE muß der Programmbediener zunächst im Paragraph Lesen eine Kundennummer über Tastatur eingeben. Tritt die INVALID KEY-Klausel von READ dann in Aktion, verhindert flag=1, daß der Löschvorgang überhaupt ausgeführt wird. Ein nicht vorhandener Datensatz kann nicht gelöscht werden. Das Programm wird ordnungsgemäß beendet.

Wenn die eingegebene Kundennummer in der Datei Kunden1 vorhanden ist, wird die READ-Anweisung flag nicht auf 1 setzen, und der Paragraph Loesch wird ausge-führt. Dort erfolgt als erstes eine Abfrage, die es dem Programmbediener ermöglicht, den Löschvorgang zu unterlassen. Erst nach Eingabe des "j" für Ja eliminiert DELETE den durch den RECORD KEY bezeichneten Datensatz aus der Datei Kunden1.

```
                              DELETE

File-Control.                       PROCEDURE DIVISION.
   select Kunden1                   *****************************
   assign to "sys$disk:KUNDEN1"     Anfang.
   organization is indexed              move 0 to flag.
   record key is Kundennr               open I-O Kunden1.
   alternate record key Nachname        perform Lesen.
      with duplicates                   perform Loesch until flag = 1.
   access mode dynamic.                 close Kunden1. stop run.


   FD Kunden1 label record standard.    Loesch.
   01 Kunden1-Satz.                         display "Sicher? (j/n)".
      02 Kundennr    pic x(4).              accept antwort.
      02 Nachname    pic x(30).             if antwort = "j" then
      02 Vorname     pic x(20).                 delete Kunden1
      02 Anschrift.                              invalid key display "Fehler".
         05 Strasse  pic x(30).             move 1 to flag.
         02 PLZ      pic x(5).
         02 Ort      pic x(20).         Lesen.
         02 Telefon  pic x(15).             display "Kundennummer: ".
                                            accept Kundennr.
Working-Storage Section.                    read Kunden1 record
01 antwort            pic x.                    invalid key move 1 to flag
01 flag              pic x.                     display "Fehlt".
```

10.5 Demonstrationsbeispiel

Wir wollen nun das aus Kapitel 9 und den zugehörigen Übungsaufgaben stammen-
de Menue-System vollständig auf die Nutzung von indexsequentiellen Dateien um-
stellen. Sie sollten dazu das Demonstrationsbeispiel aus Kapitel 10.4.5 nachvollzogen
haben, damit Ihnen die Datenbestände der Kunden- und Auftragsdatei in Form der
indexsequentiell organisierten Dateien KUNDEN1 und AUFTRAG1 vorliegen. Im
Rahmen dieses Kapitels verändern wir zunächst die Programm-Moduln, die den
Zweig Kundenverwaltung des Menue-Systems betreffen. Die anschließenden
Übungsaufgaben in Kapitel 10.6 beziehen sich auf den Zweig Auftragsverwaltung
und die Modifikation der Routine, die die Vergabe von eindeutigen Kunden- und
Auftragsnummern sicherstellt. Die zur Kundenverwaltung gehörenden Strukto-
gramme und Quellcode-Listings werden nachfolgend zusammenfassend dargestellt.

Übersicht

```
Hauptmenue

1  Kundenverwaltung
2  Auftragsverwaltung
3  Programmende
```

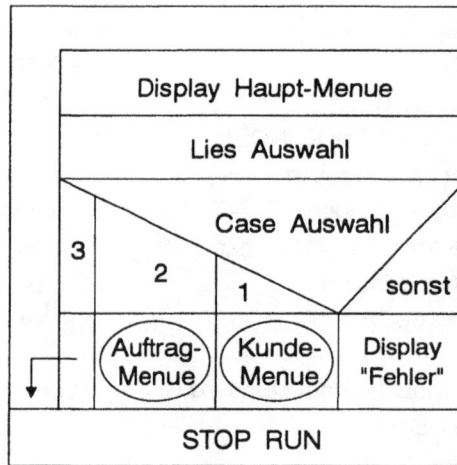

```
                    Display  Haupt-Menue

                    Lies  Auswahl

                              Case  Auswahl
          3
               2
                    1              sonst

               Auftrag-   Kunde-    Display
               Menue      Menue     "Fehler"

                    STOP  RUN
```

Kunde-Menue

```
Kundenverwaltung

1  Kunden aufnehmen
2  Kunden anzeigen
3  Kundendaten aendern
4  Telefon-Liste
5  Zum Hauptmenue
```

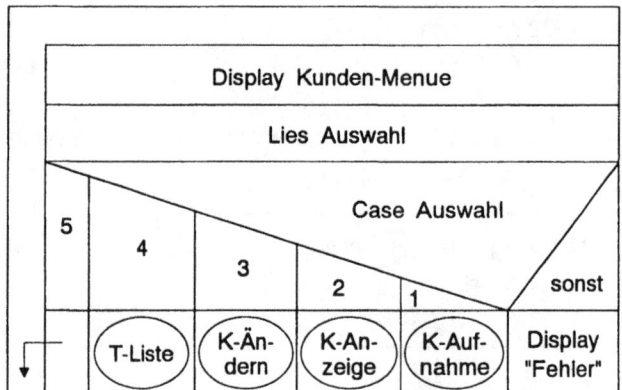

```
                    Display  Kunden-Menue

                    Lies  Auswahl

                                   Case  Auswahl
       5
            4
                 3
                      2
                           1              sonst

            T-Liste  K-Än-   K-An-    K-Auf-   Display
                     dern    zeige    nahme    "Fehler"
```

Auftrag-Menue

```
Auftragsverwaltung

1  Auftrag aufnehmen
2  Auftrag anzeigen
3  Auftragsdaten aendern
4  Auftragsliste
5  Zum Hauptmenue
```

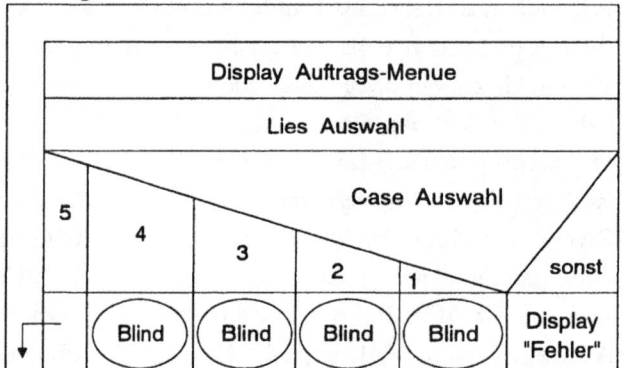

```
                    Display  Auftrags-Menue

                    Lies  Auswahl

                                   Case  Auswahl
       5
            4
                 3
                      2
                           1              sonst

            Blind    Blind   Blind    Blind    Display
                                               "Fehler"
```

K-Anzeige

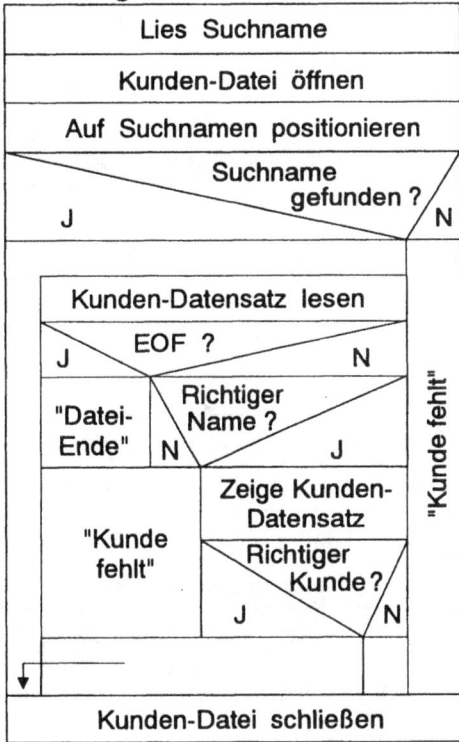

K-Aufnahme

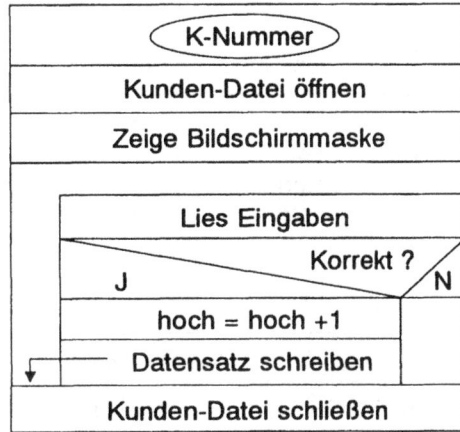

K-Ändern

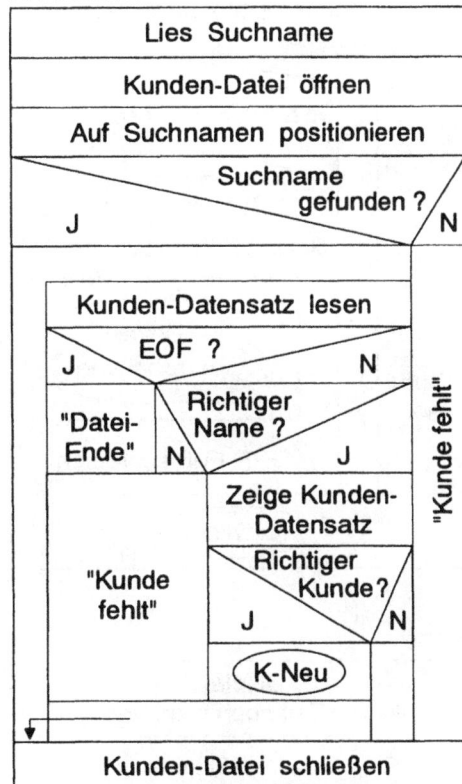

K-Nummer

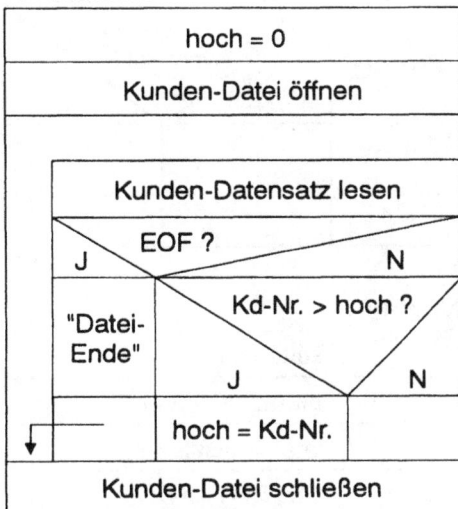

K-Neu

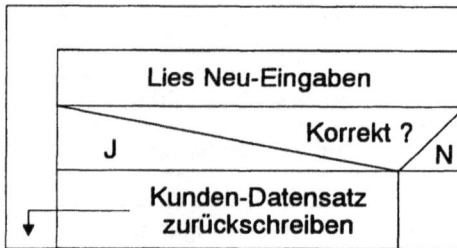

Lies Neu-Eingaben	
J Korrekt ? N	
Kunden-Datensatz zurückschreiben	

T-Liste

Kunden-Datei sortieren
EOF-Schalter, GRP-Schalter = 0
Summen, PlzAnf, PlzEnd = 0
Seite = 1
Öffne Kunden-Datei, Listen-Datei
Titelblatt schreiben
1. Kunden-Datensatz lesen

EOF ?	
J	N
EOF-Schalter = 1	Solange EOF-Schalter = 0
	⬭ Gruppenvorlauf ⬭
	Solange GRP-Schalter = 0
	⬭ Einzel-verarbeitung ⬭
"Datei leer"	GRP-Fuß schreiben
⬭ Nachlauf ⬭	

Blind

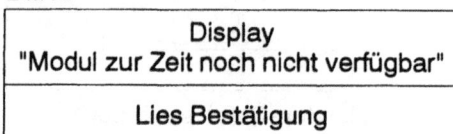

Display "Modul zur Zeit noch nicht verfügbar"
Lies Bestätigung

Gruppenvorlauf

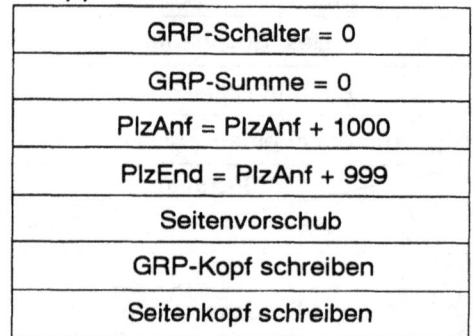

GRP-Schalter = 0
GRP-Summe = 0
PlzAnf = PlzAnf + 1000
PlzEnd = PlzAnf + 999
Seitenvorschub
GRP-Kopf schreiben
Seitenkopf schreiben

Einzelverarbeitung

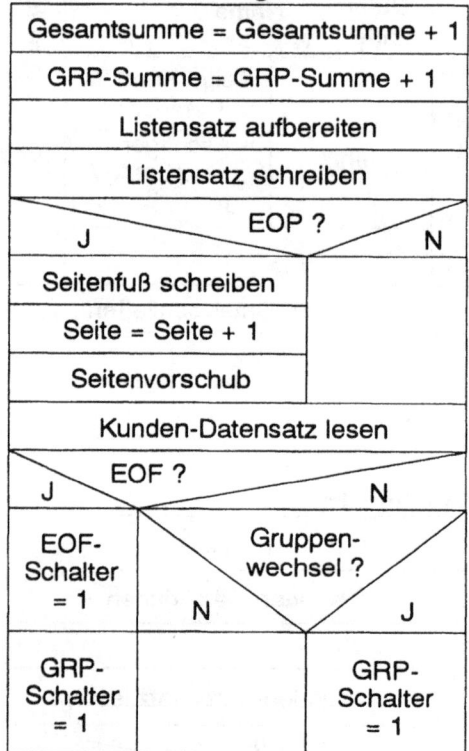

Gesamtsumme = Gesamtsumme + 1
GRP-Summe = GRP-Summe + 1
Listensatz aufbereiten
Listensatz schreiben

EOP ?	
J	N
Seitenfuß schreiben	
Seite = Seite + 1	
Seitenvorschub	

Kunden-Datensatz lesen

EOF ?	
J	N
EOF-Schalter = 1	Gruppen-wechsel ?
	N J
GRP-Schalter = 1	GRP-Schalter = 1

Nachlauf

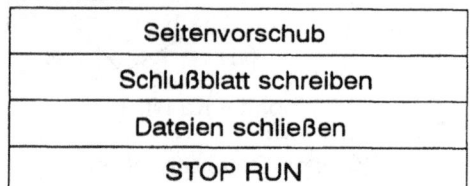

Seitenvorschub
Schlußblatt schreiben
Dateien schließen
STOP RUN

Hauptprogramm HAUPT

```
IDENTIFICATION DIVISION.
**********************************

program-id. HAUPT.

ENVIRONMENT DIVISION.
**********************************

Configuration Section.
*-------------------------
source-computer. vax.
object-computer. vax.

Input-Output Section.
*-------------------------
File-Control.
    select Kunden1 assign to
        "sys$disk:KUNDEN1"
    organization is indexed
    record key is Kundennr
    alternate record key is Nachname
        with duplicates
    access mode is dynamic.

DATA DIVISION.
**********************

File Section.
*----------------
FD Kunden1 label record standard.
01 Kunden1-Satz.
    02 Kundennr    pic x(4).
    02 Nachname    pic x(30).
    02 Vorname     pic x(20).
    02 Anschrift.
        05 Strasse    pic x(30).
        05 PLZ        pic x(5).
        05 Ort        pic x(20).
        05 Telefon    pic x(15).

Working-Storage Section.
*-------------------------------
```

```
01 hoch       pic x(4).
01 flag       pic x.
01 wahl1      pic x.
01 wahl2      pic x.

PROCEDURE DIVISION.
********************************

Steuerung.
    move 0 to wahl1, wahl2, hoch, flag.
    perform Menue until wahl1 = 3.
    stop run.

KNr1.
    open input Kunden1.
    perform KNr2 until flag = 1.
    move 0 to flag.  close Kunden1.

KNr2.
    read Kunden1 next record at end
            move 1 to flag
            display "Datei-Ende".
    if Kundennr > hoch then
            move Kundennr to hoch.

Menue.
    move 0 to wahl1, wahl2, flag.
    display "*** Hauptmenue ***".
    display "1   Kundenverwaltung".
    display "2   Auftragsverwaltung".
    display "3   Programmende".
    display "Ihre Auswahl? :".
    accept wahl1.
    if wahl1 = 1 then perform K-Menue
            until flag = 1.
    if wahl1 = 2 then perform A-Menue
            until flag = 1.
    if wahl1 = 3 then
            display "Programmende"
            else display "Fehler".
```

HAUPT - Fortsetzung	Unterprogramm K-ANZEIGE

K-Menue.
    move 0 to wahl2.
    display "** Kundenverwaltung **".
    display "1   Kunden aufnehmen".
    display "2   Kunden anzeigen".
    display "3   Kundendaten aendern".
    display "4   Telefon-Liste".
    display "5   Zum Hauptmenue".
    display "Wahl? :".
    accept wahl2.
    if wahl2 = 1 then perform KNr1
        call "K-AUFNAHME" using hoch.
    if wahl2 = 2 then
        call "K-ANZEIGE".
    if wahl2 = 3 then
        call "K-MODIFIZ".
    if wahl2 = 4 then
        call "T-LISTE".
    if wahl2 = 5 then move 1 to flag
        else display "Fehler".
 	
A-Menue.
    move 0 to wahl2.
    display "** Auftragsverwaltung **".
    display "1   Auftrag aufnehmen".
    display "2   Auftrag anzeigen".
    display "3   Auftragsdaten aendern".
    display "4   Auftragsliste".
    display "5   Zum Hauptmenue".
    display "Wahl? :".
    accept wahl2.
    if wahl2 = 1 then call "BLIND".
    if wahl2 = 2 then call "BLIND".
    if wahl2 = 3 then call "BLIND".
    if wahl2 = 4 then call "BLIND".
    if wahl2 = 5 then move 1 to flag
        else display "Fehler".
	IDENTIFICATION DIVISION.
	**************************************
	program-id. K-ANZEIGE.
	
	ENVIRONMENT DIVISION.
	**************************************
	Configuration Section.
	*---------------------------
	source-computer. vax.
	object-computer. vax.
	
	Input-Output Section.
	*---------------------------
	File-Control.
	    select Kunden1 assign to
	        "sys$disk:KUNDEN1"
	    organization is indexed
	    record key is Kundennr
	    alternate record key is
	    Nachname with duplicates
	    access mode is dynamic.
	
	DATA DIVISION.
	**********************
	File Section.
	*----------------
	FD Kunden1 label record standard.
	 01 Kunden1-Satz.
	        02 Kundennr pic x(4).
	        02 Nachname pic x(30).
	        02 Vorname pic x(20).
	        02 Anschrift.
	            05 Strasse pic x(30).
	            05 PLZ pic x(5).
	            05 Ort pic x(20).
	            05 Telefon pic x(15).
	
	Working-Storage Section.
	*--------------------------------

K-ANZEIGE - Fortsetzung

```
01 flag            pic x.
01 suchname        pic x(30).


PROCEDURE DIVISION.
*****************************
Steuerung.
  move spaces to flag.
  perform Eingabe.
  open input Kunden1.
  start Kunden1 key is = Nachname
        invalid key move "n" to flag
        display "Kunde fehlt".
  perform Suche until flag = "n".
  close Kunden1.  exit program.


Eingabe.
  display "Name?".  accept suchname.
  move suchname to Nachname.


Suche.
  read Kunden1 next record at end
      display "Datei-Ende  Kunde fehlt"
      ·move "n" to flag.
  if flag not = "n" and
      Nachname = suchname then
      display "Kundennr.: " Kundennr
      display "Nachname : " Nachname
      display "Vorname  : " Vorname
      display "Strasse  : " Strasse
      display "PLZ      : " PLZ
      display "Ort      : " Ort
      display "Telefon  : " Telefon
      display "Weitersuchen (j/n)?"
      accept flag
    else    move "n" to flag
            display "Kunde fehlt".
```

Unterprogramm K-AUFNAHME

```
IDENTIFICATION DIVISION.
***********************************
program-id. K-AUFNAHME.


ENVIRONMENT DIVISION.
***********************************
Configuration Section.
*----------------------------
source-computer. vax.
object-computer. vax.


Input-Output Section.
*--------------------------
File-Control.
      select Kunden1 assign to
         "sys$disk:KUNDEN1"
      organization is indexed
      record key is Kundennr
      alternate record key is
      Nachname with duplicates
      access mode is dynamic.


DATA DIVISION.
********************
File Section.
*----------------
FD Kunden1 label record standard.
01 Kunden1-Satz.
      02 Kundennr    pic x(4).
      02 Nachname    pic x(30).
      02 Vorname     pic x(20).
      02 Anschrift.
         05 Strasse        pic x(30).
         05 PLZ            pic x(5).
         05 Ort            pic x(20).
         05 Telefon        pic x(15).


Working-Storage Section.
*------------------------------
01 flag           pic x.
```

K-AUFNAHME - Fortsetzung

```
Linkage Section.
*--------------------
01 hoch        pic x(4).


PROCEDURE DIVISION using hoch.
***********************************************
Steuerung.
    move spaces to flag.
    open I-O Kunden1.
    perform Aufnahme until flag = "j".
    close Kunden1.  exit program.


Aufnahme.
    display "Nachname:".
    accept Nachname.
    display "Vorname:".
    accept Vorname.
    display "Strasse:".  accept Strasse.
    display "Postleitzahl:".  accept PLZ.
    display "Ort:".  accept Ort.
    display "Telefon:".  accept Telefon.
    display "Korrekt? (j/n)".  accept flag.
    if flag = "j" then add 1 to hoch
            move hoch to Kundennr
            write Kunden1-Satz invalid
                key display "Fehler".
```

Unterprogramm K-MODIFIZ

```
IDENTIFICATION DIVISION.
***********************************
program-id. K-MODIFIZ.


ENVIRONMENT DIVISION.
***********************************
Configuration Section.
*-----------------------
source-computer. vax.
object-computer. vax.
```

K-MODIFIZ - Fortsetzung

```
Input-Output Section.
*--------------------------
File-Control.
    select Kunden1 assign to
        "sys$disk:KUNDEN1"
    organization is indexed
    record key is Kundennr
    alternate record key is
    Nachname with duplicates
    access mode is dynamic.


DATA DIVISION.
*********************
File Section.
*----------------
FD Kunden1 label record standard.
01 Kunden1-Satz.
    02 Kundennr    pic x(4).
    02 Nachname    pic x(30).
    02 Vorname     pic x(20).
    02 Anschrift.
        05 Strasse        pic x(30).
        05 PLZ            pic x(5).
        05 Ort            pic x(20).
        05 Telefon        pic x(15).


Working-Storage Section.
*----------------------------
01 flag1              pic x.
01 flag2              pic x.
01 suchname           pic x(30).


PROCEDURE DIVISION.
******************************
Steuerung.
    move spaces to flag1, flag2.
    perform Eingabe. open I-O Kunden1.
```

K-MODIFIZ - Fortsetzung

```
start Kunden1 key is = Nachname
        invalid key move "n" to flag1
        display "Kunde fehlt".
perform Suche until flag1 = "n".
move spaces to flag1.
if flag2 = "j" then
    perform Aendern until flag1 = "j"
    rewrite Kunden1-Satz
        invalid key display "Fehler".
close Kunden1.  exit program.

Eingabe.
    display "Kundenname ?".
    accept suchname.
    move suchname to Nachname.

Suche.
    read Kunden1 next record at end
        display "Datei-Ende Kunde fehlt"
        move "n" to flag1, flag2.
    if flag1 not = "n" and
        Nachname = suchname then
        display "Kundennr.: " Kundennr
        display "Nachname : " Nachname
        display "Vorname  : " Vorname
        display "Strasse  : " Strasse
        display "PLZ      : " PLZ
        display "Ort      : " Ort
        display "Telefon  : " Telefon
        display "Weitersuchen? (j/n?)"
        accept flag1    move "j" to flag2
        else move "n" to flag1, flag2
                display "Kunde fehlt".
Aendern.
    display "Nachname: ".
    accept Nachname.
    display "Vorname:".  accept Vorname.
    display "Strasse: ".  accept Strasse.
    display "PLZ: ".  accept PLZ.
    display "Ort: ".  accept Ort.
    display "Telefon:".  accept Telefon.
    display "Korrekt? (j/n)".  accept flag1.
```

T-LISTE

```
IDENTIFICATION DIVISION.
************************************

program-id. T-LISTE.

ENVIRONMENT DIVISION.
************************************

Configuration Section.
*--------------------------
source-computer. vax.
object-computer. vax.


Input-Output Section.
*--------------------------
File-Control.
        select Kunden1 assign to
            "sys$disk:KUNDEN1"
        organization is indexed
        record key is Kundennr
        alternate record key is
        Nachname with duplicates
        access mode is dynamic.


select K-Out assign to
        "sys$disk:K-OUT"
    organization is sequential.


select K-List assign to
        "sys$disk:K-LIST"
    organization is sequential.


select K-Sort assign to
        "sys$disk:K-SORT".


DATA DIVISION.
********************
File Section.
*----------------
```

T-LISTE - Fortsetzung

```
FD Kunden1 label record standard.
01 Kunden1-Satz.
    02 Kundennr          pic x(4).
    02 Nachname          pic x(30).
    02 Vorname           pic x(20).
    02 Anschrift.
        05 Strasse       pic x(30).
        05 PLZ           pic x(5).
        05 Ort           pic x(20).
        05 Telefon       pic x(15).


FD K-Out label record standard.
01 K-Out-Satz.
    02 O-Kundennr        pic x(4).
    02 O-Nachname        pic x(30).
    02 O-Vorname         pic x(20).
    02 O-Anschrift.
        05 O-Strasse     pic x(30).
        05 O-PLZ         pic x(5).
        05 O-Ort         pic x(20).
        05 O-Telefon     pic x(15).


FD K-List label record standard
    linage is 56 lines
    with footing at 55
    lines at top 5
    lines at bottom 5.
01 aus                   pic x(80).


SD K-Sort.
01 K-Sort-Satz.
    02 S-Kundennr        pic x(4).
    02 S-Nachname        pic x(30).
    02 S-Vorname         pic x(20).
    02 S-Anschrift.
        05 S-Strasse     pic x(30).
        05 S-PLZ         pic x(5).
        05 S-Ort         pic x(20).
        05 S-Telefon     pic x(15).
```

```
Working-Storage Section.
*********************************
01 eofflag     pic x.
01 grpflag     pic x.
01 strich      pic x(80) value all "-".

01 listkopf.
  02 filler    pic x(20) value spaces.
  02 filler    pic x(21) value spaces.
  02 filler    pic x(9) value " Telefon ".
  02 filler    pic x(9) value "20.11.92 ".
  02 filler    pic x(21) value spaces.


01 listfuss.
  02 filler    pic x(10) value spaces.
  02 filler    pic x(20) value all "-".
  02 filler    pic x(8) value "Kunden: ".
  02 gessumme    pic 9(4).
  02 filler    pic x(10) value all "-".
  02 filler    pic x(28) value spaces.


01 grpkopf.
  02 filler    pic x(10) value spaces.
  02 filler    pic x(5) value "PLZ: ".
  02 plzanf pic 9(5).
  02 filler    pic x(3) value all " - ".
  02 plzend pic 9(5).
  02 filler    pic x(52) value spaces.


01 grpfuss.
  02 filler    pic x(10) value spaces.
  02 filler    pic x(8) value "Kunden: ".
  02 grpsumme    pic 9(4).
  02 filler    pic x(58) value spaces.


01 skopf.
  02 filler    pic x(10) value spaces.
  02 filler    pic x(4) value "Name".
```

T-LISTE - Fortsetzung

```
02 filler    pic x(30) value spaces.
02 filler    pic x(7) value "Telefon".
02 filler    pic x(29) value spaces.


01 sfuss.
02 filler    pic x(10) value spaces.
02 filler    pic x(6) value "Seite ".
02 seite     pic 99.
02 filler    pic x(62) value spaces.


01 K-List-Satz.
02 filler    pic x(10) value spaces.
02 ausname   pic x(30).
02 filler    pic x(4) value spaces.
02 austel    pic x(15).
02 filler    pic x(21) value spaces.


PROCEDURE DIVISION.
*****************************

Haupt Section.
*------------------
Steuerung.
  perform Sortieren.
  perform Vorlauf.
  read K-Out at end move 1 to eoflag.
  perform Gruppe until eoflag = 1.
  perform Nachlauf.
  exit program.


Sortieren.
  display "Sortierung beginnt".
  sort K-Sort on ascending key
       S-PLZ  S-Nachname
       using  Kunden1
       giving  K-Out.
  display "Sortierung fertig".
```

```
Vorlauf.
  move 1 to seite.
  move 0 to eoflag, grpflag.
  move 0 to gessumme, grpsumme.
  move 0 to plzanf, plzend.


  open input K-Out.
  open output K-List.
  write aus from strich after page.
  write aus from listkopf after 2.


Nachlauf.
  write aus from strich after page.
  write aus from listfuss after 5.
  write aus from strich after 5.
  close K-Out, K-List.


Gruppe Section.
*--------------------
Grp-Vorlauf.
  move 0 to grpflag.
  move 0 to grpsumme.
  compute plzanf = plzanf + 1000.
  compute plzend = plzanf + 999.
  write aus from grpkopf after page.
  write aus from strich.
  write aus from skopf after 1.
  write aus from strich after 1.


Grp-Rumpf.
  perform Einzel until grpflag = 1.


Grp-Nachlauf.
  write aus from strich after1.
  write aus from grpfuss after 1.
  write aus from strich after 1.
  write aus from sfuss after 1.
  add 1 to seite.
```

T-LISTE - Fortsetzung	Unterprogramm BLIND

Einzel Section.
*------------------- 	
Addieren.
  add 1 to gessumme.
  add 1 to grpsumme.
 	
Satz-Schreiben.
  move O-Nachname to ausname.
  move O-Telefon to austel.
  write aus from K-List-Satz at eop
    write aus from strich
    write aus from sfuss
    write aus from skopf
         after page
    add 1 to seite.
Lesen.
  read K-Out at end
    move 1 to eofflag
    move 1 to grpflag.
Pruefen.
  if O-PLZ > plzend
    then move 1 to grpflag.
	IDENTIFICATION DIVISION.
	**********************************
	program-id. BLIND.
	
	ENVIRONMENT DIVISION.
	**********************************
	Configuration Section.
	*---------------------------- 	
	source-computer. vax.
	object-computer. vax.
	
	DATA DIVISION.
	*********************
	Working-Storage Section.
	*------------------------------- 	
	01 bestaet pic x.
	
	PROCEDURE DIVISION.
	******************************
	Fehlanzeige.
	  display "Modul z.Z. noch nicht verfügbar".
	  display "Mit <Return> bestaetigen".
	  accept bestaet.
	
	Zurueck. exit program.

Bei den Struktogrammen haben wir die meisten bereits vorhanden Blöcke unverändert lassen können. Nur in K-Anzeige und K-Ändern verursacht die indexsequentielle Organisation der Datei KUNDEN1 deutliche Modifikationen. Die Datei wird hier nicht mehr sequentiell vom ersten bis zum letzten Datensatz nach dem gewünschten Kundennamen durchsucht. Statt dessen wird der Record Pointer über den Sekundär-Index direkt auf den Kunden mit dem gewünschten Nachnamen positioniert und ab diesem Datensatz sequentiell weitergelesen, falls mehrere Kunden mit dem gleichen Namen vorhanden sind. Im Block K-Ändern folgt nach der Anzeige des richtigen Kunden die Routine, die die Modifikation der zugehörigen Datenfelder (außer der Kundennummer) erlaubt. Diesen Struktogramm-Änderungen entsprechend sind auch die betroffenen Paragraphen in den Unterprogrammen K-ANZEIGE und K-MODIFIZ umgestellt worden. Erfassen und compilieren Sie die Listings dieses Kapitels, um die Veränderungen zu den Programmen aus Kapitel 9 zu realisieren.

10.6 Übungsaufgaben

Übung 1:

Stellen Sie analog zum vorigen Demonstrationsbeispiel den Zweig Auftragsverwaltung des Menue-Systems auf die Verwendung der indexsequentiellen Datei AUFTRAG1 um. Im Unterschied zum bisherigen Verfahren soll ein Kunde vor der Auftragserfassung nicht mehr per Kundennummer identifiziert werden, sondern über seinen Namen. Den obligatorischen Hinweis, daß Sie zur Lösung dieser Aufgabe zunächst die erforderlichen Struktogramme erstellen sollten, werden wir in allen folgenden Kapiteln dieses Buches nicht mehr geben.

Übung 2:

Die vorgestellte Art und Weise, die Vergabe von eindeutigen Kunden- und Auftragsnummern sicherzustellen, wird nicht sehr praktikabel sein, wenn der Datenbestand anwächst und dadurch das vollständige Lesen der Dateien bei jedem Aufruf der Aufnahme-Routinen eine Menge Zeit beansprucht. Es wird dann sinnvoller sein, die Suchläufe nach der jeweils höchsten Nummer in der Kunden- und Auftragsdatei ein einziges Mal durch ein eigenes kleines Programm ausführen zu lassen, das die festgestellten Höchstwerte dann in zwei separaten Hilfs-Dateien (K-HOCH, A-HOCH) ablegt. Aus der Datei K-HOCH z.B. kann vor der Aufnahme eines neuen Kunden-Datensatzes die zuletzt vergebene, höchste Nummer gelesen werden; der neuaufzunehmende Kunde erhält durch das Hochzählen des gelesenen Wertes um 1 dann eine eindeutige Nummer. Die so erzeugte neue höchste Kunden-Nummer wird daraufhin in die Datei K-HOCH geschrieben, wobei die "alte" höchste Kunden-Nummer gelöscht werden muß. Sie erinnern sich, daß das OPEN OUTPUT einer Datei genau diese Funktion erfüllt. Der Zugriff auf den einzigen Datensatz der jeweiligen Hilfs-Datei wird die Performance Ihres Programmsystems nicht mehr beeinträchtigen, wenn Sie die Aufnahme-Routinen der beiden Menue-Zweige in dieser Form modifizieren. Mit Ihren bisher angesammelten Kenntnissen in der Cobol-Programmierung sollten Sie nun in der Lage sein, diese Übungsaufgabe ohne ein Muster in Anhang B zu lösen. (Nein, den Hinweis zu der Sache mit den Struktogrammen werden wir nicht mehr erwähnen.)

Die Lösung zu Übungsaufgabe 1 finden Sie in Anhang B.

Anhang A   Reservierte Cobol-Wörter

Die folgende Auflistung enthält die Wörter, die im Sprachstandard ANS-COBOL-85 reserviert sind. In Abhängigkeit vom jeweils verwendeten Compiler müssen eventuell weitere reservierte Cobol-Wörter berücksichtigt werden, über die Sie sich im Manual Ihres Compilers informieren können.

A

ACCEPT
ACCESS
ADD
ADVANCING
AFTER
ALL
ALPHABET
ALPHABETIC
ALPHABETIC-LOWER
ALPHABETIC-UPPER
ALPHANUMERIC
ALPHANUMERIC-
   EDITED
ALSO
ALTER
ALTERNATE
AND
ANY
ARE
AREA
AREAS
ASCENDING
ASSIGN
AT
AUTHOR

B

BEFORE
BINARY

BLANK
BLOCK
BOTTOM
BY

C

CALL
CANCEL
CD
CF
CH
CHARACTER
CHARACTERS
CLASS
CLOCK-UNITS
CLOSE
COBOL
CODE
CODE-SET
COLLATING
COLUMN
COMMA
COMMON
COMMUNICATION
COMP
COMPUTATIONAL
COMPUTE
CONFIGURATION
CONTAINS
CONTENT
CONTINUE

CONTROL
CONTROLS
CONVERTING
COPY
CORR
CORRESPONDING
COUNT
CURRENCY

D

DATA
DATE
DATE-COMPILED
DATE-WRITTEN
DAY
DAY-OF-WEEK
DE
DEBUG-CONTENTS
DEBUG-ITEM
DEBUG-LINE
DEBUG-NAME
DEBUG-SUB-1
DEBUG-SUB-2
DEBUG-SUB-3
DEBUGGING
DECIMAL-POINT
DECLARATIVES
DELETE
DELIMITED
DELIMITER
DEPENDING

DESCENDING
DESTINATION
DETAIL
DISABLE
DISPLAY
DIVIDE
DIVISION
DOWN
DUPLICATES
DYNAMIC

E

EGI
ELSE
EMI
ENABLE
END
END-ADD
END-CALL
END-COMPUTE
END-DELETE
END-DIVIDE
END-EVALUATE
END-IF
END-MULTIPLY
END-OF-PAGE
END-PERFOM
END-READ
END-RECEIVE
END-RETURN
END-REWRITE
END-SEARCH
END-START
END-STRING
END-SUBTRACT
END-UNSTRING
END-WRITE
ENTER

ENVIRONMENT
EOP
EQUAL
ERROR
ESI
EVALUATE
EVERY
EXCEPTION
EXIT
EXTEND
EXTERNAL

F

FALSE
FD
FILE
FILE-CONTROL
FILLER
FINAL
FIRST
FOOTING
FOR
FROM

G

GENERATE
GIVING
GLOBAL
GO
GREATER
GROUP

H

HEADING
HIGH-VALUE
HIGH-VALUES

I

I-O
I-O-CONTROL
IDENTIFICATION
IF
IN
INDEX
INDEXED
INDICATE
INITIAL
INITIALIZE
INITIATE
INPUT
INPUT-OUTPUT
INSPECT
INSTALLATION
INTO
INVALID
IS

J

JUST
JUSTIFIED

K

KEY

L

LABEL
LAST
LEADING
LEFT
LENGTH
LESS
LIMIT

LIMITS
LINAGE
LINAGE-COUNTER
LINE
LINE-COUNTER
LINES
LINKAGE
LOCK
LOW-VALUE
LOW-VALUES

M

MEMORY
MERGE
MESSAGE
MODE
MODULES
MOVE
MULTIPLE
MULTIPLY

N

NATIVE
NEGATIVE
NEXT
NO
NOT
NUMBER
NUMERIC
NUMERIC-EDITED

O

OBJECT-COMPUTER
OCCURS
OF
OFF

OMITTED
ON
OPEN
OPTIONAL
OR
ORDER
ORGANIZATION
OTHER
OUTPUT
OVERFLOW

P

PACKED-DECIMAL
PADDING
PAGE
PAGE-COUNTER
PERFORM
PF
PH
PIC
PICTURE
PLUS
POINTER
POSITION
POSITIVE
PRINTING
PROCEDURE
PROCEDURES
PROCEED
PROGRAM
PROGRAM-ID
PURGE

Q

QUEUE
QUOTE
QUOTES

R

RANDOM
RD
READ
RECEIVE
RECORD
RECORDS
REDEFINES
REEL
REFERENCES
RELATIVE
RELEASE
RELOAD
REMAINDER
REMOVAL
RENAMES
REPLACE
REPLACING
REPORT
REPORTING
REPORTS
RERUN
RESERVE
RESET
RETURN
REVERSED
REWIND
REWRITE
RF
RH
RIGHT
ROUNDED
RUN

S

SAME
SD

SEARCH
SECTION
SECURITY
SEGMENT
SEGMENT-LIMIT
SELECT
SEND
SENTENCE
SEPARATE
SEQUENCE
SEQUENTIAL
SET
SIGN
SIZE
SORT
SORT-MERGE
SOURCE
SOURCE-COMPUTER
SPACE
SPACES
SPECIAL-NAMES
STANDARD
STANDARD-1
STANDARD-2
START
STATUS
STOP
STRING
SUB-QUEUE-1
SUB-QUEUE-2
SUB-QUEUE-3
SUBTRACT
SUM
SUPPRESS
SYMBOLIC
SYNC
SYNCHRONIZED

T

TABLE
TALLYING
TAPE
TERMINAL
TERMINATE
TEST
TEXT
THAN
THEN
THROUGH
THRU
TIME
TIMES
TO
TOP
TRAILING
TRUE
TYPE

U

UNIT
UNSTRING
UNTIL
UP
UPON
USAGE
USE
USING

V

VALUE
VALUES
VARYING

W

WHEN
WITH
WORDS
WORKING-STORAGE
WRITE

Z

ZERO
ZEROES
ZEROS

Anhang B   Lösungen zu den Übungsaufgaben

Kapitel   3.5

Übung 1: Unzulässige Daten-Namen sind:

PLZ Ort	:	Leerzeichen enthalten
Vers.Nr	:	Punkt nicht erlaubt
Input	:	Reserviertes Wort
SUM	:	Reserviertes Wort
1-10	:	kein Buchstabe enthalten
-Betrag	:	Bindestrich am Anfang
Anzahl--der--Versicherungsnehmer	:	mehr als 30 Zeichen

Übung 2: Die Datenstruktur sieht folgendermaßen aus:

```
01 Kundensatz.
   02 Kdnr              pic x(10).
   02 Personendaten.
      05 Name.
         10 VName       pic x(10).
         10 NName       pic x(10).
      05 Adresse.
         10 PLZ         pic 9(5).
         10 Ort         pic x(9).
         10 Str         pic x(9).
   02 Akquisitionsdaten.
      05 Lokalisation.
         10 Land        pic x(3).
         10 Bezirk      pic x(5).
      05 Umsatz.
         10 Lfdjahr     pic 9(6).
         10 Vorjahr     pic 9(6).
```

Übung 3: Die vier Empfangsinhalte von oben nach unten: ---------->

```
123.45
2.34
-0.05
***00.05
```

Übung 4: Das Jackson-Diagramm zum redefinierten Datensatz:

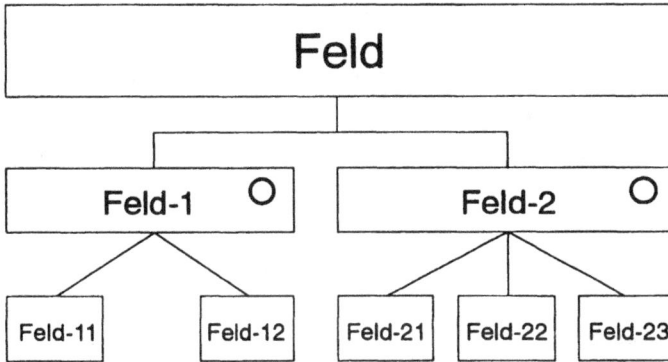

Kapitel   4.5

Übung 2: Das ergänzte Listing kann in etwa folgendermaßen aussehen:

```
                              BEGRUESSUNG

IDENTIFICATION DIVISION.              Working-Storage Section.
********************************       *----------------------------
program-id. BEGRUESSUNG.              01 ein-name   pic x(30).
author. Schiweck.                     01 sterne     pic x(80) value all "*".
****************************************   01 anzeigezeile-1.
* Erstellung eines Begrüßungs-BS        02 filler    pic x(30) value spaces.
* Erstellungsdatum:  29. April 1993     02 text1     pic x(19) value "Hallo".
****************************************   02 filler    pic x(30) value spaces.

ENVIRONMENT DIVISION.                 01 anzeigezeile-2.
********************************         02 filler    pic x(29) value spaces.
Configuration Section.                  02 name      pic x(30).
*---------------------------            02 filler    pic x(21) value spaces.
     source-computer. vax.
     object-computer. vax.           01 anzeigezeile-3.
                                        02 filler    pic x(28) value spaces.
DATA DIVISION.                          02 text2     pic x(30) value "Viel Spaß!".
********************                     02 filler    pic x(22) value spaces.
```

BEGRUESSUNG - Fortsetzung

```
01  datum-ein.                        * Aufnahme des Namens
    02 jahr      pic x(2).            accept ein-name.
    02 monat     pic x(2).
    02 tag       pic x(2).            * Überführen in das Ausgabefeld
                                      move ein-name to name.

01  zeit-ein.
    02 stunde    pic x(2).            * Aufnahme der Systemdaten
    02 min       pic x(2).            accept datum-ein from date.
    02 sek       pic x(2).            accept zeit-ein from time.
    02 msek      pic x(2).
                                      * Überführen in die Ausgabefelder
                                      move corr datum-ein to datum-aus.
01  datum-aus.                        move corr zeit-ein to zeit-aus.
    02 tag       pic x(2).
    02 filler    pic x  value ".".   BS-Ausgabe.
    02 monat     pic x(2).           *----------------
    02 filler    pic x(3)  value ".19".  * Ausgabe des Begruessungs-BS.
    02 jahr      pic x(2).           display sterne.   display spaces.
                                      display sterne.   display spaces.
                                      display anzeigezeile-1.
01  zeit-aus.                         display spaces. display spaces.
    02 stunde    pic x(2).            display anzeigezeile-2.
    02 filler    pic x(2) value "h ". display spaces. display spaces.
    02 min       pic x(2).            display anzeigezeile-3.
    02 filler    pic x(4) value "min ". display spaces. display spaces.
    02 sek       pic x(2).            display "Datum --> " datum-aus.
    02 filler    pic x  value ".".   display "Uhrzeit --> " zeit-aus.
    02 msek      pic x(2).            display sterne. display spaces.
                                      display sterne. display spaces.
PROCEDURE DIVISION.
********************************       Ende.
Beginn.                               *-------
*---------                              * Programmende
  * Aufforderung zur Namenseingabe     stop run.
  display spaces.  display "Name? :".
  display spaces.
```

Durch das Einfügen von Leer- und Sternzeilen oder das Einrücken der Datums- und Zeitangaben kann der Bildschirm nach Belieben modifiziert werden.

Kapitel   5.8

Übung 1: Die arithmetischen Anweisungen sehen folgendermaßen aus:

a)   add B to A.

   compute A = A + B.

b)   add 5.28 to C rounded.

   compute C rounded = C + 5.28.

c)   add 5, A, 7, ZAHL to A, ERGEBNIS rounded, GERUNDETE-ZAHL
   rounded on size error display "Ergebnis zu groß".
   Eine Lösung der Problemstellung mit einer einzigen COMPUTE-Anweisung ist hier nicht möglich.

d)   subtract D, E, F, 10 from X giving Y.

   compute Y = X - (D + E + F + 10).

e)   divide X by 11 giving Y remainder Z.

   divide 11 into X giving Y remainder Z.

f)   add A, B, 5 to X on size error display "Ergebnis zu groß".

   compute X = X + A + B + 5 on size error display "Ergebnis zu groß".

Übung 2: Die folgende Lösung kann (muß) noch optisch aufbereitet werden:

```
                              RECHNEN

  IDENTIFICATION DIVISION.          PROCEDURE DIVISION.
  *********************************  ********************************
  program-id. RECHNEN.              Eingabe.
                                        display "Zahl A: ".
  ENVIRONMENT DIVISION.                 accept A.
  *********************************      display "Zahl B: ".
  Configuration Section.                accept B.
     source-computer. vax.          Berechnung.
     object-computer. vax.             compute Summe = A + B.
                                        compute Differenz = A - B.
  DATA DIVISION.                        compute Produkt = A * B.
  *********************              compute Quotient = A / B.
  Working-Storage Section.          Anzeige.
     01  A          pic 99.            display "Summe: " Summe.
     01  B          pic 99.            display "Differenz: " Differenz.
     01  Summe      pic 999.           display "Produkt: " Produkt.
     01  Differenz  pic 99.            display "Quotient: " Quotient.
     01  Produkt    pic 9999.      Ende.
     01  Quotient   pic 99.            stop run.
```

Übung 3:

Anweisung	Ergebnis1	Ergebnis2
add Feld1, 6 to Ergebnis1 giving Ergebnis2	8	8
add 2, 3, 4, Feld1 to Ergebnis1, Ergebnis2	11	11
add Feld2 to Feld1 giving Ergebnis2	0	6
subtract Feld1, 1 from Feld2 giving Ergebnis2	0	1
subtract 1, Feld2 from Ergebnis1, Ergebnis2	-5	-5
subtract Feld2 from Feld1 giving Ergebnis2	0	-2
multiply Feld2 by 10 giving Ergebnis1	40	0
multiply Feld1 by Ergebnis1	0	0
multiply Feld1 by Feld2 giving Ergebnis2	0	8
divide Feld1 into Feld2 giving Ergebnis1	2	0
divide Feld2 by Feld1 giving Ergebnis2	0	2
divide 4 into Feld2 giving Ergebnis2	0	1

Übung 4:

Anweisung	a =
compute a = ((d * 4) / b) ** (1 / 3)	2
compute a = (a + 2) * a	3
compute a = (((f - b) + e) / c)	3

Kapitel   6.9

Übung 1: Berechnung der Summe der Zahlen zwischen A und B

Bei der Lösung dieser Übung gilt es, eine wichtige Eigenschaft der PERFORM...
UNTIL-Anweisung zu beachten. Ein mit PERFORM...UNTIL aufgerufenes Label (Paragraph oder Section) wird immer vollständig abgearbeitet, bevor die
UNTIL-Bedingung geprüft wird. Das bedeutet, daß das aufgerufene Label immer bis zu seiner letzten Anweisung abgearbeitet wird, auch wenn im Verlauf
dieser Abarbeitung bereits der Abbruchzustand der UNTIL-Bedingung eintritt.
Für die PERFORM...UNTIL-Anweisung ist daher nur ausschlaggebend, in welchem Zustand sich die UNTIL-Bedingung nach einer vollständigen Abarbeitung des angesprungenen Labels befindet (erfüllt/nicht erfüllt).

```
                                      SUMME

  IDENTIFICATION DIVISION.              PROCEDURE DIVISION.
  *********************************      *********************************

  program-id. SUMME.                    Steuerung.
  Author. Schwickert.                       move 0 to summe, flag.
  ** Ermittlung Summe                       perform Eingabe until flag = 1.
                                            compute A = A + 1.
                                            perform Berechnung until A = B.
  ENVIRONMENT DIVISION.                     display "Summe = " summe.
  *********************************          stop run.

  Configuration Section.
      source-computer. vax.             Eingabe.
      object-computer. vax.                 display "Zahl A: ".  accept A.
                                            display "Zahl B: ".  accept B.
                                            if A < B then move 1 to flag
  DATA DIVISION.                                else display "Wiederholung".
  ********************

  Working-Storage Section.              Berechnung.
      01  A          pic 99.                compute summe = summe + A.
      01  B          pic 99.                compute A = A + 1.
      01  summe      pic 9(4).
      01  flag       pic 9.
```

Charakteristisch für strukturiertes Programmieren ist im obigen Muster-Listing der Einsatz eines Steuerungsparagraphen (dieser wird hier auch "Steuerung" genannt). Ein solcher Paragraph übernimmt die Ablauf- und Aufrufregelung der im folgenden aufgeführten Paragraphen der Procedure Division. Letztere erfüllen abgegrenzte Einzelaufgaben im Sinne der Modularisierung

Der Paragraph Eingabe wird so lange durchlaufen, bis der Programmbediener zwei gültige Zahlen eingegeben hat. Die Überprüfung der Gültigkeit erfolgt durch "perform Eingabe until flag = 1" zusammen mit der IF-Anweisung des Paragraphen Eingabe. Werden die beiden Zahlen korrekt (A < B) eingegeben, wird das Feld flag mit einer 1 gefüllt. Nur wenn dieser Zustand von flag gegeben ist, wird die PERFORM...UNTIL-Anweisung nach vollständiger Abarbeitung von Eingabe abgebrochen. Werden die beiden Zahlen nicht korrekt (A = B oder A > B) eingegeben, wird der ELSE-Zweig der IF-Anweisung ausgeführt (der Programmbediener wird aufgefordert, die Eingabe zu wiederholen), und der Inhalt von flag bleibt bei 0. Am Ende des Paragraphen Eingabe erfüllt in diesem Falle das flag nicht das Abbruchkriterium der PERFORM...UNTIL-Anweisung, und der Paragraph Eingabe wird erneut von Beginn an ausgeführt. Wie Sie in Ihrem Programmen das "flag" nennen, bleibt Ihnen überlassen.

Bei der Umsetzung der Problemstellung ist zu beachten, daß *alle Zahlen zwischen A und B aufaddiert werden sollen. Die Zahlen A und B fließen also nicht in die Summe ein.* Nach der gültigen Zahleneingabe wird daher bereits im Paragraphen Steuerung der Anfangswert A um 1 hochgezählt. Die mit "perform Berechnung until A = B" angestoßene Summenbildung beginnt somit bei A + 1. Am Ende des Paragraphen Berechnung werden der zuletzt erreichte Wert von A um 1 erhöht und die UNTIL-Bedingung geprüft. Ist A in dieser Situation kleiner als B, wird der Paragraph Berechnung erneut durchlaufen. Diese Schleife (Iteration) wird so lange wiederholt, bis A durch das permanente Hochzählen gleich B wird. Dies ist der Zustand, bei dem die UNTIL-Bedingung greift und die PERFORM...UNTIL-Anweisung beendet wird. Der Endwert B wird auf diese Weise nicht in die Summe einbezogen, da der Paragraph Berechnung nicht mehr durchlaufen wird.

Übung 2: Rabattberechnung

Auch bei diesem Programm wird wieder mit einem Steuerungsparagraphen gearbeitet. Im Unterschied zu Übung 1 werden hier jedoch zwei verschiedene flags benötigt, um zwei verschachtelte PERFORM...UNTIL-Schleifen zu steuern.

Im Paragraphen Steuerung wird durch die Anweisung "perform Schl until flag1 = 1" das umfassende Schleifenkonstrukt aus der Übersicht des Struktogramms realisiert. Der Zustand des flag1 ist dafür ausschlaggebend, ob der Programmbediener mehrere Rabattberechnungen für verschiedene Preise hintereinander durchführen kann, ohne das Programm zu verlassen und erneut aufzurufen.

Der eigentliche Algorithmus für eine Rabattberechnung wird im Paragraphen Schl gesteuert. Durch die Anweisung "perform Eingabe until flag2 = 1" wird der Programmbediener so lange aufgefordert, eine Tastatureingabe zu tätigen, bis ein rein numerischer Wert erkannt wird. Nur dann wird flag2 auf 1 gesetzt und die Eingabe-Schleife beendet. Die Tastatureingabe des Programmbedieners erfolgt zunächst in ein alphanumerisch definiertes Feld (ein), um abprüfen zu können, ob die Eingabe rein numerisch ist. War die Zahleneingabe nicht rein numerisch, wird der Programmbediener aufgefordert, die Eingabe zu wiederholen. War die Eingabe rein numerisch, wird der Inhalt von ein in das numerisch definierte Feld preis übertragen, das dann von allen weiteren Programmanweisungen benutzt wird.

Die folgende erste IF-Anweisung im Paragraphen Schl prüft nun, ob eine 0 eingegeben wurde, und besetzt flag1 in diesem Fall mit 1. Dann, und nur dann, soll gemäß Vorgabe das Programm ordnungsgemäß beendet werden.

Wenn der eingegebene Wert 0 war, können die Bedingungen der zweiten und dritten IF-Anweisung im Paragraphen Schl auf keinen Fall erfüllt sein. Die bedingten Anweisungen hinter diesen IF-Anweisungen treten daher nicht in Aktion. Der Paragraph Schl ist somit bis zum Ende ausgeführt. Die PERFORM...UNTIL-Anweisung aus dem Paragraphen Steuerung, die den Paragraphen Schl angestoßen hat, prüft nun, ob die UNTIL-Bedingung "flag1 = 1" erfüllt ist. Dies ist nur der Fall, wenn eine Null als Preis eingegeben wurde (siehe erste IF-Anweisung im Paragraphen Schl). Bei flag1 = 1 erfolgt die ordnungsgemäße Beendigung des Programms per STOP RUN.

```
                            RABATTIEREN

IDENTIFICATION DIVISION.          Schl.
*********************************     move 0 to flag2.
                                      perform Eingabe until flag2 = 1.
Program-id. RABATTIEREN.              if preis = 0 then move 1 to flag1.
                                      if preis not = 0 and preis < 100
ENVIRONMENT DIVISION.                     then display "Kein Rabatt".
*********************************     if preis >= 100
                                          then perform Berechnung.
Configuration Section.            Eingabe.
   source-computer. vax.              display "Preis (0 fuer Ende):".
   object-computer. vax.              accept ein.
                                      if ein numeric then
                                          move ein to preis  move 1 to flag2
DATA DIVISION.                            else display "Wiederholung".
*********************
Working-Storage Section.
   01  ein         pic xxxx.        Berechnung.
   01  preis       pic 9999.          compute rabatt rounded = preis * 0.10.
   01  rabatt      pic 999.           compute endpreis = preis - rabatt.
   01  endpreis    pic 9999.          if endpreis < 100 then
   01  flag1       pic 9.                 move 100 to endpreis.
   01  flag2       pic 9.              display "Endpreis = " endpreis.

PROCEDURE DIVISION.
*****************************

Steuerung.
  move spaces to ein.
  move 0 to preis.
  move 0 to endpreis, rabatt.
  move 0 to flag1, flag2.
  perform Schl until flag1 = 1.
  stop run.
```

Erkennt das Programm eine Preiseingabe ungleich 0, wird die bedingte Anweisung hinter dem ersten IF nicht ausgeführt. Ist der eingegebene Wert ungleich 0 und kleiner 100, greift die zweite IF-Anweisung im Paragraphen Schl. Bei Werten zwischen 0 und 100 wird kein Rabatt gewährt.

Bei Werten gleich 100 oder höher wird die dritte IF-Anweisung ausgeführt. Der dort angesprungene Paragraph Berechnung führt die Rabattierung gemäß des Struktogrammblocks Berechnung aus und zeigt die Ergebnisse dieses Vorgangs auf dem Bildschirm.

Übung 3:

Anfang.
move 10000 to su. move 0 to jahre.
perform Rechnen until su >= 15000.
display jahre. stop run.
Rechnen.
add 1 to jahre.
compute su rounded =
su + (su * 0,07).

Summe = 10000 / Jahre = 0
Jahre = Jahre + 1
Summe =   Summe + (Summe * 0,07)
Summe >=   J   15.000 ?   N
Zeige Jahre

Übung 4:   Ausgabe untereinander von: A B C D E   x = 4

Übung 5:   Ausgabe untereinander von: A B C E   x = 4

Die geklammerten Zahlen zeigen jeweils die Reihenfolge der Ausgaben.

		Übung 4	Übung 5
A.	move 0 to x. perform G.		
B.	display "B". add 1 to x.	(2) B x = 3	(2) B x = 4
C.	display "C". subtract 2 from x.	(3) C x = 1	(3) C x = 2
D.	if x = 1 perform E. if x = 2 perform F. display "x =" x. stop run.	 "x = 4"	 "x = 4"
E.	display "D". divide 0,5 into x.	(4) D x = 2	
F.	display "E". multiply 2 by x.	(5) E x = 4	(4) E x = 4
G.	display "A". compute x=(x+4)/2.	(1) A x = 2	(1) A x = 3

Übung 6:

Lies Zahl
Summe, i = 0

```
        i = i + 1
       i > Zahl ?
  J                    N
                Summe =
  ↓             Summe + i
      Display  Summe
```

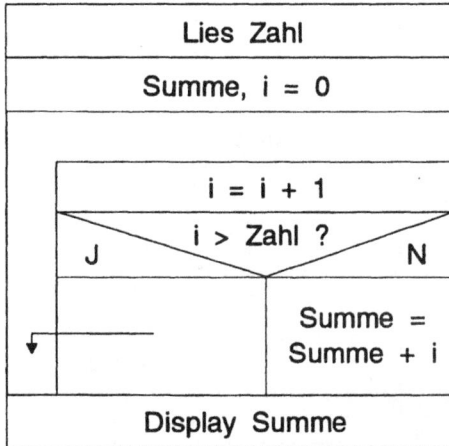

Eingabe.
   display "Zahl: ".
   accept zahl.
   move 0 to summe, i.
   perform Rechnen zahl times.
   display summe.
   stop run.

Rechnen.
   add 1 to i.
   add i to summe.

Natürlich kann das Problem auch über die Summenformel

$$\Sigma\, i \ (\text{für } i = 1 \text{ bis } n) \ = \ \tfrac{1}{2} * n * (n+1)$$

gelöst werden.

Übung 7:

Letzte Ziffer	:	0	1	2	3	4	5	6	7	8	9
Endwert Z	:	11	13	15	17	19	11	13	15	17	19

Übung 8:

Das Programm bildet den mathematischen Hintergrund der Kapitalendwertformel ab. Bildschirmanzeige: 005859.03

Übung 10:

Letzte Ziffer	:	0	1	2	3	4	5	6	7	8	9
Endwert Z	:	10	18	26	34	42	50	58	66	74	82

Kapitel 9.3.7

Übung 1:

Die hier gezeigten Blöcke ersetzen diejenigen mit gleichem Namen aus dem Demonstrationsbeispiel (Kapitel 9.3.6). Der Block K-Nummer wird dann aufgerufen, wenn im Kunden-Menue der Punkt "Kunden aufnehmen" angewählt wird. Die höchste in der Datei festgestellte Kundennummer wird für jeden zu schreibenden Datensatz um 1 hochgezählt. So erhält jeder neue Kunde eine eindeutige Nummer.

Kunde-Menue

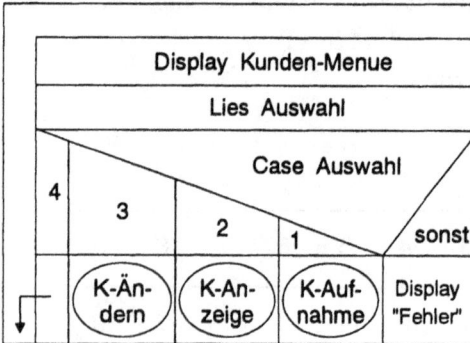

K-Aufnahme

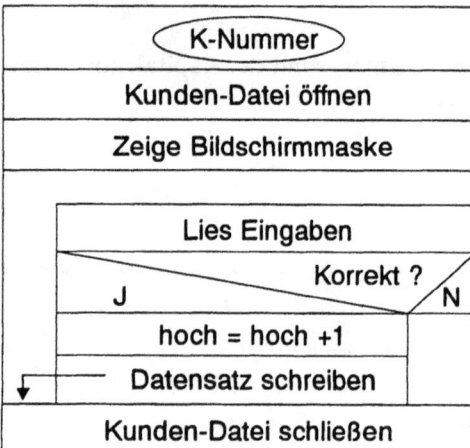

K-Nummer

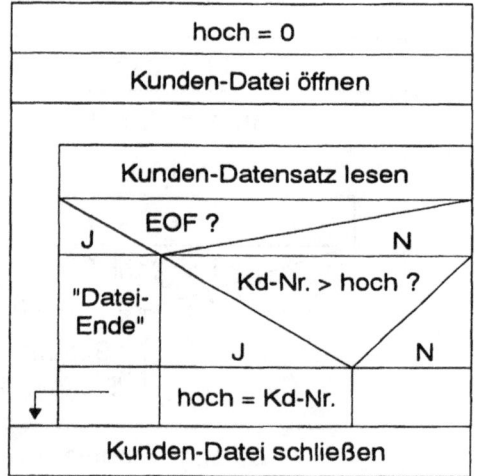

K-Ändern

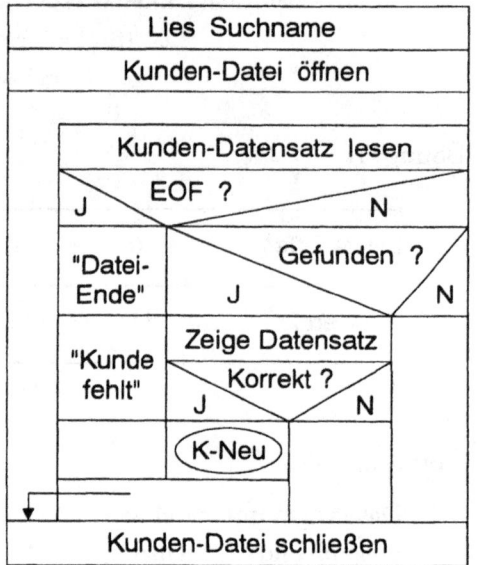

K-Neu

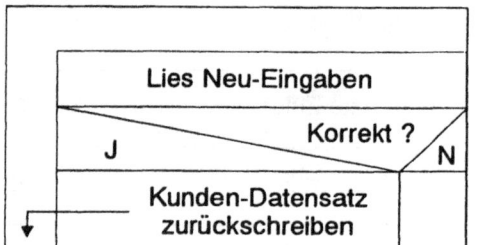

Hauptprogramm HAUPT

```
IDENTIFICATION DIVISION.
*************************************
program-id. HAUPT.

ENVIRONMENT DIVISION.
*********************************
Configuration Section.
*---------------------------
source-computer. vax.
object-computer. vax.


Input-Output Section.
*--------------------------
File-Control.
    select Kunden assign to
        "sys$disk:KUNDEN"
    organization is sequential.


DATA DIVISION.
**********************
File Section.
*----------------
FD Kunden label record standard.
01 Kunden-Satz.
        02 Kundennr    pic x(4).
        02 Nachname    pic x(30).
        02 Vorname     pic x(20).
        02 Anschrift.
            05 Strasse     pic x(30).
            05 PLZ         pic x(5).
            05 Ort         pic x(20).
            05 Telefon     pic x(15).


Working-Storage Section.
*-------------------------------
01 hoch        pic x(4).
01 flag        pic x.
```

```
01 wahl1       pic x.
01 wahl2       pic x.

PROCEDURE DIVISION.
*******************************
Steuerung.
    move 0 to wahl1, wahl2, hoch, flag.
    perform Menue until wahl1 = 3.
    stop run.


KNr1.
    open input Kunden.
    perform KNr2 until flag = 1.
    move 0 to flag.  close Kunden.


KNr2.
    read Kunden record at end
            move 1 to flag
            display "Datei-Ende".
    if Kundennr > hoch then
            move Kundennr to hoch.


Menue.
    move 0 to wahl1, wahl2, flag.
    display "*** Hauptmenue ***".
    display "1   Kundenverwaltung".
    display "2   Auftragsverwaltung".
    display "3   Programmende".
    display "Ihre Auswahl? :".
    accept wahl1.
    if wahl1 = 1 then perform K-Menue
            until flag = 1.
    if wahl1 = 2 then perform A-Menue
            until flag = 1.
    if wahl1 = 3 then
            display "Programmende"
            else display "Fehler".
```

HAUPT - Fortsetzung

K-Menue.
    move 0 to wahl2.
    display "** Kundenverwaltung **".
    display "1   Kunden aufnehmen".
    display "2   Kunden anzeigen".
    display "3   Kundendaten aendern".
    display "4   Zum Hauptmenue".
    display "Wahl? :".   accept wahl2.
    if wahl2 = 1 then perform KNr1
        call "K-AUFNAHME" using hoch.
    if wahl2 = 2 then
        call "K-ANZEIGE".
    if wahl2 = 3 then
        call "K-MODIFIZ".
    if wahl2 = 4 then move 1 to flag
        else display "Fehler".

A-Menue.
    move 0 to wahl2.
    display "** Auftragsverwaltung **".
    display "1   Auftrag aufnehmen".
    display "2   Auftrag anzeigen".
    display "3   Zum Hauptmenue".
    display "Wahl? :". accept wahl2.
    if wahl2 = 1 then call "BLIND".
    if wahl2 = 2 then call "BLIND".
    if wahl3 = 3 then move 1 to flag
        else display "Fehler".

Soll eine Aufnahme von Kundendaten erfolgen, wird zunächst die gesamte Datei Kunden durchgelesen und die höchste vorkommende Kundennummer im Feld "hoch" abgelegt (Paragraph Nummer). Beim Aufruf von K-AUFNAHME wird der Inhalt des Zähler-Feldes "hoch" dem Unterprogramm übergeben.

Unterprogramm K-AUFNAHME

IDENTIFICATION DIVISION.
****
program-id. K-AUFNAHME.

ENVIRONMENT DIVISION.
****
Configuration Section.
*----------------------------------
source-computer. vax.
object-computer. vax.

Input-Output Section.
*----------------------------
File-Control.
        select Kunden assign to
            "sys$disk:KUNDEN"
        organization is sequential.

DATA DIVISION.
****
File Section.
*----------------
FD Kunden label record standard.
01 Kunden-Satz.
        02 Kundennr   pic x(4).
        02 Nachname   pic x(30).
        02 Vorname   pic x(20).
        02 Anschrift.
            05 Strasse   pic x(30).
            05 PLZ   pic x(5).
            05 Ort   pic x(20).
            05 Telefon   pic x(15).

Working-Storage Section.
*---------------------------------
01 flag   pic x.

Linkage Section.
*----------------------
01 hoch   pic x(4).

```
        K-AUFNAHME - Fortsetzung

PROCEDURE DIVISION using hoch.
***********************************************
Steuerung.
    move spaces to flag.
    open extend Kunden.
    perform Aufnahme until flag = "j".
    close Kunden.
    exit program.


Aufnahme.
    display "Nachname:".
    accept Nachname.
    display "Vorname:".
    accept Vorname.
    display "Strasse:".
    accept Strasse.
    display "Postleitzahl:".
    accept PLZ.
    display "Ort:".
    accept Ort.
    display "Telefon:".
    accept Telefon.
    display "Korrekt? (j/n)".  accept flag.
    if flag = "j" then add 1 to hoch
            move hoch to Kundennr
            write Kunden-Satz.
```

```
        Unterprogramm K-MODIFIZ

IDENTIFICATION DIVISION.
*********************************
program-id. K-MODIFIZ.

ENVIRONMENT DIVISION.
*********************************
Configuration Section.
*---------------------------
source-computer. vax.
object-computer. vax.
```

```
        K-MODIFIZ - Fortsetzung

Input-Output Section.
*-------------------------
File-Control.
    select Kunden assign to
        "sys$disk:KUNDEN"
    organization is sequential.


DATA DIVISION.
*********************
File Section.
*----------------
FD Kunden label record standard.
01 Kunden-Satz.
        02 Kundennr    pic x(4).
        02 Nachname    pic x(30).
        02 Vorname     pic x(20).
        02 Anschrift.
            05 Strasse      pic x(30).
            05 PLZ          pic x(5).
            05 Ort          pic x(20).
            05 Telefon      pic x(15).

Working-Storage Section.
*------------------------------
01 flag1              pic x.
01 flag2              pic x.
01 suchname           pic x(30).


PROCEDURE DIVISION.
********************************
Steuerung.
    move spaces to flag1, flag2.
    perform Eingabe. open I-O Kunden.
    perform Suche until flag1 = "n".
    move spaces to flag1.
    if flag2 = "j" then
        perform Aendern until flag1 = "j"
        rewrite Kunden-Satz.
```

```
            K-MODIFIZ - Fortsetzung

   close Kunden.
   exit program.

Eingabe.
   display "Kundenname ?".
   accept suchname.

Suche.
   read Kunden record at end display
      "Datei-Ende! Kunde fehlt!"
      move "n" to flag1
      move "n" to flag2.
   if flag1 not = "n" and
      Nachname = suchname then
      display "Kundennr.: " Kundennr
      display "Nachname : " Nachname
      display "Vorname  : " Vorname
      display "Strasse  : " Strasse
      display "PLZ      : " PLZ
      display "Ort      : " Ort
      display "Telefon  : " Telefon
      display "Weitersuchen? (j/n?)"
      accept flag1   move "j" to flag2.

Aendern.
      display "Neuer Nachname: ".
      accept Nachname.
      display "Neuer Vorname: ".
      accept Vorname.
      display "Neue Strasse: ".
      accept Strasse.
      display "Neue PLZ: ".
      accept PLZ.
      display "Neuer Ort: ".
      accept Ort.
      display "Telefon:".   accept Telefon.
      display "Korrekt? (j/n)".
      accept flag1.
```

Die Linkage Section und die Procedure Division des Unterprogramms K-AUF-NAHME empfangen den Feldinhalt von "hoch" und benutzen diesen zur Kundennummernvergabe im Paragraph Aufnahme. Nach der dortigen Tastaturerfassung des Kunden-Namens und der Kunden-Anschrift (nicht der Kundennummer) wird abgefragt, ob die Eingaben korrekt sind. Antwortet der Programmbediener mit "j" für Ja, wird der Feldinhalt von "hoch" um 1 hochgezählt und dem Datenfeld Kundennr der Datei Kunden zugewiesen. Die Kundennummer "hoch + 1" ist dann auf jeden Fall eindeutig, da "hoch" die höchste in der Datei vorkommende Nummer beinhaltete. Der gefüllte Datensatz wird dann per WRITE in die Datei Kunden geschrieben. Der Programmbediener hat auf diese Weise keine Möglichkeit, in die Kundennummernvergabe einzugreifen.

Im Unterprogramm K-MODIFIZ wird zunächst der Name des Kunden eingegeben, dessen Daten verändert werden sollen (Paragraph Eingabe). Um festzustellen, ob dieser Kunde überhaupt in der Datei vorhanden ist, wird im Paragraph Suche der gleiche Algorithmus benutzt, den wir bereits im Modul K-ANZEIGE verwendet haben (die "Müller-Meier-Schmidt-Lösung"). Wird der gewünschte Kunde gefunden, können seine Daten ausschließlich der Kundennummer vollständig neu eingegeben werden. Das RE-WRITE schreibt den Datensatz dann an die gleiche Dateiposition zurück, von der er gelesen wurde.

Übung 3:

Auftrag-Menue

Im Auftragsverwaltungs-Menue werden die Blind-Blöcke durch die Moduln A-Anzeige und A-Auf-nahme ersetzt. Mit einem weiteren Auswahlpunkt wird zusätzlich das Modul A-Ändern integriert. Bei der Neuaufnahme von Aufträgen wird analog zur vorherigen Übung 1 zunächst durch den

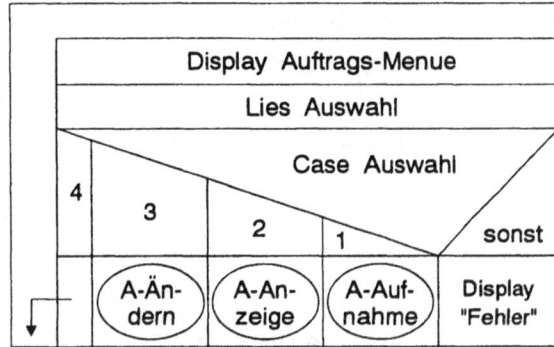

Block A-Nummer die Datei Auftrag vollständig durchgelesen und die höchste vorkommende Auftragsnummer festgestellt. Im Block K-Suchen wird der Programmbediener aufgefordert, die Nummer des Kunden einzugeben, für den ein Auftrag erfaßt werden soll. Die Datei Kunden wird nach der Existenz dieser Nummer (d.h. dieses Kunden) durchsucht. Wenn die gewünschte Kundennummer gefunden werden konnte, erfolgt die Eingabe der Auftragsdaten, wobei als Auftragsnummer "hoch + 1" automatisch vergeben wird. Im Programm muß ebenso verhindert werden, daß die Kundennummer eines Auftrags-Datensatzes manipuliert wird. Der Programmbediener darf daher bei der Auftragserfassung nicht auf das Feld Kundennr des Auftrags-Datensatzes zugreifen.

A-Aufnahme

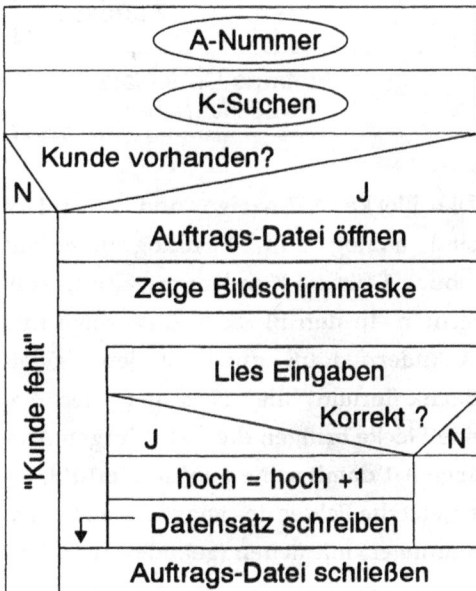

A-Nummer

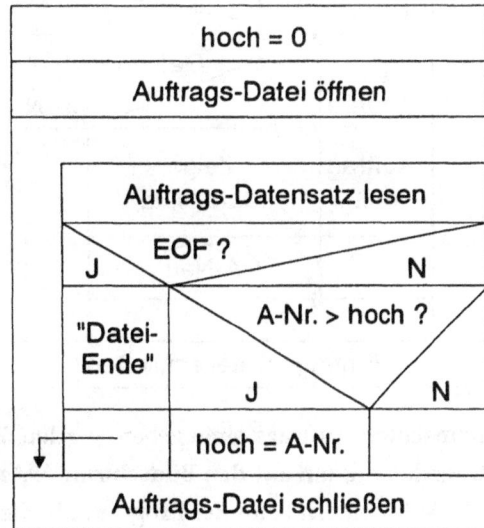

K-Suchen

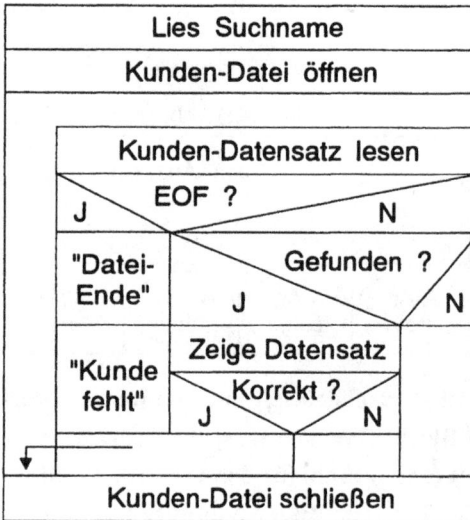

A-Anzeige

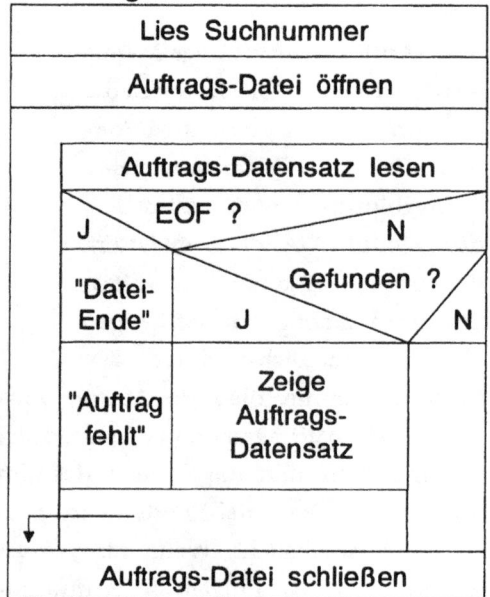

A-Ändern

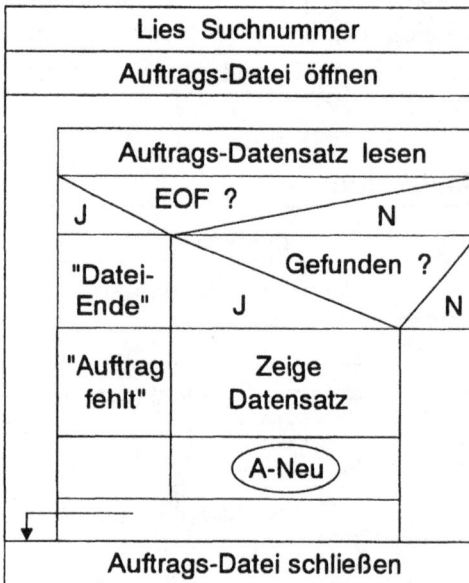

A-Neu

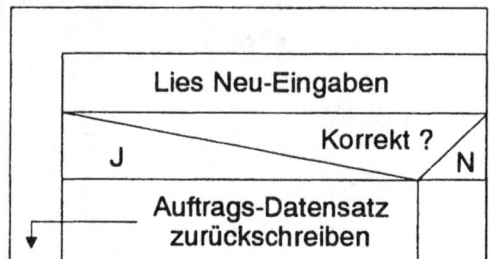

Die Blöcke A-Anzeige und A-Ändern sind analog zum Struktogramm aus Übung 1 für die Kundenverwaltung konstruiert. In den Blöcken A-Anzeige und A-Ändern muß zunächst jeweils als Suchkriterium die Nummer des gewünschten Auftrags eingegeben werden. Beide Blöcke bringen die zugehörigen Auftragsdaten dann auf den Bildschirm. A-Anzeige hat damit seine Funktion erfüllt. Im Block A-Ändern kann der Programmbediener jetzt die Felder des angezeigten Datensatzes (außer der Auftrags- und der Kundennummer) mit neuen (geänderten) Inhalten versehen.

```
                        Hauptprogramm HAUPT

IDENTIFICATION DIVISION.                01 Auftrag-Satz.
*************************************       02 Kundennr    pic x(4).
program-id. HAUPT.                         02 Auftragnr   pic x(4).
                                           02 Artikelnr   pic x(4).
ENVIRONMENT DIVISION.                      02 Menge       pic x(4).
*************************************       02 Preis       pic x(4).

Configuration Section.
*----------------------------            Working-Storage Section.
source-computer. vax.                   *--------------------------------
object-computer. vax.
                                        01 hoch        pic x(4).
                                        01 flag        pic x.
Input-Output Section.                   01 wahl1       pic x.
*--------------------------              01 wahl2       pic x.
File-Control.
     select Kunden assign to            PROCEDURE DIVISION.
          "sys$disk:KUNDEN"             *******************************
     organization is sequential.
                                        Steuerung.
                                            move 0 to wahl1, wahl2, hoch, flag.
     select Auftrag assign to               perform Menue until wahl1 = 3.
          "sys$disk:AUFTRAG"                 stop run.
     organization is sequential.

DATA DIVISION.                          KNr1.
********************                         open input Kunden.
                                            perform KNr2 until flag = 1.
File Section.                               move 0 to flag.  close Kunden.
*---------------
FD Kunden label record standard.        KNr2.
01 Kunden-Satz.                             read Kunden record at end
     02 Kundennr    pic x(4).                    move 1 to flag
     02 Nachname    pic x(30).                   display "Datei-Ende".
     02 Vorname     pic x(20).               if Kundennr of Kunden-Satz > hoch
     02 Anschrift.                               then move Kundennr of
        05 Strasse     pic x(30).                     Kunden-Satz to hoch.
        05 PLZ         pic x(5).
        05 Ort         pic x(20).         ANr1.
        05 Telefon     pic x(15).             open input Auftrag.
                                            perform ANr2 until flag = 1.
FD Auftrag label record standard.           move 0 to flag.  close Auftrag.
```

HAUPT - Fortsetzung

ANr2.
   read Auftrag record at end
      move 1 to flag
      display "Datei-Ende".
   if Auftragnr > hoch then
      move Auftragnr to hoch.

Menue.
   move 0 to wahl1, wahl2, flag.
   display "*** Hauptmenue ***".
   display "1   Kundenverwaltung".
   display "2   Auftragsverwaltung".
   display "3   Programmende".
   display "Ihre Auswahl? :".
   accept wahl1.
   if wahl1 = 1 then perform K-Menue
      until flag = 1.
   if wahl1 = 2 then perform A-Menue
      until flag = 1.
   if wahl1 = 3 then
      display "Programmende"
      else display "Fehler".

K-Menue.
   move 0 to wahl2.
   display "** Kundenverwaltung **".
   display "1   Kunden aufnehmen".
   display "2   Kunden anzeigen".
   display "3   Kundendaten aendern".
   display "4   Zum Hauptmenue".
   display "Wahl? :".   accept wahl2.
   if wahl2 = 1 then perform KNr1
      call "K-AUFNAHME" using hoch.
   if wahl2 = 2 then
      call "K-ANZEIGE".
   if wahl2 = 3 then
      call "K-MODIFIZ".
   if wahl2 = 4 then move 1 to flag
      else display "Fehler".

A-Menue.
   move 0 to wahl2.
   display "** Auftragsverwaltung **".
   display "1   Auftrag aufnehmen".
   display "2   Auftrag anzeigen".
   display "3   Auftragsdaten aendern"
   display "4   Zum Hauptmenue".
   display "Wahl? :". accept wahl2.
   if wahl2 = 1 then perform ANr1
      call "A-AUFNAHME" using hoch.
   if wahl2 = 2 then
      call "A-ANZEIGE".
   if wahl2 = 3 then
      call "A-MODIFIZ".
   if wahl2 = 4 then move 1 to flag
      else display "Fehler".

Das Hauptprogramm ist nun mit allen Auswahlpunkten für die Kunden- und die Auftragsverwaltung versehen. Genau wie im Zweig der Kundenverwaltung wird vor einer Auftrags-Aufnahme die gesamte Datei Auftrag vom ersten bis zum letzten Datensatz gelesen, um die höchste vorkommende Auftragsnummer im Feld "hoch" abzulegen. Die (Hilfs-) Felder hoch, flag, wahl1 und wahl2 können wechselweise sowohl in der Kunden- als auch in der Auftragsverwaltung verwendet werden. Die nachfolgenden Listings der Auftrags-Unterprogramme sind von den Pendants der Kundenverwaltung abgeleitet. Ein wichtiger Unterschied ist, daß vor einer Auftragsaufnahme geprüft werden muß, ob der Auftraggeber, sprich Kunde, bereits in der Datei Kunde vorhanden ist.

Unterprogramm A-AUFNAHME

```
IDENTIFICATION DIVISION.
************************************

Program-Id. A-AUFNAHME.

ENVIRONMENT DIVISION.
**********************************

Configuration Section.
*---------------------------

source-computer. vax.
object-computer. vax.


Input-Output Section.
*--------------------------

File-Control.
     select Kunden assign to
          "sys$disk:KUNDEN"
     organization is sequential.


File-Control.
     select Auftrag assign to
          "sys$disk:AUFTRAG"
     organization is sequential.


DATA DIVISION.
*********************

File Section.
*----------------

FD Kunden label record standard.
01 Kunden-Satz.
     02 Kundennr    pic x(4).
     02 Nachname    pic x(30).
     02 Vorname     pic x(20).
     02 Anschrift.
         05 Strasse     pic x(30).
         05 PLZ         pic x(5).
         05 Ort         pic x(20).
         05 Telefon     pic x(15).
```

```
FD Auftrag label record standard.
01 Auftrag-Satz.
     02 Kundennr    pic x(4).
     02 Auftragnr   pic x(4).
     02 Artikelnr   pic x(4).
     02 Menge       pic x(4).
     02 Preis       pic x(4).


Working-Storage Section.
*---------------------------------

01 flag1           pic x.
01 flag2           pic x.
01 suchnummer      pic x(4).


Linkage Section.
*----------------------

01 hoch        pic x(4).


PROCEDURE DIVISION using hoch.
**********************************************
Steuerung.
     move spaces to flag1, flag2.
     perform K-Eingabe.
     open input Kunden.
     perform K-Suchen until flag1 = 1.
     close Kunden.
     move spaces to flag1.
     if flag2 = 1 then
        open extend Auftrag
        perform Aufnahme until flag1 = "j"
        close Auftrag.
     exit program.


K-Eingabe.
     display "Kundennummer ?".
     accept suchnummer.
```

A-AUFNAHME - Fortsetzung

K-Suchen.
  read Kunden record at end display
    "Datei-Ende Kunde fehlt"
    move 1 to flag1 move 0 to flag2.
  if Kundennr of Kunden-Satz =
      suchnummer then
    display "Kundennr.: "
      Kundennr of Kunden-Satz
    display "Nachname: " Nachname
    display "Vorname : " Vorname
    display "Strasse : " Strasse
    display "PLZ   : " PLZ
    display "Ort   : " Ort
    display "Telefon : " Telefon
    display "RETURN bestaetigen"
    accept flag2
    move 1 to flag1, flag2.

Aufnahme.
  display "Artikelnummer:".
  accept Artikelnr.
  display "Menge:". accept Menge.
  display "Preis:". accept Preis.
  move Kundennr of Kunden-Satz to
      Kundennr of Auftrag-Satz.
  display "Korrekt? (j/n)". accept flag1.
  if flag1 = "j" then add 1 to hoch
    move hoch to Auftragnr
    write Auftrag-Satz.

Unterprogramm A-MODIFIZ

IDENTIFICATION DIVISION.
****
program-id. A-MODIFIZ.

ENVIRONMENT DIVISION.
****

A-MODIFIZ - Fortsetzung

Configuration Section.
*--------------------------
source-computer. vax.
object-computer. vax.

Input-Output Section.
*--------------------------
File-Control.
  select Auftrag assign to
    "sys$disk:AUFTRAG"
  organization is sequential.

DATA DIVISION.
****
File Section.
*----------------
FD Auftrag label record standard.
01 Auftrag-Satz.
    02 Kundennr   pic x(4).
    02 Auftragnr   pic x(4).
    02 Artikelnr   pic x(4).
    02 Menge   pic x(4).
    02 Preis   pic x(4).

Working-Storage Section.
*-------------------------------
01 flag1   pic x.
01 flag2   pic x.
01 suchnummer   pic x(4).

PROCEDURE DIVISION.
****
Steuerung.
  move spaces to flag1, flag2.
  perform A-Eingabe.
  open input Auftrag.
  perform A-Suchen until flag1 = 1.

A-MODIFIZ - Fortsetzung	Unterprogramm A-ANZEIGE

close Auftrag.
move spaces to flag1.
if flag2 = 1 then
    open I-O Auftrag
    perform Aendern until flag1 = "j"
    close Auftrag.
exit program.
	IDENTIFICATION DIVISION.
	**************************************
	program-id. A-ANZEIGE.

```
A-MODIFIZ - Fortsetzung

  close Auftrag.
  move spaces to flag1.
  if flag2 = 1 then
      open I-O Auftrag
      perform Aendern until flag1 = "j"
      close Auftrag.
  exit program.


A-Eingabe.
  display "Auftragsnummer ?".
  accept suchnummer.


A-Suchen.
  read Auftrag record at end display
      "Datei-Ende Auftrag fehlt"
      move 1 to flag1
      move 0 to flag2.
  if Auftragnr = suchnummer then
      display "Kundennr.: " Kundennr
      display "Auftragsnr.: " Auftragnr
      display "Artikelnr. : " Artikelnr
      display "Menge  : " Menge
      display "Preis  : " Preis
      display "RETURN bestaetigen"
      accept flag2
      move 1 to flag1, flag2.


Aendern.
  display "Neue Artikelnummer:".
  accept Artikelnr.
  display "Neue Menge:".
  accept Menge.
  display "Neuer Preis:".
  accept Preis.
  display "Korrekt? (j/n)".
  accept flag1.
  if flag1 = "j"  rewrite Auftrag-Satz.
```

```
Unterprogramm A-ANZEIGE

IDENTIFICATION DIVISION.
************************************
program-id. A-ANZEIGE.

ENVIRONMENT DIVISION.
************************************
Configuration Section.
*----------------------------
source-computer. vax.
object-computer. vax.

Input-Output Section.
*--------------------------
File-Control.
      select Auftrag assign to
          "sys$disk:AUFTRAG"
      organization is sequential.

DATA DIVISION.
********************
File Section.
*---------------
FD Auftrag label record standard.
01 Auftrag-Satz.
      02 Kundennr    pic x(4).
      02 Auftragnr   pic x(4).
      02 Artikelnr   pic x(4).
      02 Menge       pic x(4).
      02 Preis       pic x(4).

Working-Storage Section.
*-------------------------------
01 flag                    pic x.
01 suchnummer              pic x(4).

PROCEDURE DIVISION.
*****************************
```

```
                A-ANZEIGE - Fortsetzung

Steuerung.
    move spaces to flag.
    perform Eingabe.
    open input Auftrag.
    perform Suche until flag = "n".
    close Auftrag.  exit program.


Eingabe.
    display "Auftragsnummer ?".
    accept suchnummer.


Suche.
    read Auftrag record at end display
        "Datei-Ende Auftrag fehlt"
        move "n" to flag.
    if Auftragnr = suchnummer then
        display "Kundennr.: " Kundennr
        display "Auftragnr. : " Auftragnr
        display "Artikelnr. : " Artikelnr
        display "Menge  : " Menge
        display "Preis  : " Preis
        display "RETURN bestaetigen"
        accept flag.  move "n" to flag.
```

Vor der eigentlichen Erfassung der Auftragsdaten im Modul A-AUFNAHME muß zunächst die Nummer des Kunden eingegeben werden, der den Auftrag erteilt (Paragraph K-Eingabe). Im Paragraph K-Suchen wird die Kundendatei nach dieser Nummer durchsucht. Hier muß mit zwei Flags gearbeitet werden. flag1 steuert den Vorgang des sequentiellen Lesens in der Datei, und flag2 signalisiert mit seinem Inhalt 1, daß der Kunde gefunden werden konnte. Die Tastaturerfassung der Auftragsdaten erfolgt im Paragraph Aufnahme. Der Programmbediener kann die Felder Kundennr und Auftragnr nicht verändern. Das Feld Kundennr behält den Inhalt, den es durch den letzten Lesezugriff erhalten hat, und das Feld Auftragnr wird vom Programm mit "hoch + 1" besetzt. Die Moduln A-MODIFIZ und A-ANZEIGE entsprechen genau den Moduln K-MODIFIZ und K-ANZEIGE im Kundenverwaltungszweig des Hauptprogramms (analoge Feld- und Dateinamen).

Kapitel 10.6

Übung 1:

In den Struktogrammen zum Menue-Zweig Auftragsverwaltung werden durch die Verwendung der indexsequentiellen Dateien KUNDEN1 und AUFTRAG1 bei den Blöcken K-Suchen, A-Anzeige und A-Ändern Modifikationen erforderlich. K-Suchen stellt ein Untermodul von A-Aufnahme dar und entspricht in seiner Funktionalität und seiner Ausgestaltung genau dem Block K-Anzeige aus der Kundenverwaltung (siehe Kapitel 10.5). Die Blöcke A-Anzeige und A-Ändern benötigen kein Schleifenkonstrukt mehr, da der Zugriff auf einen bestimmten Auftrags-Datensatz über die eingegebene Auftragsnummer direkt erfolgt. Den Block A-Liste können Sie zu einer Auftrags-Liste ausbauen.

Übersicht

Hauptmenue

1 Kundenverwaltung
2 Auftragsverwaltung
3 Programmende

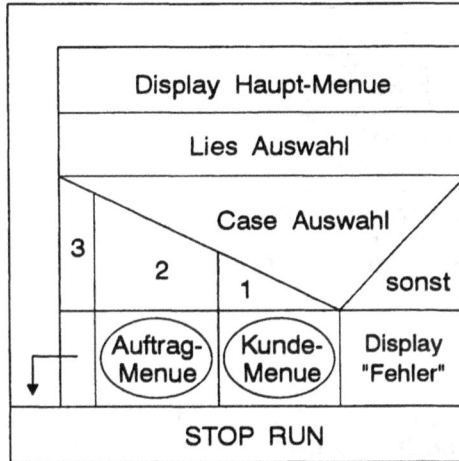

Display Haupt-Menue

Lies Auswahl

Case Auswahl

3   2   1   sonst

Auftrag-Menue   Kunde-Menue   Display "Fehler"

STOP RUN

Kunde-Menue

Kundenverwaltung

1 Kunden aufnehmen
2 Kunden anzeigen
3 Kundendaten aendern
4 Telefon-Liste
5 Zum Hauptmenue

Siehe Kapitel 10.5
Demonstrationsbeispiel

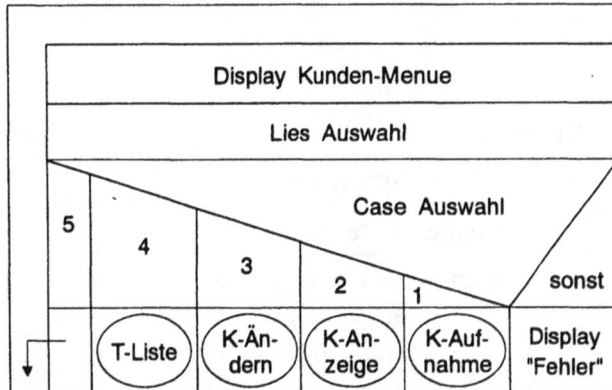

Display Kunden-Menue

Lies Auswahl

Case Auswahl

5   4   3   2   1   sonst

T-Liste   K-Ändern   K-Anzeige   K-Aufnahme   Display "Fehler"

Auftrag-Menue

Auftragsverwaltung

1 Auftrag aufnehmen
2 Auftrag anzeigen
3 Auftragsdaten aendern
4 Auftragsliste
5 Zum Hauptmenue

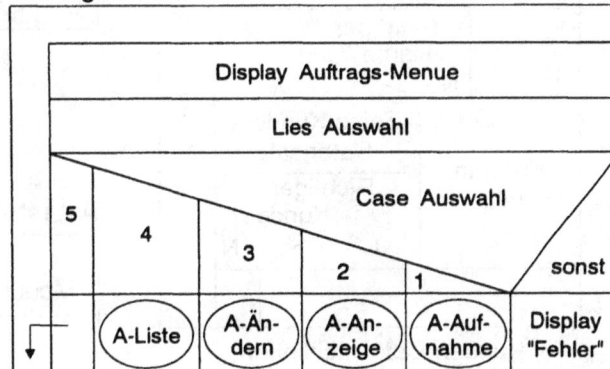

Display Auftrags-Menue

Lies Auswahl

Case Auswahl

5   4   3   2   1   sonst

A-Liste   A-Ändern   A-Anzeige   A-Aufnahme   Display "Fehler"

A-Aufnahme

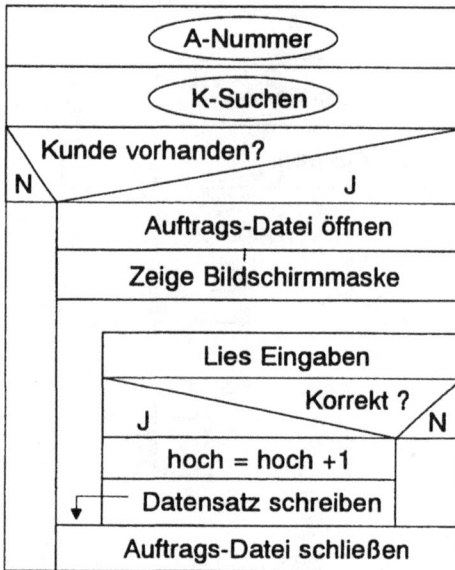

A-Nummer

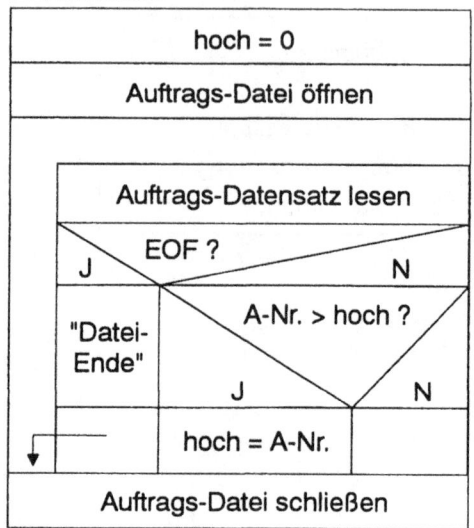

K-Suchen

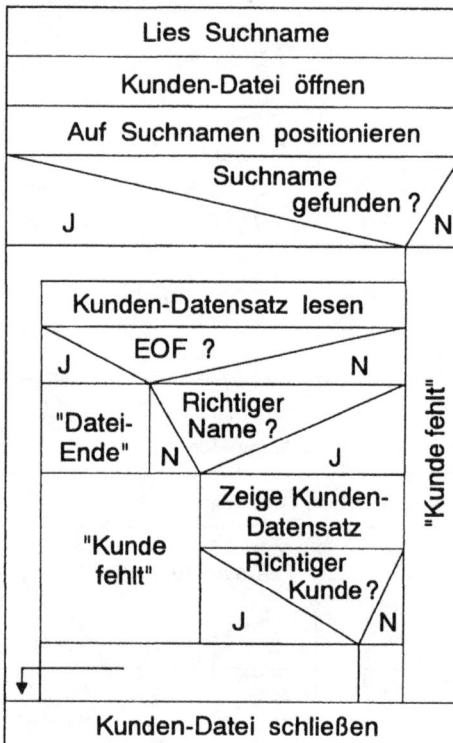

A-Anzeige

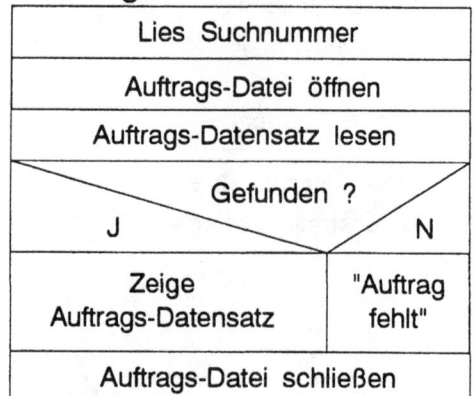

A-Liste

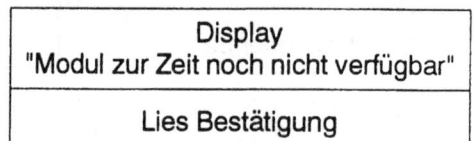

A-Ändern

Lies Suchnummer
Auftrags-Datei öffnen
Auftrags-Datensatz lesen

Gefunden ?

J   N

Zeige Auftrags-Datensatz	"Auftrag fehlt"
(A-Neu)	

Auftrags-Datei schließen

A-Neu

Lies Neu-Eingaben

Korrekt ?

J   N

Auftrags-Datensatz
zurückschreiben

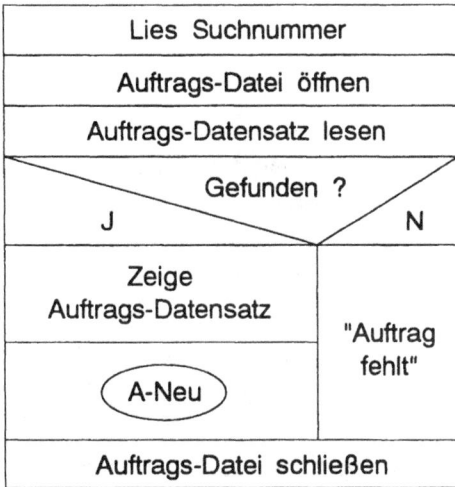

Die folgenden Quellcode-Listings ergeben zusammen mit denen des Demonstrationsbeispiels aus Kapitel 10.5 das vollständige Menue-System.

Das Hauptprogramm HAUPT hat sich nur dahingehend verändert, daß nun die beiden Untermenues Kundenverwaltung und Auftragsverwaltung mit jeweils fünf ausformulierten Auswahlpunkten versehen sind. Dabei ist der Auswahlpunkt "Auftragsliste" im Auftragsverwaltungsmenue als einziger noch als Blind-Modul codiert.

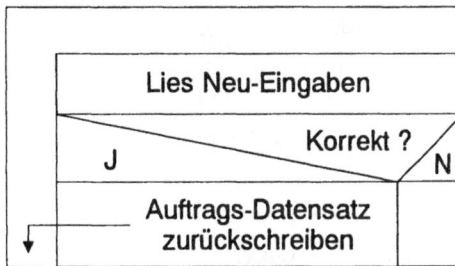

Das Unterprogramm A-AUFNAHME unterstützt gemäß der Aufgabenstellung die Identifizierung des auftragerteilenden Kunden über seinen Nachnamen. Zur Realisierung dieser Funktionalität haben wir das Unterprogramm K-ANZEIGE aus dem Kundenverwaltungszweig komplett übernommen und um die Aufnahme-Funktion für einen neuen Auftrag erweitert. Wir sind dabei so vorgegangen, daß wir den Quellcode von K-ANZEIGE (des Kundenverwaltungsmenues) einfach in den Quellcode von A-AUFNAHME kopiert haben. Dadurch liegen nun zwei Quellcode-Blöcke vor, die die gleiche Aufgabe erfüllen. Eine interessante, weiterführende Übung für Sie ist, das Unterprogramm K-ANZEIGE so zu gestalten, daß es per CALL von anderen Unterprogrammen aufgerufen werden kann, die einen Kunden-Datensatz über den Kundennamen suchen sollen. K-ANZEIGE wird auf diese Weise einer Mehrfachverwendung zugeführt, die eine Reduzierung des gesamten Quellcodeumfangs zur Folge hat.

Die Unterprogramme A-MODIFIZ und A-ANZEIGE sind durch die Nutzung der indexsequentiell organisierten Datei AUFTRAG1 einfacher und kürzer geworden. Zum Lesen eines bestimmten Auftrags-Datensatzes wird nur noch eine READ-Anweisung notwendig, da über die Index-Datei mit einer eindeutigen Auftragsnummer direkt auf den Datensatz in der Haupt-Datei zugegriffen wird.

```
                          Hauptprogramm HAUPT

IDENTIFICATION DIVISION.                FD Kunden1 label record standard.
*********************************        01 Kunden1-Satz.
program-id. HAUPT.                          02 Kundennr    pic x(4).
                                            02 Nachname    pic x(30).
ENVIRONMENT DIVISION.                       02 Vorname     pic x(20).
*********************************           02 Anschrift.
Configuration Section.                          05 Strasse      pic x(30).
*----------------------------                   05 PLZ          pic x(5).
source-computer. vax.                           05 Ort          pic x(20).
object-computer. vax.                           05 Telefon      pic x(15).

Input-Output Section.                   FD Auftrag1 label record standard.
*--------------------------             01 Auftrag1-Satz.
File-Control.                               02 Kundennr    pic x(4).
    select Kunden1 assign to                02 Auftragnr   pic x(4).
        "sys$disk:KUNDEN1"                  02 Artikelnr   pic x(4).
    organization is indexed                 02 Menge       pic x(4).
    record key is                           02 Preis       pic x(4).
        Kundennr of Kunden1
        alternate record key is         Working-Storage Section.
        Nachname of Kunden1             *-------------------------------
        with duplicates
    access mode is dynamic.             01 hoch        pic x(4).
                                        01 flag        pic x.
    select Auftrag1 assign to           01 wahl1       pic x.
        "sys$disk:AUFTRAG1"             01 wahl2       pic x.
    organization is indexed
    record key is                       PROCEDURE DIVISION.
        Auftragnr of Auftrag1           *******************************
        alternate record key is         Steuerung.
        Kundennr of Auftrag1                move 0 to wahl1, wahl2, hoch, flag.
        with duplicates                     perform Menue until wahl1 = 3.
    access mode is dynamic.                 stop run.

DATA DIVISION.                          KNr1.
**********************                       open input Kunden1.
File Section.                               perform KNr2 until flag = 1.
*----------------                           move 0 to flag.  close Kunden1.
```

HAUPT - Fortsetzung

KNr2.
   read Kunden1 next record at end
      move 1 to flag
        display "Datei-Ende".
   if Kundennr of Kunden1-Satz > hoch
      then move Kundennr to hoch.

ANr1.
   open input Auftrag1.
   perform ANr2 until flag = 1.
   move 0 to flag. close Auftrag1.

ANr2.
   read Auftrag1 next record at end
      move 1 to flag
        display "Datei-Ende".
   if Auftragnr > hoch then
      move Auftragnr to hoch.

Menue.
   move 0 to wahl1, wahl2, flag.
   display "*** Hauptmenue ***".
   display "1   Kundenverwaltung".
   display "2   Auftragsverwaltung".
   display "3   Programmende".
   display "Ihre Auswahl? :".
   accept wahl1.
   if wahl1 = 1 then perform K-Menue
      until flag = 1.
   if wahl1 = 2 then perform A-Menue
      until flag = 1.
   if wahl1 = 3 then
      display "Programmende"
      else display "Fehler".

K-Menue.
   move 0 to wahl2.
   display "** Kundenverwaltung **".

display "1   Kunden aufnehmen".
display "2   Kunden anzeigen".
display "3   Kundendaten aendern".
display "4   Telefon-Liste".
display "5   Zum Hauptmenue".
display "Wahl? :".
accept wahl2.
if wahl2 = 1 then perform KNr1
      call "K-AUFNAHME" using hoch.
if wahl2 = 2 then
      call "K-ANZEIGE".
if wahl2 = 3 then
      call "K-MODIFIZ".
if wahl2 = 4 then
      call "T-LISTE".
if wahl2 = 5 then move 1 to flag
      else display "Fehler".

A-Menue.
   move 0 to wahl2.
   display "** Auftragsverwaltung **".
   display "1   Auftrag aufnehmen".
   display "2   Auftrag anzeigen".
   display "3   Auftragsdaten aendern".
   display "4   Auftragsliste"
   display "5   Zum Hauptmenue".
   display "Wahl? :".
   accept wahl2.
   if wahl2 = 1 then perform ANr1
      call "A-AUFNAHME" using hoch.
   if wahl2 = 2 then
      call "A-ANZEIGE".
   if wahl2 = 3 then
      call "A-MODIFIZ".
   if wahl2 = 4 then
      call "A-LISTE".
   if wahl2 = 5 then move 1 to flag
      else display "Fehler".

Unterprogramm A-AUFNAHME

IDENTIFICATION DIVISION.
****

Program-Id. A-AUFNAHME.

ENVIRONMENT DIVISION.
****

Configuration Section.
*---------------------------
source-computer. vax.
object-computer. vax.

Input-Output Section.
*---------------------------
File-Control.
    select Kunden1 assign to
        "sys$disk:KUNDEN1"
    organization is indexed
    record key is
        Kundennr of Kunden1
    alternate record key is
        Nachname of Kunden1
        with duplicates
    access mode is dynamic.

    select Auftrag1 assign to
        "sys$disk:AUFTRAG1"
    organization is indexed
    record key is
        Auftragnr of Auftrag1
    alternate record key is
        Kundennr of Auftrag1
        with duplicates
    access mode is dynamic.

DATA DIVISION.
****
File Section.
*----------------

FD Kunden1 label record standard.
01 Kunden1-Satz.
    02 Kundennr   pic x(4).
    02 Nachname   pic x(30).
    02 Vorname   pic x(20).
    02 Anschrift.
        05 Strasse   pic x(30).
        05 PLZ   pic x(5).
        05 Ort   pic x(20).
        05 Telefon   pic x(15).

FD Auftrag1 label record standard.
01 Auftrag1-Satz.
    02 Kundennr   pic x(4).
    02 Auftragnr   pic x(4).
    02 Artikelnr   pic x(4).
    02 Menge   pic x(4).
    02 Preis   pic x(4).

Working-Storage Section.
*-------------------------------
01 flag1   pic x.
01 flag2   pic x.
01 suchname   pic x(30).

Linkage Section.
*--------------------
01 hoch   pic x(4).

PROCEDURE DIVISION using hoch.
****
Steuerung.
    move spaces to flag1, flag2.
    perform K-Eingabe.
    open input Kunden1.
    start Kunden1 key is = Nachname
        invalid key move "n" to flag1
        display "Kunde fehlt".

A-AUFNAHME - Fortsetzung

perform K-Suchen until flag1 = "n".
close Kunden1.
move spaces to flag1.
if flag2 = "n" then open I-O Auftrag1
    perform Aufnahme until flag1 = "j"
    close Auftrag1.
exit program.

K-Eingabe.
    display "Kundenname ?".
    accept suchname.
    move suchname to Nachname.

K-Suchen.
    read Kunden1 next record at end
        display "Datei-Ende Kunde fehlt"
        move "n" to flag1.
    if flag1 not = "n" and Nachname =
    suchname then display "Kundennr.:"
        Kundennr of Kunden1-Satz
        display "Nachname: " Nachname
        display "Vorname : " Vorname

        display "Strasse : " Strasse
        display "PLZ   : " PLZ
        display "Ort   : " Ort
        display "Telefon : " Telefon
        display "Weitersuchen (j/n)?"
        accept flag1
        move "n" to flag2
    else   move "n" to flag1
                move spaces to flag2.

Aufnahme.
    display "Artikelnummer:".
    accept Artikelnr.
    display "Menge:". accept Menge.
    display "Preis:". accept Preis.
    move Kundennr of Kunden1-Satz to
        Kundennr of Auftrag1-Satz.
    display "Korrekt? (j/n)". accept flag1.
    if flag1 = "j" then add 1 to hoch
        move hoch to Auftragnr
        write Auftrag1-Satz invalid key
        display "Fehler".

Unterprogramm A-MODIFIZ

IDENTIFICATION DIVISION.
****
program-id. A-MODIFIZ.

ENVIRONMENT DIVISION.
****
Configuration Section.
*-------------------------------
source-computer. vax.
object-computer. vax.

Input-Output Section.
*-------------------------------

File-Control.
    select Auftrag1 assign to
        "sys$disk:AUFTRAG1"
    organization is indexed
    record key is
        Auftragnr of Auftrag1
        alternate record key is
        Kundennr of Auftrag1
        with duplicates
    access mode is dynamic.

DATA DIVISION.
****

```
┌─────────────────────────────────────────────────────────────────────────────┐
│                         A-MODIFIZ - Fortsetzung                               │
├──────────────────────────────────────┬──────────────────────────────────────┤
│ File Section.                        │ A-Eingabe.                            │
│ *---------------                     │     display "Auftragsnummer ?".       │
│ FD Auftrag1 label record standard.   │     accept Auftragnr.                 │
│ 01 Auftrag1-Satz.                    │                                       │
│       02 Kundennr    pic x(4).       │ A-Suchen.                             │
│       02 Auftragnr   pic x(4).       │   read Auftrag1 record invalid key    │
│       02 Artikelnr   pic x(4).       │       display "Datei-Ende Auftrag fehlt"│
│       02 Menge       pic x(4).       │       move 1 to flag.                 │
│       02 Preis       pic x(4).       │                                       │
│                                      │ A-Anzeige.                            │
│                                      │     display "Kundennr.: " Kundennr     │
│ Working-Storage Section.             │     display "Auftragsnr.: " Auftragnr  │
│ *-----------------------------       │     display "Artikelnr. : " Artikelnr  │
│ 01 flag               pic x.         │     display "Menge  : " Menge          │
│ 01 suchnummer         pic x(4).      │     display "Preis  : " Preis.         │
│                                      │                                       │
│ PROCEDURE DIVISION.                  │ Aendern.                              │
│ ******************************       │     display "Neue Artikelnummer:".     │
│ Steuerung.                           │     accept Artikelnr.                 │
│     move 0 to flag.                  │     display "Neue Menge:".             │
│     perform A-Eingabe.               │     accept Menge.                     │
│     open I-O Auftrag1.               │     display "Neuer Preis:".            │
│     perform A-Suchen.                │     accept Preis.                     │
│     if flag = 0 then                 │     display "Korrekt? (j/n)".  accept flag.│
│         perform A-Anzeige            │     if flag = "j" then                │
│         perform Aendern until flag = "j". │         rewrite Auftrag1-Satz     │
│     close Auftrag1.                  │             invalid key display "Fehler".│
│     exit program.                    │                                       │
└──────────────────────────────────────┴──────────────────────────────────────┘
```

```
┌─────────────────────────────────────────────────────────────────────────────┐
│                      Unterprogramm A-ANZEIGE                                  │
├──────────────────────────────────────┬──────────────────────────────────────┤
│ IDENTIFICATION DIVISION.             │ Input-Output Section.                 │
│ ********************************     │ *-------------------------            │
│ program-id. A-ANZEIGE.               │ File-Control.                         │
│                                      │ select Auftrag1 assign to "sys$disk:AUFTRAG1"│
│ ENVIRONMENT DIVISION.                │     organization is indexed           │
│ ******************************       │     record key is Auftragnr of Auftrag1│
│ Configuration Section.               │     alternate record key is Kundennr of Auftrag1│
│ *-------------------------           │     with duplicates                   │
│ source-computer. vax.                │     access mode is dynamic.           │
│ object-computer. vax.                │                                       │
└──────────────────────────────────────┴──────────────────────────────────────┘
```

A-ANZEIGE - Fortsetzung

DATA DIVISION.
****

File Section.
*----------------

FD Auftrag1 label record standard.
01 Auftrag1-Satz.
```
     02 Kundennr   pic x(4).
     02 Auftragnr   pic x(4).
     02 Artikelnr   pic x(4).
     02 Menge       pic x(4).
     02 Preis       pic x(4).
```

Working-Storage Section.
*------------------------------

```
01 flag                 pic x.
01 suchnummer           pic x(4).
```

PROCEDURE DIVISION.
****

Steuerung.
  move 0 to flag.
  perform A-Eingabe.

open input Auftrag1.
perform A-Suchen.
if flag = 0 then perform A-Anzeige.
close Auftrag1.   exit program.

A-Eingabe.
  display "Auftragsnummer ?".
  accept Auftragnr.

A-Suchen.
  read Auftrag1 record invalid key
       display "Datei-Ende Auftrag fehlt"
       move 1 to flag.

A-Anzeige.
  display "Kundennr.: " Kundennr
  display "Auftragnr. : " Auftragnr
  display "Artikelnr. : " Artikelnr
  display "Menge : " Menge
  display "Preis : " Preis
  display "Mit Return bestaetigen".
  accept flag.

Unterprogramm A-LISTE

IDENTIFICATION DIVISION.
****

program-id. BLIND.

ENVIRONMENT DIVISION.
****

Configuration Section.
*----------------------------
source-computer. vax.
object-computer. vax.

DATA DIVISION.
****

Working-Storage Section.
*------------------------------

01 bestaet   pic x.

PROCEDURE DIVISION.
****

Fehlanzeige.
  display "Modul z. Z.noch nicht verfügbar".
  display "Mit <Return> bestaetigen".
  accept bestaet.

Zurueck.
  exit program.

Anhang C   Literaturverzeichnis

Anhand der folgenden Quellen können Sie den Stoff des Kapitels 1 "Software-Entwicklung" vertiefen:

[1]   Balzert, H.: Die Entwicklung von Software-Systemen. Mannheim, Wien, Zürich: Bibliographisches Institut 1982

[2]   Boehm, B.: Wirtschaftliche Software-Produktion. Wiesbaden: Forkel 1986

[3]   Gewald, K.; Haake, G.; Pfadler, W.: Software Engineering - Grundlagen und Technik rationeller Programmentwicklung. 2. Aufl., München, Wien: Oldenbourg 1979

[4]   Kargl, H.: Fachentwurf für DV-Anwendungssysteme. 2. Aufl., München, Wien: Oldenbourg 1990

[5]   Kargl, H.; Dischinger, G.; Schaaf, M.: Prinzipien und methodische Ansätze zur Konstruktion von betrieblicher Anwendungssoftware. In: WISU, 20. Jg. (1991), S. 439-442 und S. 507-511

[6]   Streller, K.: Begriffe aus dem Bereich der Softwaretechnik. In: WISU, 21. Jg. (1992), S. 549-550

Zur Vertiefung des Cobol-spezifischen Stoffes sind folgende Quellen zu empfehlen:

[7]   Göpfrich, H. R.: Wirtschaftsinformatik II. Strukturierte Programmierung in COBOL. 4. Aufl., Stuttgart: Gustav Fischer 1991

[8]   Höcker, H.-J.: Einführung in die strukturierte COBOL-Programmierung mit Mikrocomputeranwendungen. Berlin, New York: de Gruyter 1989

[9]   Wendt, J.: COBOL: Einführung mit PC-Spracherweiterungen und Übungen. Wiesbaden: Gabler 1991

Anhang D   Stichwortverzeichnis

W

Z

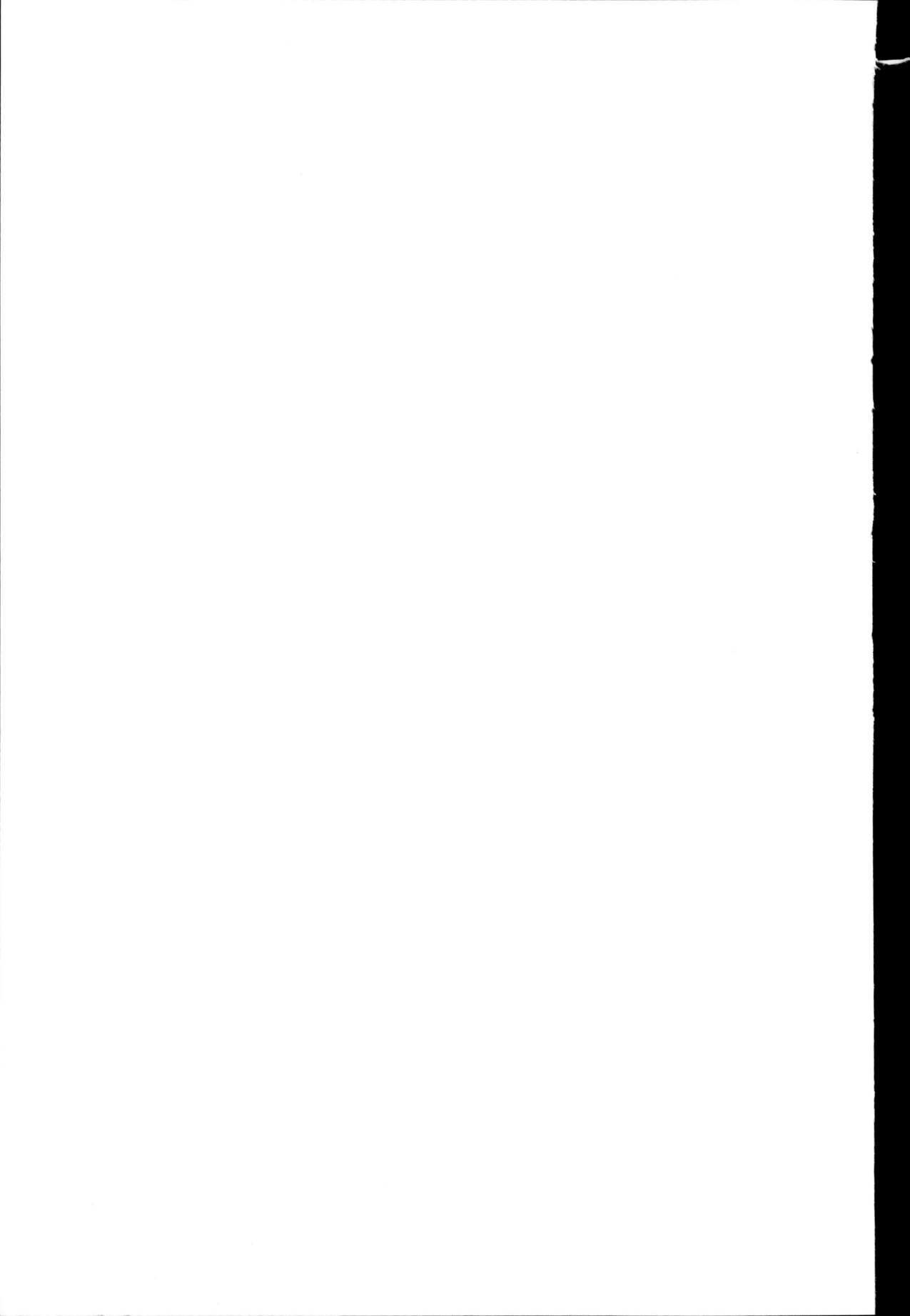